谨以此书

纪念江隆基诞辰110周年

江隆基传

苗高生 韦明 邱锋◎著

周培源

(增订本)

蘭州大學出版社
LANZHOU UNIVERSITY PRESS

图书在版编目（CIP）数据

江隆基传 / 苗高生，韦明，邱锋著. -- 增订本. --
兰州 ：兰州大学出版社，2015.11（2019.3重印）
ISBN 978-7-311-04838-9

Ⅰ. ①江… Ⅱ. ①苗… ②韦… ③邱… Ⅲ. ①江隆基
（1905～1966）－传记 Ⅳ. ①K825.46

中国版本图书馆CIP数据核字(2015)第272844号

出版统筹　张国梁
责任编辑　锁晓梅　钟　静　李　丽
封面设计　郇　海

书　　名　江隆基传（增订本）
作　　者　苗高生　韦　明　邱　锋　著
出版发行　兰州大学出版社　（地址：兰州市天水南路222号　730000）
电　　话　0931-8912613（总编办公室）　0931-8617156（营销中心）
　　　　　0931-8914298（读者服务部）
网　　址　http://press.lzu.edu.cn
电子信箱　press@lzu.edu.cn
印　　刷　甘肃新华印刷厂
开　　本　710 mm×1020 mm　1/16
印　　张　31.5
字　　数　417千
版　　次　2015年11月第1版
印　　次　2019年3月第2次印刷
书　　号　ISBN 978-7-311-04838-9
定　　价　108.00元

（图书若有破损、缺页、掉页可随时与本社联系）

江隆基像

序　一

隆基同志是一位德才皆优的，为人民教育事业做出杰出贡献的教育家。

隆基同志于1925年考取北京大学，从那时起即从事爱国的进步活动。1927年，正是白色恐怖笼罩全国的时候，他毅然加入中国共产党，坚定不移地走上了中国共产党领导的革命道路，成为一名共产主义战士。

1927年，隆基同志东渡日本留学。在留学中，他从事马克思主义著作的翻译工作，参加并领导了“社会科学研究会”，宣传马克思主义。回国后，他参加了抗日后援会的活动，积极营救被捕的留日学生，和国民党反动势力进行了坚决的斗争。1931年，隆基同志去德国留学，在留学生和爱国华侨中开展抗日救亡活动，组织和领导了旅德华侨反帝同盟、旅欧华侨反帝同盟以及全欧华侨抗日联合会，在海外抗日救亡的工作中宣传了中国共产党的抗日主张。

1936年，隆基同志回国后，在爱国将领杨虎城那里做党的工作，参加了西安事变。1937年1月，隆基同志接任西安二中校长。他利用当时的有利形势，倡导民主办学，发展进步势力，革新旧的教育制度。他教育学生走革命道路，使西安二中成为社会所注目的新型学校。

隆基同志是1938年初到延安的。他在成仿吾校长的领导下，参加了陕北公学的创建工作。他忠实地执行党中央关于干部学校教育的指示，以转变学生思想为中心环节，组织和领导学校的教务工作。他言传身教，克服重重困难，为陕北公学的教务管理，为培养抗战建国人才做出了贡献。

华北联合大学组成后，隆基同志是教务长兼社会科学部部长。他坚持以民族解放和社会解放为目标的新民主主义教育，努力实施新民主主义的教育方针和教学原则，重视基本理论、基本政策和基本知识的教育，使理论教育密切结合抗日战争形势和边区的实际需要。他依靠和团结广大教师，充分发挥他们的积极性、创造性，在严酷的敌后战场，为党的各条战线输送了大批人才。

抗日战争胜利后，隆基同志出任延安大学副校长。嗣后，他又担任了陕甘宁边区教育厅副厅长。他积极推行普及教育，提高边区人民的文化水平。内战爆发后，为适应战争形势，他及时使学校教育转入战时体制，支援了前线。

新中国成立后，隆基同志是西北军政委员会教育部部长，主持领导西北五省区的教育工作。他从西北地区的具体情况出发，积极稳妥地推行对旧教育改造的方针，使西北地区的教育事业包括少数民族教育事业，都得到了迅速恢复和健康发展。

1952年秋，隆基同志任北京大学副校长（以后又任中共北京大学党委书记），协助马寅初校长主持北大工作。他重视和加强党对学校工作的领导，不断加深马克思列宁主义在各项工作中的指导作用，协调各方面的关系，加强党内外的团结，强调党政之间的必要分工，注意发挥民主党派的作用。在学习苏联先进经验中，注意结合我国的传统经验和北京大学的实际。隆基同志认真贯彻执行党对知识分子的政策和“双百”方针，尊重知识，爱惜人才，了解和熟悉知识分子，勤于从政治思想上关怀和帮助他们，充分理解和支持他们的工作。隆基同志在北京大学工作的六七年中，使北京大学进入了一个崭新的阶段。

1958年“大跃进”之后，隆基同志被调往兰州大学。在新的岗位上，隆基同志努力消除“左”倾错误给兰州大学师生造成的创伤，全面整顿教学秩序，改善教学环境，狠抓以基础课为主的教学质量的提高；加强和改进思想政治工作，建立健全各项规章制度；注意调动和发挥广大教职工的积极性，明确要求从政治思想和业务水平两个方面提高教师和干部的素质，重视校风和学风建设，使兰州大学的教学、科学研究和管理水平都有了新的提高，形成了以教学和科学研究为中心的教育体系和管理体制。隆基同志的出色领导，为兰州大学的发展奠定了基础，使兰州大学进入了前所未有的“黄金时代”。

隆基同志是一位卓有成效的教育实践家，也是一位杰出的教育理论家。他有较高的马克思列宁主义的理论修养，学识渊博，同时又时刻以为不足，孜孜不倦，潜心学习，勇于探索，勤于总结，在教育理论上提出了许多有价值的思想。他一生的著述很多，战争年代失散了不少。选编的《江隆基教育论文选》，至今仍然是我们学习和借鉴的宝贵精神财富。

隆基同志是一位高尚的人，有道德的人。他对党和人民的事业无限忠诚。无论是在战争的艰苦岁月，还是在和平的建设时期，他都以共产党员的标准严格要求自己。他总是工作第一，他人第一。他对子女也要求严格，教育她们在政治上不能有优越感，在生活上不能有特殊化。隆基同志比较严肃，不苟言笑，和同志们相处，除工作外也无私交。但他胸怀宽厚，待人以诚，察纳雅言，平等待人。他尊重上级，也尊重下级，亦尊重普通的工人、农民。他熟知礼仪，却没有旧的官场习气，他资分很深，却又谦虚谨慎。他是一位居庙堂而不骄其下，处困境仍关怀党的事业的好党员。

隆基同志最令人尊敬的还在于他务实求效和平易近人的作风。隆基同志在原则问题上，刚毅、正直，敢于实事求是。他不听风办事，不随声附和，不发违心之论，不做违心之事，不图虚名，不拉“花架子”。他习惯于在民主的气氛下进行工作，不搞“一言堂”。在他领导下，人们总感到有一种责任感和信任感，会勤勉舒畅地做好工作。隆基同志对人对事，不随意而发，他稳健持重，很少有溺于某种气氛而不能摆脱偏见，出于一知半解而失之于以偏概全。当工作处于困惑或危难之际，他又能给予同情和解救，这是十分难得的。

我和隆基同志是在1952年秋，在院系调整后到北京大学工作时认识的。当时他只身来到学校，我在他的领导下负责教务工作。院系调整后的北京大学主要是由北京、清华与燕京三校的文、理和社会科学等系科合并后组成的。由于三校的传统有异，在新中国如何进行新的教学工作，大家在看法上有很大分歧，因此我的工作遇到困难。隆基同志了解到这种情况后，立即决定组织并亲自领导校、系负责同志进行思想政治学习。经过一段时间的学习，统一了大家的思想认识，学校的教学工作得以顺利开展。此事虽已过去三十余年，但我至今仍记忆犹新。

我们相交的时间虽然只有短短的六七年，但是，他的思想、他的品德和他的作风，却给我以极大的影响，并使我受到深刻的教育。他是我的良师益友，我们在一起共事的愉快岁月，使我终生难忘。

隆基同志从青年时代起开始办教育，四十年如一日，兢兢业业，勤勤恳恳，献出了毕生的精力和全部智慧。他教育了几代人，桃李满天下。隆基同志作为杰出的教育家将永远受到人民的缅怀。

1978年春，隆基同志的冤案平反昭雪后，许多熟悉他的同志和学生们，特别是陕北公学和华北联大时期的老同志，都希望能为江隆基同志写个传记。在我们的有生之年，是多么期望能看到《江隆基传》的出版呵！

兰州大学的苗高生同志，经过多年的勤奋劳作和研究，完成了这部二十万字的《江隆基传》，是令人欣慰的。我很高兴为《江隆基传》写个序言，并题签，也表示我对隆基同志的怀念和敬意。

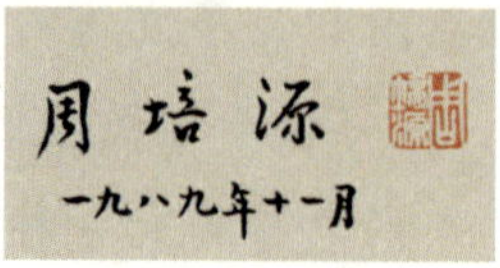

序　二

在敬爱的江隆基同志诞辰110周年之际，记载他光辉一生的《江隆基传》增订本问世了。给这样一位十分受人敬重的前辈先贤的传记写序实在有些惶恐，谨作此文以为纪念。

江隆基同志是老一辈无产阶级革命家，也是马克思主义教育家的典范，是共产党人办教育历史上一位功勋卓著的领导者和实践家。他把毕生的精力献给了中国革命和党的教育事业。1925年考取北京大学，大学期间加入中国共产党，后赴日本、德国留学，一边学习、一边坚持革命工作，积极参与爱国救亡运动；1938年到延安后，参与领导陕甘宁边区的教育工作，在战火纷飞的岁月，克服困难，不断探索；全国解放后，先后担任西北军政委员会教育部部长、北京大学党委书记兼副校长、兰州大学党委书记兼校长等职，殚精竭虑，忘我工作，为新中国的教育事业、为这两所重点高校的发展做出了重要贡献。

江隆基同志在兰州大学工作虽然仅有短短七年半的时间，却在学校历史上书写了浓墨重彩的篇章。他积极贯彻党的教育方针，敢于坚持真理，不顾个人得失，坚决纠正“左”倾错误，全面整顿、迅速恢复教学秩序并建立健全各项规章制度；坚持把培养人、提高教学质量作为学校的中心任务，注重培养学生独立思考能力，促进学生全面发展；尊重知识、爱护人才，善于做思想政治工作，善于团结知识分子，培养汇聚了一支优秀的教师队伍；重视科学研究尤其是基础研究工作，当时大力支持的重点学科后来都发展为学校有重要影响的学科；注重学风建设，倡导又红又专、勤奋务实严谨的风气，形成了“勤奋、求实、进取”的优良学风。

在当时的办学条件下，江隆基同志能够推进这些重要工作是难能可贵、颇有担当的。这些强基固本的重要举措很快就产生了显著效果，奠定了兰州大学作为国家重点综合性大学的地位，为学校当时的发展和改革开放后的崛起打下了坚实的基础。他的教育思想，由一代代兰大人在传承中不断发扬光大，至今仍然在深深地影响着兰州大学。

今天，我们纪念江隆基同志，重温他的历史功绩、教育思想、优良作风和高尚品德，就是要继承和弘扬江隆基精神，从中汲取奋勇前行的精神和力量，带领兰州大学沿着江隆基同志等老一辈教育家所期望的方向健康发展。

继承和弘扬江隆基精神，就要坚守信念、对党忠诚。江隆基同志做了许多别人看来难以做到的事情，追其根源，在于他对党的教育事业始终怀着强烈的责任感、使命感。他注重党对学校工作的领导，重视高素质党员和干部队伍建设；他坚持一切从学校的实际出发，深入探索、严格遵循高等教育自身的发展规律，指导学校的工作和发展。这为学校的发展提供了根本保证。

继承和弘扬江隆基精神，就要实事求是、科学务实。江隆基同志紧紧围绕提高教学和人才培养质量这一基础性工作，从稳定教学秩序、规范教学活动、提高教师教学水平、加强基础课程和教材建设，重视实验课程，确保学生掌握基本知识、理论、技能等关键环节入手，抓出实效。这种以教学和人才培养质量为中心的办学思路，夯实了学校发展的基础。

继承和弘扬江隆基精神，就要以人为本、尊重人才。江隆基同志尊重教师在办学中的主体地位，充分调动他们的积极性。他满腔热忱地关心、爱护学生，既帮助他们排忧解难，又对他们正确引导、严格要求。这种人文精神和以人为本的深厚情怀，是立德树人、培育学风、办好大学不可或缺的重要条件。

继承和弘扬江隆基精神，就要胸怀全局、迎难而上。江隆基同志善于抓大事、谋长远，能够从战略高度选择、确定学校发展的重点学科、方向和长期规划，克服各种困难，千方百计地集中各种人力、物力资源，提供政策支持，培育、打造优势学科、专业，并以此来凝聚人才，形成了科研与教学相互促进、协调发展的良好局面。这为学校的可持续发展提供了内在的强大动力。

江隆基同志是我国高等教育史上的一面旗帜、一座丰碑，其贡献的影响和价值是永恒的，不会因岁月流逝、时代变迁而逊减。逸夫科学馆前，江隆基同志的铜像与花木同在，陪伴着一代代兰大学子茁壮成长；榆中校区内，隆基大道横贯东西，表达了新一代兰大人的深深敬意与怀念。江隆基同志的精神永驻兰大校园，当之无愧地融入了“兰大精神”的血脉！

我们由衷地感谢一直关心、支持学校发展的江隆基同志的家人、好友，也深切地缅怀江隆基同志的夫人宋超同志。

我们还要感谢苗高生老师，已耄耋之年仍饱含深情、不辞辛劳地对写于二十多年前的《江隆基传》重新修订，增补了许多新的内容，为我们深入、细致地了解江隆基同志的一生及其重要历史贡献，更好地继承和发扬江隆基精神增添了好教材。

当前，举国上下正在“四个全面”战略布局指引下，深入学习贯彻党的十八届五中全会精神，为实现中华民族伟大复兴的中国梦而努力奋斗；统筹推进一流大学和一流学科建设全面启动，高校综合改革抓紧实施，兰州大学面临新的机遇和挑战。在新的历史条件下办好人民满意的兰州大学，是党和国家赋予我们的重要责任，也是对江隆基同志最好的纪念。我们要深入学习贯彻习近平总书记系列重要讲话精神，坚持“做西部文章，创一流大学”的办学理念，运用好以江隆基同志为杰出代表的老一辈兰大人留给我们的宝贵精神财富，弘扬优良的办学传统，践行立德树人使命，不断深化综合改革，凝心聚力、建功立业，共建和谐奋进大家庭，加快高水平大学建设步伐，为实现中华民族伟大复兴的中国梦做出新的更大贡献！

是为序。

兰州大学党委书记 王寒松

二〇一五年十一月二十日

目　录

目 录

第一章

“小江南”

江隆基，字盘安，又名江泮庵（亦作半庵），1905年12月24日（清光绪三十一年十一月二十八日）生于陕西省西乡县白杨沟村。

西乡是陕西省南部的一座小县城。县城虽小，却有着得天独厚的自然环境。它东邻峻岭重叠的安康丘陵，南界蜿蜒起伏的大巴山，西接汉中平原，北濒汉水，长达三百里的牧马河经县城东流而下，铸成一片广阔的高高低低的丘陵和大大小小的盆地。由于横贯东西的秦岭山脉的阻隔，又饱尝着太平洋高气压形成的东南季风，使这个地区常年湿润多雨，无酷暑寒，气候温和，河网纵横，土地肥沃。全年的无霜期达260天。西乡，确实是一处名副其实的“小江南”（西乡，习惯称谓“小江南”）。

西乡地区的农作物大都一年两熟。农业资源丰富多样。既生长着北方地区的小麦、玉米、高粱、油菜，又盛产江南地区的稻米、茶叶、甘蔗、大麻等农作物。家禽家畜，如水牛、山羊、麻鸭等等随处可见。森林和草场的覆盖率也较高，生漆、油桐、杜仲、木耳，以及许多野生动物如黑熊、野猪、猕猴等等，都是这里特有的资源。兼顾大江南北的自然环境，使西乡地区构成了一个多层次的生产网络。

西乡虽说地属陕西，但风土人情远不同于陕北和关中一带，却与川北鄂北两地相近。这里的土布纺织十分普及，几乎家家户户都有纺织车以及织布机。一年四季男男女女的衣衫多着黑蓝色，男衣多对门襟盘扣，裤间加白裤腰，以蓝布缠头。女人多大襟衣，除缠头外，衣着则是里长外短，穿几件衣服一眼可见，乡里人说这是以此炫耀自己的富有和美丽。

西乡的主粮以稻米为主，间食麦面。丘陵山区则多以苞谷等杂粮为主。饮食习惯也有自己的特点，除有一些新鲜蔬菜外，几乎家家户户都喜爱腌菜。腌菜的种类也多，有浆水菜、泡菜、咸菜、酱辣子、红豆腐等。其他还有菜豆腐、甜浆子、粗老官、麻食子等。食俗习惯，独具风格。与陕西其他地区迥然不同。“山不高而秀雅，水不深而澄清”，青山秀水，农林并茂。西乡这个小小的县城，涵养了一幅颇具特色的人文景观。

西乡县城虽小，却是一座古老城池。据史书记载，东汉和帝永元七年（公元95年），以班超平西域有功，封定远侯，食邑千户，建城垣，名定远（又名平西城）。公元3世纪蜀汉刘备封车骑将军张飞为西乡侯，食邑县地，名南乡。西晋统一后，改南乡县为西乡县，沿用至今。

绵延两千年历史的这座古城，遗留着不少的名胜古迹以及种种传说。县城东南二十五里有午子山，午子山奇峰独秀，古木参天，大小二峡穿越谷壑，层峦苍翠。山上是名噪历代的午子观，午子观由顶观、腰观、底观及五百灵官庙组成，相传是汉戚姬进香焚轮（祈福）之地。迄至南宋高宗时又重新修建，广植松柏。又经明清各朝不断整修扩建，殿宇林立，溪水蜿蜒纵横。在历史长河里，这里早已是烧香拜佛的圣地。午子山侧有一飞凤山。一峰腾空，绝壁万仞，石崖上镌有“飞凤山”三个矫健遒劲的大字，相传为蜀汉张飞所书。近侧的擂鼓台，也相传是张飞的点将之处。因晋拜这位英雄蜀将，更增添了几分神秘色彩。

西乡县城北即子午谷，是北上长安的通道子午道，这个子午道也称荔枝路。杜牧的《过华清宫绝句三首》其一曰：“长安回望绣成堆，山顶千门次第开；一骑红尘妃子笑，无人知是荔枝来。”古涪州的乐温盛产荔枝。古荔枝路，就是首起涪州，经达县，取西乡入子午谷至长安。西乡乃是必经的要道。

《新唐书·玄宗贵妃杨氏传》：“妃嗜荔枝，必欲生致之，乃置驿传送。走数千里，味未变已至京师。”但是这种“味未变”的新鲜荔枝来自何处呢？历来多说来自岭南。其实，来自涪州而经西乡也是一条重要通道。《西乡县志》记载：“唐天宝年间，玄宗诏置特使，为杨贵妃从四川送荔枝，取道西乡驿，路入子午谷，七日至长安，荔枝色香不变。”可见途经西乡的古荔枝路的盛名。

县城西是著名的鹿龄寺，它是伊斯兰教修真礼拜之所。这是一处清康熙年间的建筑。结构美观大方，风格凝重严谨。鹿龄寺由仙根寺、静室寺及鹿龄寺组成，殿堂房舍达百余间。院内有雄健的石鹿一对，是为寺名的象征，这是伊斯兰清真寺和中国古建筑融为一体颇具特色的建筑群。

县城往南有南河堤，它是清道光年间兴建的防洪工程。以橡树桩夯底，石块填基，长三百余丈，高两丈，堤下围以柳，柳外又密栽蒹葭。河堤的西端铸造有一座铁牛。铁牛昂首西顾，神态逼真。铁牛的整体系合金铸成，虽经多年的风雨侵蚀而无斑无锈，色泽如新。它的工艺之美也堪称一绝。

县城往东有一太白洞，还有一座飞越峡谷的双曲拱桥，名太白桥。洞外有太白庙，相传都是以唐代大诗人李白命名的。城西南还有一座建文崖。崖顶有三合院庙宇一所。相传明建文帝被其叔父（明成祖）所迫，趁皇宫失火，化装逃出南京，曾来此处隐居为僧，故此崖被后人称为建文崖。

城内的文庙，规模宏大，是明洪武年间的建筑，还有射虎亭、望耕台、魁星楼、文峰塔等也都是明清时代建筑。清康熙年间曾制有西乡县的《县志图》(《县志图》载于《西乡县志》)。以图志看，西乡的庙宇寺殿，几乎遍布城之内外。城内以魁星楼为中心，周围就有马王庙、火神庙、王云宫、广宁寺、大巴司、关帝庙、药王庙、闵公祠、城隍庙、文庙、文昌宫、挹山阁、准堤庵、义寺、礼拜寺等等。仅关帝庙就有三处。至于城外的庙宇也不下十余处。庙宇殿寺之多，也衬托着古老西乡县城的繁华景象。

西乡原是古汉中道的要冲，贸易往来十分频繁。西出陇南和川北，北上长安，东沿汉水直下武汉三镇，是个南来北往的水陆交通枢纽。这里的小手工业发达，商业云集，茶馆、酒肆、药店、当铺、山货庄等等几乎遍布全城。遇有集市（据清代的统计，西乡贸易集市达二十余处之多)，熙熙攘攘的人群将狭窄的街道拥挤得水泄不通。西乡这座古城，浓缩了中国传统中许多小城镇的文化积淀。

西乡的古城墙建筑也很早，至隋唐时已见规模。其后虽经战乱的破坏，但其基本城垣仍然沿用下来。特别是到明代，改建整修筑砖城，疏导壕沟，门筑瓮城，置匾题门，修马墙，开炮眼，俨然是一座攻战防守的要塞。可惜这座宏伟的古城墙，随着历年的战乱及种种人为的破坏，已渐次消失了。

随着近现代交通、工业、商业的繁荣发展，西乡，这座古城，也像它断垣残壁的城池一样，渐次失去了它昔日的光辉。

沿着县城西南而去，翻越崎岖的山路，大约二十里，是一片小盆地。这里地势平坦，土层深厚，缓缓流淌的柳树河宛如一条碧绿的玉带，逶迤其间，这就是西乡地区主要产粮区之一的丰东乡。过柳树河沿着小路折向东，远远望去，有一棵挺拔直立的大白杨树，在它的周围有一个聚居着八十余户人家的小村庄，那就是白杨沟村了。村的南端有一条小小的麻溪河，河上有一座可通马车的石板桥。过石板桥向西，在村的西北头坐落着一座三合院（原为一座标准的四合院)。正面是一排五间的青砖瓦房，东西两厢是数间平房。院落后边的坡地上是一片郁郁葱葱的竹林，院外的大门口矗立着两株大槐树，房前屋后，长满了丹橘、海棠、红梅……这就是一代著名教育家江隆基的诞生地。

家 教

江隆基呱呱落地，增添了一家人的欢乐。一向严肃的父亲也禁不住放声大笑地说："这是我的儿子，他长得多么像我啊！"江隆基确实长得很可爱，宽宽的脸膛，高高的额头，一双圆圆的大眼睛。父亲给他起了个小名叫元吉，图的是吉利长寿。

西乡的江姓是当地的大姓。据《江氏族谱》记载，其远祖来自湖北的黄州麻城。在唐朝末年黄巢起义的战乱中，举家逃难，西迁至四川。到了明朝末年又是在战乱中，再由四川迁至贵州。清顺治年间，举家长途跋涉北上，迁至今日的西乡，定居至今。据《江氏族谱》推算，繁衍至江隆基父亲这一代，已是五十余代了。

江隆基故居

在西乡，江氏家族繁衍的三百年间，已分立许多支派。江隆基这一支派是他的曾祖父开创并奠定了基业的。曾祖父的父亲膝下无子，曾祖父是从亲属那里抱养过来的。他的曾祖父，人很聪慧，能吃苦耐劳，成人后又善于经营管理。他在世时，已购置了稻田三十余亩，并盖起了青砖瓦房的一套四合院，积累了一份厚实的家业。江隆基的祖父，在他曾祖父的严厉管教下，勤奋学习，考取了秀才。可惜郁郁不得志，又体弱多病，英年早逝了。

江隆基的父亲江廷瑜（字握之），幼年时就失去了父母，他与姐姐二人孤苦伶仃，无依无靠，寄养在姨母家。这个姨父姨母比较刻薄贪婪，姐弟俩经常挨打挨骂，没白没黑地干活，还吃不到一顿饱饭。江廷瑜十三四岁起就跟着族人外出打短工。起初是跟着做“帮差”，后来自己也跑起“单帮”，做起小商贩来。经汉中西去陇南的徽成、两当一带，从西乡贩去茶叶、桐油、生漆、猪鬃等土产，又从徽成、两当一带贩回当归、党参、黄芪、天麻、蕨菜、蕨麻、黄花、发菜等物品。到江隆基出生时，江廷瑜已在麻溪河岸经营起了有两间门面的点心铺。由于经商的收入，再加上承继祖业的三十亩稻田，在西乡的南区一带，江廷瑜家已算是小康之家了。

江隆基大姐早逝，兄弟四人，他排行老二。虽然他们个个都是好劳动力，是父亲干活的好帮手，但是，搞了半辈子单帮生意的江廷瑜却吃够了没有文化的苦。他是宁肯自己再苦再累，也不希望他的后代去继承他的衣钵，再干这种没有“出息”的活计。江廷瑜一心指望的是，他的后人个个读书成名，光宗耀祖。在他看来，这才是应该走的正道。

江廷瑜憨厚耿直，豁达正派。他虽然只读过几年的私塾，文化知识浅薄，但却知书达理，有着浓厚的传统礼教观念，重视对孩子们的教育。他经常教育孩子要知书达礼，忠孝仁爱。读书习字，都要刻苦笃实。他经常将《论语》《孟子》中的格言警句，还有种种醒世谚语讲给孩子们听。江隆基的大哥回忆说，他父亲日常说话不多，但是，只要是和他们兄弟谈话，就是讲为人处世、读书习字的道理。他反复讲得最多的是“礼”和“理”两个字的道理。他认为，对人一定要有“礼”，以礼待人，尊重他人；对事一定要讲“理”，要懂道理，讲道理。“勿以恶小而为之，勿以善小而不为”，就是他父亲经常告诫他们的一句话。“他父亲的旧思想很多，但是人并不固执、保守，相反，他很开明，很重视局势的动荡变化，注意吸收新的知识”。“他们兄弟的成长是与他父亲殷切的言传身教分不开的”。[1]

江廷瑜常年在外跑单帮，对三教九流、吃喝嫖赌的事多所见闻，特别是吸食鸦片的事，跑单帮的多有染指，坑窃拐骗的事也是常有的。但江廷瑜却始终洁身自好，没有坏的习惯。他常说，做生意也要讲诚信，不能取不义之财。他始终坚守着“利和义二者不可兼得，舍利而取义者也”的传统思想，做老实的生意人。江廷瑜在钱财上从不苛刻吝啬，谁家短米少柴，都能向他借得出。遇有婚丧嫁娶、生老病死的，他也去慷慨相助。这也正是他没有任何功名才学，也没有万贯家产，却能闻达于远近乡里，享有良好声誉的缘故。

江隆基的母亲董氏，是一位勤劳、善良而又倔强的农村妇女。由于江隆基的父亲经常在外，全家的活计几乎全由她来操劳。幼年时的江隆基所看到的，就是他母亲整天不停地在做活儿，看不到有什么闲下来的时候。她把全家的吃吃喝喝料理得有条不紊，屋里屋外收拾得干干净净。江隆基兄弟几个的衣服鞋袜，虽然有时补了再补，她也从不让他们把破着的穿出家门。好像这是母亲给他们定下的一条规矩似的。

江隆基的母亲不识字，却是一位忠于孝道、知书达礼的人。她和气待人，不卑不亢。江廷瑜有时心情不好，发脾气，她也一声不吭，从不和丈夫拌嘴。有时实在是不好受了，就一个人跑到院外，哭一哭。一会儿回来还是照常干她的活计。

江隆基的母亲平常说话很少，对孩子从来没有打骂、发脾气。晚上他们兄弟在昏暗的桐油灯下做功课、写字、写作业。她就在旁边陪伴着，一声不响地做针线活儿。等他们兄弟做完功课安静地睡下，她又会拿着纺车到院子里去纺线。他母亲对他们兄弟的教育可以说“尽在不言中”。

他母亲手很巧，有一手好的针线活儿。乡亲们有婚丧嫁娶，都要请她去帮活。缝制衣衫、织纹帐、做花絮，样样活计，她都能伸上手，帮上忙。

江隆基的母亲信佛。每逢上香的节日，她就将浆洗干净的衣衫，给他们兄弟穿戴整齐，带着他们一起到南山寺庙烧香拜佛。她是个十分虔诚的人。跪拜、敬香、敬佛，她都在默默地念叨，祈求免灾免难，期盼全家温暖平安。

在兄弟几人中，母亲最疼爱的是隆基。也可能是出于偏爱，她认为隆基是最有出息的。以后江隆基离家参加革命，尽管周围乡里风言风语、说三道四，但她一直相信她的儿子不会做坏事。她时时思念着远走的儿子，“能回来看看多好啊！哪怕是一两天呢！”但遗憾的是，一直到她1939年在瘟疫流行中溘然辞世，也没有再见到江隆基。

江隆基兄弟四人，大哥江裕基（字伯玉），1903年生。二十岁时，考取了日本明治大学官费生，获法学学士学位。1927年，他鼓励江隆基到日本留学，和他合用一份官费留学深造。他曾和江隆基合译了介绍马克思主义的著作，如日本著名马克思主义学者河上肇的《马克思主义经济学》《新经济学大纲》，以及《对马克思主义批判者的批判》等。1929年，他在东京因参加反日游行的银座示威活动，被日本警视厅逮捕，后被驱逐离开日本。1931年，他在上海参加了中共地下党主办的申江书店的工作，编辑出版了《中国近代史》《对马克思主义批判者的批判》等宣传马克思主义的书籍。他曾参加国民党左派，出任陕西西安高中训导主任、三原中学训导主任、简易师范学校校长，以及陕西省临时参议会参议员。新中国成立后，做中学教员。改革开放后曾任西乡县人大常委会副主任、政协副主席、民革汉中市委顾问等职。2005年去世，享年一百零二岁。

三弟江肇基（字丹枫），生于1909年。毕业于北平民国大学新闻系。毕业后长期从事新闻工作。曾担任《小实报》《苏报》《和平日报》《扫荡报》等报的记者和编辑、采访主任、副主编等职。抗日战争中，他担任中国远征军的随军记者。在缅甸多次参加了抗击日本侵略者的战役，亲历了战役的全过程，并写了不少专题报道。他到过野人山，穿越过热带雨林，在深山野岭中曾遭受过野兽的侵袭、蚂蟥的叮咬，也经历过食不饱腹、衣不遮体的惨痛日子。在随军的征战中，曾几次濒临死亡。但江肇基却始终以顽强的毅力完成了战地报道工作。抗日战争胜利后，他辗转印度返回祖国。著有《日本帝国的覆灭——记日本投降始末》《缅战回忆录》等书。新中国成立后，曾担任陕西省略阳县中学校长。“文化大革命”中被迫害致死。

四弟江弘基（字述先），生于1912年。毕业于北京大学。学生时代曾多次参加抗日救国活动。毕业后，他投笔从戎，参加了冯玉祥领导的抗日同盟军，活跃在抗日前线。1938年，他曾到延安抗日军政大学学习。以后，他走上了潜心做学问的道路。新中国成立后，在陕西师范大学任教。他的译著很多，翻译出版的有《屠格涅夫评传》《现代俄国文学史》《母亲》等书。编辑出版了《欧洲文艺思想变迁之大概》《唐代民生论》《风云儿女》《还乡记》《升自述》《黑云压城城不摧》《江隆基秦岭脱险记》等七十余部（篇）。关于文史方面的研究文字累计达百万字。“文化大革命”中遭受迫害。2007年去世，享年九十五岁。

一家四兄弟都是大学生，其中还有两个出国留学，这在今天也是少有的，何况是在那样的年代，在一个偏远的小山村。所以乡里人都非常赞誉这件事，将江廷瑜一家称作“四进士之家”，将他们兄弟四人称作“白杨沟的四进士”。

著名教育家约翰·阿莫斯·夸美纽斯曾这样说：“在人的身上，唯一能够持久的东西，就是在少年时期吸收得来的东西。”它说明了家庭教育对少儿成长的深远影响。以后江隆基在北京大学读书时也深有体会。谈到这个问题时，他说："家庭教育是一切教育的初步，是各级教育的根基"，人的一生中很多"习惯、品性、思想、技能，都要在这个时期打个基础"。[2]

他们兄弟四人在成长的道路上，虽然有着不同的经历，也有着不同的工作岗位，但是在他们兄弟四人身上体现出的优秀品德修养则是共同的。家庭教育给他们兄弟四人留下了一生中最持久的素质。

启　蒙

江隆基七岁入江氏宗祠读私塾。据《江氏族谱》记载，祠堂始建于清朝道光年间。它是由贡生江徽典出于"克振家声、好善乐施"而创建的，后因战乱曾被焚毁。及至贡生江兴功重建扩建，成为名重一时的江氏宗祠。据《江氏总碑文》称，"祠堂雕梁画栋，轩昂巍峨，气势宏伟"。从此，江氏家族有了兴旺的发展。在江兴功的带领下选举了族长和会首，置办了祭田。"立章建规，严训后裔"。每逢年节，由会首置办香火，"族人齐聚，祭奠亡灵"，已成为江氏家族的族规。

江氏宗祠的私塾也是江姓的一家富户捐助办的。入宗祠读私塾的都是江氏宗族的子弟。在江隆基兄弟读私塾时，已有三十余人就读。

入私塾是一件很隆重的事。要遵循规定的礼仪，先敬拜先师孔夫子，再叩见私塾先生（教习）。江隆基入私塾是由他父亲带着他和哥哥江裕基一起去的。那是壬子年的春节刚过。兄弟俩穿着母亲缝制的新衣裳，随着父亲江廷瑜到了江氏祠堂行"进学礼"。先是向"大成至圣先师孔子"的牌位，行三叩礼；然后再向私塾先生行拜见礼，兄弟二人一边磕着头，一边由江廷瑜揖手连声说"拜托，拜托"。行礼完毕后，江廷瑜开始向私塾先生介绍兄弟二人，并表示敬意。稍事寒暄后，才开始随意地拉起家常。当江廷瑜说到江隆基的小名叫元吉时，先生则半开玩笑地说："裕基、隆基，开门大吉。"严肃庄重的叩拜礼，也一下子为欢乐笑声淹没了。

教习汪先生是一位年过花甲的老人，鹤发银须，孤身一人。由于屡次应试未中，性格有些孤僻，经常念叨“世道不古……”汪先生有较好的国学根基，四书五经、诸子百家，虽不深透，却也熟读了不少。他的教学也和传统的教学一样，从不讲解，只是刻板地让学生背诵。偶遇到他感兴趣的篇章，不仅自己朗朗而读，也要学生几十遍地反复背诵。特别是一些有人生哲理、励志向上的名家格言，汪先生不讲也不说，就是让学生反复背诵。江裕基回忆说：“汪老先生的教习，虽很古板却使我们兄弟俩受益匪浅。兄弟俩所认知的修身养性的许多人生格言，就是从汪老先生那里学到的。”

其实，汪老先生教学方法传统守旧，但人并不古板。他很喜欢孩子，有时讲些成语里的笑话，自己乐，逗得孩子们也乐。他喜欢讲故事，他讲得最多的还是《西游记》里的齐天大圣孙悟空和《水浒传》里的英雄好汉以及《三国演义》里的刘关张三兄弟。他认为这些人都是了不起的英雄，孩子们也喜欢听。有时讲到得意之处，就会朗朗地背诵起来：“先帝创业未半，而中道崩殂……此诚危急存亡之秋也……”也像在抒发自己的情感。

江隆基兄弟俩很勤奋。他们在家里早已养成了喜爱劳动的习惯，兄弟俩上学后每天都帮助打扫课堂、整理桌凳，还给先生端水送茶、倒尿壶。兄弟俩本来是走读的，后来汪先生就让兄弟俩也搬到私塾住宿（祠堂里原来就有一些住宿的学生）。每到黄昏入夜，汪先生一边拿着旱烟袋，一边端着茶水，就开始给这些学生们讲“三国”“西游记”、讲“水浒”了。一向唉声叹气的汪先生，也好像有了活力，忘记了疲倦，有声有色地、滔滔不绝地讲起来。在讲的过程中，也不免有许多是重复的。但是学生们却是很喜欢听，江隆基兄弟俩也听得津津有味。

优秀的古典文学小说是有很强的穿透力的。它依据史实典籍而宣扬的伸张正义、抗暴除恶、忠孝仁义、坚贞博爱等等传统文化，经过先生绘声绘色的反复讲述，对这些一张白纸似的少年学生的成长产生了深深的影响，甚至会铸就他们一生的某些品德。这些优秀的传统小说的广泛传播，深受先生和学生的喜爱，也是很自然的。

五年的私塾学习之后，十二岁的江隆基以优异的成绩考取了南区高等小学。南区高等小学是西乡县在辛亥革命后兴办的三所新式高等小学之一。在这些新的学校里，已经不再是背诵“四书五经”之类，而是有了新式的国文课。除国文外，还有算术、自然、历史、地理以及音乐、体育等课程。

南区高等小学的校长是王汝霖。王汝霖是一位受人尊敬而又热心教育的前清廪生。他深受变法维新思想的影响，热衷于改革。国文老师是李兰村，前清的秀才，也具有某些民主思想。其他历史、地理、自然、算术等课程的教师多是从西安高等师范学校毕业或肄业的学生。他们这些从省城来的青年教师，给南区高等小学带来了不少新的气息。

江隆基的家距这所高等小学有五六里的山路。每天拂晓，兄弟俩就带着母亲为他们准备好的米面饼，沿着崎岖的山路上学，一直到下午太阳将要落山的时候才回到家。兄弟俩非常遵守学校的规约，不迟到，不早退，也没有无故缺课的事。兄弟俩学习也很认真，倾听老师讲课，按时交作业。江隆基是他们这个年级中年龄最小的一个，学习成绩却最好。每次考试他都是在前几名。特别是他写的作文经常得到老师的表扬，常有“贴堂”的作文。有一次，他的“贴堂”作文，得到了老师“秋水文章不染尘，不期于童子得之”的好评语。

江隆基特别喜欢听历史课。历史课的老师是从西安高等师范学校毕业后聘请来的，人很热情，讲课也认真。他讲中国历史喜欢讲述许多英雄人物的故事，除一些古代的历史人物外，还讲康有为、梁启超、孙中山、黄兴。他是一位具有强烈爱国心的年轻教师。讲到帝国列强侵略中国、欺凌中国人的地方，更是慷慨陈词，愤怒之心溢于言表。兄弟俩听他的课，不仅获得了许多新鲜知识，也使他们受到了爱国热情的熏陶。

江隆基的少年时代，是一个纷扰、动荡、激变的忧患年代。辛亥革命结束了清王朝二百六十多年的统治，也结束了两千多年的封建专制。但是中华民国的成立，并没有像孙中山先生讲的，达到“从此帝制永不留存于中国之内”[3]，苍茫大地仍然处在民族矛盾和阶级矛盾纵横交错的危难中。袁世凯的篡权、地方军阀的崛起、宋教仁惨案、“二十一条”、袁世凯称帝、张勋复辟、军阀割据混战……连孙中山先生也不得不哀叹道：“夫去一满洲之专制，转生出无数强盗之专制。其为毒之烈，较前尤甚。”[4]

辛亥革命失败了，但失败却饱含着深远的意义。

辛亥革命是20世纪初中国社会大变动时期高举民主革命旗帜的伟大革命，它“在中国人民中散布了民主共和国思想的种子”。[5]它冲破了封建社会闭关锁国的腐败沉闷，使人们看到了“君主不是神授的”，“祖宗法度不是不可改变的”。它激发了人们关心国家命运的热情，启发了人们追求民主、平等、自由的积极性。是一次思想的解放运动。同时，辛亥革命在一定程度上打击和削弱了帝国主义列强在中国的侵略势力，也促进了民族资本主义经济的振兴和发展。辛亥革命使中国历史大大跨进了一步。

辛亥革命的影响深远，也是复杂的，特别是对那些偏远乡村。也就是在这样的时代背景下，少年的江隆基也演绎出了许多故事。

那是在江隆基兄弟俩刚刚进入南区高等小学不久的事。南区高等小学原是借用一座玉皇观古庙的地址。它是经过修缮改造后使用的。学校只占用了两旁的耳房和厢房，作为学生上课的教室和学校办公的地方，留下的正面大殿仍然保留下来烧香拜佛。可是由于学生增加很多，校舍远不敷使用，不同年级学生只好挤在一个教室上课。江隆基兄弟俩入学时，这种拥挤情况更为严重。校长王汝霖为此事曾多次向县里反映要求收回大殿扩建校舍，始终未能解决。而正面的大殿，年久失修，也早已破烂不堪。同时，经常还有三三两两烧香拜佛的人进进出出，干扰学生正常上课。一些教师也提出能否将大殿腾出来，供上课使用。这样多次的要求，县里却始终不予答复。于是在学生中间引起了强烈反响，并开始议论纷纷。有的说："读书上课都没有地方，还要泥菩萨占着地方干什么。"也有的说："我们应该到大殿里上课。"这样七嘴八舌议论的结果，江隆基兄弟俩就提出，应当将庙里几个泥菩萨搬出去。于是，在一天夜里，江隆基兄弟俩还有十几个学生，悄悄地跑进正殿，将泥菩萨搬的搬，砸的砸，一下子就将正殿腾空了。

在乡里，这种砸泥菩萨的事却不是一件小事，立即引起了议论和指责，并找到校长质问，要求惩罚这些学生。但是学校里的老师和学生却非常支持"学生做的好事"，认为这样做也没有什么不对。许多学生家长也出来为学生说话，认为用空闲的大殿为学生学习上课，是一件好事。这时在周围的乡里，也发生了多起砸泥菩萨毁坏土庙宇的事。所以最后这件轰动乡里的事也就不了了之。参与砸泥菩萨的江隆基兄弟俩和那十几个学生还受到人们的称赞。

以后正殿经过整修，就作为学生上课和集会的礼堂之用了。校长王汝霖还在正门上亲笔题写了"礼堂"两个大字。

砸泥菩萨，是一些少年学生偏激的义愤行为，按常理是应该教育制止的。但是学校和老师们不仅没有制止，却支持了这种冲动行为。这固然是出于学校教学的需要，但更深层的原因，则是与当时辛亥革命后反封建、破迷信的社会浪潮有着密切关联的。

还有一件与江隆基兄弟俩有关的事。那是丁巳年的春节后，兄弟俩和几个同学外出玩耍。当他们走到油坊街时，看到一家门首，醒目地贴着一副春联："洪运迎来幸福日，宪政启迪太平年"。江隆基觉得这是一副抬头联。他说："春联的右边是个'洪'字，左边是个'宪'字。它是说'洪宪'带来了幸福的太平年。这是赞颂袁大头（袁世凯）当皇帝的。"裕基和同学们再一端详，都觉得隆基说得很有道理。大家说，袁大头早已气死了，还给他招魂，将它撕了。于是大伙一起动手，就将这副对联撕去，又用泥巴涂掉。

先后两件轰动乡里的事，江隆基都是带头的参与者。无论在家里还是在学校里，江隆基都是个循规蹈矩的孩子，从来不会做什么越轨的事。但是砸泥菩萨、撕春联，他却是主要参与者。什么原因呢？江裕基回忆说：“隆基小时候，对大人和老师的话，都能听进去，很顺从。不过他秉性刚直，有一种不甘屈辱、富有正义感的性格。”在时代洪流的冲击中，江隆基这种性格的绽放，已经萌发着一种赤诚的爱国心的幼芽。

还有一件事，那是在入冬后的一天。江廷瑜一大早就被县衙叫到城里，全家都预感到有什么大祸临头。因为通常都知道，被县衙找去的都不会有什么好事。一家人从早盼到天黑，仍不见父亲回家。母亲焦虑不安，托人到县城里打听，也得不到确切的消息。及至夜半，才传回话来说：“江廷瑜被关进大牢了。”全家人顿时乱成一团，不知如何是好。后经仔细打听，才知道是因江廷瑜与村里李姓的一件纠葛引起的。

原来村里有个李姓的人家。他家的耕地与江廷瑜家的耕地相连。李家硬说江家多占用了他家的土地不归还，还说江廷瑜欠了他的大洋也不归还。其实这些都是无中生有、无赖敲诈的事。李本人平时游手好闲，不务正业，经常做些偷鸡摸狗、坑蒙拐骗的事。村里人都不愿意和他交往，避而远之。江廷瑜为人厚道，总是以宽厚的态度对待他，经常规劝他多干些正经事。他有时向江廷瑜借些钱，江也从来不要他归还。可是不知什么时候起，李却吸食上了鸦片，染上了毒瘾，竟然将一向善待他的江廷瑜也告到了衙门里。李吃吃喝喝早与县衙的人有勾搭。乡里人说，他是有鬼人撑腰的。所以县衙也不问青红皂白，就将江廷瑜关进了大牢。

江廷瑜被关押了半年，虽然在亲友们的帮助下营救出来，但家产也被折腾了大半，原先经营的点心铺也关闭了。这个意外的灾难对江隆基兄弟影响很大。他们发誓要发奋读书，要争这口气。只有读书学习成名，才能出人头地，才能少受这些冤枉气。他们恨那些地痞无赖，更恨黑暗的县衙沆瀣一气。黑暗的社会在江隆基幼小的心灵里，留下了深深的伤痕。

1920年，江隆基兄弟俩在家庭、学校和时代的熏陶下，就要毕业了。高等小学毕业是乡里的大事，乡里人将高等小学毕业看作是像考取了前清的贡生一样，是要大加庆贺的，要放鞭炮、送喜报、办酒席。毕业的学生要穿上宽袍大袖圆领镶边的蓝衫短褂，头戴圆顶小帽，打扮得整整齐齐，迎接亲朋们的祝贺。

兄弟俩毕业了，两人的学习成绩都是名列前茅。江隆基还是全年级的第一名，全家上下分外高兴。周围的亲朋们纷纷来祝贺，更增添了全家人的喜悦。江廷瑜也置办了丰盛的酒席，和大家一起为孩子们祝贺。江隆基也是满心欢喜。他却向母亲提出了一个新要求，说他不愿意花费那么多的钱穿那蓝衫短褂，“给我做一身像城里学生穿的新制服吧”。母亲很体谅隆基的心情。制作新制服虽说很吃力，母亲还是满足了他的要求，没日没夜地给他们兄弟俩都缝制了一套学生样的新制服。当兄弟俩高高兴兴地穿上母亲为他们缝制的新制服迎接亲朋的祝贺时，亲朋们都格外赞许。大家都夸奖说：“江廷瑜家教有方。隆基兄弟都是有出息的孩子，这也是我们乡里人的福祉。”

爱国少年

1920年夏，江隆基兄弟俩背着母亲为他们整理的行装，穿着母亲为他们缝制的新制服，和六七个同学结伴，离开了家乡，跋涉七百余里，历经十余天，来到了古城西安，开始了他们新的学习历程。

本来到省城（西安）上学，是江隆基久已渴望的事。但是由于家境困难，西安又离家远，所以江廷瑜的原意是让他们兄弟俩就近到汉中上学，这样也可以减轻家庭的负担。

江隆基兄弟俩能到省城上学，完全是一件偶然的事情。那是在7月间，兄弟俩到城里玩耍，看到一个招生广告。上面写着陕西省乾县的一个陆军训练学校，公费招收高等小学毕业生。不仅不收学费，吃的、住的都免费，而且一年还发两套新衣服。兄弟俩看到后非常高兴，回家就将这个好消息告诉了父母。母亲一听，说是去当兵，说什么也不同意。江廷瑜却有些动心。他觉得到“陆军学校”学习，未尝不是一条出路，况且兄弟俩如果都到西安上学交学费等等，家里也确实有些承担不了。于是，江廷瑜下了决心，“就让他们兄弟俩出去闯一闯吧”！这样江廷瑜夫妻商量后也就同意了孩子的想法。

可是，江隆基等六七个同学结伴到西安后，仔细打听，原来这个所谓的陆军训练学校是陕西陆军混成旅张鸿远创办的一个陆军训练所。虽然是公费待遇，但是大伙觉得它不是一个正规的学校，就不愿意去了。正巧这时西安的各个中等学校也正在招收新生，于是几个同学有的报考了师范学校，有的报考了中学。江隆基考取了陕西省立第二中学。江裕基先是去乾县陆军训练学校，以后也转学到西安二中学习，并于1924年考取了留日学习的官费生。

西安，这个历经十三个朝代的古都，一切的一切都使年幼的江隆基感到新鲜。雄伟壮观的钟楼、鼓楼，高耸入云的大雁塔、小雁塔，整齐庄严的城楼、城墙，笔直宽阔的大马路，熙熙攘攘的马车、人群……到处都充满着古老文化的气息。然而更吸引他并给他以深刻影响的还是这个省立第二中学接二连三发生的事。

陕西省立第二中学位于西城门外，原是三秦公学的旧址。三秦公学创办于1912年，是陕西省创办的最早的学校之一。可惜只办了两年多，在1914年陆建章督陕后，就被强制解散了。三秦公学停办后，划分成为前后两个大院，后院是陕西省立甲种农业学校，前院就是陕西省立第二中学，简称西安二中。（这个西安二中，原址在陕西省凤翔县，陈树藩督陕后，将这个中学迁到了西安，改名为陕西省立第二中学。它不是以后的那个西安二中——陕西省立第二初级学校）。西安二中所在的前院要比后院甲种农业学校大得多，校舍多，也整齐。一排排砖砌的灰色瓦房坐落有序，还有宽阔的大操场，以及许许多多树木花草。校园环境朴实而宁静。

然而，五四运动后长安古城已不是那样平静了。风起云涌的学生爱国运动一浪高过一浪，西安二中又像在风口浪尖，就在江隆基入学后的第二年，学校发生了驱逐校长柳彦升的事件（“柳彦升事件”）。

事件缘起于华盛顿会议的《九国公约》。1921年7、8月间，美国政府向英、日、法、意、比利时、荷兰、葡萄牙和中国等国家发出邀请，提议在华盛顿召开关于远东和太平洋问题及限制海军军备的会议，即华盛顿会议。会议通过并签订了关于中国问题的《九国公约》。要求中国实行“门户开放”，并确立了帝国主义各国“在中国全境之商务实业机会均等之原则”。这个公约实际上是美、日两个帝国主义国家确立在远东和太平洋地区霸权，并以牺牲中国国家主权，迁就和满足日本帝国主义利益的不平等条约，是进一步瓜分中国的条约。消息传来，立即引起了全国各族各界人民的强烈谴责，国人纷纷起来举行抗议游行。

1921年12月，消息传到西安后，西安各学校的学生立即行动起来。20日，一千余学生集会于文庙，举行了抗议示威游行。学生们高举着“列强瓜分中国誓不承认”“亡国不如丧家之犬”“一致对外，急谋统一，速息内争”等醒目标语，高呼着“誓死救国”“打倒帝国主义”等口号，抗议游行。之后，连续几日，学生和社会各界参加的游行示威不断扩大。学生罢课，走上街头，四处讲演，呼号救国。游行队伍还到军阀刘镇华的陕西公署，强烈要求刘镇华致电北京军阀政府及参加华盛顿会议的代表，抗议《九国公约》，拒绝签字。最后刘镇华被迫答应了游行群众要求。

但是，刘镇华却暗地里密令教育厅要求各学校阻止学生的罢课和游行示威活动，用威胁和镇压的手段阻止学生的爱国行动，并逮捕了一些学生。这样更激起了群众的愤怒和抗议。到1922年1月中旬，学生和社会各界群众的抗议活动进一步推向了高潮。

西安二中校长柳彦升是西安地区一位很有声望的人物，任陕西省省议会的副议长，兼任西安二中校长。但是，在这次学生的爱国活动中，他却始终站在学生的对立面，跟随刘镇华千方百计地阻止和威胁学生的游行示威活动。他诬蔑学生的爱国活动是“奸人从中煽动，扰乱治安”，并提出要追究“闹事”的学生。于是，全校学生掀起了驱逐柳彦升的抗议活动。抗议活动很快得到其他学校学生的大力声援。众多学校一起集会到省议会和教育厅提出抗议，强烈要求柳彦升辞职。结果柳彦升被迫辞去了二中校长职务。

柳彦升辞去校长职务后，教育厅又派了米登岳担任校长。这位校长还未到任，学生们已关闭了学校的大门，并悬挂起“拒绝米登岳入校”的大幅标语，抗议米登岳到校任职。教育厅一时连校长也派不出来了。这就是名噪一时的“柳彦升事件”。

“柳彦升事件”之后，其他学校也相继发生了驱逐校长的事。这时西安二中还发生了几件驱逐教员的事。其中一件就发生在江隆基的班上。有一位教博物课的老师，平常讲话喜欢吹嘘自己，夸夸其谈，常常摆出一副装腔作势的样子。学生不喜欢听他讲课，还经常讥笑地学他“嗯……啊”的样子。学生们虽然不尊敬这位老师，但并没有什么敌意。可是在这次抗议《九国公约》的活动中，他不仅帮着刘镇华、柳彦升说话，而且还经常到柳彦升那里“打小报告”。报告××学生写了什么标语，××学生参加了游行活动等等。这种不光彩的行为，立刻引起了学生们的愤怒。有的学生甚至提出要痛打他一顿。

这时正值各门课程的期末考试，在博物课考试时，为了表示对这位老师“打小报告”的抗议，江隆基带头交了白卷。在他的带动下，全班学生一起交了白卷，并退出了考场。江隆基带头罢考的事惊动了学校。学校领导找江隆基谈话，严厉指责他是“带头闹事”，并准备处罚，要挂牌除名（开除）。学生们一听说要开除江隆基，立即蜂拥而起，不仅江隆基这个班的学生，全校各个班的学生也都纷纷起来，向校方提出抗议，“不准开除江隆基”，“×××是密探”，“×××滚出二中”。一时间学校的许多课程也停止了考试。校长柳彦升校长刚刚被迫辞职，又发生了这样的事。最后学校只得答应学生的要求，并将那位博物教员调离了西安二中。

1923年4月，西安学生的爱国民主运动出现了第二次高潮。这是一次强烈要求收回旅顺、大连主权的群众运动。

1901年，旅顺、大连被沙皇俄国强迫租借；1905年，在日俄战争中，俄国战败将其转让给日本。1923年3月27日是日本帝国主义“租借”旅顺、大连期满的日子，但是日本政府却拒绝归还。于是引起了全国学生和各族各界人民的强烈抗议，纷纷举行游行示威，要求收回旅顺、大连的主权。

在全国人民的愤怒声讨中，西安各族各界人民也纷纷行动起来，投入到了这场群众运动中。4月16日，西安各校学生六千余人集会于文庙，召开了抗议日本帝国主义侵占旅顺、大连的群众大会，并举行了声势浩大的游行示威。学生们高举着“粉身碎骨，以救旅大”“头可断、血可流，二十一条绝对否认”“排斥日货”的旗帜，高呼着“打倒日本帝国主义”“将日本帝国主义赶出中国去”的口号。大会向陕西省省长公署及省议会递交请愿书，督促政府立即通电全国，通电北京政府收回旅大主权。第二天，西安各界又继续举行更大规模的游行示威活动，各校参加的学生达到一万多人。21日，陕西省军政学商各界、各社会团体，还有郊区的农民和西安五十余所学校的学生齐集于莲花池，召开了声势浩大的群众大会。大会通过了四项决定：

（一）通电日本政府，根本取消二十一条，坚决收回旅大；

（二）对日实行经济绝交；

（三）通告世界各国政府，自本年三月二十六日起，日本占领的旅大，应给我以相当赔偿；

（四）通电北京政府，即日接收旅大。如日仍拒绝，当即宣战。

会后举行了大规模的游行示威活动。各校的学生还分赴街头郊区，演讲宣传，痛斥日本帝国主义的霸道行径。这一次群众游行集会活动，是西安地区自五四运动以来，规模最大、影响最深的群众大集会。

所有这些爱国民主活动，江隆基都积极参加了。他有这样的回忆："游行示威，下乡宣传，我都参加过。但我那时年龄还小，不过是随声附和摇旗呐喊而已。"[6] 话虽说如此，但在那个时代的洪流里，在爱国民主运动的熏陶下，年幼的江隆基正是以这种"随声附和""摇旗呐喊"为起点，一步一步走上了革命的道路。

对江隆基影响最深的是杨明轩先生。

1923年，陕西省教育厅委派张友三任西安二中校长。张友三毕业于北平师范大学。开明进步，热心教育。他到校后聘请杨明轩担任教导主任。杨明轩，生于1891年，陕西省户县人。在北京大学读书时，积极参加了五四运动，在"火烧赵家楼""痛打章宗祥"事件中，他是被捕的三十二名学生之一。他又是进步组织"共进社"[7] 的创办人之一。以后陕西籍外出留学的许多进步青年也参加了这个团体，到1926年会员达六百余人，并创办出版了《共进》半月刊。[8] 杨明轩于1926年加入中国共产党。1937年代表中国学生出席在巴黎召开的世界学联年会。曾任陕西抗日大同盟常务主席，在西安从事抗日民主活动。1942年参与筹组中国民主同盟西北地区机构。1946年任中国民主同盟西北总部组织部部长。1948年2月，当选为陕甘宁边区政府副主席。杨明轩是西北地区爱国民主运动中最有影响的代表人物。毛泽东曾赞誉他是"西北地区共产主义新思潮启蒙运动中最先进、最英勇的战士和旗手"。

张友三校长还聘任了一些有民主进步思想的教员。如训导主任王东鲁，他是陕西省出席国民党第一次全国代表大会的代表。又如博物教员赵葆华、地理教员侯佩苍等。西安二中出现了许多新气象。

在张友三、杨明轩的积极筹措下，学校购买和订阅了许多新书刊。期刊有《新青年》《学生杂志》《共进》等，新书有《社会发展史》《社会科学浅说》《共产党宣言》《独秀文存》等。同时还创办了西安二中自己的刊物《二中旬刊》。这些新书刊吸引了西安二中的学子。特别是杨贤江主办的《学生杂志》和西安二中自己的校刊《二中旬刊》，除了介绍国际国内时事政治等大事外，还采用通讯、问答方式和读者交流在学习和现实生活中碰到的种种问题。在相互展开的讨论中，又用通俗的话语回答疑难，深受学生们的欢迎。这一切也使得渴望学习的江隆基学到了许多新知识，“好像是打开了通向世界的天窗”。

在杨明轩的倡导下，学生中开展了时事学习辩论会。辩论会每周一次，辩论的题目起先是由杨明轩和其他教师拟订，后来学生也参与共同出题目。辩论会多由教师主持，有时也由学生自己主持。二中的辩论会是很有吸引力的，参与的学生十分踊跃。其中有两次辩论会是由江隆基主持的。

其中一次主持的辩论题目是“宪法有无价值”。这是杨明轩先生针对当时曹锟贿选总统，颁布“猪仔宪法”而出的题目。为了给学生以正确的引导，杨明轩专门讲述了曹锟的简要历史和贿选情况。曹锟是直系军阀首领之一，辛亥革命后任北洋军第三师师长，直隶督军，直鲁豫三省巡阅使。1922年，直系军阀将皖系军阀选出的大总统徐世昌赶走后，抬出了黎元洪任总统。曹锟为了早日爬上总统的宝座，于1923年6月，一方面用一千三百余万元的巨款贿赂国会议员，以每票五千元，“一手投选票，一手取支票”的办法选举总统；另一方面又用武力威胁，派出大批警察、密探监视议员。最后贿赂成功，国会选举了曹锟为大总统。贿选成功后，为了欺骗民众，掩盖丑闻，又于七天之内赶制出了一部《中华民国宪法》。所以当时将国会议员叫作“猪仔议员”，将曹锟的宪法叫作“猪仔宪法”。

同时，杨明轩又讲述了宪法是国家根本大法的意义。这个题目立即引起了学生们的兴趣。大家纷纷找报刊、找图书、查资料。有的学生还向其他老师咨询，究竟应当怎样认识这个问题。这次辩论会开得十分热烈。通过杨明轩先生的总结评述，大家对“猪仔宪法”有了比较清楚的认识，同时认识到了宪法作为国家根本大法的重要性。江隆基主持的这次辩论会很有辩论气氛，既热烈又有秩序。通过这样的辩论学习，不仅使大家对宪法有了一些基本知识，更重要的是进一步提高了大家对军阀专制的认识，认识到军阀统治的黑暗和腐败。

还有一次江隆基主持的辩论会的题目是“西安的城墙该不该拆去”。这个题目也是由杨明轩先生拟订的。因为当时社会上出现了一种舆论，认为封建皇帝已经被推翻了，象征皇权的旧东西也应当扫除。所以有一些人就主张，应当拆毁西安的城墙。杨明轩是为了让大家对这种过激倾向有清晰的认识，拟订了这个题目。这次辩论会开得也很热烈。不过辩论的最后却是主张拆毁的占大多数。杨明轩先生又专门给大家讲述了这个问题，说明了保护文物古迹的重要性。他说，反对封建专制，推翻封建统治，是说旧的社会制度不合理，要消灭剥削劳苦大众的罪恶制度。长城、西安的城墙，都是劳动人民用血汗创造的，它象征着中华民族的伟大和文明。他要大家一定不要听信社会上那些不好的传言。杨明轩还讲了国外一些尊重和保护古迹的事。江裕基老先生后来回忆说，这个辩论会给他的印象很深。“西安的古迹很多啊！如果都拆毁了，是多么可怕的情景呀。”他十分感激杨明轩先生对大家的教育。

杨明轩先生还倡导学校实行民主管理。西安二中的学生自治会就是在他的指导下成立的。这也是西安二中首次成立的学生自治会。自治会的组成人员，完全由学生自己推荐提名，大家都参与选举。他要求自治会多关心时局，经常和其他学校沟通联系。西安二中的《二中旬刊》发行后，他又提出要自治会组织学生多写稿件，多参与《问题》（《二中旬刊》中的一个专栏）的讨论。

杨明轩先生教数学课和历史课，但更多的是给大家讲中国的社会历史。他讲近代中国受帝国主义列强侵略奴役的情景。江裕基老先生说“华人与犬不得入内”[9]的事，就是首先从杨明轩的讲述中知道的。杨明轩先生还向学生讲了许多在北京大学读书时发生的事，讲李大钊、陈独秀，还讲他参加五四运动的游行示威以及被捕的经过。学生们听得津津有味，也深深地被杨明轩先生的爱国热情和不畏强暴的精神所感动。学生们也知道了李大钊、陈独秀这样一些很了不起的人物。

江隆基的学习是很优秀的，各门功课的考试几乎全是第一名。江隆基的学习成绩和主持辩论会的突出表现引起了杨明轩先生的关注。杨先生经常邀江隆基到宿舍里交谈，在交谈中杨先生更感到江隆基不仅学习成绩好，而且有一种渴望学习新知识，积极向上的精神。他看到江隆基是一个懂礼仪、很稳重的青年，是一个有强烈爱国心的青年。以后杨明轩先生就推荐江隆基参加了学生自治会的工作，江隆基还担任了《二中旬刊》的编辑。

江隆基也经常到杨明轩先生那里请教各种问题。杨先生给他讲国内的时局，讲日本、美国等国是怎样富强起来的，讲中国社会的腐败与黑暗，还给他讲了许多为人处世的道理。江隆基后来回忆他的成长道路时，是这样说的：杨明轩先生“在思想上给我以极大的启示……使我的思想也渐渐地起了变化。在此之前，我的人生观是成家立业，扬名显祖。在此以后，我的人生观逐渐变为富国强兵与改造社会了”。[10]

也是在杨明轩先生的指导和关怀下，江隆基和一些学习上进、思想相近的同学组织了一个小的社团，起名为“青年励志会”。拟订了社团规定，并将李大钊和陈独秀激励青年的许多警语写到规约里。这个社团在学生自治会中，以及在西安二中的校刊——《二中旬刊》中都发挥了很好的作用。

江隆基还参加了西安地区西乡同乡会的活动。当时代表西乡参加陕西省议会的省议员是范祚介。范的父亲范鸣岐是被西乡人列入豪绅恶吏的人物。西乡的民谣中说他是“鹰嘴鼻子鹞子眼，吃人心来挖人眼”。范祚介之所以成为省议员，是以每票二百元的高价买通的，也完全是范鸣岐贿赂得成的。范祚介当了议员后也和他父亲一样，专横跋扈，鱼肉乡民。西乡人把他叫作“凶神”。当时，随着西乡地区来省城上学学生的急速增加，急需要有一个联络活动场所。江隆基等同学了解到范祚介在西安有几处房产，所以他们想请范议员帮忙租借一所房间给他们，供西乡的同乡使用。但是几次请求，范都借故推辞，引起了西乡学生们的极大愤慨。江隆基和“青年励志会”的同学商量，应当据理力争，于是同其他学校的西乡同乡，发起组织了一次请愿活动。一起到省议会找范祚介请愿，范终于被迫答应了这些同乡的要求，借给了一处房子。这处房子以后就成了“西乡会馆”。

在西安二中，江隆基虽然将“主要精力用在功课上”，但他参加的社会活动也不少，而且在这些社会活动中成了有些影响的人物。江隆基所在的班里，有一位同学得了肺结核，不仅没有钱治病，而且连个隔离的房间也找不到。江隆基就在老师和学生中发起了募捐活动，在校外租借了一间民房。江隆基利用课余时间，为这位同学送药、送饭。这位同学虽然不幸去世，但这件事在西安二中的学生和老师中留下了很好的印象，大家都赞誉江隆基办事的负责精神。

注 释

[1]《访江裕基记录》，1982年4月。

[2] 江隆基：《告为人父母的人》，载《西乡》，1926年5月。

[3] 孙中山：《咨参议院辞临时大总统职文》，载《孙中山全集》第2卷，第84页。

[4] 孙中山：《建国方略自序》，载《孙中山选集》，第104页。

[5] 周恩来：《在孙中山逝世三十周年纪念大会上的开幕词》。

[6] [10] 江隆基：《自传》，1943年10月23日。

[7] 共进社是1922年10月在北平的陕西籍进步学生组成的一个社团，以后陕西籍出外留学的许多进步青年也参加了这个团体，到1926年会员达六百余人。领导人是魏野畴、李子洲、杨明轩等。

[8]《共进》半月刊是1921年10月创办“五四时期”进步刊物之一，以后成为共进社的机关刊物。

[9] “华人与犬不得入内”，是一块木牌上的字。当时这块木牌是悬挂在上海法租界的法国公园门口的。木牌长约二尺，宽约五寸，黑底白字。同样的木牌在英国租界的黄浦公园门口也悬挂着。

第二章

加入中国共产党

1924年夏，江隆基和同学王锷一起来到北平。江隆基先是考取了北京农业大学，翌年春，考取了北京大学。

1925年，江隆基考入北京大学

北平，这个中国政治、文化的中心，在五四运动以后正经历着动荡、深刻的变化。发生在1919年的五四运动是近代中国历史上第一次由学生、工人和市民兴起的一场爱国运动。它是由北平发起，涉及全国二十多个省、三百多个城市的规模空前的群众运动，是一场反对帝国主义、反对军阀卖国贼的革命运动。

五四爱国运动，中国人民有了新的觉醒，马克思主义、社会主义得到了广泛传播。1920

年，北平、上海等地共产主义小组成立。1921年，中国共产党成立。中国社会开始进入了一个新的发展时期。

以五四运动为标志的新时代，也是中国新文化、新思想发展繁荣的新时代。首先是马克思列宁主义以强劲的态势得到广泛传播。与此同时，其他的政治观、社会观以及各种学术观点也竞相迸发。多种多样的社会思潮也涌现出来，如无政府主义、新村主义、合作主义、泛劳动主义、基尔特社会主义以及社会民主主义等，学说流派，五花八门。传播的人群，各色各样。这样的景象也如瞿秋白在《饿乡纪程》中所说的，使广大的青年学子"隔着纱窗看晓雾"，模模糊糊，朦朦胧胧。种种主义、种种学说，莫衷一是。

到北京大学学习是江隆基久已向往的事。在他从西安到北京之前，就从他的启蒙老师杨明轩那里知道了北京大学的许多事。他仰慕北京大学，仰慕众多的名家学者。

这时的北京大学仍然延续着1919年规定的体制。学制分为预科、本科、研究所三级。预科二年，分甲、乙两部。甲部修业满分后分别入理工各系，乙部修业满分后分别入文史经哲各系。江隆基考取的是预科乙部。按他的志愿是入经济系学习。文预科的课程分量较重，仅必修课就有国文、伦理学、外国语、哲学概论、科学概论、中国历史、世界近代史、古体文、经济通论，以及部分理化课程等，另外还有一些选修课。

江隆基入学北京大学后，抱着"一心只想把功课学好"的强烈愿望。各种学术演讲会、专题讲座，他都如饥似渴地去聆听。各种各样的图书、报纸、期刊，他都贪婪地阅读。他更为蔡元培先生所创导的"囊括大典，网罗众家"的自由民主气氛和"研究学问，力学报国"等一系列主张所折服。他从学习中好像跳出了狭小的个人圈子，进入了一个广阔的天地。视野开阔了，思路也宽了。他在关心思考着国家的前途、社会的进步与弊端等等这些大问题。

但是，在广求博览的探索中，他还是迷茫的。他在《自传》里这样说：“到北大后，我受着各种不同思想的影响，茫然不知选择。我觉得李大钊的共产主义、顾孟余的三民主义、胡适的自由主义都是好的。在学习方面，则受胡适的影响更多。”[1]

这是一个风云变幻的混乱年代，是一个黑暗与光明、进步与倒退反复较量的年代。就在江隆基到北京就学的这一年9月，爆发了江浙军阀的混战。紧接着又爆发了第二次直奉战争。10月，直系将领冯玉祥发动了北京政变，囚禁了贿选总统曹锟，驱逐了末代皇帝溥仪出故宫。11月，皖系军阀段祺瑞就任中华民国临时政府的临时总执政。12月，段祺瑞就发表了“外崇国信宣言”，表示尊重与列强签订的不平等条约……

也就在这一年，孙中山领导的民主革命有了新的发展。1月，在中国共产党人的积极推动和帮助下，在广州召开了中国国民党第一次全国代表大会。大会通过了中国共产党人起草的以反帝反封建为主要内容的宣言，重新解释了三民主义，制定了联俄、联共、扶助农工的三大政策。5月，创建了黄埔陆军军官学校，任命蒋介石为黄埔军校校长，任命共产党人周恩来为政治部主任，许多共产党人到黄埔军校任职。7月，创办了由共产党人彭湃主持的广州农民运动讲习所。

就在这个时期，在中国共产党领导下的工人运动出现了新的高潮。1922年1月，发动了香港大罢工，坚持斗争十六天，取得了胜利。10月，发动了开滦煤矿工人反帝大罢工。1923年2月，发起了震撼全国的京汉铁路大罢工。3月，发动了反对日本帝国主义的集会大游行，要求取消“二十一条”。

在工人运动的高潮中，北京大学走在了运动的前列。当开滦煤矿工人大罢工的消息传到北大后，北大立即组织了北京开滦矿工罢工经济后援会，并向全国发布宣言，发起了支援开滦矿工的斗争。京汉铁路大罢工开始后，北京大学和北京学联共同发起组成了铁路工人后援会，通电全国支援大罢工，发起了大规模的游行示威活动，明确提出了“打倒军阀”“打倒帝国主义”等口号。3月，又发动了反对日本帝国主义，收回旅大，取消“二十一条”的爱国运动，通过了推翻丧权辱国的军阀政府等决议，将爱国民主运动推向新高潮。所有这些都清楚地表明，北京等地的学生运动已成为中国民主革命的重要组成部分。

在国共合作后的新形势下，民主革命运动日益高涨，这也使得帝国主义和军阀政府感到极大恐惧，并屡屡采取血腥屠杀政策进行镇压，各地的流血惨案不断出现。发生在五月的“五卅惨案”，就是轰动全国的大事件。1925年5月15日，上海日本纱厂资本家枪杀工人顾正红，杀伤工人十多人，引起了上海工人、学生和市民的极大愤怒。5月13日，举行声势浩大的反帝大游行。游行群众遭到帝国主义巡捕的血腥镇压，当场死去十一人，伤几十人，并有数十人被捕。这就是震惊中外血染南京路的“五卅惨案”。

惨案发生后，上海工人、市民和学生立即发起了三罢（罢工、罢市、罢课）运动。6月2日，北京大学学生得到惨案消息后，立即响应，并联合其他学校从3日起一起罢课，举行了三万余人参加的游行示威活动。6月10日，北京的工人、学生和市民二十万人在天安门举行国民大会。抗议帝国主义的血腥暴行，通过了《对英日经济绝交》《废除中国英日之间一切不平等条约》等决议。群情激昂，当场有人血书“誓死救国”四个大字，“打倒英日帝国主义”“援助被害同胞”等口号响彻整个广场。会后举行了大规模的游行示威。为了扩大斗争规模，北京大学的学生发起组织了救国团，到农村、工厂和军队里进行广泛宣传。随着爱国运动的深入，6月25日，北京又举行了二十余万人的群众大集会，郊区边远的许多工人和农民都参加了进来。由“五卅惨案”而引起的反帝爱国民主运动持续了三个月之久。这是五四运动以来最大规模的一次爱国民主运动。

走进北京大学后，连续出现的这些爱国民主运动，江隆基都陆陆续续参加了。这对他触动很大，教育很深。江隆基在《自传》里是这样写的，“我进入大学不久，就发生第二次直奉战争，接着就是冯玉祥倒戈，曹锟被囚，溥仪被逐，奉军入关，国民军成立，段祺瑞登台，孙中山北上，善后会议的召开，孙中山的死等等轰动全中国和全世界的事变，接二连三地发生。中国革命形势一天比一天高涨。一个有头脑，有志气的青年当然要受到一些影响。我在当时虽然同情冯玉祥的行动，接受了孙中山的主张。但还没有跑出书斋，积极行动起来。直到‘五卅惨案’爆发，帝国主义的枪声才把我完全警醒了”。[2]

使江隆基在思想上行动上积极行动起来，有了更大转变的是发生在1926年的“三一八惨案”。

1926年3月12日，冯玉祥将军的国民军在与奉系张作霖部队对峙中，日本帝国主义的两艘军舰驶入天津的大沽口，驻守炮台的国民军以旗语制止。日本军舰不仅置之不理，竟炮击国民军，使国民军炮台遭到损毁，国民军死伤十余名。国民军奋起反击，将日军舰击退。对于日军这种蛮横无理的炮击大沽口事件，冯玉祥将军向日本使馆提出严正抗议。但是，日本帝国主义却联合英、美、法、意、荷、比、西等七国，于16日向段祺瑞执政府提出所谓的“最后通牒”，无耻无理地要求国民军放下武器，否则就要“武力解决”。

日本帝国主义的穷凶极恶，立即激起了中国人民的无比愤怒。3月17日，北京大学和其他院校并联合社会各团体，决定第二天在天安门广场召开全市国民大会，抗议日本帝国主义炮击大沽口事件。

3月18日上午，北京大学和其他院校以及二百余社会团体在天安门举行了反对“最后通牒”的国民示威大会。会场上，悬挂着在游行示威中受伤者的血衣，上面写着“段祺瑞铁蹄下之血”八个大字。大会号召全国人民行动起来，反对日本帝国主义的疯狂侵略，驱逐签字“最后通牒”的八国公使，并坚决支持冯玉祥国民军爱国的正义行动。会后举行了游行示威活动，并组成了两千多人的请愿团，到段祺瑞执政府楼前请愿，要求拒绝八国通牒。当请愿团到达铁狮子胡同时，却遭到段祺瑞执政府的血腥镇压，开枪屠杀。请愿群众死四十七人，伤二百余人。这就是震惊中外的“三一八惨案”。

大沽口事件发生后，江隆基一直关心并参加了其中的集会活动。

本来17日、18日那两天，江隆基正忙着他们创办的《西乡》报的清样校订。但是江隆基还是一大早赶到天安门参加了反对“最后通牒”的国民示威大会。一直到大会结束后他才返回西城的兵马司玉带胡同去完成他的校样工作。第二天返校后，当他听到请愿团遭到段祺瑞执政府的血腥镇压，许多同学被枪杀，被打伤，他气愤极了。特别是当他听到李大钊先生在头部受伤后，仍从容镇定地指挥同学们安全撤退，不顾及自己的生死安危，而国民党的徐谦（国民党北平政治分会主席），作为请愿团的指挥者却逃之夭夭后，他感慨万千。他说：“在实际行动中，使我清楚地认识了共产主义（者）与国民党人是有本质区别的。李大钊和徐谦就是这两种人的典型代表。”[3]

这种“思想上的变化”一直到第二年3月，他从家乡返回北平不久，发生了“四一二”大屠杀和“四二八”李大钊等共产党人被杀害等重大事件，更激起他无比的愤恨。他开始懂得了“阶级斗争是怎么回事”，感到非“起来斗争”不可了。他要“下决心去追求马克思列宁主义的真理”。[4]江隆基在“隔着纱窗看晓雾”的分析比较中，明辨了是非。在实际行动的锻炼中，认清了前进方向。他看清了“改造社会”是自己应该走的道路。

据有关资料记载，大约在1922年下半年或1923年初，北京大学就单独成立了中共党支部。1923年，中共中央曾一度搬到北平。蔡和森、张太雷等中央委员经常到北大红楼开会。党的北方地委和北京市委的办公地点都设在北京大学西斋。北方地委书记赵世炎，青年团北京地委书记黄日葵、刘伯庄等，都是北大学生或旁听生。1925年，中共中央指示成立北方区委，领导河北、山西、东北等地的革命工作。区委书记是李大钊。这时北京大学的中共党员已达三十多人。到1926年至1927年初，又有所发展。经过“四一二”和“四二八”惨案以后，党组织遭到了极大破坏，有的壮烈牺牲了，有的被捕了，也有的到南方去了，有的失掉了联系，也有的在白色恐怖下消极退却，脱离了党组织，还有的变节叛变。但是，也有许多爱国进步的青年学生无所畏惧，基于对屠杀政策的愤慨和追求中华民族的解放而要求加入中国共产党的。江隆基就是这许多爱国进步学生中的一员。

1927年6月，江隆基经陕西同乡张奋翼介绍，参加了中国共产党。张奋翼后来回忆说："隆基在学习上很努力，很勤奋。为人正直、坦诚。他很注意研究各种新思想。他要求进步，积极参加各种进步活动。隆基和我是陕西同乡，平常彼此也有所关照。我认为，他是一位很有正义感、思想上进的青年，也是一个强硬的汉子。"[5]

江隆基从中学时期开始，在时代的熏陶下，尤其得益于五四运动的积极参与者杨明轩的教诲，有着强烈的爱国思想。他崇拜陈独秀、李大钊，并以他们的言行鞭策自己，积极参加了各项爱国活动。但是从思想认识的层面上讲，他对陈独秀、李大钊等所宣传的马克思主义、社会主义的理解和认识还是很肤浅的，虽然如此，却也打下了积极向上追求进步的良好基础。到北京大学学习，更是一个锻炼的大熔炉。他在学习各种思想、种种主义的分析比较中，在参加爱国运动的实际活动中，逐渐成熟了。他选择了"下决心追求马克思列宁主义的真理"，选择了加入中国共产党，"起来斗争"的道路。

加入中国共产党，是江隆基一生的重要转折。从此以后，他再不是盲目地参加各种活动，而是在党组织直接领导下，矢志不渝地为着伟大的理想——实现共产主义而奋斗终生。

办《西乡》报

江隆基在北京大学学习期间，还有一件额外的社会工作，就是编辑出版《西乡》刊物。《西乡》是陕西省西乡县在北京学习和工作的同乡创办的一个地方性刊物。它的宗旨是"振作精神、力求进步、能力所及、无不改良"，"本县者就地方情形以持论，旅外者就时代潮流以立说"，"以改造本县为目的达乎文明之域"。它的办报原则是"习俗不善，写作讽刺；遇有不平，据理力争；发见黑幕，声罪致讨"。《西乡》是一份致力于社会改良，宣传爱国爱乡的刊物。每月一期（16开，铅印），发行千余份。在平津地区的陕西同乡中，在西乡和陕南地区，是一份深受民众喜爱，有广泛影响的读物。

《西乡》的创办人薛祥绥，是西乡县柳树店人。1919年北京大学毕业后，在北京执政府的国务院统计局任主事，后又兼任北京大学、辅仁大学等校讲师。薛祥绥先生是一位治学严谨、热心教育的人。著有《修辞学》《中国文学史》《中国文学概论》等书，并主持编纂了《西乡县志》。他一生清贫，厌恶世俗。江隆基说他是一位“为官而‘不为官’”的学者。1923年，他热心筹办了《西乡》期刊，并兼任主任编辑。1926年初，在薛祥绥返里奔丧时，由江隆基和姚壸子接任了他的工作。江隆基为办好这个家乡刊物，付出了大量心血。编辑、校对、发行都有他的份，连筹款等事也由他去张罗。

在《西乡》期刊上，江隆基撰写了许多文章。现在能看到的仅有发表在第35号上的《“西乡”的使命》，第36号上的《替小学教员说几句话》，第38号上的《告为人父母的人》。这些文章集中地反映了江隆基早期教育思想。现将其主要内容分述如下：

《“西乡”的使命》，是为纪念《西乡》报发行三周年而写的一篇纪念文章。在文章中，他提出在当前困难深重的形势下，“第一件大量要做的是要唤醒民众，使他们团结起来，共力自卫”。他说，在“时局不靖，人民痛苦日深”的时代，人们要摆脱苦难，求得安宁的生活，不能“静待真龙天子的出世”，更不能“得过且过，苟且偷生”，唯一重要的是“大家都能觉悟起来”。他提出，只有唤醒了民众的觉悟，中国才有希望。

其次，他主张，“要大胆地揭露城乡统治者的黑幕”。他说，现在的“一切事务，差不多都叫所谓绅士者们包办了”，几乎“事无大小，全被他们把持”，“弊病百出，黑幕重重，若是长此以往，我们的前途就永没有光明的一日，人民的痛苦也永没有减轻的一时”。所以，摆在我们目前的工作，就是必须“尽我们力之所及”去揭露他们的黑幕。

一方面要“输入新知识，新思想”，另一方面要对“旧势力，恶障碍极力攻击”。他强调说，“我们的攻击，是为公的，不是为私的；是批评的，不是谩骂的；是公正的，不是偏袒的”。

第三，他提出，唤醒民众的觉悟，重要的还在于“振兴教育”。他说，“教育是基础事业”，是“国家的命脉”。“没有教育就不会有国家的文明”，只有“振兴教育”，才能“实业振兴，科学发达”。可是，就我国的现状来看，教育“很不发达”，“民气还极消沉”。因此，在当前我们必须“积极改良教育，提倡实业”。振兴教育，唤起民众的觉悟，在这方面我们“要多些努力的”。

江隆基说，总之，我们应当牢记，务使我们“生于斯，长于斯，世代居于斯的故乡，一天比一天进步，一天比一天发达”。

《替小学教员说几句话》，是江隆基写的另一篇涉及教育的文章。它的中心思想是，振兴教育不是一句空话，它有许多具体事要做。提高和改善教师地位，特别是小学教员的政治地位和经济地位，就是一件亟待解决的事。

这篇近三千字的文章，虽然是针对西乡县的教育状况提出的。但却有它的普遍性。江隆基提出，首先要充分认识教育的重要地位，他说，教育是“百年树人的事业”，“是关系到国家命脉的事业”。然而，在今天却把教育看作是“无足轻重可缓可急的事”，以至于肩负“百年树人”重任的教师，政治地位和经济地位十分低下，特别是小学教员们“辛辛苦苦卖一年到头的气力，差不多声也嘶了嘴也拌烂了，而所得报酬只不过二百来串铜钱”“这个区区的数目，饭都恐怕吃不饱，哪还有能力养家……”辛苦勤劳的教师们，为着“社会服务，而叫自己的父母妻子挨饿；教别人的子弟，而叫自己的子弟失学”。这样的状况，他们哪有精力去把书教好呢？所以，“无怪乎许多有学问有才气的人视教育界为畏途”。因此，他强烈呼吁，要振兴教育，必须首先从改善教师的待遇入手。

其次，江隆基提出，实业的振兴，科学的发达，关键还在于振兴教育。要学习外国先进国家对教育的态度和措施。他说，世界上许多国家，为什么会实业振兴、科学发达呢？无数事实说明，是由于振兴了教育。这些国家的教师“大都同官吏受同样的待遇”，而且“对于教员的任免俸给和荣誉，都有法令规定”。“教员的俸给也随着年代的增长和教书的业绩而逐年增加和奖励”，“成绩优异者还有额外的奖金，发生疾病有医疗费，出外旅行有旅行费。年老去职，有养老费”。所以，每个教师“既不愁自己的吃穿，又不愁家庭用费”，他们能够“专心一意地去教书”。江隆基认为，所有这些正是那些国家“教育发达的一个大原因”。

第三，要建立一定的制度。他说，“我们要想改良教育，就得甄别教员。要想得到好教员，就得改良待遇”。而要做到这一切，又必须建立一定的制度。文明进步的国家大都有这样的制度。学校里有评议会、教授会、董事会等。学校行政是议会制的，不是独裁的，是由教员共管的。任免教员，要经大家同意。学校的工作“完全以学生的功课，学校的利害为前提”。

文章的最后，江隆基还提出了几点具体意见：

（一）小学教员须经考试任命。每年开学举行教员考试大会，及格的由教育局分发任命，没有经过考试的，一概不承认其有小学教员资格。这种办法可以消除不学无术者钻营攀附的弊病，以免误人子弟。

（二）年薪至少为一百五十元。必需这个数目才能维持两个人的衣食费用，否则巧妇不能为无米之炊，志士亦难枵腹从公。

（三）奖金和旅费。教员中如有恪尽职守、成绩出众的人，应酌给奖金，以示鼓励。若分发较远，或出外调查的教员，亦应斟酌情形发给旅费，以示优待。

（四）薪金应逐年增加，以奖励他们终生从事教育。

（五）教员的地位，要有适宜的保障。考试之后，及格的授以证书。有了这张证书，可以随时随地去教书，若被非法免职，可据理上诉。

在《告为人父母的人》这篇文章里，江隆基对家庭教育提出了自己的见解。他提出，“家庭教育是一切教育的初步，是各级教育的基础”。因为“幼稚期是人生最重要的时期”，人的一生的“习惯、品性、思想、技能”等等，“都要在这个时期打个基础。若基础打得适当、稳固，就终身受用不尽；基础打得不适当不稳固，那健全的人格就不容易造成”。所以，他认为，在办好学校教育的同时，必须重视与做好家庭教育。

他写道：“做父母的没有不希望儿女成人，没有不默祷儿女幸福的。但是，由于做父母的对于他们的儿女是爱之不以其道，教之不得其方”，所以，往往是“失望的多，如愿的少”。江隆基认为，造成这种状况的原因，除了还没有真正认识到“幼稚期是人生最重要的时期”，没有看到幼稚期为“习惯、品性、思想、技能”打基础的重要性外，一个非常重要的因素是缺少正确的家庭教育。他提出，家庭教育应注意以下几点：

第一，教育儿童，“应当以他们的心理为根据”。他说，“凡事顺其势而诱导则易，逆其势而强迫则难”。教育儿童也是这个道理。教育儿童，重要的是明了儿童的心理，以儿童心理为根据，用种种方法“去引诱他、启发他、暗示他，才能收到教育的成效”。他提出，儿童的心理主要有以下特征：（一）儿童生来就是好动且好游戏的；（二）儿童的心是好奇的；（三）儿童是富于模仿性的；（四）儿童是好高的；（五）儿童是喜群的。

根据这些儿童的心理，我们教育儿童，首先，要指导他们作有益的合理的运动和游戏，使他们身体健康、精神愉快。这样，知识就容易增进，思想就容易启发了。可是，我们往往看到的是，许多家长对他们的子弟是“绝对禁止游戏”，整天把他们关在房子里读书，不让他们出大门一步，好似囚犯一样。这样做显然是不利儿童健康成长的。其次，儿童对事物发生疑问的时候，为父母的应当充分地给他们解释。因为“好奇就是求知之门”，利用他们的好奇心，就可给他们灌输很多的知识。再次，做父母的“处处要给儿童做个好榜样”。另外，做父母的还应当利用儿童的好胜心，鼓励他们上进。应当让他们和好的同伴一块玩要，“以免其寂寞，且养成合群心”。

第二，“做父母的不要轻视儿童的个性”。他写道，“我们常见许多做父母的，把儿女当作自己所有物一样看待，用强横的意志去支配他们的动作，用高压的手段去强迫他们服从”。他认为，这种轻视儿童个性的做法，是不会教育好子女的。有的甚至于“儿女有过，也不去追究他们致过的动机，只是一味地痛骂痛打，使他们没有申辩的余地。儿女受屈，也不替他们原谅，只是随意驱使，使他们敢怒而不敢言”，这样的教育方法，自然是不会取得成效的。

江隆基强调说，儿童虽然是父母的子女，“但他们同时也是一个人，他有人的特权”，“做父母的虽然应当约束儿女，但不可专凭一己之心意去垄断”。他说，我国的古圣贤者虽然教为子的“止于孝”，但他们也说，为人父母的要“止于慈”。“如若父不父，而强要子为子，那就成了片面的义务，不是古圣贤教人的本意”了。

据江裕基老先生回忆，江隆基“在北京大学就学时，曾写出许多小文章。可惜，我们看到的，仅仅是在《西乡》期刊上发表的这三篇短文”。三篇短文，都是谈有关教育问题，而且提出了十分重要又实际的观点。可以看出，江隆基自青年时代起就十分关注我国的教育问题。江隆基将毕生精力投身于我国教育事业，矢志不渝，是有着深刻的思想渊源的。

1926年夏，为了筹措学费，江隆基返回久别的故乡。金黄色的稻谷，苍灰色的瓦房，故乡的一切都使他感到分外亲切。江廷瑜一见儿子的面，就大声地喊道“我的大学生回来了”，笑得合不拢嘴。母亲见到长大成人的隆基，一句话也说不出来，抱着隆基，就失声地痛哭起来。辛劳的母亲，她那苍白的面颊上又增添了许多皱纹。身材魁梧的父亲也消瘦了许多。阔别了六年的故乡，依旧是断垣残壁，衣服破烂的乡亲们，还是在贫困和疾病中煎熬着……

在故乡，江隆基早已是青年们熟悉和敬仰的人物。他的归来受到许多青年的热烈欢迎。可亲可敬的乡亲和过去的同学，都来看望这位见了世面的大学生。问长问短，真是无话不谈，谈得最多的，大家最关切的，还是听江隆基介绍近年来北京大学发生的种种事件。乡友们也向江隆基诉说近年来家乡的贫困生活，特别是学校教育备受摧残，教育经费更趋困难，教育危机日益严重的情况。由于待遇过低，西乡几所高等小学的许多教员已“相率改业换行”，很多优秀学生也由于家境穷困而相继辍学。

他为了把家乡的青年团结起来，在江隆基的倡议下，成立了“丰东青年协进会”。江隆基拟订了协进会的简章，并仿照共产主义青年团的组织条文，确定了《协进会组织条例》。在简章中指出协进会以“砥砺学行，切磋时局，创导正义，服务桑梓”为主旨，以李大钊的两段话：“故青年者，人生之王，人生之春，人生之华也”，“人类的生活，必须时时刻刻拿最大努力，向最高理想扩张传衍，流传无穷，把那陈旧的组织、腐滞的机能，一一的扫荡摧清，别开一种新局面”，作为大家的座右铭。

这个进步社团成立后，江隆基首先组织大家学习李大钊、陈独秀的文章，并提出若干题目供讨论，以提高大家对时局的认识。为了发展家乡的教育事业，协进会还广泛地发起了一次募捐活动，并且对“团总”余某敲诈勒索、虐待乡民的罪行，组织了一次合法的斗争。余某是一个作恶多端的恶棍，一贯敌视和破坏家乡青年的种种进步活动。江隆基认为，对这样的人必须揭露他，和他进行坚决的斗争。江隆基和协进会的刘泽民、张云卿、江肇基、江弘基、戴子恒、赵子崇、贾德元等，调查和搜集了余某贪赃枉法的证据，向县政府提出了控诉。由于证据确凿，也由于余某积怨太深，民愤很大，这场官司终于打赢了。余某被迫退出了许多赃款。江隆基将募捐的钱款和余某的赃款，全部交给了县教育局。县教育局将这些款项用于奖励学习优秀的学生和资助家境贫寒的学生。

协进会活动的时间不长，但它的影响却很深远。1933年，红二十九军在西乡组织游击队，协进会的许多人都参加了，并积极支援了红二十九军的革命活动。

江隆基在家乡的几个月里，还协助县教育局主持了一次小学会考。小学会考是西乡县仿照外地的经验举办的。为了做好这项工作，县教育局专门邀请江隆基担任了会考的顾问。外地会考一般只考国文、算术两门课程。江隆基根据小学课程的内容，提出应将自然常识也列为会考课程。他拟订的自然常识的试题很多，都是日常生活中的基本常识，譬如：风、雨、雷、电有没有神主宰？冰、雾、霜、雪是怎样形成的？五色国旗的五种颜色代表什么？

在他的参与下，三门课程的会考搞得有声有色，取得了良好成绩。还给成绩优秀的学生颁发了奖品。这在西乡也是一件有影响的事。

江隆基返乡的短暂之行，给家乡人民留下了深刻印象。协进会会员陈正朝、杨炳鉴回忆说："隆基穿着一件朴素的蓝布大衫，留着小分头，说起话来有条不紊，字也写得很工整。他对我们帮助很大，我们思想的进步是受他启示的。"[6]

这年冬天，江隆基的父母为他完了婚。他的妻子王氏是一位不识字的女子。春节过后，在协进会的成员和乡友们的欢送下，江隆基起程离乡去北平复学。不幸的是，他在翻越秦岭时遭到土匪抢劫，所有钱物被洗劫一空，且差点丢掉了性命。后来虽只身从匪穴中逃跑出来，已是身无分文了。幸好在西安遇到了老同学陈松乔、朱素秋，他们解囊相助，为他拼凑了路费，江隆基经太原，于4月中旬才回到了北平，继续北京大学的学业。

东渡日本

1927年8月，江隆基接到长兄裕基从日本的来信，谈到他在东京已考取了一份官费生，要隆基也到日本去试考官费生，万一落选，也可与他合用一份官费（官费每月约折合60元现大洋）。这个官费据说是日本归还庚子赔款，用一部分资助中国留学生而设立的。在中日文化事业委员会主持下，按各省所担负的庚子赔款数额，决定其受资助的人数。当时陕西分配到的名额多，而陕西籍留日学生人数却少，裕基认为隆基到日本考取官费生是个机会。同时，江隆基也由于经济拮据，难以继续在北京大学上学，于是就东渡日本，来到东京。

江隆基到东京后，住在大岗山。大岗山是中国留日学生居住比较集中的地方。这是东京的一个小商业区，只有一条狭窄的街道，比较偏僻寂静。大岗山濒临多摩川，郁郁葱葱的矮壮树丛，把大地点缀得像一块块绿色的地毯，在灿烂阳光的普照下，自然环境显得分外清静幽美。离他们居住地方不远处还有一个小公园，叫洗足池，池水荡漾，绿树成荫，中国留学生经常三三两两在那里散步、谈心。

由于那里集中居住了许多中国留学生，在街镇上有两家华人经营的中国饭馆，专门承包留日学生的伙食。每月四块现洋，吃食也算便宜。江隆基兄弟俩没有吃这种包饭，他俩共同租赁了居民的一间小房子（赁间），同时在这家里吃包饭（赁家），这样能更省些钱。

初到东京，江隆基没有闲情雅趣去观赏名胜古迹和浏览城市风光，只是集中精力攻读日语，起早贪黑，强记硬背。江裕基有较好的日语基础，他在日本已经翻译了河上肇的《阶级斗争的必然性及其必然的转化》，还有《显微镜下的资本主义》（以后均由北新书局出版）。江隆基在裕基的帮助下，进步很快，仅半年的时间就基本掌握了日语，第二年3月考取了日本明治大学经济系本科。

在日本明治大学，江隆基结合经济系本科的学习，广泛阅读经济学的书籍，集中钻研马克思主义的经济学。学习中，他认为著名的马克思主义经济学家河上肇的著作确实有较高的理论水平，且通俗易懂，“在很多方面切合中国的时弊”。于是，他和兄长裕基一边学习，一边共同翻译河上肇的著作。他们的住地距明治大学较远，为了查阅资料，做好翻译，有时一天要往返几次。为了某一词句的准确性，有时还要询问很多人。他们以顽强钻研的劲头和不耻下问的精神，终于在1929年的暑假，翻译出了《马克思主义经济学》《新经济学大纲》两部书。

江隆基到东京后，就认识了中共东京特别支部的负责人童长荣、郑汉先。中共东京特别支部是直属于中共中央领导的在日本东京的秘密组织，成立于大革命时期的1925年。由于实现了国共合作，党员是通过国民党（青年会国民党）[7]公开活动的。留学生在东京的爱国活动，都是在青年会国民党领导下进行的。当时，特支负责人童长荣、郑汉先都住在房州，和江隆基的兄长江裕基很熟，除了磋商学习日语外，也"交谈些革命问题"。童长荣是安徽人，1922年加入社会主义青年团，以后转入中国共产党，1925年到日本留学（官费）。童长荣很健谈，斗争性很强。他看到江隆基兄弟俩一边学习日语，一边翻译河上肇的著作，很受启发。认为这样既可以学习日语，又可增进知识，扩大宣传马克思主义。于是，童长荣、郑汉先建议成立一个学习研究社团，江隆基兄弟俩也十分赞同，经过童、郑两位特支领导人的积极活动，联系了许多留学生，于1927年9月在东京成立了社会科学研究社。社会科学研究社在成立之初"只限于研究理论"。为了学习方便，研究社分为甲组和乙组。日语较好的，能够通读日语马克思主义著作的分到甲组，当时分入甲组的有廖承志、冯乃超、童长荣、郑汉先、黄鼎臣等。刚到日本不久，还不懂日语的分到乙组。江隆基兄弟俩为便于学习交流则分到了乙组。甲乙两组由于居住地区不同，又分为若干小组。

社会科学研究社学习和研讨的中心内容是马克思主义的社会主义。当时日语本的宣传马克思主义的著作很多。他们试图通过大量的阅读，来探讨社会主义的诸多问题。学习采取自学和讨论相结合的方式。由于大家学习志趣相同，学习都很认真，讨论也很热烈。江隆基兄弟俩都感到收获很大。

1928年初，由于受国内政治形势的影响，分裂后的日本留学生已形成两大对立的派别。在中共东京特支的领导下，一项重要的工作就是和国民党右派的斗争。3月12日，国民党举行孙中山逝世纪念会。中共东京特支决定利用这个纪念会开展一次宣传活动，并且以社会科学研究社的名义发出了两个文件：一是《对时局的宣言》，主要是说明“四一二”蒋介石叛变革命后的国内形势，并揭露了蒋介石国民党右派的种种罪恶行径；二是《告留学日本的中国士官生书》，主要是希望士官生认清形势，看清方向，不要跟着蒋介石当炮灰。两份宣传文件，在会场上以及在中国留学生中广泛散发，都收到了很好的效果。

接着在中共东京特支的领导下，社会科学研究社举办了纪念巴黎公社和纪念“三一八惨案”的活动。活动同样收到良好效果。

1928年初，日本政友会的首领田中义一重新上台，继续实行“铁血”政策，对外积极实行侵略扩张，对内实行武力镇压各种进步活动。1928年3月15日，田中义一发动了前所未有的大镇压，制造了所谓的“日本共产党事件”，先后有六千多人遭到逮捕。6月，又通过了“危险思想法案”的修正案，进一步镇压民主进步活动。日本共产党总书记、党的创始人之一渡边政之辅遭杀害。童长荣、郑汉先等人也被日本警察逮捕，后又被驱逐出境。社会科学研究社的活动只得暂时停下来。

童长荣回国后，起初在上海任中共沪中区委书记，后任中共河南省委书记。1931年，他到东北任中共东满特委书记，组织农民自卫队在延吉、和龙、汪青、珲春等地，开辟了抗日游击根据地。1934年，在与日本侵略军血战中壮烈牺牲。郑汉先回国后，在上海任中共闸北区委书记。

1928年4月，爱国将领杨虎城来到东京。江隆基对杨虎城虽然早有所闻，但并不相识。江隆基结识杨虎城，就是从杨虎城这次到日本后开始的。

杨虎城这位三十五岁的军人，不喝酒、不吸烟，待人热情、诚恳。在陕西籍留日学生的心目中，他不仅是同乡，而且是英勇善战的爱国将领，受到大家的尊敬。杨虎城也没有因与留学生职业的不同而有隔阂，他很快就和大家熟悉了。杨虎城每天除了看报和到距他住地不远的代代木练兵场散步，观察日本军队的操练以外，就是找留学生交谈。

杨虎城，陕西省蒲城县东南乡甘北村人。年幼时曾就读于本村私塾。由于家境贫寒，十三岁时就去做小工。1908年，其父亲和伯父先后被清政府杀害，这在十五岁的杨虎城心里埋下了仇恨的种子。成人后，他组织起农民武装，走上了武装抗暴的道路。辛亥革命爆发后，各地纷纷组织民团，杨虎城被委任为东乡民团总团长，拥护孙中山的辛亥革命。袁世凯称帝，杨虎城率部参加了反对袁世凯的护国军，接着他又响应孙中山的护法运动，参加了陕西的靖国军，反对北洋军阀。1926年，为策应广东革命政府北伐，杨虎城率部坚守孤城西安八个月，名噪华夏。这成为他戎马生涯的光辉一页。

杨虎城在这个时候秘密东渡日本，据曾和杨一起工作多年的南汉宸[8]说，这时“杨的思想很苦恼，改编军队不要，入党又不成，又不愿到冯蒋那边去，所以到日本去啦”[9]。

杨虎城与中国共产党人的交往很早。早在1922年到1924年，杨驻军陕北时，就通过时任榆林中学校长民主进步人士杜斌丞[10]结识了担任教员的中共陕西党的创始人魏野畴[11]、李子洲[12]。榆林中学曾涌现出许多共产党人，知名的有刘志丹、谢子长、阎揆要、张德生、曹力如、郭洪涛、张光远等。

1925年，杨虎城在陕西耀县创办了三民军官学校。这是杨仿效黄埔军校的办法，吸收进步青年，为部队培养军官的学校。他聘请了许多共产党员担任教官，并聘请魏野畴任军官学校的政治部部长。

以后，杨虎城在整顿其所辖的第十军的过程中，又任命了一批共产党人担任要职。如蒋听松为军部秘书长，魏野畴为军部政治处处长，寇子严为第一师参谋长，曹力如为第二师政治处处长。另外，杨在创办军事政治干部学校中，也任命一些中共党员担任要职。如任命南汉宸为校长，魏野畴为政治指导员。随着第十军的整顿，中共党组织在部队中也有了很快发展，达到二百余人。

1927年，国民党实行“清党”，许多共产党人惨遭杀害。第十军中的中共组织由于出现叛徒，交出了中共党员名单，中共党员已不能立足。杨虎城则表示：“这些朋友是我们请来的，虽一时不能合作，也要对得起朋友，要讲道义，要留有他日见面的余地。”[13] 于是给这些中共党员都分别发放路费，“护送出境”。

1928年4月，在中共皖北特委的领导下，发动了“刘集暴动”。杨虎城的第十军也有一部分参加了这次暴动。暴动很快失败了。魏野畴在突围中壮烈牺牲。之前，杨虎城曾认为条件不成熟，是不同意这次暴动的。但之后，当他听到许多中共党员壮烈牺牲的消息后，也潸然泪下。

关于杨虎城申请加入中国共产党的事，据有关资料证实，是他在驻守皖北期间，向中共皖北特委提出申请的，“希望能做第二个贺龙”，同时还提出希望能将其所辖的第十军改编为工农红军，用共产党员彻底改造刷新部队。但是由于当时的“左”倾盲动主义和关门主义，杨虎城的入党申请未能得到上级组织的批准。杨虎城将军的秘书米暂沉[14] 是这样记载的：特委的几位负责人对他（指杨虎城）的这一思想上的飞跃感到十分兴奋，当即向上级党组织作了汇报。魏野畴表示愿作杨虎城的入党介绍人，并写信给在上海的党中央说：杨虎城是一位革命将军，他有坚强的革命决心，他表示愿与我党合作到底。南汉宸则表示，他可以负责的向河南省委报告。但是，“八七会议”之后，党中央在纠正右倾投降主义的同时，“左”的错误指导思想占据了主导地位，错误的实行盲动主义和关门主义。使革命力量又一次遭到重大损失。也正是在这种历史背景下，杨虎城提出的入党申请，建议改编他的部队为工农红军的诚恳愿望，未能得到中共中央的批准。[15]

杨虎城临行时，南汉宸、魏野畴等跟随相送，黯然告别。为掩人耳目，杨虎城一行绕行于南京、上海、宁波、杭州等地，之后才东渡日本。

杨虎城到日本东京时，化名呼尘，夫人谢葆真[16]着男装。秘书米暂沉则扮作学者模样。他们一行到东京后，主要和陕西籍留日学生交往，不对外接触。起初住在东京近郊的大岗山，后又移居于东中野。

日本是和中国一衣带水的邻邦。在漫长的社会发展中，自汉唐以来，中国和日本就有着众多的文化交流和商贸往来。中日两国人民唇齿相依，理应世世代代友好相处。然而近一百多年来，日本这个小小的岛国，却肆意扩张，妄想侵占中国的神圣领土，不断发动侵华战争，一次又一次地使中国成为它的受害者。早在1874年日本就侵犯中国的台湾。1894年，中日甲午战争爆发，日本侵入中国东北，制造了旅顺大屠杀，杀害中国民众两万余人。1900年，日本参加八国联军的侵华战争。1905年日俄战争后，日本又进一步扩大了对中国东北的侵略。一直到20世纪20年代，日本更是处心积虑、更加疯狂地妄图发动大规模的侵华战争。“国家兴亡，匹夫有责”，杨虎城来到日本，也是想实地了解日本帝国主义侵略者。他说，“喊了多年的打倒日本帝国主义，今天要实地看一看这个侵略者了”。

有一天，杨虎城对秘书米暂沉说，他想吃些家乡饭。江隆基兄弟俩住在居民家，裕基就做得一手好面条。杨虎城于是找到江隆基兄弟俩的住处，吃了一顿美味可口的油泼辣子面，从此认识了江隆基。杨虎城在东京的半年中，与江隆基有过两次长时间的交谈。

杨虎城找留学生交谈，事先都要出题目。先让大家做些准备，然后再交谈。他和江隆基的两次长谈也是这样。第一次杨虎城出的题目是，日本有哪些进步政党以及他们对日本对外侵略扩张的态度。几天后，江隆基就这个题目和杨虎城作了第一次长谈。江隆基向杨虎城介绍了日本共产党、社会民主党、劳农党、总评议会等进步政党的基本情况和他们的政治主张。江隆基提出自己的看法说，尽管他们之间政见不一，但他们却有一个共同点，那就是：这些政党都是反对军人独裁专权的，同时也是反对日本侵略扩张政策的。江隆基还特别介绍了日本共产党建党以来的波折起伏，以及最近遭受严重破坏的一些情况。他说，日本共产党和中国共产党一样成立很早，中间也经过多次的波折，甚至一度遭到解散。日本共产党一直是同情并支持中国革命，反对日本帝国主义侵略的。最近，他们的活动也和中国共产党一样，遭到政府的血腥镇压，已经被迫转入地下。江隆基说，他们这种为国为民、不怕牺牲的精神，也是值得我们中国留学生学习的。

在交谈中，江隆基还谈到了自己的许多看法。他说，中国古语说“得道多助，失道寡助”，侵略者是不会得人心的。他列举事例说，他在和一些日本青年、朝鲜青年的接触中，深深感到他们也和我们一样，反对日本军国主义，反对发动侵略战争。江隆基提出的看法是，在反对日本帝国主义侵略的活动中，我们一定要想方设法团结反对侵略战争的日本人民，要注意和日本人民友好相处。

第二次长谈，杨虎城是想了解一些中国留学生和华侨中的“派别”问题。杨虎城说，“听说在一些留学生和华侨中有挂青天白日旗的，有挂五色旗的，还有挂黄龙旗的。相互争斗，还打架闹事，这实在不像留学生”。江隆基向杨虎城简要地说明了这些派别的情况。他说，留学生中的情况确实有些复杂，派别也多，其实这些都是国内派别复杂的反映。他说，有许多是不成气候的，他们也看不惯。这也是国家不能统一造成的。不过江隆基提出的看法是，当前应当关注的一个重要问题是日本帝国主义步步紧逼的对中国的侵略，这是当时每个青年学子都应当关注的头等大事。他说，我们应在这个大目标下团结起来。

据江裕基后来回忆说，在交谈中杨虎城并没有询问隆基是不是共产党，隆基也没有表明自己是共产党。隆基始终是以爱国青年的态度来交谈的。他同样认为，杨虎城是一位同情革命的有强烈爱国心的军人。他们交谈得都很随便，也很认真。

和江隆基的两次长谈，给杨虎城留下了深刻印象。他曾多次和米暂沉谈起江隆基，说江隆基是一个好青年，“是一位深沉的、有主见、很上进”[17]的青年。杨虎城在和留日学生的接触中，曾批评了一些留学生，“吵吵闹闹不成气候”。但是对江隆基等人却很赞赏。江隆基坚定的政治信念、沉着朴实的作风，赢得了杨虎城的赏识。杨回国后，仍和江隆基保持着通信联系。以后，杨虎城在选送陕西籍青年出国学习深造时，江隆基成为入选者之一，这不是偶然的。

杨虎城在日本期间，非常关心留学生的种种爱国活动。每天都要看看各种报刊和各派系的宣传品。他感到在和留学生的交谈中，收获很大，使他对日本的许多政治和军事问题都有了进一步的了解，对日本的左翼势力和工人运动也有了比较系统的认识。他深切地感到，“日本帝国主义的对外侵略势不可免，而其发动侵略的主要对象就是中国”。[18]

1928年5月，日本帝国主义侵占山东济南，屠杀中国军民六千余人，制造了“济南惨案”。6月2日，又阴谋策划了“皇姑屯事件”。日本帝国主义的种种罪行，激起了中国留日学生的无比愤怒，爱国的革命活动重新活跃起来。

江隆基和王哲民、崔仲远、童蒙正等人经过一段时间的酝酿磋商，于1929初，重新将社会科学研究社建立起来。当时，中国在日本的留学生很多，除西藏外，每个省差不多都有留学生。为了便于联系与交往，每个省又都有自己的同乡会。甘肃省的留学生较少，于是陕甘两省的留学生，就成立了一个陕甘同乡会。同乡会的活动十分广泛。江隆基等几个人就提出利用同乡会来推动马克思主义的宣传。

陕甘同乡会另一个名称叫时代工程社。在社会科学研究社的组织领导下，以同乡会（时代工程社）的名义于1929年5月5日举办了一次纪念马克思诞辰的活动。

当时正值樱花盛开之季，“京城官庶九千九，九千九百人樱流”。纪念活动选择在中野公园近旁的一座平房里。与会的留学生，随着赏樱的人流，三三两两地观赏着娇艳生辉的樱花。纪念会就是在这个不会引人注目的情况下召开的。众多的留学生已经好长时间没有这样的秘密集会了，这次大家聚集一起，你一言，我一语，畅谈得十分高兴。纪念会听取了崔仲远关于社会科学研究社重新成立情况的介绍，和江隆基关于马克思生平事迹介绍，及纪念马克思、学习马克思主义著作的意义。江隆基提出“希望大家多读些马克思主义的书”。座谈中，大家都谈到对马克思的敬仰之情，认为马克思是位划时代的伟人。大家还谈到了国内的局势，提到了张学良“改旗易帜”后的国内统一和日本帝国主义加紧扩大侵略中国的种种迹象。大家感到这样的聚会很好，增强了大家的团结，也提高了大家对当前时局的认识。

1929年8月，在中共东京特支的领导下，以社会科学研究社为核心，成立了留日中国学生反帝大同盟。各省的同乡会大都参加了。反帝大同盟设有三个办事机构，即总务委员会、组织委员会和宣传委员会。江隆基任宣传委员会的负责人。反帝大同盟在东京成立后，仙台、京都等地相继成立了分会。之后，反帝大同盟又发起了组织留日学生归国代表团二十多人到上海，在上海成立了反帝大同盟上海分会。江隆基的兄长江裕基也参加了这个代表团。

这时江隆基还担任了日本明治大学中华校友会主任一职。他联系朝鲜、中国台湾的留学生，编辑出版了一个“宣传新兴社会科学”的刊物——《暴露》。同时计划为社会科学研究社宣传委员会出版发行一个盟刊，以揭露日本帝国主义的侵略行径。由于发生了“银座事件”，这些计划未能实现。

当时正是“中东路事件”发生之后，中苏边境的战争全面展开。为了抗议日本帝国主义出兵南满，抢夺中东路，在中共东京特支的领导下，以反帝大同盟为核心，决定举行一次大规模的游行示威活动，并计划到日本拓殖省和中国公使馆静坐，以示抗议。但是这件事却被日本警方事先探知，反帝大同盟的负责人廖体仁等几人被捕。反帝大同盟为了营救被捕的同志决定发动更大规模的游行示威活动。

9月4日，中国留学生按照事先约定的时间和地点，从四面八方来到了东京的闹市区——银座。晚九点，当聚集的人群即将开始游行示威时，突然众多的日本警察冲了过来，向示威的人群一阵乱打，当场逮捕了二十多人。之后的几天里又陆续逮捕了三百多人。这就是发生在9月4日的“银座事件”。这是日本帝国主义暴力镇压中国留学生抗日爱国活动的一次重大事件。

江隆基是当场被捕的二十多人中的一员。江隆基被捕后，被关在警视厅看守所的一个单人牢房里。除了一个铺有六尺长、三尺宽的榻榻米外，其余一无所有。日本看守极为严密，为了防止意外，将江隆基先后转移了五个看守所，几乎每半月就转移一次。

日本警察对江隆基进行了严酷的审讯，先后提审了四次。第一次和第二次都是边拷打边追问：“为什么要去示威游行？”“你是干什么的？”（意思是负责什么工作）。江隆基只是一句话：“我是赶夜市的，并没有参加游行。”江隆基被打得遍体鳞伤，头发也被揪得稀稀拉拉，衣裤血迹斑斑……第二次审讯后，日本警察把江隆基拉到煤渣、碎石杂沓的垃圾堆里，跪了四五个钟头。尽管日本警察对他进行了种种严刑拷打，江隆基还是那句话“我是赶夜市的，并没有参加游行”。他们没有从江隆基的嘴里捞到一句话。

后来由于叛徒的出卖，指认了江隆基。日本警察将这个叛徒的书面口供拿给江隆基看。江隆基只得承认参加了游行活动，并说他是明治大学中华校友会的负责人，参加了时代工程社。江隆基并把它们说成是同乡会一类的组织。他说：“这两个团体都是中国陕甘籍留日学生为了联络感情组织的，没有任何政治色彩。”日本警察追问他在东京的共产党、社会科学研究会、反帝大同盟的情况，江隆基一概推说不知，“我从没有听说过这些组织”。江隆基在日本的监狱里表现出了一个真正共产党员的高尚气节。日本警视厅对江隆基提不出任何“罪证”，最后以“共产党之卵”的罪名将他驱逐出境。

江隆基被关押了三个多月。1929年12月7日，他们一共六人，被日本便衣警察押送到大沽口。他们担心日本警察将他们引渡给中国政府，于是轮船一靠岸，就抛掉了行李，偷偷跑上了岸。江隆基随即前往北平。两年半的日本留学生活就这样结束了，江隆基又开始了一个新的人生历程。

回国后的一年

江隆基回北平后，仍进入北京大学并担任中共北平沙滩支部书记。

北平的冬天，寒风凛冽。作为北洋军阀政府统治中心的北平，虽然已被新军阀的统治所代替，却仍处在一片腐败黑暗之中。江隆基在日本留学的两年多的时间里，北京大学也经历着坎坷的磨难。1927年张作霖占据北平后不久，就下令取消北大，把它和北平其他高等学校合并成“京师大学校”，任命政客、当时的教育部长刘哲兼任校长。刘哲到校后，千方百计地压制广大学生的革命活动，并派一批密探特务充当职员和工役，对师生进行严密监视。在教学上，他制定了一套腐朽的制度，强迫学生读经义，宣扬封建礼教，甚至上课也男女分坐。1928年后，奉系军阀已退出关外，但是这种旧的秩序并没有多大变化。新军阀仍然坚持对爱国民主运动进行镇压的政策，并实行了“大学区制”。北京大学的广大师生，前后进行了一年多的复校斗争，1929年6月，国民党政府不得不宣布取消“大学区制”，北京大学才重新改为国立北京大学。

北京大学复校后，中共地下党的组织和团的组织也开始恢复，并建立了党支部和团支部。党团组织通过群众性社团，积极宣传中国共产党的主张，开展了各种文化宣传活动。

这时，中国共产党中央对学生运动也提出了新的方针，指示学校党团组织要“切实领导学生群众参加政治的、本身的和思想上的各种斗争”，并要“注意从本身利益的斗争中去引上政治斗争的道路”。[19]江隆基回到北平后，遵循党的指示，积极地投入党领导的各项斗争中。首先，他和北京大学的同学一起，积极开展了留日学生被捕后援会的工作。

后援会是在中国共产党的领导下，由北京大学等校学生和一些文化界人士，为声援被捕留日学生和旅日侨胞而发起成立的。江隆基是该会的负责人之一。1930年1月，后援会发表了成立宣言。揭露了日本帝国主义残酷迫害我国侨胞的罪行，要求中国政府与日本政府交涉，立刻释放被捕同胞，同时号召掀起一个全国性的抵制日货的反日运动。江隆基等一些深受迫害的同学还被邀请到各高等院校做报告，控诉日本帝国主义迫害留日学生的暴行。为了避开敌人的耳目，这时，江隆基改名为江半庵。

1930年2月23日，后援会发动并组织了北平地区的学生、工人和市民在天桥召开群众大会，抗议日本帝国主义迫害我国侨胞的暴行。结果被国民党北平市市长张荫梧派来的军队包围，他们当场逮捕了许多人，群众即刻被驱散。

之后，遵循党的指示，后援会归并到北平学生反帝同盟。反帝同盟先是由北京大学学生赵作霖（赵梅生）担任主席，江隆基任执行委员。赵作霖调到中共北平区委任职后，江隆基成为这个同盟的主要负责人。这时，为了更好地开展工作，遵照党的指示，江隆基和其他同志一起筹划成立了展望社。展望社是在日语补习班的基础上，由留日回国的进步青年发起组织的。该社成立后打算出版一份宣传性的刊物，后由于经费困难未能实现。

1930年3月18日，是“三一八惨案”四周年。为了抗议帝国主义和军阀政府的罪行，追念死难的先烈，反帝同盟组织领导了一次大规模游行示威活动。在国民党政府统治下的北平，人民群众第一次喊出了“打倒国民党”的口号。

4月20日，反帝同盟准备在真光电影院召开纪念五一国际劳动节的筹备大会。为避开敌人的注意，又临时决定改在哈德门的天主教堂内举行。因为是星期日，做礼拜的人络绎不绝，筹备会的各个代表也三三两两地扮作信徒进入天主教堂。这次会议开得很成功，代表的情绪十分高涨。会议决定发动学生、工人罢课罢工，进一步掀起一次反日运动，以抗议日本帝国主义的罪行和国民党政府倒行逆施的政策。

散会之后，江隆基和代表们一起到东单牌楼游行示威。当游行队伍刚刚来到米市大街青年会附近时，就被李服膺的宪兵队包围，七十多人被捕。江隆基躲到一家理发店里，得以幸免。江隆基回去后，立即和青年会的负责人娄海山（娄凝先，时任共青团北平市委书记）取得联系，决定发起营救被捕同学的运动。第二天晚上，江隆基和娄海山召集进步同学在北京大学二院讨论营救工作，到会者一百多人。会议尚未开完，李服膺的宪兵队就把会场团团包围，在和宪兵队的搏斗中，江隆基、娄海山、刘澜波等十多人被捕。

江隆基被捕后，化名为刘清泰。（江隆基主持反帝同盟后，为便于活动，顶替了一位名叫刘清泰同学的名字。当时刘清泰由于经济拮据已离开北京大学回乡。）由于宪兵队了解到刘清泰在北京大学是个只知埋头读书，不问政治的“规矩”学生，所以，在开审中对“刘清泰”只是草草地问过一次，就释放了。

江隆基出狱后，遵照中共北平市委的指示，在市委组织部的一位朝鲜族同志的陪同下，转移到天津。到天津后，江隆基又在中共河北省委的安排下，辗转来到上海，住在法租界。

江隆基到上海后，又积极投入到党领导的各项活动中。他参加了左翼社会科学家联盟（简称社联），任候补委员，并担任了社联下设的街道支部书记（社联下设两个支部，另一个是大学支部，夏衍为书记）。

1929年6月，中共六届二中全会提出了《宣传工作决议案》。指出，要扩大马克思列宁主义的宣传并要将这种宣传普及到工人群众中，特别要注意宣传共产主义思想，要研究宣传革命斗争的经验和教训。根据六届二中全会《宣传工作决议案》的精神，当年10月，成立了中共文化工作委员会，任命潘汉年为书记。在中央文委和潘汉年的领导与推动下，中国左翼作家联盟（简称左联）于1930年3月2日首先在上海成立。5月20日，中国左翼社会科学家联盟成立（简称社联），由社联发起人之一的朱镜我担任书记。不久，中国左翼美术家联盟（简称美联）、中国左翼戏剧家联盟（简称剧联）、中国左翼世界语者联盟（简称语联）、中国左翼新闻记者联盟（简称记联）、中国左翼教育工作者联盟（简称教联）等也相继成立。到10月，在中央文委的领导下，成立了中国左翼文化界总同盟（简称文总），由潘汉年兼任书记。这样，荟萃各方进步力量的以上海为中心的新文化大军，成为中国共产党领导的新民主主义文化运动的一支重要力量。它有力地推动了中国新文化、新文艺的发展，使中国新文化运动出现了一个新高潮。

社联成立后，成为中国共产党组织领导左翼社会科学工作者学习、研究和宣传马克思主义的重要阵地。《中国社会科学家联盟纲领》指出，社联的宗旨是“团结革命的马克思主义者”，“光大和发挥革命的理论，以应用于实际”。它的任务就是：“（一）以马克思主义的观点，分析中国及国际的经济政治，促进中国革命；（二）研究并介绍马克思主义理论，使它普及于一般；（三）严厉的驳斥一切民族改良主义、自由主义等非马克思主义思想及社会民主主义、托洛茨基等假马克思主义理论及机会主义；（四）有系统地领导中国的新兴社会科学运动的发展，扩大正确的马克思主义宣传；（五）革命的马克思主义者，决不是限于理论研究，无疑地应该努力参加中国无产阶级解放运动的实际斗争，在目前要积极争取言论、出版、思想、集会等的自由。”

在社联的推动下，一大批介绍马克思主义经济学、唯物辩证法、社会思想史、革命史，以及介绍苏联革命的翻译著作相继出版，如《社会主义从空想到科学的发展》《反杜林论》《马克思论文选译》《哲学的贫困》《家庭私有财产及国家的起源》《政治经济学批判》《德意志意识形态》《资本论》《帝国主义论》《国家与革命》等，约有一百五十余种。这是中国近现代历史中马克思主义译著出版最多的一个时期。同时，运用马克思主义观点来研究中国的哲学、历史、教育等的论著也相继出版，如郭沫若的《中国古代社会研究》、艾思奇的《大众哲学》、杨贤江的《新教育大纲》等就是这个时期推向广大读者的。

在社联的工作中，江隆基也投入马克思主义著作的翻译工作中，并用“半庵”的笔名翻译出版了日本著名马克思主义学者河上肇撰写的《唯物辩证论者的理论斗争》一书。这是河上肇通过批判种种反马克思主义的观点，全面阐述马克思主义哲学、政治经济学的一部著作。全书256页，由上海星光书店出版发行。另外，还翻译了《国际法西斯主义与世界大战之危机》（载于《社会批判》，1930年第2期）等专题文章宣传马克思主义。

遵照《社联纲领》的要求，江隆基还深入到上海法政学院，协助其成立社会科学研究会，辅导学习和研究马克思主义，并协助上海交通大学开展宣传马克思主义的活动。

遵照党的安排，江隆基还参加了王学文领导的现代文艺研究所，由宋庆龄、鲁迅、潘汉年等推动和主持的中国自由运动大同盟（简称自由大同盟）和革命互济会等社团的工作。革命互济会计划出版一种刊物《每周评论》，由江隆基负责编辑，后由于经费等原因未能刊出。

江隆基回国后的这一年，是紧张工作的一年，整天跑东跑西忙个不停。有一天，长兄裕基有事到上海找他，经过许多周折，才把他找到。兄弟之间，久别重逢，又匆匆分手了。

留学德国

1931年，江隆基赴德国留学。

江隆基留学德国是爱国将领杨虎城资助的。1930年12月，杨虎城主政陕西以后，深感高级专门人才的匮乏。为了解决这个问题，杨虎城采取了两个方法。一是将“楚材晋用者”，委以重任，“理我陕政”。二是拿出一部分资金，选拔一批陕西籍青年学生，出国留学，“以为陕西培养高级的专门人才”。江隆基就是作为一个进步青年学生被选中的。除江隆基外，还有王炳南、郭则沉、王季陶、樊作栋、韩鲁（赴德国）、潘自力（赴法国）、原政庭、亢心栽（赴英国）、袁若愚（赴日本）等十人。

1931年至1936年，江隆基在德国柏林大学经济系学习

杨虎城主政陕西后，着力于陕西地区的发展建设。九一八事变后，他敏感地看到，陕西地区的建设不仅仅是地方性的，而且是“兼有对日抗战的国防建设性质”。他多方奔走呼吁，请求南京政府和江浙财团到西北投资，以加强西北地区的后方建设。他采取了许多措施，推动了陇海铁路的向西延伸，加强了西安到兰州公路的修筑。在大规模修筑中，他命令沿线驻军也参加义务劳动，以加强工程的进度。同时，针对西北地区严重缺水的状况，他又着手水利工程建设，1932年完成了泾惠渠的建设，1933年洛惠渠也正式开工，并规划和设计了“八惠”的水利工程。[20]

在教育方面，杨虎城提倡培养学生的爱国思想，倡导学习研究自由。在学校里可公开阅读马克思主义和社会主义以及其他进步书刊。九一八事变后，他又特别加强了抗日爱国教育，支持爱国民主活动。在财政十分困难的状况下，他仍设法增加教育经费，并且规定了教育经费的专款保管和使用。在高等教育建设方面，杨虎城曾多次要求南京政府在陕西建立一所高等学校，在他多方的筹措和努力下，终于创办了陕西省的第一所高等学校——西北农林专科学院（后改名为西北农学院）。

更为突出的是在用人方面。杨虎城采取的是兼容并蓄的方针，大量引用青年进步人士，特别是聘用了许多中共党员和暂时失去组织关系的共产党人。这些共产党人，有的他是知道他们政治身份的，有的他并不知道。杨虎城的原则是不论他们的政治背景如何，只要是进步的有能力胜任的，学有所长的，他都委以重任。他尊重知识，重视倾听专家学者的意见。这次选送一批进步青年出国深造，就是杨虎城听取了知名人士李寿亭的建议而采取的。

杨虎城之所以在众多进步青年中遴选江隆基，完全是出于对江隆基的赏识。

江隆基是1931年1月收到杨虎城电邀的。他很感谢杨虎城资助他出国深造的决心。出国学习深造，这也是他梦寐以求的事。他对这件事，采取了十分慎重的态度。因为他毕竟不是组织选派的，所以他在收到电邀后，立即向中共上海法南区委汇报了情况，征求组织的意见，并且也表明了自己的意愿。之后，法南区委同意了他的请求，并让他留下了在德国留学的地址。

江隆基从上海回到西安后，杨虎城立即接见了他。杨虎城向他说明资助出国的情况后，并征求他的意见，是否愿意出国深造，有无困难？杨还向他表示如果有困难不能出国深造，他还可以推荐其在陕西工作。江隆基诚恳表示感谢，也说明了自己的意愿和状况，说自己还年轻，“很想借此机会，好好学习”。杨虎城爽快地说，“我一向同情革命。我没有看错你，很好，你就安心学习吧”。

江隆基在西安仅停留了几天，就匆匆到南京办理了出国手续。3月底，江隆基和王炳南、韩鲁一起，取道苏联，于4月下旬到了德国柏林。

江隆基到柏林后，入柏林大学经济系学习。柏林大学创办于1909年，是德国的最高学府，也是欧洲的学术研究中心之一。柏林大学的“尊重个性”“注意学术多方面的研究”和“创造力的培育”三个特征，被誉为“真正代表着德意志精神”。柏林大学的教学方法也有自己的特点，除课堂讲授外，还有讨论等形式。有时由教授主持，引导学生对某个问题或某种主张展开讨论。有时由教授指定问题或提出主张，由学生自己主持。学生搜集资料，提出自己的看法，反复辩论。

学生可以进一步明确教授提出来的结论，也可以自己得出新的结论。这就是著名的在教学中采用的理则学原则。

江隆基很赞赏这种民主的教学方法，认为它可以弥补“老师只是教课，学生只是听课”的某些缺陷。它的好处是，“不仅可以使学生加深对所学课程的理解，巩固已学知识”，而且可以培养“学生独立研讨，钻研进取精神”，促进学生“多方面的知识和技能的发展”。这种教学方法对江隆基的学习也是一个很大的促进。他在努力学习本科的课程以外，还看了许多书，主要是教育学方面的。虽然他学的是经济学，但他兴趣更浓的还是教育学。

柏林大学还特别注重体育活动，对体育训练的各种项目都有明确规定。在中学时期，江隆基就是一个体育爱好者，有一次练习撑竿跳高，摔伤了右脚，造成右踝骨错位，后来虽然伤愈，但他再不能进行剧烈的体育锻炼。进入柏林大学后，严格的体育锻炼，使他感到吃力，有时期甚至使他恼火。但他本着“锻炼身体，也是锻炼意志”的想法，坚持完成了体育训练规定的各种项目。

江隆基到柏林以后，就和中国共产党语言组取得了联系，并参加了语言组的工作。和江隆基一起工作的还有张铁生、刘咸一等。当时，中国共产党语言组在张鹗和成仿吾的领导下，在留学生中的工作已有了一些基础。张鹗去莫斯科，成仿吾回国后，中国共产党语言组由王炳南任书记，江隆基任宣传委员，辛安石为组织委员。江隆基参加语言组后的第一件工作，就是在德国华侨工人群众中发起了一次救灾募捐活动。1931年夏，我国湖南、湖北等八省发生了历史上少有的严重水灾，水患殃及一亿多人。灾民流离失所，饿殍遍野。为了募捐救灾，江隆基和语言组的其他同志一起，走街串巷，报告中国的灾情，还表演话剧等等，进行募捐活动。后来，他们将募捐得来的全部款项，通过国际工人救济会寄回国内，支援灾区。与此同时，江隆基还参加了社会科学联合会和华侨互济会的工作。起初，张铁生担任社会科学联合会的主席，张离任后，由江隆基任主席负责该会的工作。

当时，德国正处在革命高潮时期。以台尔曼为领导的德国共产党正在为争取德国人民的民族解放和社会解放，为阻止希特勒法西斯攫取政权进行着英勇顽强的斗争。当时，德国共产党是合法的，是全国的第四大党，而且在柏林和汉堡又是第一大党，所以被誉为“红色的柏林”“红色的汉堡”。尽管德国法西斯势力在这个时期也相当猖獗，但在德国工人群众中，德国共产党仍有很大的影响。

中国共产党语言组属双重领导，一方面属莫斯科的共产国际中共代表团领导，另一方面又从属于德国共产党中央领导。语言组主要是在留学生华侨中间开展工作。

德共中央非常重视和关心语言组的工作。1932年，德共中央负责同中国共产党语言组联络的奥托通知他们，德国共产党总书记台尔曼要接见中国语言组的新领导成员。江隆基到德国后，在鲁斯特公园体育馆等群众集会上，曾多次听到台尔曼的演讲，十分敬佩这位英雄的领袖。听到这个消息，他的心情自然十分激动。那是一个炎热的夏天，台尔曼在德共中央机关报《红旗报》总编辑部专门会见了王炳南、江隆基和辛安石等。台尔曼询问了中国革命的情况。他说，德国工人阶级怀着极大的兴趣关注着中国革命发展的每一个进程，中国共产党已把中国这头睡狮摇醒了，“中国是个大国，中国进行的革命斗争，在国际上将会产生巨大的影响”。他还说，中国革命即使取得小小的成就，对德国和其他国家的人民革命斗争都是有好处有帮助的。所以他建议，中国语言组的同志在参加德共街道支部会议时，可以向德国同志们多讲些中国革命的发展情况和经验教训。台尔曼还说，德共今天虽然是合法的，进行着合法的斗争，但是希特勒法西斯的势力正在蠢蠢欲动，也有可能在将来的某一天会转入地下，希望中国同志能多介绍些中国共产党进行地下斗争的经验。最后，台尔曼还十分关心中国同志的学习和生活情况，他说，如有什么困难可向奥托提出来，他们会尽力帮助解决的。台尔曼的会见对语言组的工作是很大的支持和鼓舞。这是一次令江隆基终生难忘的会见。

九一八事变后，国内形势发生了急剧变化。为了推动抗日救亡运动，在中国共产党语言组的领导下，江隆基发起并组织了旅德华侨反帝同盟，被选为这个同盟的书记。在他的主持下，编辑出版了机关刊物——《反帝斗争》，进行揭露日本帝国主义侵略中国和国民党不抵抗政策的宣传活动。之后，在旅德反帝同盟的影响和推动下，留法侨胞也相继组织了反帝同盟。

这时，国共两党正处在尖锐对立的状态。蒋介石调集大军对革命根据地进行大规模的“围剿”。所以反帝同盟成立后，经常遇到一个讨嫌的事，就是和国民党在德国的党部进行辩论。几乎国内每发生一件重大的事，都要和国民党党部的人争吵。最激烈的一次是在1932年初。当时，日本帝国主义侵占了锦州，国民党政府仍采取不抵抗政策，并向“国联”提出设立锦州“中立区”。在江隆基的主持下，反帝同盟举行集会，抗议日本帝国主义的侵略罪行和国民党的不抵抗行径。国民党的胡靖安、桂永清等带着一帮人来会场捣乱。先是辩论争吵，后来就互相扭打起来。王炳南、江隆基等好几个人被打伤，国民党的胡靖安也受了伤。后来德国警察来会场干预，才算了事。

为了统一在德国、法国等地的中国留学生的抗日救亡运动，在江隆基多方奔走和努力下，1932年以旅德反帝同盟为中心，成立了留欧华侨反帝总同盟。江隆基被推选为总同盟的书记，主持编辑并出版了《反帝战线》。《反帝战线》作为总同盟的机关刊物取代了原来的《反帝斗争》，大力推动抗日救亡运动的宣传活动。

江隆基还联络了日本、印度、朝鲜等国在德国的许多留学生，组织了东亚革命分子联合会。江隆基担任了这个联合会的执行委员，负责宣传工作，编辑出版了机关刊物——《东亚革命》。江隆基还参加了德国的赤色学生会和赤色体育会。广泛宣传抗日救亡，宣传中国共产党领导的革命活动。

1933年希特勒上台，颁布了《帝国总统保护人民和国家的法令》，取消人身自由权利，取消新闻、集会、结社的自由。在高等学校也加强了所谓“政治化”，把“国家社会主义”也塞进了学校课堂。在“强盗政治的统治制度”（季米特洛夫语）下，德意志的国内形势发生了急剧变化，这时的柏林已经不能像以前那样可以自由集会。江隆基领导的反帝同盟活动被迫转入地下。大会不能开，他们只能开小会。有很多问题，只能在小会后，再相互联络沟通。他们学习和宣传马克思主义，也受到监视。为了避开敌人的耳目，他们将许多马克思主义书籍的封面都改换了，如把《列宁全集》的封面改换为《国际法原论》等。此时德国共产党也遭到严重破坏，中央机关被迫转移到国外。中国共产党语言组的成员经常利用“外国人”身份的便利条件，给德国共产党中央传递消息、文件和宣传品。江隆基等做了不少的工作。

由于工作的过度紧张劳累，江隆基的肺病复发。在同事们的劝阻下，他不得不离开工作岗位，到德国南部疗养。他以“优游而不能自在”的话，来表白自己的心境。经过近一年的疗养，到1935年夏，江隆基身体基本康复后，回到柏林，又投入到抗日救亡的活动中去了。

这是一种在特殊环境中的特殊工作。有人说，他们是“工作极度紧张，情绪万分兴奋，身体分外单薄”。确实是这样，就以他们出版的宣传刊物来说，从《反帝斗争》《反帝战线》到《东亚革命》，前后参加编辑、发行工作的总共不过十人，除了拟定稿件和审阅来稿等编辑工作外，每次都是自己刻蜡版、自己印刷、自己装订、自己发送。而且为应付恶劣的环境和把握稿件的时间性，常常是整夜的工作，也常常是整天吃不到一顿饭。还有最感棘手的是期刊的发行问题。开始时，邮局还能发行一部分，但不久，邮局连一份也不能发送了，只有靠他们自己。为了使刊物能送到读者手中，江隆基和反帝同盟的同志们也绞尽了脑汁，不放过每一个发行的机会。1936年，世界奥运会在柏林召开。江隆基认为这是一个扩大宣传的好机会，同时为了欢迎中国参加世界奥运会的选手来到柏林，为了欢迎祖国来的亲人，他们专门制作了小旗，上写“抗日杀贼，救国图存”的标语，分送给每个成员。由于不便在车站公开地举行欢迎会，他们就在去奥运新村的途中，开了小型欢迎会，并赠送了反帝同盟等许多宣传刊物。希望通过他们带回国去，扩大宣传。

当时，中国国内的形势已异常紧张。日本帝国主义对华北的侵略步步紧逼。1936年6月，签订了“秦土协定”，7月达成了“何梅协定”，并积极筹划所谓“华北五省自治运动”，疯狂叫嚣“华北有强大的自治潮流”，妄图组织“联合自治”，以使其脱离中国。日本帝国主义以武力威胁、政治谋略和经济侵略相配合，开始了名为“华北自治”，实为侵吞华北的新步骤，企图将华北变为第二个“满洲国”。华北危险日益加深，中华大地掀起了抗日救亡的新高潮。

九一八事变后，中国共产党曾多次发表宣言，坚决反对国民党政府的“剿共”内战和“攘外必先安内”的错误方针，热诚呼吁团结抗日，积极引导全国的抗日救亡运动。继1933年1月17日中国共产党发表关于在三个条件下与任何武装部队订立共同对日作战协定的宣言，中共中央开始调整政治策略之后，于1934年4月10日又发表了《为日本帝国主义占领华北并吞中国告全国民众书》。4月20日，中共中央又以“中国民族武装自卫委员会筹备会”的名义，经宋庆龄、何香凝等1779人签字，发表了《中国人民对日作战的基本纲领》，提出了抗日救国的六大纲领。1934年10月，中央革命根据地第五次反“围剿”失利后，中央红军被迫开始了二万五千里长征。1935年1月，中共中央政治局在遵义召开了扩大会议，结束了“左”倾教条主义错误在中央的统治，确立毛泽东在中共中央和红军中的领导地位，为转变党的政治路线提供了组织上的保证。

1935年8月1日，根据民族危机加深的形势和共产国际第七次代表大会关于建立反法西斯统一战线的精神，中共驻共产国际代表团草拟了《中国苏维埃政府、中国共产党中央为抗日救国告全体同胞书》，并于10月1日由中国共产党在法国巴黎创办出版的《救国报》（后改为《救国时报》）上正式发表。这就是通常说的《八一宣言》。

在党的新的政治路线指引下，为了进一步推动抗日救亡运动，江隆基以反帝同盟为核心，发起组织了“华北救亡会”（以后又改名为中华救亡会）和“中国人民武装自卫委员会留德分会”，并编辑出版了《救亡》和《前哨》两种刊物。这些在德国发行出版的刊物和中国共产党在巴黎创办的《救国时报》互相配合，宣传了中国共产党的抗日救亡主张。

1936年初，全国抗日救国联合会成立。为了进一步推动德国华侨和留学生的抗日救亡活动，江隆基将中华救亡会、中国人民武装自卫委员会留德分会等团体合并，并同其他旅德华侨抗日救国团体协商，联合组成了“旅德华侨抗日救国联合会”。（旅德华侨抗日救国联合会由旅德华侨的六个抗日救亡团体组成。这六个团体是：反帝同盟、中华救亡会、崛起社、民族武装自卫会、中国问题研究会、科学研究会）。联合会邀请了国民党著名抗日人士黄琪翔、胡若愚等人参加，并请他们出面主持其事。联合会在江隆基的积极推动下还编辑出版了《抗联会刊》，大力报道德国和欧洲地区进步人士的抗日救亡运动，宣传中国共产党的抗日民族统一战线的主张。

旅德华侨抗日救国联合会于1936年1月组成筹备会进行筹建事宜。于3月2日举行成立大会，大会庄重热烈。大会的宗旨是“目前急务，是应该不分党派，不念旧忌，一致团结起来，组织起来，共同挽救亡国的大祸”。同时强调：“目前中国的路，只有两条。一条是汉奸的路，一条是救亡的路。我们要挽救中华民族的危机，只有铲除汉奸的死路，杀开救亡的血路。”大会经过热烈讨论，通过了《旅德华侨抗日救国联合会》会章，选举组成了执行委员会。江隆基被选为执行委员。大会最后提出，由旅德华侨抗日联合会，进一步扩大组成旅欧华侨抗日救国联合会，促进全欧华侨抗日救国的大联合，以“促成全国对日抗战大联合，驱逐日寇，收回失地”。

1936年9月，国际反法西斯同盟和世界各国的反战团体，在比利时的布鲁塞尔世纪宫，召开了世界和平大会（通常称它为第一次世界和平大会）。参加大会的有三十五个国家的四千多位代表。许多国际知名人士、社会活动家、作家等都参加了这次大会。如西班牙的伊巴露丽、法国的加香等都出席了大会，中国出席的代表是全国各界救国联合会代表钱俊瑞，上海文化界救国会代表陶行知，来自巴黎的中华民族革命同盟代表陈铭枢、胡秋原、叶沛泉，旅法参战华工总会代表王庆元、徐滨海，来自伦敦的英国华侨抗日救国会代表王礼锡、熊式一，来自柏林的旅德中华救亡会代表江泮庵（江隆基），及其他代表共十四人。

出席大会的中国代表给全国发了通电，提出“要求一致团结，抵御日寇的侵略”，“为保卫祖国，拥护世界和平而奋斗”。《救国时报》还邀请江隆基为特约记者，为大会作了采访报道。

世界和平大会结束后，中国代表又一同来到巴黎，参加了在巴黎举行的全欧华侨抗日救国代表大会。出席大会的代表共有四百多人。大会宣告了全欧华侨抗日救国联合会的正式成立，制订并通过了联合会会章，发表了大会宣言。宣言强调指出：“中华民族，非抗日无以图存，非全国上下团结一致，无以抗日”，“敌人所喜欢的是我们的分裂，敌人所害怕的是我们的团结”。针对国民党政府的“剿共”和不抵抗政策，宣言明确指出：“我国当局，忙于内战，对于外患就不得不百般迁就，以致失地丧权，造成今日严重的困难。”并指出：“国内的任何实力，都是民族的至宝，而为抗日所必须。”大会强烈地呼吁绝不能再“自相冲突，消耗国力，给敌人以可乘之机”。大会号召全国各族各界各党派联合起来，共同抵抗日本帝国主义的侵略。

大会强调，“日本帝国主义是全国最大的敌人，国内一切爱国志士所呼吁的联合救亡，其关键在于国民党、共产党以及全国各党派团结抗日”，并指出，“共产党和红军方面已一再表示愿与国民党与国军一致合作，并提出共同抗日新政策，而国民党和政府方面，亦有赞助联共抗日者”。因此，大会强烈要求“南京政府应立刻停止剿共军事行动，由人民救国团体隔断双方阵线，互派全权代表负责谈判停战和抗日协定，同时邀请其他各党派召开救国联席会议，协议救亡政策及其具体方法”。

大会还致电蒋介石，提出“立即实行全国武装抗战以卫国保种”。

这是一次全欧侨胞的抗日救国大联合的大会，大会坚持主张联合全国一切力量抗日救亡，强烈要求国民党联共抗日，并提出了与一切抗日党派协议救国的政策及办法。这次大会在海外侨胞中产生了强烈影响。

《救国时报》发表社论指出：这次会议“鼓荡了全欧侨胞抗日的勇气”，“实足予我国内同胞的救国运动以有力的声援和推动”，“实足予我们一切海外侨胞的救国运动以深堪仿效的模范”。所以，这次大会是“海内外同胞的救国运动的最近进展上”的“一桩重大的事件”。大会选举成立了全欧华侨抗日救国联合会领导机构，江隆基被推选为联合会的监察委员。

1936年10月，江隆基在柏林大学的学习结束，取道苏联回国。

注　释

[1][2][3][4] 江隆基：《自传》，1943年10月。

[5]《访问张奋翼记录》，1982年5月。

[6]《访陈正朝、杨炳鉴记录》，1982年4月。

[7] 1925年国共合作后，中共党员在东京特支领导下参加了国民党，并和国民党左派一起在神田的中国青年会办公，所以称作青年会国民党。

[8] 南汉宸，山西省赵城县人。早年参加了辛亥革命，1926年加入中国共产党。之后长期从事党的秘密工作和统战工作。1927年任杨虎城军事政治干部学校校长。杨虎城主政陕西后，任陕西省政府秘书长，多次营救和掩护党的一些高级干部。西安事变前后，在杨虎城部队中做反蒋抗日工作。1940年赴延安，先后任中共中央统战部副部长、陕甘宁边区政府财政厅厅长等职。中华人民共和国成立后，任中国人民银行行长、中国银行董事长，一直从事财政金融的领导工作。后又担任中国国际贸易促进会主席、党组书记。1967年1月病逝。

[9] 转引米暂沉《杨虎城将军传》，中国文史出版社，1986年。

[10] 杜斌丞（1888年5月10日至1947年10月7日），原名丕功，字斌丞，自署秉诚，陕西省米脂县人。早年从事教育工作，任陕西榆林中学校长多年。杨虎城主政陕西省后，曾任甘肃、陕西两省省政府秘书长。1933年，十七路军和红四方面军订立互不侵犯协定，就是杜斌丞代杨虎城出面委托中共地下党员往返联系促成的。西安事变前，杨虎城和中国共产党在西安的许多秘密工作，也是由他出面联系和掩护的。西安事变和平解决后，他先后在成都、重庆、昆明、西安等地从事爱国民主运动。他是负责筹组中国民主同盟西北总部的领导人。抗日战争胜利后，他坚决反对蒋介石发动内战，做了大量的宣传工作。1947年10月7日被国民党杀害，时年59岁。杜斌丞遇难后，中国共产党在延安为他举行了追悼会。毛泽东题词："为人民而死，虽死犹荣"。林伯渠、董必武等均作诗悼念。

[11] 魏野畴，陕西省兴平县人。1917年，入北京高等师范学校读书，之后参加了五四运动。组织创办了进步社团共进社。1921年，加入中国共产党，在陕西省开展革命活动。1925年，任杨虎城三民军官学校政治部主任。1926年1月，参加国民党二大，任国民党陕西省党部宣传部长。1927年，任国民联军驻陕总司令部政治部部长，中共陕甘区委宣传部长，中共陕西省军委书记，国民革命军第十军政治部主任。"四一二"反革命政变后，率领已公开身份的中共党员离开部队，转入皖北农村开展革命斗争，任中共皖北特委书记，领导了皖北"四九"革命大暴动，在掩护部队撤退中壮烈牺牲。

[12] 李子洲，陕西省绥德县人。1923年，在北京大学读书时加入中国共产党。1924年，创办陕西绥德师范学校，提倡新文化运动，出版革命刊物，进行建党工作，开展建立党组织活动。1927年，任中共陕西省委书记兼组织部部长，参加领导了清涧、三原、渭南、华县、旬邑等地武装起义。1928年冬被捕，次年牺牲于狱中。

[13] [15] [18] 米暂沉：《杨虎城将军传》，中国文史出版社，1986年，第38页、36页、41页。

[14] 米暂沉，大革命时期的共产党员。从1927年起随杨虎城工作，任机要秘

书，一直到西安事变以后，任杨虎城秘书长达十年之久。

[16] 谢葆真，1903年生，陕西省西安市人。在杨虎城的第十军中做宣传工作时，与杨相识。1927年在安徽省太和同杨虎城结婚。1949年与杨虎城惨死于重庆渣滓洞。

[17]《访米暂沉记录》，1982年4月。

[19]《中国共产党中央通告》，《中央通讯》，1929年8月。

[20] 杨虎城主政陕西后，邀请著名水利专家李仪祉任省府委员兼建设厅厅长，主持规划和建设水利工程。泾惠渠于1931年开工，1932年6月完工，可灌田达七十万亩。洛惠渠于1933年开工，1937年完成第一期工程，可灌田五十万亩。八惠工程，包括渭惠、梅惠、汧惠、湑惠、褒惠、汉惠等。杨虎城被罢免陕西省政府主席后，有些工程未能实施。

第三章

"谁领导抗日，谁就是领袖"

江隆基是1936年11月中旬抵达北平的。

途经莫斯科时，共产国际中国代表团代表接见了他，向他介绍了国内的政治形势，传达了关于发展抗日民族统一战线的精神，并特别提出了在杨虎城处的工作任务和注意事项。江隆基在莫斯科停留三天后经西伯利亚回国。一路上他想得很多：出国五年了，我们的祖国、我们的家乡有什么变化……但他想得最多的还是上级领导交给他的任务。

江隆基到北平后，杨秀峰在许德珩家里为江隆基学成归国举办了一次小型茶话会。出席茶话会的除杨、许两位外，还有邢西萍（徐冰）、张申府、孙文淑等一些知名人士。

江隆基在德国留学时，曾与杨秀峰相识。老战友阔别多年之后又在北平相聚，显得格外亲切。杨秀峰盛赞江隆基在国外为抗日救国所做的工作，说他是一位"留学生中的和平战士"。

杨秀峰为江隆基举办这个小型茶话会，一则是为江隆基洗尘，以表示对他在德国留学期间从事抗日救亡工作的敬佩之情；再则也是想请江隆基谈谈大家十分关心的欧洲时局。

在茶话会上，江隆基首先简要地介绍了近几年在德国及全欧留学生和华侨中开展抗日救国活动的情况。他特别介绍了海外侨胞（包括留学生）的爱国热情，介绍了海外侨胞参加反帝同盟、救国会的情况。其次，他向大家介绍了在布鲁塞尔召开的世界和平大会，在巴黎召开的全欧华侨抗日救国联合会的情况。他说，世界和平大会是一次世界反法西斯阵线大联合的大会，许多国家的知名人士、社会活动家都出席了大会，规模空前。这些都说明了“世界反法西斯的和平力量已有了新的发展”。全欧华侨抗日救国联合会也是一次大联合的大会。江隆基说，这次大会的主要收获就是“大联合的目标趋于一致了”，一致“要求国民政府立即停止内战，实现国内抗日力量的大联合，共同抵抗日本侵略者”。两次大会在国外都有很大反响。

江隆基还向大家介绍了希特勒上台后德国的政治、军事和经济发展情况。他说，德国已经是一个军事经济的国家。其政府制订的计划（“四年计划”）完全是为迅速建立庞大的军事体系服务的。军事工业迅猛发展。煤、铁、钢、锡、电力的生产已远远超过英、法等国。同时，希特勒在国内大力推行法西斯主义和国家社会主义。大学里已规定每周都必须听“国家社会主义”的演说。普遍加强了军事训练。在大学的课堂上大力宣传“沙文主义”“缺少生存空间”“反犹太主义”等等法西斯思想。江隆基认为，德国法西斯的侵略扩张战略正在急剧增长，侵略战争的威胁已笼罩整个欧洲。

茶话会是很随意的，交谈也很热烈。大家都感到，听了江隆基的介绍，有不少新收获。最后，大家的话题又自然地集中在对国内形势的研讨上，关注国内形势的新变化、新动向。大家都清楚地看到，日本帝国主义自侵占热河，搞“华北自治”以来，大大加紧了侵略中国的步伐，其狼子野心早已昭然若揭。

主要的话题是谈论国民党和蒋介石。大家谈到，日本帝国主义侵略中国，是危及中华民族，震撼中国社会的大事。抗日救亡已是不可阻挡的历史潮流。许多国民党将领，出于民族大义，已纷纷起来率部抗敌。国民党的“五大”也提出了维护领土主权，不能容忍侵略的方针，国内形势确已出现了新的变化。

大家认为，问题仍然出自蒋介石那里。从长城抗战、察哈尔抗战、福建事变，直到最近绥远抗战，为什么只能取得局部的胜利，而最终却连遭失败呢？究其原因，最主要的一条是蒋介石不支持。他不积极领导抗战，而是一心扑在“剿共”上。这就是问题的症结。大家一致认为当前最重要的就是推动“停止内战，一致抗日”的宣传，推动全国的抗日运动。

江隆基认为，这个茶话会对他来说收获很大。不仅使他了解到了国内的新情况，更宝贵的是通过茶话会上学者们坦诚的分析，更增强了他对“停止内战，一致抗日”的理解，也加深了对抗日民族统一战线的理解。

江隆基是1936年12月6日抵达西安的。到西安后，杨虎城接见了他，让他到政治处工作，并任命他为上校秘书主任。遵照党的指示，江隆基是秘密党员，他的主要任务是做稳定杨虎城内部、一致抗日的工作。对外则是以全欧华侨抗日救国会归国代表的身份开展工作。

这时，西安地区的形势正在发生急剧的变化，江隆基也没想到局势发展得如此之快。就在江隆基抵达西安的当天，西安各校学生为了声援傅作义将军的绥远抗战，举行了大规模游行宣传活动。街道上贴满了标语口号，参加游行的人很多，又是募捐慰劳队，又是演讲宣传队……西安完全沉浸在抗日救亡的热潮中。

但是，蒋介石虽然同意但并不积极支援傅作义的绥远抗日。相反，他却于11月17日飞往太原，把正在绥远前线抗敌的傅作义召回，并命令其“迅速使绥东战争结束，以免共匪借题发挥，影响中央誓死‘剿共’的决策”。之后，又派陈诚到绥远前线监督和制止绥远军民的抗敌活动，让傅作义迅速抽出手来，准备“剿共”。

就在江隆基抵达西安的前些日，西安发生了国民党镇压学生抗日救亡运动的“艳晚事件”[1]。11月23日，蒋介石逮捕了上海救国会领袖沈钧儒等七位爱国民主人士（“七君子事件”）。接着又查封了全国四十四家抗日进步刊物。蒋介石的种种倒行逆施更激起了全国人民的愤怒，激发了全国各界的抗日救亡热潮。

蒋介石是12月4日到西安的，这已是近两个月来蒋第二次来西安。这次蒋来西安是向张学良、杨虎城摊牌的。蒋向张、杨提出：“无论如何，此时须讨伐共产党，如果反对这个命令，中央……不能不给以相当的处置。”要张、杨最后抉择：一个是服从命令，把东北军和十七路军全部投入陕北前线，在其嫡亲部队监视下“进剿”红军；一个是如不愿“剿共”，就将东北军调至福建，十七路军调至安徽，将陕甘地区全部让其嫡系部队进驻。

蒋介石一直在顽固坚持“剿共”方针。1936年的秋冬之季，在解决了“两广事件”[2]之后，他立即将大军北调，全力策划部署新的“剿共”计划。调集了嫡系和精锐部队二百六十个团约三十余万人，配备了一百多架飞机，并扩建了西安机场。蒋系的高级官员也云集西安，准备召开西北“剿共”会议。蒋已明确内定撤掉张学良西北“剿共”副总司令职，另派蒋鼎文为西北“剿共”前敌总司令，卫立煌为晋陕绥宁四省边区总指挥。蒋扬言要“在二至三个月内，把共匪聚歼于陕甘边境”。蒋介石是踌躇满志地来到西安的。

江隆基在德国从事抗日救国的工作中，就关注着国内时局的变化，特别关注着张学良、杨虎城两位爱国将领的抗日活动。他认为，张学良、杨虎城都是有着强烈爱国心的将领，在抗日的问题上有许多共同点。1928年，张学良毅然易帜归土，就是一次影响深远的爱国行动。张学良这样做绝不是势穷来归，也不是从他私利的为报父仇，“不是因为父亲被日本人杀死才易帜。我主张国家统一和富强。父亲不死我也会这样做”。九一八事变后，张学良背上了“不抵抗”的骂名退守关内。以后进驻陕甘，奉命“剿共”。起初他是跟随“攘外必先安内”的方针走的，但他毕竟是一位有政治远见的将军。他看到，这条路不仅走不通，而且不应当走。他以谋求国家统一和富强的信念，竭力反对内战，力主枪口一致对外。特别是在日本侵略者步步紧逼的生死关头，外患急于燃眉，他多次反复地力谏蒋介石改变“剿共”政策，联合红军，联合全国各党各派，共同抗日救国。

至于杨虎城，几年来江隆基对其有了进一步的了解和认识。杨虎城将军在日本侵略者发动九一八事变后，就率先以十七路军总指挥的名义发出《杨虎城泣告全国》书，痛斥日本的侵略暴行，呼吁“举国上下，一致团结，共御外侮”，“亿兆戮力，挽救危亡”。[3] 随即派出其所辖部队四十二师北上，参加到抗击日本侵略的行列。1933年3月，日本侵略者侵占热河，进迫长城各口，杨虎城专程到石家庄晋见蒋介石，再次向蒋请缨，率部北上抗敌。5月，冯玉祥、吉鸿昌等在张家口树起察绥抗日同盟军的旗帜。杨虎城遥为声援，并直接给予物质援助，提供了大批枪支弹药。1936年11月，傅作义发起了绥远抗战，杨虎城和张学良在西安组织了抗日援绥第一军团，准备“克日誓师北上”。

对于蒋介石的“攘外必先安内”的方针，杨虎城一直是质疑、抵制的。杨虎城这样做，不仅仅是自他主政陕西以来，蒋介石对他采取控制、分化等手段而产生的一系列的冲突所致，更主要的是在“剿共”和抗日问题上的分歧。

杨虎城很早就与中国共产党人有所交往。1935年，杨虎城从南汉宸那里看到了中国共产党的《八一宣言》，他感到共产党的政策有了重大转变，立即派人与中国共产党秘密接触，商谈具体合作的办法。中央红军到达陕北以后，12月杨收到中共中央领导人毛泽东写给他的亲笔信。他非常感激，遂开始了进一步商谈。

也就在这时，1936年4月，共产国际中国代表团了解到在德国留学的王炳南与杨虎城的世家关系，便让王炳南回国做杨虎城的工作。王炳南的父亲王宝珊是陕西省辛亥革命的领导人之一。自陕西靖国军时期起，一直担任杨虎城的高级参议，且私交甚厚。1928年，杨虎城秘密居住日本时，就是王宝珊到日本敦促杨虎城早日回国的。杨虎城也很早就知道王炳南是中国共产党党员。王炳南到德国留学，也是杨虎城特别资助的。所以这个时候，党派王炳南去做杨虎城的工作，有着别人替代不了的作用。

遵照党的指示，江隆基首先向杨虎城建议在十七路军内部组织建立抗日同志会。这时，杨也同样意识到稳定内部的重要，“如不成立一个进步组织，将无法完成政治任务”。这个组织对内对外都是保密的，它在十七路军内部起到了核心作用，起到了稳定部队、共同抗日的重要作用。抗日同志会会长杨虎城，副会长孙蔚如，秘书长南汉宸，组织科科长崔仲远，江隆基为宣传科科长。江隆基起草了《抗日同志会章程》和《抗日同志会入会誓言》。

抗日同志会总会组建后，江隆基又和南汉宸一起着手组建分会的工作。分会是以团或独立营为单位设立的，分会会长大都由团长或营长担任，其中有许多是中共党员，如特务第二团团长阎揆要（中共党员）、警备第一旅旅长刘威诚（中共党员）等都是分会会长。有的是各团的政治指导员（中共党员）担任分会会长。这个组织发展很快，工作也做得细致，在西安事变中贯彻“联共抗日”的方针，起到了组织保证。西安事变后的一段时间里，在混乱的局面下，对十七路军内部的稳定也起到了重要作用。杨虎城非常关注抗日同志会的工作和它所起的作用，在被迫出国前，还一再叮咛要保存这个组织。

在西安事变中，江隆基还参加了西北抗日联军的组织宣传工作。西北抗日联军是在西安事变中，为贯彻执行八项主张的第一项“改组南京政府容纳各党各派共同负责救国”的主张而成立的。成立的决议中指出，“先行撤销专供策动内战使用的军事机关——前西北剿匪总司令部”，并“通电全国宣告成立”。西北抗日联军成立后的一项重要工作就是释放一切政治犯并尽力保护西北各地民众的抗日救国运动。江隆基担任宣传委员，做了不少工作。西安事变后，和江隆基在一起工作的还有杨明轩、徐彬如、谢华、李木庵等。

西安事变发生后的第二天晚上，西安各界抗日救国联合会和东北民众救亡会在西安高中联合召开了各界群众团体代表的紧急会议。江隆基以全欧华侨抗日救国联合会归国代表的身份，参加了会议的组织工作。会议决定召开西安市民群众大会，庆祝扣留蒋介石的胜利。

张、杨两位将军为使东北军和十七路军全体将士了解这次事变的意义和今后任务，发表了《告将士书》[4]。《告将士书》强调："我们为什么这样的发动？为争取地盘吗？不是！为泄私愤吗？也不是！我们反对政府的屈服外交。国都要亡了，还在这里出死力地自相残杀！所以这才提出抗日救国运动的八项主张。我们主张的核心，是集合全国各党各派的力量，以民众的总动员去抗日救国。"江隆基积极投入了宣传活动。

16日，在革命公园举行了盛况空前的西安市民群众大会。"出席十万余人，情况极为热烈"。呼喊声充满了整个狂欢的会场。欢乐的广大群众充分表达了对张、杨二位将军发动这次事变的支持。大会由杨明轩主持。

张学良首先演讲，他说：

这次事件，是我们一些人为了实行救国主张，置生死毁誉于度外，不顾一切，为民请命，我们为了国家复兴，早有生死以亡的决心！

我同蒋委员长私交感情很好，所争的就是政治主张。我几次用书信诤谏，当面诤谏，请他放弃他的错误的反民意的主张，领导全国民众从事于全国民众所愿意做的工作，做一个全国民众所爱戴的领袖。可是他不但不接受，近来反而变本加厉了。

我们认为，蒋委员长的主张和决心，用口头或书面的劝谏，是决不能改变的。所以才同杨主任和其他西北各将领，发动了"一二·一二"事件。

我们是只求主张实现。我们既不要钱，也不要地盘。我们要实现我们的主张，我们要立于抗日战线第一线，我们要在抗日战场上效死。同时，我们要求全国同胞，一致起来走向抗日战争。……我们的主张要我们自己来实现。

本人以戴罪之身，作抗日的工作，为公为私，都是应该的。本人一定要竭尽智虑，要求实现救国主张。不达打倒日本帝国主义，整个民族解放的目的。誓不罢休。

接着，杨虎城将军发表演讲。他说：

“一二·一二”的义举，我们应该知道是真正民气的表现，更是民众自动地起来救国抗日热忱的表现。我们的主张是要抗日。因有见于蒋委员长对外政策的错误，经过了多次的劝谏无效后，于万不得已中有这次的兵谏了。所以这次的事是以国家民族为前提的，决不是对蒋委员长个人而发生的。我们知道“一二·一二”的举动，其更大的意义，就是我们要将这种使命更扩大起来，希望全国同胞，大家都能团结起来，抱着绝大的牺牲精神来完成中国革命，打倒日本帝国主义。

两位将军都表达了“愿为实行民众之救国主张，不顾私人之成败利钝，誓死抗战到底”的决心。[5]

江隆基以全欧华侨抗日救国联合会代表的身份也在大会上发表了演讲。他向大家报告了国际反法西斯的和平力量正在日益壮大，欧洲侨胞抗日救亡运动迅速发展的有利形势。他表示热烈支持张、杨二位将军“一二·一二”义举。他说，“这是抗日救国的义举”，是全国民众抗日救国热忱的集中表现，我们完全拥护张、杨二位将军代表民意的义举。他说，在今天，团结起来，共同抗日，把日本帝国主义赶出中国去，已是全国各族人民的一致呼声。他呼吁，我们要行动起来，投入到抗日救国的洪流中。《解放日报》是这样报道江隆基的演讲的：“……在他诚挚的语言里，我们得到了许多新的知识，他报告了我国海外侨胞都联络起来了。本年九月后，我们的救亡活动已经与世界和平运动有了联系。”“他的口号是：谁领导抗日，谁就是我们的领袖。谁出卖国家，谁就是我们的公敌！”“他的结束语是‘起来，起来，起来’。”

会后，十万余民众举行了横贯全城的大游行。大街小巷到处都是如潮水般的人群，街道的墙壁上贴满了红绿标语。人们高呼：“拥护张杨的八项主张”，“铲除汉奸”，“反对内战”，“打倒日本帝国主义”！

西安事变历时十四天。由于中共中央的正确决策及中共代表团的努力，由于全国人民和国内外一切主张团结抗日人们的强烈要求，迫使国民党接受了联共抗日等八项主张，西安事变终于获得和平解决。张学良、杨虎城两位将军发动并参与和平解决西安事变，为全民的抗日战争，做出了重要贡献，是“千古功臣”。[6]

西安事变的和平解决，成为时局转换的枢纽。它粉碎了日本帝国主义和亲日派妄图挑起中国新内战的阴谋，促进了国内和平的初步实现，显示了中华民族的团结和觉醒。它对改变国民党长期奉行的“攘外必先安内”的错误方针，实现国共两党的再度合作，推动全民族抗战准备了必要前提。这是由国内战争走向全民抗战的转折点。

以民主精神办学

1937年1月，在西安事变和平解决后的复杂形势下，江隆基出任陕西省立西安第二初级中学校长。

坐落在西安北大街的西安二中，原是1917年建立的私立成德中学。1927年改名为陕西省立中山中学。1934年又更名为陕西省立西安第二初级中学（简称西安二中）。江隆基出任校长时，学生已达八百余人，共十八个班。是陕西省较早创立的规模较大的中学之一。

江隆基出任西安二中校长，是他走上学校教育工作的开始，也是他奉献于教育事业人生历程的开始。

1937年1月，
江隆基出任西安二中校长

西安事变和平解决后，杨虎城将军

的原意是希望江隆基继续留在部队和机关里做政治工作。关于这件事，米暂沉先生后来回忆是这样解释的。他说，西安事变后，“隆基的工作去向，杨虎城将军曾有所考虑。希望他仍留在部队里做政治工作，并征求隆基的意见。当时隆基则表示希望到学校里（譬如中学）工作。考虑到西安二中基础较好，就是说进步势力较强，就让隆基到西安二中当校长了”。[7]

为什么要选择学校教育呢？在西安二中的欢迎会上，江隆基有个即席讲话[8]，他是这样讲的：“办学校本来是一件吃力不讨好的难事。而在此地此刻办学校，尤其不是容易的事情。”他列举了学校本身存在的以及外部环境所造成的许多困难。但他坚定表示：“不管这些困难是怎样的大”，虽然“我的能力有限”，我也决心“有一分力量必然尽一分力量。将来的成绩是否能够令人满意，我虽不敢保证，可是‘误人子弟无异于杀人父兄’这句警语，是时时刻刻盘旋在我的脑海中的”。

同时，江隆基还特别表示：要“以诚恳的态度和不倦的精神去循循善诱，谆谆告诫，使乖戾者知所改悔，优秀者更加勉励”。“总之，办教育是一件困难的事情，同时也是一件快乐的事情。如果能把教育当作一件神圣的事业去干，则即使无功，也总不至于负过吧！”

“教育是神圣的事业”。联想江隆基在北京大学就学时，提到的教育是国家的命脉，实业的振兴、科学的发展完全有赖于教育，并提出了振兴教育的主张，联想江隆基在德国留学时，对德国教育的某些研究和尝试等等，可以看出，江隆基倾心于教育事业是有着深刻的思想根源的。他也知道办教育是难事，但即使是难事，他也要下决心去办。同时，他也感到办教育虽然是难事，但也是快乐的事。他下决心要抱着“诚恳的态度，不倦的精神”来办教育。他也相信，只要“循循善诱，谆谆告诫”，就一定可以“使乖戾者知所改悔，优秀者更加勉励”。教育一定可以办出成效的。正是基于这样的认识和决心，江隆基舍弃了优越的工作，开始走上了学校教育的岗位。

如何办好学校呢？江隆基提出的指导思想是“以民主精神”办学。

在全校的欢迎会上，他提出了五条指导方针，阐明了他“民主精神”办学的主张。“第一，有一分钱，做一分事，即使没有钱也得设法办事；第二，财政方面绝对公开，报销力求迅速，手续务须清楚；第三，排斥派别的成见，采取人才主义，一切人事变动，完全以对事不对人为原则；第四，学校行政，采取民主精神，诸凡措施，都尽量地容纳职员同仁的意见，一切重要问题的决定，全都采取会议表决方式，极力地避免操纵、包办、独断独行的毛病；第五，对学生的训导，以感化为主，以惩罚为辅”。

江隆基采取了许多措施。首先是聘请了专业知识强、思想进步的教师到西安二中任教。如国文教员向愚、郑竹逸、张寒晖，数学教员许谦（许冷梅）、黄文选，英语教员田克恭、姬在沣，理化教员梁景韩、白超然，历史教员张丕仁、王尊一，生物教员田稔、刘汉翘，地理教员郑西园、张和鸣，美术教员石峰等等。在当时这些都是名噪一时的优秀的中学教员。为了加强校务管理，聘请易秉坤（厚菴）任教务主任，聘请艾稚青任训育主任，聘请韩钝初任事务主任。易秉坤是成德中学毕业生，后考入北平燕京大学，受革命思想影响，加入共进社。1924年加入中国共产党，1932年任汉中陕西省立第五中学校长。1937年，接受江隆基的聘请出任西安二中教务主任。

其次，对学校教育的管理，他特别采取了许多民主管理的措施。

针对旧教育中存在的某些弊端，他提出要改善师生之间的关系。他说：“教师和学生都应当是学校的主人”，“教师是辛勤劳动的园丁，应当受到尊敬和爱戴”，应当改变过去那种封建的师生关系，提倡“教师之间，师生之间都应以诚相见”。他强调，只有“大家共同协力，才能办好学校”。江隆基经常利用课余时间，到教师宿舍和学生宿舍，找教师和学生谈心，听取大家的意见。

为了发挥教师与学生的积极性，在他的安排下，凡是学校的校务会议、教务会议、级任教师会议等，都有教师和学生代表参加。在这些会议上，江隆基提出的要求是，要他们畅所欲言，大胆地提意见。

他提倡，学校的教育应当强调感化，要用说服、感化的方式教育学生，注意启发学生的自觉性。坚决废除体罚教育。他说，教师不能采取压制、强迫的办法教育学生。

在学生的管理中，江隆基提倡发挥学生自己管理自己的自治精神。在他的倡导下，学生自治会经过学生广泛讨论，制定了《西安二中学生公约》。《公约》中对学生的学习态度、品德修养、学校纪律、爱国爱校等等都有相应的规定。这些规定对学生的学习与成长起到了重要的保证作用。

为了发挥全校教师的积极性，江隆基专门成立了“西安二中教育研究会”，全校教师都参加了这个研究会。研究会制定了简章，定期召开会议，听取各位教师对学校工作的建议和意见。通过这个研究会，师生一起磋商学校的工作，探讨教学上的问题，也通过这个研究会，江隆基与大家交流思想，沟通学校领导与教师的关系，充分发挥大家的积极性。在学校的民主管理中，研究会发挥了重要作用。

江隆基在西安二中

江隆基担任西安二中校长的这段时间，正是日本帝国主义逐步扩大对中国侵略的时候。日本帝国主义为了实现吞并全中国进而征服亚洲称霸世界的野心，经过充分的战争准备，于1937年7月7日，以制造卢沟桥事变为起点，发动了全面的侵华战争。中国军队被迫奋起抵抗，全国性抗战由此爆发。国内时局又进入了一个新阶段，中华民族已经到了生死存亡的关头。面对亡国灭种的严重危机，社会的阶级关系已出现了新变化，团结御侮、抗日救亡已成为全民族的强烈要求。“国家兴亡，匹夫有责”。在这种新的形势下，江隆基特别提出了在学校的教育中加强“国难教育”的问题。他提出，学校教育要融合到抗日救亡的活动中，为争取民族革命战争的胜利服务。同时在教学内容中，在学习文化科学知识各门课程中，要进行必要的改革，大量增添“国难教育”的内容。为此，江隆基拟订了《陕西省立第二初级中学教育工作计划》。《计划》对战时教育实施的基本原则、特殊的训练、课程的变动及课程内容、课外活动等几个方面都作了规定。实施的基本原则是这样提的：

（一）抗战期间教育工作的中心任务应是动员全国的智力，使其与人力、财力、物力配合起来，以争取民族革命战争的最后胜利；

（二）中国抗倭战争决不是短时期内所能结束的。在战争的发展过程中，我们一方面要从中学生里训练出大批的干部人才，使其献身地为国奋斗；另一方面更要在中学里，养成一批基本人才，准备继续深造，以补充抗日战争时期所必需的各项专门人才。

（三）中学生的年龄不必一律，能力不必相同，热情不必相等，兴趣也不必相合。我们应依其年龄、能力、情绪和志趣之差异，而分别施以上述两种教育。

（四）关于抗战干部人才的特殊训练，应由教育当局统筹办理，以昭划一；关于基本人才的培养，仍由各校依现行的教育法令，再配合客观需要拟具办法，切实进行。

（五）为适应抗战之需要，现有课程与时数需有所变更，课程内容应尽量与抗战发生联系，每周授课时间应酌量减少，以使学生有参加救亡活动之机会。

（六）所有课程视其重要与次要分为必修与选修两种。但学生应选之时数必须有最低限度之规定。

（七）抗战时期之教学方法，应采取集体主义的自我教育。教、学、做三者，应适当结合，力求避免学院式的研究法与机械式的注入法。

（八）战时教育工作，各校教职员、学生、工友应全体参加，除一般性质之工作外，应各就本身能力，分别着重某几种训练，以收分工合作之效。自己既受训练，还须教导他人。

其他对于特殊的训练、课程的变动、课程内容、课外活动，除了原则的规定外，也提出了许多实施细则。使这些基本原则贯穿到各个方面。例如国文课增加了民族英雄传记、有关抗战的文章、新闻稿等；公民课增加政治经济常识、战时法令等；英语课增选富有民族意识的教材；历史课增加民族解放运动史、帝国主义侵略史等；地理课增加战地情势、国防要塞、交通建设、国耻图等；数学课多联系中日国力的比较、失地多少、枪炮射程等内容；理化课增加了飞机、坦克、无线电、望远镜以及火药、炸弹、毒瓦斯等内容；生物课增加粮食、病虫害、传染病等内容。

为了减轻学生的课程负担以及课程的实际需要。江隆基将全校课程划分为必修课和选修课两大类。必修课为十门课，每周二十五学时，选修课三门课，每个学生以选三门课为限。每周上课时间控制在二十八学时以内。

为了加强时事形势教育，江隆基还提出，全校学生设立国际形势课。每周五下午作为授课时间。江隆基先后讲授的有分析资本主义和社会主义、帝国主义与殖民地、帝国主义之间的矛盾、和平阵线与侵略阵线的发展、各国政治经济外交的趋势、各国对华政策的演变等。

江隆基还将原定的周会活动改为请社会名人演讲。先后请的有：林伯渠讲《团结抗战》（林伯渠当时主管八路军驻西安办事处，兼八路军驻兰州办事处）。许权中[9]讲《前线归来》。艾思奇讲《抗战与学生的责任》。艾思奇1935年参加中国共产党，30年代在上海参加社会科学家联盟工作，1937年去延安，任《解放日报》副总编。郑伯奇[10]讲《怎样做文化运动》。杨明轩讲《欧洲见闻》。当时杨明轩代表中国青年学生出席了在巴黎召开的世界学联年会刚刚回国。李公朴[11]讲《抗日救亡运动》。另外，还请德国友人王安娜讲《日耳曼民族解放运动》，由江隆基做翻译。还邀请了彭德怀将军、著名作家丁玲以及第三十八军教导团团长李振西等到西安二中做报告。

这些知名人士的热情演讲，都有很强的感染力，影响很大。当时是西安二中学生的张鹏云后来回忆说："江校长请这些知名人士做报告，是为西安二中师生们请的。可是其他学校得知后，都纷纷赶到西安二中来听讲，有的是排着整齐的队伍赶来的，整个操场都站得满满的。我觉得每次报告，都是一次生动的抗日爱国教育。当然也包括江校长的每一次讲演。"[12]

在教学中，为了开拓学生的视野、增强其感性认识，他还安排了一定时间让学生到农村、工厂参观考察。参观考察的时间大部分都安排在星期日。他曾带领学生到西安大华纱厂、成丰面粉厂等地参观。他说，要让青年学生看一看那些劳苦的工人是怎样劳动的，想一想我们吃的、穿的是怎样来的。

学生的课外活动，也有明确规定："学生除每日上课外，尚须作校内、校外的救亡活动。"校内活动包括制作并张贴抗敌标语、格言、漫画，画国耻地图，出写壁报。每个班级都有自己的壁报。每期壁报都吸引了广大学生的关注。学生们看到自己的劳动成果被关注，更激发了他们参加这些活动的积极性，也增加了许多课外知识。

学校还通过学生自治会，组织时事讨论会、演讲会，以及时事形势测验、消防救护知识测验、紧急防空演习等。

学生的课外活动中还有一项就是到民众学校勤工服务。民众学校是江隆基为了帮助家境贫寒的学生能坚持学习而创办的。学校面向社会招生。学校的老师由西安二中的教师和工读生兼任。这些工读生一边上学一边教书，半工半读。民众学校解决了不少家境贫寒学生的上学问题。同时，这些工读生也很受鼓舞，学习和教学的积极性都很高。民众学校虽然在江隆基离开西安二中后停办，但它的影响却很深远。

江隆基还特别重视学生的身体健康，重视体育活动。他规定每天早晨学生都要出早操（跑步），江隆基虽然工作很忙，但他也坚持和学生一起出早操跑步。当时，学生上体育课的活动场地很小。为了解决活动场地问题，在他的带领下，师生们自己动手修操场，经过整修，为高年级学生开辟了篮球场和排球场，为低年级学生开辟了小篮球场和小足球场。为了防备日寇飞机的轰炸，全校师生齐动手，利用有利地形修建起了防空壕。

西安二中的体育活动是十分活跃的。学校成立的球队就有篮球队、排球队和足球队。这些球队经常和兄弟学校进行友谊比赛。有一次，学校篮球代表队和西安久负盛名的西京篮球队比赛，竟以44：24的成绩大获全胜。有一年的秋季，在西安地区中学排球比赛中，西安二中的排球代表队夺得了冠军。

做时代的青年

在西安二中的学校教育中，江隆基十分重视加强对青年学生的修养教育。他认为，加强修养教育，除了应当有这方面课程以外，主要还是通过每门课程的教学，以及在课外活动中渗透和宣传，要使修养教育成为普遍重视的教育。为了做好这方面的工作，江隆基首先对老师提出了要求，要求每位任课老师都要重视修养教育，使修养教育贯穿到每门课程的教学中。同时，利用《二中校刊》来加强关于修养教育的宣传，加强与青年学生的交流。

《二中校刊》是江隆基接任校长后，于1937年3月开始公开发行的一种期刊。西安二中是一所有着自己创办发行期刊传统的学校。早在1934年，学校就先后创办发行了《二中月刊》《二中文艺》《周闻》《陕西省立西安二中校刊》等。

《二中校刊》是铅字印刷，16开，每半月一期，每期16页。由邮局公开发行。内容涉及范围较广，包括时局评说、专题评论、教学讨论与交流，以及校内新闻、通信、诗歌等等。知识性强、形式多样，是一份深受全校师生欢迎的期刊。为了办好《二中校刊》，充分发挥它的宣传教育作用，江隆基特聘请张寒晖老师出任编辑。张寒晖老师热情认真，在每期内容中都突出了抗日救亡的主题，及时反映教师和学生的现状和要求，互动交流，深入浅出，还穿插一些格言警语和知识性的补白，教师与学生都喜欢阅读。

当时，张寒晖还同著名民主人士李敷仁共同编辑出版了有“很强影响力”的《老百姓报》。他的办公室就在西安二中。张寒晖在编辑的同时还为《老百姓报》撰写了不少文章。他使用的笔名是“韩虎”“老汉”等。

江隆基在《二中校刊》上发表的文章有《几点感想》，是作为发刊词登载的。有《科学与民主》，是为纪念五四运动而写的。有《怎样做一个时代青年》《以全国总动员保卫祖国》《写给秋二六级毕业的同学们》《陕西省立第二初级中学战时教育工作计划》，还翻译了王安娜《十九世纪初叶普鲁士的民族解放斗争》的讲演稿。还有江隆基与学生交流的若干通信和江隆基写的一首新诗《崛起吧！黄帝的子孙》等。在这些文章中，他结合抗日救国的严峻形势，从青年学生面临的社会现实状况出发，讲述青年修养问题，中心的主题是“做一个时代的青年”。

做时代的青年，也是江隆基任西安二中校长期间对青年学生进行教育的主题。他说，青年是“祖国的未来”，是“社会的栋梁”，“在改造社会、捍卫国家和振兴民族的伟大事业”中，希望寄托在青年身上。无数事实说明，在这个伟大事业中，“青年始终起着先锋作用”，特别是在“国难如此严重，民气极端消沉”的今天，更需要“有胆有识、不屈不挠的青年”。所以，我们全社会都应当充分认识青年的作用，重视对青年的教育，作为对青年成长期施教的中学教育，更是责无旁贷。而广大的青年学生，也应该认清自己的责任，担负起“伟大的使命”，“做一个时代的青年”。

如何做一个时代青年呢？江隆基提出应当着重解决两个问题。

一要选择正确的道路。

他说，自从帝国列强用洋枪洋炮打开中国大门以后，中华民族就陷入了灾难深重的境地。我们祖先遗留给我们的遗产已被“侵蚀得残缺不整，糟蹋得疮痍满目”。而九一八事变以后，日本帝国主义又大举侵略中国，仅几个月的时间，我东北四省就“陷于倭寇的铁蹄之下”。当前，华北地区正在沦陷，中华民族已经到了“生死存亡的关头”。所以，做一个时代的青年，唯一正确的道路，就是“投入到当前抗日救亡的民众运动中来”，担负起时代的责任。虽然这是“一场苦战恶斗”，虽然“现在社会上的恶势力还很雄厚”，我们也一定要“坚持走下去”，“不要灰心，不要投降”。我们要懂得“消极是无用的，变节是耻辱的”。我们也不要“故步自封，或自暴自弃”。我们时代的青年应当“有勇气、有骨气，不屈不挠，始终如一”，坚决地“向着革命化的道路前进”。

他进一步指出，现在有人说，“抗战是政府的责任，用不着我们干”。这显然是错误的。“抗战的胜利必须有全国总动员才能保证，单靠政府军队的作战，而没有民众的积极动作，是不会胜利的”。“每一个国民都要直接间接地参加战争”，它不仅需要军队去参加战争，“而且需要武装人民”。在今天只有“民众和政府一齐动作起来，掀起一个全民族的解放战争”，抗日战争才能取得最后胜利。

他说，抗击倭寇的胜利，是不会侥幸得来的。这是一场非常艰苦的战争。我们要准备付出“最大的牺牲”，要“忍受最大的痛苦”，我们更需要“有抗战到底的决心”。抗日救亡绝“不是空口说白话所能办到的”，我们“必须从实际的工作上去着手，应该根据自己的能力和处境的需要”去做，我们应当“排斥清谈，实事求是”，做一个时代的青年。

二要有文化的、精神的修养。

他提出，青年学生的修养是多方面的，“智、德、群、体四育都是修养和训练”的内容，但主要的还是文化的、精神的两个方面。做时代的青年，除了必须努力“学习功课，学好实际技能”以外，最重要的是要有精神的修养。这些精神的修养，江隆基讲述了以下几个方面：

第一，维护集团的利益，排斥自私的观念。他说，人类不能离开社会而存在，也不能离开群体而生活，“从原始社会到现在，人与人之间都保持着一种相当的社会关系，这些社会诸关系就像无数看不见的丝纽一样，把我们每个人的生活和行动都密密地联系起来”。《鲁滨孙漂流记》上的鲁滨孙，只不过是人们的幻想。既然如此，我们在共同生活的条件下，便有尊重别人的必要。“既需要别人助力，当然就有助人的义务”。所以，我们在集体生活中，要有互助的、互利的、互让的精神，而这种精神“又必须在集体生活中去磨炼”。因此，我们青年的修养，“首先应该注重集体主义，排斥个人主义”。要使我们青年的一举一动都为大家着想，要反对“损人利己，以私害公”。我们要养成注重“集体的道德、集体的利益、集体的纪律”的习惯，应当向着“有团体无个人的”方向努力，否则是不配做一个时代青年的。

第二，实行有纪律的生活，防止浪漫的行为。他说，个人既然离不开社会，离不开集体，那么，要维持一个融洽的、安定的生活，就必须有一种共同的规约和共同的秩序。虽然这种规约、秩序不是一成不变的，会随着时代的演进而演进，但是，在某一个时限内，这种规约是有效的、必需的。所以，我们每个青年都应当有“实行纪律生活”的修养。一个人要是不遵守公共的秩序，不服从团体的纪律，那么“小则会妨害团体的精神，大则会破坏社会的治安”了。

他指出，纪律与浪漫是背道而驰的，要实行纪律的生活，就必须克服浪漫的行为。“我们青年最容易犯的毛病是行为的浪漫、生活的无秩序，对什么事情多是随随便便，马马虎虎”。虽然说我们的生活不是呆板的、机械的，但是，我们也不要忘记，“在活泼快乐之中，还是应该有一定的秩序，否则便会超出活泼，而走入放纵的”境地。我们讲纪律也不是无原则的，应该是“服从多数和尊重多数”，“是民主集中式的”。多数人的决议而少数人不去执行，这固然是违反纪律，多数人决议不可以做的事，少数人一定要尝试，这也是违反纪律。至于拿多数人的利益作牺牲品去换取个人的享乐，那就不仅是违反纪律，而是“盗贼行为”了。这些都是我们每个青年应当懂得的道理，也是应当切实遵守的。

第三，把握现实，排斥空想。他说，人们不能脱离现实的生活，“人的意志不能左右社会环境，而社会环境反能左右人的意志”。所以，人们的一思一念、一举一动都和他所处的客观环境有关，离开现实的思想是空想，离开现实的生活是虚构。我们青年学生，有时候容易为好奇心所驱使，想入非非，钻进牛角；有的怀着遗世独立的思想，幻想到鲁滨孙的孤岛、陶渊明的世外桃源去过孤高的生活；有的则缺乏毅力与耐性去抑制恶劣的环境，而心灰意冷悲观厌世；有些比较积极的人，虽不愿消极厌世，自甘落伍，可是由于认识不清楚，寻不着人生正当的途径；也有的不顾历史的条件与客观的环境，硬要坚持个人成见……可以说所有这些都是没有把握现实的缘故。我们生活在现在社会，一定要把握现在社会的真实性，一切都从客观现实出发，只有这样我们青年才能踏入正确的途径，实现人生的意义。

第四，注重理智，抵制情感。他说，青年人有许多特点，他们多半是天真的、纯洁的、诚挚的、坦白的，他们有清晰的头脑、热烈的感情、敏锐的感觉和好胜的心理，他们的精神是勇往直前的。但是，青年人又多是重感情的，因为重感情的缘故，所以有的在理智上就比较欠缺，会为了一时的冲动而酿成大祸，为了一念之差而陷入迷途。“这是我们青年人在修养上特别需要注意的”。是否可以这样说，世界上一切悲观厌世的人，差不多都是感觉灵敏而意志薄弱的人。而那些抹杀真理、蛮干到底的人，也多是由于感情的冲动而发展到意气用事。“情感本身并没有什么罪过，但是，如果我们不能制约它，它便有超过范围以至坏事的可能”。“感情犹如长江大河，善于利导则能灌溉田园，滋长万物，不善疏导便会淤塞泛滥，酿成灾害”。所以，做一个时代的青年，一定要注重理智，抵制情感。

第五，少说空话，多下苦功。他说，德国有句谚语："字母是银，沉默是金。"说的是"多嘴少办"，并不是人所欢迎的。我们青年人容易出现的毛病，就是"只说不做，口头上讲得天花乱坠，而实际上并不是那么一回事"。这种爱讲空话的毛病是很不好的。当然，我们也不是提倡装聋作哑，或唯唯诺诺地随声附和。有意见，当然有权利发表，旁人的意见和自己的不同，自己当然也有和旁人讨论的必要。但是，我们绝不是要讲废话，讲假话。我们的讲话应当是中肯的、贴题的。至于那些"饱食终日，言不及义"的闲扯，我们青年人，更是应该避免的。做一个时代的青年，应该有一种沉着应战和埋头苦干的精神。我们提倡"讲到那里便要做到那里"，"应该尽量地减少空谈，多下苦功"。

第六，实行自我批判，切勿妄自尊大。他说，人不是圣贤，每个人都免不了有或多或少的弱点与错误。这些弱点和错误又往往会不知不觉地表露在生活过程中，特别是又容易"明于责人，暗于责己"，容易看到别人的错误，而不容易看到自己的错误。所以，我们提倡要"事事加以反省，时时执行自我批判"。我们如果能这样做，就不难发现自己的错误。如果自己发现了自己的错误便立刻去纠正，自己有见不到的地方经别人指出便虚心地去接受，那就不失为一个时代的青年。

他指出，我们青年还有一个常见的毛病，就是容易妄自尊大，有时自己有错误，不但不肯去认真纠正，反而文过饰非，自欺欺人。他们害怕别人指出自己的缺点和错误，他们高兴别人对自己的恭维和奉承，好像自己的一切都是对的。这些毛病的存在，很显然会阻碍自己的进步。曾子说"吾日三省吾身"，"我们每个青年都应当有这种修养。古人说的反省，就是我们说的自我批判。自我批判应该包括在生活过程的各个方面，举凡观念、思想、言语、行为、待人处世以及日常生活等等，都应该时时刻刻去检查、去考察，不对的即刻纠正，对的更加勉励"。

江隆基还特别强调，做一个时代的青年，要继承和发扬五四运动的科学与民主的精神。他说，五四运动是一个划时代的伟大壮举，但是它的使命并未完成，科学与民主的两大要求还未实现。在国难当头的今天，作为一个时代的青年，就应当继承科学与民主的传统，去奋力完成它的使命。

江隆基说，所谓科学的精神，就是“追求真理和拥护真理的精神”。他说，这种精神说起来简单，但是真正做到则不容易。历史上许许多多科学家为了追求真理，或寝食俱废，或毁人倾家，或为人所害。五四时代的前辈们，为了高举科学民主的旗帜，也有不少是挨骂、是流血、是被迫害的。但是我们应当相信，真理是永远扑灭不了的，真理“必将战胜迷信、偏见……而获胜利”。我们时代的青年，要学习前辈们这种“追求真理，拥护真理”的精神。

江隆基说，“所谓民主的精神，就是孙中山提倡的民治、民有和民享的精神。我们学习这种精神，也是实现孙中山先生的遗教”。但是，“民主的要素，不仅限于政治一方面，同时还包含着社会、经济、文化、道德的各方面”。所以，“完全的民主在社会经济制度未变更以前是不会实现的”。我们时代的青年，发扬民主的精神，就要以民主的精神去学习、工作，就要为完全民主的实现而努力。

江隆基指出，科学与民主是相互关联的。只有“在民主政治下，科学才有充分发展的可能”。我们今天的中国，“要提倡科学，建设国民经济，首先必须抵御外侮、解除国难，求得民族的解放与主权的独立。而要想做到这一点，又必须树立民主政治，培养民力与民气”。他强调说，“民族的解放、民主的建立、科学的发展，就是我们时代青年的使命”。

江隆基的谆谆教诲，使青年学生深受感动，深受教益。许多学生毕业后纷纷给他来信，表示对他的感激之情。有的同学在信中说，“我感到你有鲁迅先生领导青年帮助青年的那种精神……我认清了你是一个真正帮助青年的先生，请江先生今后打破一切界限来指示我们”。有的同学来信说：“自从与你分别以来，现已两月之久……无时不在怀念着母校，因为它给我的印象太深。仁慈的校长你给我的教导无时不在我的脑海里……我们青年应尽我们的责任，一定要担起收复国土的重任。”

“要开枪，就向我打！”

1937年春，国民政府的中央军陆续驻陕，三十六师也在此期间进驻西安，并在西安二中占用了部分校舍，还把学校操场的一部分作为他们操练的场地。这样，本来就拥挤的操场也被分隔为二，学生的体育活动等只能挤在一块不大的场地上。因此，军队与学生之间的摩擦、纠纷时有发生。

一天下午，军队正在操场操练，学生的几个班也在进行体育活动。突然，一个学生不小心将球踢到了在南边操练的士兵中间。当学生去取球时，士兵拒绝把球还给学生。双方立即争执起来，围聚的学生愈来愈多，由相互辱骂，进而撕打起来。这时，在教室里的学生，听到大兵无理的消息，纷纷奔向操场，高呼：“把大兵赶出学校！”驻军值星官看到士兵遭到围攻，也马上集合部队，上了刺刀，拉起枪栓，气势汹汹地向学生威逼过来，事态大有一触即发之势。有几个学生飞快地跑去报告了江隆基校长，他立即赶到双方对峙的操场。命令学生停止动手。他义正词严地对那位值星长官和士兵们说：“你们谁敢动我的学生！”“你们要开枪、捅刺刀吗？好！要开枪，就向我打！捅刺刀，就向我这里捅！”他拍着自己的胸脯，铮铮有声地呼喊着。喧闹的操场顿时寂静下来，足足有好几分钟。接着江隆基正颜厉色地对士兵们说：“今天的事本来是不应该发生的，球踢过去了，还给学生就是了，在一个操场里一块儿操练，这样的事也是难免的。我们双方都应当互尊互让，和睦相处。今天国难当头，军队是抗日救国的柱石，应当给青年学生做出榜样，怎么能动起手来呢！当然，学生有不对的地方，也希望大家给我提出，我会批评他们。”接着他又说：“今天，如果你们愿意平息事态，请你们立即撤离操场。如果你们还要坚持敌对，就请向我开枪！”那位值星官也慢慢冷静下来，觉得“江校长说得在理”，不应该将事态扩大，他随即命令军队全部撤离了操场。事情就这样平息下来。在军队撤离时，江隆基也发出命令让学生排好队，给学生们讲话。他说：“学校早已提出要收回校舍，但是多次交涉和要求，都得不到答复。我和你们的心情是一样的，甚至比你们更气恼。我一定争取让这些军队尽快搬出学校。”后来没过多久，在江隆基的据理力争下，这些驻军终于全部从学校撤出了。

这是学校刚刚开学，也是江隆基到校后不久发生的事。全校师生深深地钦佩江校长在关键时刻敢于挺身而出、保护学生、不畏强权的精神，钦佩他处理问题时公允果断的态度。全校师生由衷地喊出：“江隆基是我们的好校长！”

卢沟桥事变后，抗日战场上的大批伤员沿着陇海线，不断地西运至西安。协助救护伤员，成为西安各中等学校抗日救亡活动中一项重要工作。江隆基非常重视这项工作。他说，对青年学生来说，救护伤员，是参加抗日救亡活动的具体内容，参加这项活动也会激发广大学生的抗日爱国热忱，提高觉悟，锻炼实际工作的能力。他反复强调：“伤员是为抗日负伤，是为抗日流血，救死扶伤是我们应尽的义务，我们一定要做好这项工作。”他专门安排了学校为做好这项工作应采取的措施。他要求生理卫生课的教师结合课程内容给学生讲救护技能和简单的医药常识。并结合学校的实际情况将全校学生分别组成了担架队、书信队、看护队、歌咏队、宣传队等，利用课余时间进行操练。每当一批伤员到来后，西安二中的学生都有条不紊地把他们接送到医院，安置看护，送茶送水，替伤员写家信，给伤员表演各种文艺节目。西安二中在救护伤员的工作中认真负责，成绩显著，获得了社会各界的好评。

随着伤员的增多，西安各大小医院被塞得满满的，已无法再继续安置。为此，各协助救护的学校屡次要求政府采取紧急措施，政府却始终没有给予解决。10月里的一个夜晚，火车站又来了一批伤员，而

西安二中抗日宣传队

且来得特别多，连车站都有些容纳不下了。有的伤员在哭，有的伤员在喊、在骂，有的伤员血衣裹身，有的伤口已在化脓，整个站台满是血迹斑斑的伤员。二中负责救护伤员的学生救国会的几个同学向江隆基汇报了这些紧急情况。江隆基鉴于政府当局推诿拖延的态度和事态的紧急，对他们说："要想尽一切办法先在车站护理好。必要时，把伤员抬到省党部去！"

二中的学生，还有女中、女师的学生赶到车站后，看到挤满了整个站台的伤员，纷纷议论："前方战士在流血，后方那些当官做老爷的却置若罔闻，真是太气人了！"二中学生提出："我们把伤员抬到省党部去，看他们管不管！"大家齐声赞成。于是，学生们立即行动起来，把近二百名伤员，一股脑儿地抬到国民党省党部的院子里。

当时省党部的要员们还在睡大觉，听到了伤员和同学们的叫喊声，才慢腾腾地起来。当他们看到伤员黑压压地占满了整个大院，也有些尴尬、狼狈。在学生们的强烈要求下，他们只得派人四处联系。

由于医院实在无法容纳，在省党部的安排下，将这些伤员暂时安置在省党部斜对门的豫剧院，并指定医院负责救护。以后这些伤员也陆续转到医院里。这些伤员在被救护的过程中，二中学生多次组织慰问，给伤员写家信，洗衣服，演文艺节目，宣传前方战讯……伤员们感动地说："我们一定要好好养伤，重返前线，奋勇杀敌！"

华北沦陷后，日本侵略者的飞机经常轰炸西安。一天下午，敌机轰炸的警报刚刚解除，一批国民党武装警察突然包围了二中，并封锁了二中北院学生宿舍的出入口，说是敌机轰炸时，看到二中校园方向有人打信号弹，给敌机指示目标。"二中校内有汉奸"，要强行搜查。他们闯入学生宿舍，在书架上到处乱翻。他们又搜查每个学生的身上，查看废纸条等等。学生们在气愤中，一下明白了他们的险恶用心：他们名为搜查汉奸，实则是制造谎言，寻找借口，搜查"赤色分子"。学生们气愤不过，纷纷质问："搜查汉奸，为什么翻书本，查纸条，你们要干什么？"这些军警大都不识字，有一个军警找到一本《英汉字典》，就大声喊"这是什么？是密电码"，惹得学生哈哈大笑，说，这本"密电码"送给你，请查去吧！后来，军警在一个学生身上搜查到一本"安吴青训班"的学习材料——《抗日民族统一战线讲授提纲》，又在书架上找到一捆延安出版的《解放》杂志，说这就是汉奸的"证据"，并要捆绑这个学生，将这个学生带走。学生们听说要抓人，一下子就围了上来，和军警展开了搏斗，硬是把这位学生抢了回来。可是，军警并不退让，拉起枪栓逼着学生要交出"汉奸"，交出共产党！竟开枪打伤了三个学生。学生们气愤极了，团团地把军警包围起来，又一次和军警展开搏斗，喊着："打死狗警察！""打死凶手！"

江隆基闻讯后，很快从新城赶回了学校。他立即让双方停止对峙，把三个受伤的学生送往医院，并打电话给教育厅厅长周伯敏。周到校后却讲了一通"反共道理"，气势汹汹地训斥学生无理取闹。学生们没等他讲完，就打断他的话，和他争辩起来。"说二中有汉奸的证据何在？""看进步书报就是汉奸吗？""不准诋毁二中声誉！""严惩打人凶手!”口号声、呼喊声响成一片。江隆基和周争辩，讲明了事情的是非经过，并表示支持学生的正义行动，他说：“我们决不允许警察随便闯进学校搜查，更不能允许随便抓人，打人。”他坚定地表示：“此事并没有就此了结。此事不解决，我这个校长可以辞职。”。

第二天，江隆基召集了教职员和学生代表开会，决定由学生救国会出面动员学生，宣布正式罢课。并向全市民众印发传单，要求政府：（一）严惩凶手；（二）警察局长必须到二中来，向全校师生赔礼道歉；（三）保证以后不得发生类似事件。会议还决定联络其他中学，举行大规模的游行示威活动。江隆基也以学校负责人身份出面，要求省教育厅协助尽快地解决和处理这一事件。

说起来也是笑话，当学校的游行示威还没有开始时，省教育厅厅长周伯敏端着自己的药锅子来到学校，一进校门就要江隆基陪着他，不要离开他（怕挨打）。他说他有病，是抱病来看望学生的，希望学生要谅解他，真是洋相百出。学生们知道这位堂堂的教育厅长在耍无赖，于是就向他提出三项要求，要他先解决受伤学生的住院费、医药费，周伯敏都一一答应了。

周伯敏端着药锅子狼狈地溜走后，二中学生，还有其他学校的学生联合起来共同举行了声势浩大的游行示威。他们呼口号，张贴、散发传单，发表演说，介绍事件真相，控诉政府当局和军警的罪行。一时间，这个事件轰动了整个西安地区。

西安二中的正义行动，得到了西安各学校的有力支援和社会各界的广泛支持。政府当局害怕事件继续扩大，迫于压力，终于答应了学生的全部要求，逮捕了打伤学生的凶手。警察局长杭毅也亲自到医院慰问受伤学生。

一开始，警察局长杭毅迟迟不肯到学校赔礼道歉。后来了解到，杭毅不亲自来学校，不是他不愿意赔礼道歉，而是害怕挨打。江隆基提出三个条件：（一）杭毅赔礼道歉，保证他的人身安全；（二）只准杭毅一个人来，不许带枪，也不许带护兵；（三）杭毅必须老实认错，赔礼道歉，不能敷衍了事。江隆基也向学生做工作，说这是一场说理斗争，“说理是智慧的表现，动手是落后的行为”，要求大家一定要明白这个道理，争取说理斗争的胜利。果然，警察局长杭毅一个人，规规矩矩地来学校向学生道歉，说这一事件的发生，完全是由他警察局长指挥的错误造成的。他向学生说明了判断失误、指挥错误的过程。他是诚恳来学校向全校师生、向受伤的学生赔礼道歉的。“我以局长的人格保证，以后决不会发生类似事件”。他一再说“兄弟错了，兄弟错了”，“兄弟没有文化，没有知识，不会讲话”，形象十分狼狈。

警察局长杭毅认错道歉后，江隆基又向政府提出要求，要尽快处理这一事件，要见报，要向社会公布处理结果。1937年12月19日，西安各报登出了陕西省政府的启事：……（一）给西安市警察局局长杭毅记大过一次；（二）已责令杭毅到西安二中向全校师生检讨认错，保证不再发生类似事件；（三）由警方负责给学生张儒等三人治疗枪伤；（四）限期缉捕肇事警察陈逢元、陈子富。……西安各报也对此事作了详细报道。

这场斗争终于取得完全胜利。报纸上登出省政府的启事，公开认错，“这是破天荒的”。

“走革命的道路”

江隆基任西安二中校长时，二中已有中国共产党的地下组织。但是江隆基与地下组织没有横的联系。他仍然是以秘密党员身份为党做工作。他是通过陈子华（陈养山）、吴德峰和党联系的。当时，陈子华的身份是《西京日报》的记者，他定期（每两周一次）到二中采访，和江隆基交换情况。陈子华将上级党的指示传达给江隆基，江隆基将党所需要的情况，通过陈子华、吴德峰转报党中央。这些都是极为机密的事，党内许多同志是不知道的。而且也不知道江隆基是中共党员，大家只是从他的言行和工作中，认为他是革命同志，都信任他，支持他。江隆基通过种种途径支持地下党的工作。吴德峰是1924年加入中国共产党的老党员，1928年在上海担任中共中央军委交通科科长，在周恩来的直接领导下从事党的秘密情报工作。后到中央苏区，参加了红军长征。1936年担任中共中央西北局白区工作部部长。西安事变后，他随周恩来来到西安，参加领导秘密情报工作。对于这段时间江隆基为党做的工作，吴德峰是这样说的："隆基同志对党的任务是一直努力执行的。据我所知，他一直是为党工作的。"[13]

陈子华是1925年加入中国共产党的老党员，1928年调入中央特科做情报工作。1936年7月调到西安，继续从事情报工作。陈子华这样说："隆基同志是一位坚贞不渝、品德高尚的共产党人。他和敌人进行了坚决的斗争和巧妙的周旋。他利用校长的特殊地位为党做了许多重要工作。"[14]

西安事变以后，中共西安的地下组织几乎是半公开的，省委机关报《西北周刊》公开发行。二中的地下党也有很大发展，到七七事变时，全校已有七十余名党员。当时地下党的负责人是二中训育处的训育员董学源（中共陕西省学生工作委员会书记）和学生聂景德（中共西安二中支部书记）。除了党的组织以外，还有许多进步团体，如民先队（中华民族解放先锋队）、西北各界抗日救国会、西北青年文艺工作者协会、中等学校教职员联合会、新文字促进会、世界语学会等。对于他们的工作，江隆基都以学校的名义想方设法地给予帮助和支持。

民先队在西安事变前已在西安开展工作。卢沟桥事变后，它的总部由北平迁至太原，以后又迁至西安。民先队的西安部就设在西安二中（队长于志远、朱平）。江隆基将二中北院的一排学生宿舍拨给民先队，作为民先队的活动场所。民先队在地下党的领导下，实际上起到了共青团的作用。它的组织也发展很快，到1937年秋，队员已发展到全校学生的三分之一，有的班级甚至有80%的学生是民先队员。1937年10月，陕北安吴堡青训班（西北青年救国会战时青年干部训练班，领导人是冯文彬、胡乔木）开办后，在江隆基的支持下，西安二中学生党支部和民先队的成员大都参加了轮训。二中明文规定：对于这些训练，“以学生自由报名参加为原则，凡愿参加此项训练之学生”，“学校保留其学籍”，“仍可回校复学”。有些经济困难的学生，江隆基也想办法以学校的名义给予补助。

1937年5、6月间，在江隆基的支持下，以西安二中学生为主（还有部分教师参加），吸收了西安一中、乐育中学等学校的一些学生，组成了“西北青年文艺工作协会旅行剧团”，由聂景德担任剧团的党团书记，排演了许多抗日小剧目，下乡巡回演出，走遍了关中各县。他们还到泾阳县的云阳镇，慰问红军，给工农红军演出。云阳镇当时是中国工农红军前敌总指挥部所在地，朱德、彭德怀和陕西省委机关的负责人都住在那里。剧团到达后，受到了彭老总的盛情接待，彭老总热情地勉励大家，要演好戏，为宣传抗日救亡出力。这个剧团的演员都是些天真活泼的中学生，他们的演技虽不高明，但是很纯朴。他们在三原县演出《放下你的鞭子》时，也发生了这个剧目在其他地方演出时发生的感人的事。当演到卖艺老人用鞭子抽打香姑娘的情节，夹杂在群众中的演员，奋起高呼“放下你的鞭子”时，观看的群众信以为真，硬是要和卖艺老人讲理，替香姑娘抱打不平。群众和演员的情感交融在一起，相对而泣。演出获得很大成功。

西安二中下乡巡回演出，宣传抗日救亡的活动，受到普遍欢迎。1937年寒假，西安市各中等学校普遍组织了寒假工作团，深入农村，演出各种抗日剧目，开展了大规模的宣传活动。下乡宣传的学生自带行李，几乎走遍了关中和陕南各县。这些工作，由于有党的领导和各地地下党的配合，不仅广泛地宣传了抗日救亡的道理，而且也提高了学生的抗日救亡热情。

西安二中每日清晨和下午放学有一个升降旗活动。在升降旗时也要唱国民党党歌。江隆基延续了这个作息制度。但他做了一点改动，即将唱国民党党歌改为唱《义勇军进行曲》。

唱抗日爱国歌曲是西安二中一件很流行的事。著名的抗日爱国歌曲《松花江上》，就是由西安二中传唱起来的。江隆基到校后，每次学生的集会，他就带领大家唱《松花江上》。《松花江上》唱遍了西安二中。

《松花江上》的词曲作者是时任西安二中国文教师的张寒晖。张寒晖是河北省定县人。1925年考入北平艺术专门学校，同年加入中国共产党。1936年夏到西安二中任国文教员，后受党的派遣到东北军中（竞存中学）工作。1937年又受聘回到西安二中。他在讲国文课中，就常常教唱抗日爱国歌曲，如聂耳谱写的《毕业歌》《大路歌》《义勇军进行曲》等。他一边教唱，一边讲述日本帝国主义的罪恶行径。

《松花江上》是在1936年10月到11月间创作的。张寒晖写出后就在课堂上给学生教唱。由于歌曲朴实流畅、情感深厚，触动着每个爱国青年，很快就在全校传唱起来，也很快在东北军里传唱起来。西安事变前的纪念“一二·九”一周年集会，游行队伍唱的就是《松花江上》。

张寒晖在西安二中任教时，还创作了许多抗日爱国歌曲，如《去当兵》《夯歌》《游击乐》《干吗要悲伤》等。张寒晖还擅长戏剧，经常带领学生上街宣传演出。西安各学校剧团的演出，也请他出任导演，演出的剧目有《死亡线上》《撤退赵家庄》《打回老家去》《中华母亲》等。在江隆基的积极支持下，张寒晖带领由西安二中组成的陕西抗敌后援会寒假工作团流动演出队，到陕南地区进行抗日宣传演出。这个演出队起名为“斧头剧团”。“斧头剧团”在张寒晖的带领下，又到关中的大荔、朝邑、澄城等地演出，广泛地宣传抗日救国，受到热烈欢迎。

张寒晖的《松花江上》唱响大江南北。作曲家刘雪庵将《松花江上》和他创作的《离家》和《上前线》两首歌曲合编为《流亡三部曲》。《流亡三部曲》曾广为传唱。然而《松花江上》的署名却为“佚名”。长时间以来，人们都不知道这首名曲是谁创作的，一直误以为是“平津流亡学生集体创作”的。著名音乐家吕骥回忆说：“当我五十年前第一次听到《松花江上》的时候，以为作者大概是东北人，生长在松花江边，不然不可能写得这么感人。可是当我到了西安后，才知道作者并不是东北人，也未过流亡生活。这样更使我对他产生了钦敬的感情。”

国文教员向愚编辑出版的《抗战文选》，也是一件影响深远的事。向愚，原名向金声，湖南人，1925年加入中国共产党。西安事变后，受聘到西安二中担任国文教员。

《抗战文选》是向愚和他的夫人刘国英（中共党员）在江隆基的大力支持下编辑出版的。《抗战文选》的宗旨是这样写的：“自神圣的抗日战争发动以来，中国的文化重地如平、沪、津各处，均遭日本帝国主义残暴的破坏，内地读物的来源中断，一般青年学生感到最大的文化恐慌，加之国难教育的逐步施行，国文教材抗战文字的补充，也就非常需要。有许多教国文的朋友，感到教材的搜集不易。因青年迫切的需要和朋友的一再敦促，于是决定编《抗战文选》。”

《抗战文选》搜集了全国各种杂志报纸刊载的许多名家著作，包括时事论著、抗战文艺、战地通讯、抗战史料等。其中包括中国共产党的领导人毛泽东、朱德、周恩来、张闻天、彭德怀、任弼时、陈绍禹、项英、贺龙，还有著名爱国人士宋庆龄、郭沫若、何香凝、胡愈之、沙千里以及进步作家茅盾、巴金、丁玲、冰心、艾青等人的文章，还有江隆基写的一首新诗《崛起吧!黄帝的子孙》。

崛起吧!黄帝的子孙，
你祖先留给你的遗产快被人抢尽，
难道你还能够不惊心?
想一想你的老祖宗开国的万苦千辛，
想一想你的先人们五千年来的惨淡经营。
崛起吧!黄帝的子孙，
强盗已经撞进了二门，

难道你还能够忍耐镇静!
纵不念你兄弟们被残杀，姐妹们被奸淫，
你也得想法子保全你自己的性命。
崛起吧!黄帝的子孙，
你肥美的田园已被敌人强占，
你明媚的山河已经改变了容颜，
你可爱的家乡到处冒起了狼烟，
这一切的一切是否值得你留恋。
崛起吧!黄帝的子孙，
你五百年的文化古都正在受铁蹄的践踏，
你经济中心的沪淞正在受敌机的轰炸，
为了制止这些残酷的兽性，你是否得有一个办法。
崛起吧!黄帝的子孙，
那呻吟哀嚎叫苦求命的妇女不就是你的姊妹，
那东奔西散流离失所的难民不就是你的亲朋，
那血肉模糊四肢不全的尸体不就是你的兄弟，
对于他们的惨死和屈辱，你将怎样去复仇。
崛起吧!黄帝的子孙，
你的武装同志已经在那里开始了战斗，
你的热血同胞已经在那里和敌人拼命，
他们期待着你们的后援，急如星火!
你们怎能够见死不救，隔岸观火!
崛起吧!黄帝的子孙，
不要说你居住在后方，后方也会变成战场。
不要说抗战与你无关，亡了国大家都要受灾殃。
崛起吧!黄帝的子孙，
拿起锹锄，保卫你肥美的田园!
拿起刀枪，保卫你祖宗的遗产!

拿起一切武器,保障民族的独立和祖国的安全。

《抗战文选》发行时,《二中校刊》做了广告宣传。《抗战文选》先后共出版了八辑。在江隆基离开西安二中以后,《抗战文选》也被迫停刊了。向愚夫妇为编纂《抗战文选》费尽了心血。

在江隆基的教育和影响下,西安二中成了西安地区抗日救亡活动最活跃的学校之一。二中的许多青年学生奔赴延安,走上了革命道路。当时在二中流行着这样的口号:

要求学,到陕北!
要革命,到陕北!
要抗日救亡,到陕北!
……陕北是我们的希望,是我们的理想。

江隆基为革命的奉献精神,以及他朴实的民主作风、严谨的治学态度和身先士卒的表率作用,在和他一起工作的同志中,在广大的师生中留下了深刻的印象。田克恭回忆说:"隆基同志知识渊博,是位高级知识分子……但他却'学然后知不足',在整天忙于校内外工作的情况下,照例晚上挤时间翻阅报章杂志和读书直到深夜……他虽然曾在外国留学几年,又担任一所规模较大的省立二中校长,但毫无洋派头和官架子,待人谦虚、实在,即使对学校的工友也很尊重。……旧时代,人们把中学校长视为做官发财之道,用吃教职员的空名字、报假账,用公款放账等办法发财。但隆基却实践他上任时的诺言,绝对经济公开,从不沾公家一分钱的便宜。在生活方面,毫不特殊,和我们老师一样,也是住一间小房子,一张旧板床和简单的旧桌凳,也和我们一起上大灶吃饭……"[15]

曾在西安二中学习的白宗信、刘祝平、屈怀勇有这样的回忆:"他(指江隆基)为我国教育事业所作的贡献和教育实践,闪耀着共产主义的光辉。他在担任西安二中校长期间,积极培植、团结进步力量,改革课程设置和实施战时教育，领导我们开展抗日救亡的情景，给我们留下了深刻的印象，使我们终生难忘。让我们看到了一个不怕牺牲、敢于斗争的优秀共产党员的崇高形象。从江校长身上我们体会到一个优秀教师对于青少年的影响是终生的。父母可以影响子女的生活作风，而优秀教师可以塑造一个人的灵魂。‘教师是人类灵魂的工程师’。江校长对学生的思想影响充分体现了这句名言。我们为当年曾是江校长的学生而感到自豪和骄傲。”[16]

江隆基在二中的出色工作，遭到国民党顽固势力的嫉恨，他们说，西安二中是“培养共产党的大本营”，江隆基是“赤色危险分子”（新中国成立后从国民党档案中查出，江隆基已上了国民党的黑名单），处心积虑地要撤换江隆基的校长职务。

1938年1月，陕西省教育厅决定免去江隆基西安二中校长职务，并提出要解聘某些有进步思想的教师。消息传到西安二中，全校师生无比愤怒，表示强烈抗议，立即组织起来开展了挽留江校长的抗议活动。学校门口贴出大幅醒目标语：“坚决挽留江校长，反对×××来二中”。并组织了到省教育厅的抗议游行，强烈抗议撤换江校长。“我们要江校长”“绝不允许撤换江校长”的口号响彻整个街道，并举行了全校性的罢课。社会各界和各中学也纷纷起来支持西安二中挽留江校长的活动。抗议活动持续了一个多月。

但是，这时西安地区的局势已远不是一年以前的状况。张学良将军早已被审判并监禁。杨虎城将军也已受到革职留用的处分，而且当他从欧洲归国后已被囚禁……西安地区的局势已在进一步恶化。2月23日，国民党陕西省党部宣布十三个进步团体为非法，陕西省政府下令强行将其解散。陕西省教育厅也宣布了免去江隆基西安二中校长一职，同时还免去了三原中学校长冯一航、西安师范学校校长石雨琴、西安高中校长李伯惆等人的职务，并且解聘了西安各中等学校知名教员二十余人的职务。

在这种情况下，上级党组织考虑到江隆基已不便在西安教育界继续工作，就让他到山西临汾的民族革命大学去了。

到民族革命大学任教

1937年国共合作实现后，朱德任第二战区副司令长官，民族革命大学就是在朱德的积极支持下创办的。这也是中国共产党和阎锡山建立统一战线以后共同创办的一所干部学校。阎锡山兼任这个学校的校长，校址设在临汾。民族革命大学的办学宗旨是“坚持抗战教育，以政治教育和军事教育为主培养抗日战争急需的干部”。

当时，太原已经被日本侵略者占领，山西省的机关团体大都南迁至临汾一带。位于晋南地区的小城临汾，骤然间变成了山西省军事和政治的中心。华北以及全国各地许多爱国进步青年接踵而来，给民族革命大学的创办创造了有利条件。

江隆基是1938年2月在党组织的安排下，带领一批学生到民族革命大学的。江隆基任行政系负责人兼教授，同时任教的还有何思敬、陈唯实、施复亮、刘达人、秦丰川等。全校学生有三千多人。民族革命大学除大学部外，还有高中部、初中部，它们分别设在运城、曲沃一带。

然而，学校刚刚成立一个月，拥有二十万兵力的阎锡山却没能抵御住日寇侵略的铁蹄。2月28日，临汾失陷，不得已学校向后方疏散，由临汾到乡宁，从乡宁又撤至吉县，在吉县稍事休整时，又遭到日寇的围攻，只得向汾西撤退。迫于战事危急的形势，学校最后化整为零，无形中也就瓦解了。

民族革命大学虽然存在的时间是短暂的，但是它在当时的影响却很大，为办好统一战线的学校积累了一定经验。为了总结这所初创的、新型学校的办学经验，江隆基提出了自己的一些看法，主要是：

（一）要配备熟悉业务和有较好政治素质的基层工作人员。

民族革命大学创办后，分设军事、军政、行政、民运和艺术等系。每系的学生均按队列编制，每队配备有一名政治指导员和两名协助员及一名队长、两名队副。江隆基认为，这种队列编制，对于贯彻“以政治教育和军事教育为主”的方针，对于加强政治、军事的训练与管理，“是绝对需要的”。为此，需要着重解决的就是，“选择和配备好这些基层的工作人员”。

江隆基说，从民族革命大学选择和配备的干部来看，他们“熟悉业务具备较好的政治素质，应当是称职的”。但是，民族革命大学由于是初创，也由于时间的仓促，有许多工作人员是临时凑起来的。所以，在工作中也就免不了出现了一些诸如工作人员“在学生中树立不起信仰”；有些工作“只好敷衍应付”，甚至“军事训练进行了一个多月，学生还不懂得枪的使用法”等现象。这些现象说明了类似这种培训学校一定要重视基层工作人员的素质，“配备好基层工作人员”，这是一个十分重要的问题。

（二）在学校工作中，“要借重教员的力量”，依靠教员办好学校。

江隆基认为，民族革命大学虽然是“培训民族革命干部”的学校，但“中心的工作还是教学”。所以，在教学上、在学校工作中要充分发挥教员的作用。同时还应当提倡“教员、学生和学校合作的精神”，这是办好学校的又一个重要问题。他还强调说，民族革命大学是统一战线的学校，应当贯彻“统一战线原则”，做好团结工作。对学生，要启发他们“养成革命纪律”，提倡教员和学生都要以“统一战线的原则去积极推动和帮助学校”的工作。要贯彻抗日救国的精神，积极为战争服务，不能只做“消极的批评”，“不负责任的讥讽”。如果那样，就会“使民大的精神一天一天地消沉下去”。

（三）课程内容要适应当前抗日战争“现实的需要”。

江隆基认为，当前是抗日战争时期，我们的中心任务是抗日救亡，夺取抗日民族革命战争的最后胜利。所以，我们民族革命大学的课程内容“毫无疑义地应该与抗战密切地配合起来”，这是当前抗日战争的“现实需要”。他说，就我们初创的这一阶段来看，我们虽然做了不少工作，在课程内容里结合了当前现实，有一些“关于抗战知识的课程”，但仍然是很不够的。空洞的理论仍然“占了课程的不少时数”。他强调“空洞的理论是无补于现实的”，要切切实实将抗日战争有关的知识和技能融合在课程中。“在强敌压境，炮声震耳的环境当中”，我们再不能“拿这些空洞的理论”去教育学生了。[17]

在总结民族革命大学的办学经验中，江隆基还提出了一些批评意见。建议也好，批评也好，江隆基说，他是以“当事人的资格”进言的。这是江隆基一贯的坦率、诚恳的态度。

注　释

［1］1936年8月29日，国民党陕西省党部特务在西安西北饭店逮捕了宋黎（张学良秘书、中共党员）、马绍周（东北大学学生代表）。在押赴省党部途中，宋黎被十七路军巡逻宪兵截住救回。张学良闻报后，立即派副官关时润（关雨苍）前往西北饭店探视，也被逮捕。张学良深夜获讯，立刻派兵包围省党部，救出马、关二人，并查抄了省党部特务电台密码、档案。30日晨，西安特务头目曾扩情飞广州向蒋介石陈诉。张学良亦电蒋报告。蒋因两广事件尚未完全解决，令曾扩情回陕别动声色。同时复电张学良表示宽大。此事件因为发生在8月29日，按韵目排列是“艳”，故称“艳晚事件”。

［2］两广事件：1936年6月，广东的陈济棠和广西的李宗仁、白崇禧等在广州召开会议，发表通电，并成立军事委员会和抗日救国军，宣布要北上抗日反蒋。后在蒋介石收买分化瓦解下达成和平方案，停止了行动。

［3］《杨虎城泣告全国书》：［万急］南京中央党部、国民政府、各院部、各委员会、南昌总司令蒋、北平副司令张、汉口行营主任何、开封行营主任刘钧鉴，各省市党部、各省省政府、各督办、各总指挥、各司令、各师旅长钧鉴，全国各机关、各法团、各报馆钧鉴：连奉副司令皓（19日）号（20日）两电，通告日军侵据沈阳、营口、安东、长春等处，解除我军警武装。噩耗传来，发眦皆裂，日本对我主义，素以强暴凭凌我国。

甲午以还，侵略至极。历数吾国痛史，由日人构成。五三之血迹犹存，万宝山之惨案又起。今竟乘我洪水浩劫之际，义昧恤乡，恨同下石。违反国际公法，破坏东亚和平，无端称兵，侵占辽宁。此而可忍，则亡国灭种即迫眉睫，刀砧鱼肉宁无噍类。应请我政府严重抗议，促速撤兵，昭告全球，制裁强暴。尤祈我举国上下，一致团结，共御外侮。夫国自伐，而后人伐，印度朝鲜，可为殷鉴。吾国频年祸乱，实足启侮召亡。迩者军事未戢，战云密布，内事不息，外患随生，言□□（原字不清）危，可为流涕。伏愿各省袍泽，全国同胞，栗阅墙御侮之训，为安内攘外之图，亿兆戮力，挽救危亡。庶几戢强邻鲸吞之心，免神州陆沉之祸。虎城分属军人，职司卫国，枕戈待旦，志切死绥，痛心多患方深，惟冀同仇敌忾，披沥阵词，祇希垂察！十七路军总指挥杨虎城叩漾。9月23日印（载1931年9月24日《民意晚报》，第4版）。

[4]《张学良和杨虎城告将士书》，1936年12月16日，全文载于1936年12月23日西安《解放日报》。

[5] 张学良、杨虎城的演讲词全文，载于西安《解放日报》，1936年12月17日。此处说的《解放日报》，原是国民党在西安创办的《西京日报》。1936年12月12日西安事变，这家报纸仍刊登国民党中央电讯，并称张、杨为“叛乱”。张学良即下令没收该报，并派秘书接管，改名为《解放日报》，继续刊行。

[6]《周恩来年谱（1949—1976）》（上），中央文献出版社，1997年，第638页。

[7]《访米暂沉记录》，1982年5月。

[8] 这个讲话略加整理后，发表在《二中校刊》第1期。

[9] 许权中，抗日名将。1925年加入中国共产党，曾参加刘志丹领导的渭华起义。1928年中共中央派他到苏联学习，归国后参加了北方局工作。1936年参加了西安事变。任十七路军独立旅旅长。七七事变后，他参加并领导了抗击日寇的多次著名战役。后遭国民党政府杀害。

[10] 郑伯奇，著名作家，早年曾参加孙中山的同盟会。留学日本。国民党改组后，任黄埔军校教官。1930年，与鲁迅一起发起组织中国左翼作家联盟，与夏衍、田汉等一起组织中国左翼戏剧家联盟。七七事变后投入抗

日救亡工作，在西安与谢华等人一起创办《救亡周刊》。

[11] 李公朴，著名民主人士。1936年全国救国联合会成立，他是筹划组织领导人之一。1936年11月，与沈钧儒、邹韬奋等七人，被国民党政府逮捕入狱，即轰动全国的“七君子事件”。出狱后，到西安参加西安救国会工作。

[12]《访张鹏云记录》，1983年9月。

[13]《吴德峰证明材料》。

[14]《访陈养山记录》，1983年4月。

[15] 田克恭：《江隆基同志在西安二中》，载《纪念江隆基文集》，兰州大学出版社，1987年8月。

[16] 白宗信、刘祝平、屈怀勇：《回忆江隆基校长在西安二中》，载《纪念江隆基文集》，兰州大学出版社，1987年8月。

[17] 引文均见《救亡周刊》，第17期。

第四章

“硬汉怀国赴延安”[1]

1938年5月初，江隆基来到了向往已久的抗日圣地——延安。

5月的延安，风和日丽。由于刚刚庆祝了五四青年节，街道上还可看到“庆祝五四青年节”“高举民主科学的旗帜”“坚持抗战到底”“打倒日本帝国主义”“中国共产党万岁”等醒目的标语。延安，自从1937年1月中国共产党中央机关进驻以来，尽管仍旧是一幢幢的黄土房，一条条的黄土路，以及那残缺的高低不齐的城墙，但市容整洁，秩序井然，迈着整齐步伐的军队和呼喊口号的学生队伍经常出现在街道上。初到延安就给江隆基以明朗清新、充满生机的印象。

江隆基到延安后，中共中央组织部副部长李富春代表中央表示，热烈地欢迎他来延安工作，并安排他到陕北公学协助成仿吾校长主管教务工作。江隆基早在1931年德国留学时就已和成仿吾相识，他很尊敬这位老资格的教育家。成仿吾对江隆基在日本、德国以及国民党统治区的斗争精神也早有所闻。他向大家介绍说：“隆基同志是一条硬汉子”，“在国外，他是反帝斗争的硬汉子，回国后，他又是教育领域上抗日救国战线上的硬汉子”。陕北公学的许多教员和学员也已听说，江隆基在国外留学时由于从事抗日救国活动坐过牢，他领导的西安二中就是一所革命空气很活跃的学校。成仿吾的介绍更增添了大家对这位新到的教务长的钦佩。[2]

陕北公学是中国共产党在进入全面抗日战争以后创办的一所革命大学。七七事变后，日本帝国主义把侵略的战火由华北燃烧到全中国，大片的国土相继沦陷。不甘心受奴役的众多中国青年，从东北、华北、华中、华南等沦陷区纷纷奔赴延安，还有祖国台湾的爱国青年，甚至朝鲜、越南和南洋等地的华侨青年也来到了延安。李维汉在他的回忆里有这样的描述：当时“从西安到延安的几百里路上，每天都有成群结队的男女青年，背着行装，唱着抗日歌曲，风尘仆仆地奔向延安。青年们是为追求真理、学习抗日救国的本领而来”。[3] 延安已被看作是照亮中国抗日救国道路的一座灯塔。

当时，在延安已有中央党校和红军大学，它们的任务是轮训高级党政干部和高级军事指挥员。显然，已无法容纳陆续来延安的这样众多的青年。同时，为了开展全民族的抗战，中国共产党也急需增添新的力量。所以，中共中央决定在扩大抗日军政大学的同时，创办陕北公学。

最初，陕北公学起名是陕北大学。因为是国共合作时期，创办一所大学，需要向国民党政府报告审批，但国民政府认为边区地域小，已有抗日军政大学，不同意再办个陕北大学。这样只得将陕北大学改名为陕北公学。“公学”一词是沿用大革命时期中共中央在上海办的上海中国公学的名称而来的。同时改为公学也符合实际状况，因为到陕北公学入学的，不仅有中学毕业生，还有留学生、大学生以及中小学生等。改名为陕北公学，也是名副其实的。

陕北公学是1937年8月开始筹备的，11月1日举行了隆重的开学典礼，宣告陕北公学正式成立。在中共中央的关怀下，陕北公学配备了较强的领导班子。除校长成仿吾外，教务长是邵式平。邵式平毕业于北京师范大学，原是赣东北根据地的创始人之一。政治部主任周纯全，曾参加黄麻起义，原是鄂豫皖苏区保卫局局长、红四方面军政治部副主任。政治部副主任张然和，原是中央苏区福建省委负责人之一。校务部部长袁福清，曾参加并领导了长沙泥土工人大罢工，原是中央苏维埃政府办公厅副主任。校务部副部长鲍建章，原是红军中的一位师参谋长，长征中负伤后改做后勤工作。

1938年，陕北公学的部分领导人
后排自左至右：宋侃夫、江隆基、成仿吾、周纯全

除了一批强有力的领导干部外，还有一支强有力的教师队伍，陕北公学云集了许多知名的学者，如艾思奇、何干之、何思敬、吕骥、李凡夫等是从国民党统治区调到陕北，到陕北公学任教的。张如心、李培之、宋侃夫、林俚夫、邓止戈、何定华、李唯一、贾光、陈昌浩、陈伯达、徐冰、陈唯实、王观澜、毛齐华、杨松、任白戈、王思华、贾侃、李舜初等，是从党的机关、中央党校等单位调到陕北公学任教或兼职，或先后到陕北公学讲课。

陕北公学的校址设在延安东门外的清凉山下，那里原是一个汽车训练班的营房，创办之初，因陋就简。江隆基到来的时候，那里已是由学员们自己动手修建成的一排排整齐明亮的窑洞了。这时，也是陕北公学大发展的时期，几乎每天都有几十以至上百从祖国的四面八方来陕北公学求学的青年学子。5月份时，学员已经陆续编为二十七个队，全校已达到四千余人。每天清晨，就会看到一队队穿着蓝灰色制服的男女学员在跑步上操，他们排着整齐的队伍在露天地里共进早餐，在打麦场上、在空旷的田野上、在窑洞旁听教员讲课、学习讨论……嘹亮的抗日歌声此起彼伏，学员们完全沉浸在一片欢声笑语中。陕北公学使江隆基感到，确实是到了一个新的天地。

陕北公学是在中共中央的直接关怀下成长的。1937年10月19日，陕北公学召开纪念鲁迅逝世一周年大会时，毛泽东在讲话中就提出了陕北公学的任务。他说，"陕北公学的重要任务是培养抗日先锋队"，"当这伟大的民族自卫战争迅速地向前发展的时候，我们需要大批的积极分子来领导，需要大批的精练的先锋队来开辟道路"。他还说到，陕北公学"一切物资设备都不好，但这里有真理、讲自由，是创造革命先锋的场所"。[4]

10月23日，毛泽东为陕北公学写下了著名题词："要造就一大批人，这些人是革命的先锋队。这些人具有政治远见，这些人充满着斗争精神和牺牲精神。这些人是胸怀坦白，忠诚的、积极的、正直的。这些人不谋私利，唯一的为着民族与社会的解放。这些人不怕困难，在困难面前总是坚定的，勇敢向前的。这些人不是狂妄分子，也不是风头主义者，而是脚踏实地，富于实际精神的人们。中国有一大群这样的先锋分子，中国革命的任务就能够顺利的解决。"[5]

1938年3月，毛泽东又题词："陕北公学是属于中华民族的，因为它为着抗日救亡而设，因为它收纳了全国乃至海外华侨的优秀儿女。维持这个学校的责任我认为也应是全国乃至海外华侨一切爱国人士的，因为这个学校并无任何公私财政基础，教员学生们都只吃小米饭，而且不能经常吃。"[6]

在参加陕北公学六至十队的毕业典礼时，毛泽东在讲话中提出了"临别赠言"。他说，陕北公学是统一战线的缩影，是进步的中国的缩影，有陕公中国就不会亡。[7]

4月1日，在参加陕北公学第二期开学典礼时，毛泽东在讲话中首次讲述了“三八作风”问题，并就“坚定正确的政治方向，艰苦朴素的工作作风”作了详细阐述。4月5日，毛泽东在陕北公学讲述了国共合作问题。5月7日，他在陕北公学讲了张国焘叛逃的问题，勉励学员要忠于党，忠于共产主义事业。6月27日，他在陕北公学讲述了抗日战争的基本规律和中国共产党的基本战略持久战的问题，将《论持久战》中的基本观点，向学员们作了介绍。之后，毛泽东还给陕北公学讲哲学课。

中共中央的其他许多领导人也非常关心陕北公学的成长，先后到学校做报告。如周恩来、朱德、董必武、张闻天、陈云、李富春、任弼时、王若飞等人都曾到陕北公学作过重要讲演。

江隆基深深地领会到，中共中央许多领导人的讲话，尤其是毛泽东的多次讲话和题词为陕北公学指明了办学方向，提出了陕北公学的培养目标和任务，以及有关的方针政策。同时，也使广大学员提高了认识，开阔了眼界，增长了知识，振奋了革命精神。特别是毛泽东写下的重要题词，江隆基认为，不仅仅是对广大学员——青年一代的要求，也是对干部和教员的要求，是对所有走革命道路的人们的要求。他时刻铭记着，要在这个新的天地里，用毛泽东的重要题词鞭策自己。

国内时局变化很快，1937年11月，太原、上海被日本侵略军占领以后，晋、察、冀、绥、鲁等省的大片国土也沦陷在日本侵略军的铁蹄之下。在国共合作的形势下，中国军民同仇敌忾，共御外侮，国民党军在正面战场上顽强抗击日本侵略军的进攻。共产党领导的八路军、新四军等人民抗日武装在日本侵略军的后方开辟了华北、华中等敌后战场，先后创建了晋察冀、晋西北、晋冀豫、晋西南等抗日根据地。在这种形势下，中共中央对陕北公学提出的要求是，以最快的速度为抗日战争培训人才，输送干部。以最快速度为抗日战争培养干部，是陕北公学的一个重要特点。

最初，陕北公学的招生简章曾规定设置五个系（社会学系、师范系、国防工程系、日本研究系、医学系），试图按照正规大学的体制办学。但是在当时的形势下，以及延安地区条件的限制，陕北公学并没有分系，而是分成普通队和高级队。普通队是培养前线与后方抗日战争急需的抗战干部，学习期限为三至四个月。高级队是培养学校教师，学习期限为一年。学校的重点是办好普通队。普通队学习四门课程：社会科学概论、抗日民族统一战线、游击战争和民众运动。高级队则主要学习马克思列宁主义经典著作的课程，包括《共产党宣言》《社会主义从空想到科学的发展》《马克思主义的三个来源和三个组成部分》《资本论》等等。

在教学中贯彻的教学原则主要有两条：一是掌握基本知识和基本理论，对学员进行马克思列宁主义的启蒙教育，使他们在短期的学习中打下基础，毕业后能立即投入到实际斗争中去。二是理论联系实际。在学习和掌握基本知识、基本理论中，强调联系实际，课堂教学与社会实践相结合，增强应用能力的培养。在课程安排上要有所侧重，并将每周三定为抗日救亡日，走出课堂进行各种救亡活动。

在教学中陕北公学提出的口号是“学习第一”“一切为了学习”。要求学员在短暂的时间里尽可能要多学一点，学好一点。在课堂教学中，采取大课堂制，常常是五六百人在一起听课。各门课程一般都没有讲义，教员是露天上课，学员席地而坐。要求学员要认真记笔记。听课中学员有疑问，可写条子递给教员，教员再作解答。在课堂教学中要求教员避免注入式，多用启发式，要有的放矢，深入浅出。既要发挥教员的指导作用，又要调动学员的学习积极性。

在教学过程中，陕北公学十分重视集体讨论，充分发挥集体互助的作用。学员上课的时间每天都在三至五小时，其余时间均是自学和集体讨论。班是学习的基本单位，每班十二人左右，每班均有一两个政治理论水平较高的学员，学员们文化程度有高有低，学习中可取长补短，充分发挥集体互助的作用。同时，也注意到学员要以自学、独立思考为主。在时间分配上，自学时间多于上课时间；在自学时间里，个人学习时间又多于集体讨论的时间。陕北公学的教学，是将教员的讲授、学员的自学和集体讨论有机结合起来。这在当时条件下，是行之有效的教学方式。

教务处是陕北公学的主要教学组织，也是全校最高的教学领导机关。教学中的课程设置、教员的配备、教材的编写、教学方法的研究、学员的学习考查等，都统一由教务处负责管理。

教务处下面设有教育科、学习指导科、军事教育科、研究室，以及图书室、陈列室等。学习指导科是教务处直接领导教学的机构，由科员、各科的教员代表、学科的指导员、各队队长组成，具体负责教学计划的制订，保证教学任务的完成。

陕北公学的学习组织是比较严密的。学员均编为队、分队、班。队既是教学单位又是自治单位。每队约有学员一百至一百二十人。由队长、指导员、助理员、副队长、队学生分会主任组成领导小组，负责全队工作。陕北公学的学习组织是军事化、战斗化和民主化的结合体。

江隆基到陕北公学任职时，恰好是陕北公学第二期学员开学不久。他的工作除了给高级队讲课以外，作为副教务长主要是协助邵式平教务长做好全校的教务管理。邵式平是位老红军，工作热情，责任心强，又有大胆的创新精神。江隆基在与他一起工作中，不仅了解到了陕北公学在创建过程中种种的大事小事，更多的是从他身上学习到许多在红色根据地的工作作风。1939年1月，邵式平被调离陕北公学，到晋察冀创办抗大二分校。江隆基接替了他的工作，担任教务长，主管全校的教务管理。

在教务管理中，江隆基特别关注了以下几点：

遵照中共中央以最快速度为抗日战争培训干部、输送干部的要求，江隆基认为采取大课堂方式，将讲课与学员的自学、集体讨论结合起来，是一种有创意的好的教学方法。如何进一步完善和更好地发挥它的作用呢？他回想起了在德国柏林大学留学时，柏林大学那种

“理则学”的教学方式。针对陕北公学的实际情况，他提出，在教员讲课之前，可广泛地征求学员对本课内容的要求和疑问，教员可参照学员的要求和疑问，补充到讲课中。这样就可使教学更有针对性，更进一步增强教学效果。同时，他还特别提出在自学与集体讨论中，一定要以自学为基础，要在自学上下功夫，弥补大课堂教学的某些不足。只有这样才能体现大课堂教学、自学和集体讨论相结合的教学方式的优越性。

同时，为了提高教学效果，他要求各队在教员讲课之前都要在各分队和班了解学员对课程的要求和各种疑难问题，讲课之后集体讨论，再将大家讨论的情况反馈给教员。这样一上一下地疏通，既丰富了教员的讲课内容，也大大提高了学员学习的积极性，充分发挥了大课堂、自学和集体讨论有机结合的教学效果。

从祖国四面八方来陕北公学学习的学员，有很高的革命热情，也有学习新知识的强烈愿望。他们总是想多听听讲课，多听听报告，也想多听听集体讨论中别人的发言，但却常常忽略了自学的重要性。江隆基提出改进意见以后，这方面的情况有了很大改观。

其次，江隆基特别注意在教学上发扬民主精神。在他的倡议下，学校教学计划的制订和实施，除教员外也有学员代表参加。同时，学校在教学中实行学科代表制，学科代表负责和教员的联系，也参加教员研究室的讨论，教员也经常参加学生的集体讨论。每个队每周还出版一次《学习导报》，内容有学习评论、学习收获、学习方法介绍、讨论会总结、参考书指导、各班学习反映、问题质疑与解答等等。《学习导报》充分贯彻了民主精神，激发了学员学习的主动性，受到广大学员的欢迎。

再次，江隆基强调，要处理好教员和学员的关系。陕北公学对教员的要求很高。教员多是革命的前辈，也有的是从国民党区来延安的有威望的教授。这些教员既掌握了革命的理论与方法，又有丰富的革命斗争经验。他们处处以身作则，诲人不倦，教书育人，深受学员的尊敬。教员每次上课，学员都要鼓掌，表示对教员的欢迎。教员在教课中也尽心尽责，非不得已，决不肯请假缺课，偶有缺课，如遇到下雪下雨天无法上课，也要设法在夜间或者利用星期日补课。江隆基非常重视提倡教员与学员之间的民主平等的关系，经常讲教学相长的道理。他经常拜访这些德高望重的教员，也经常深入到学员中，听取意见。他要求大家互相尊敬、互相信任，为完成教学任务共同努力。

延安的《新华日报》有一篇关于陕北公学学习情况的报道，题目是《我们是怎样进行学习的》。文章（摘要）说：

我们的学校是一个纯粹学习理论的学校。学习活动，成为经常的工作，几乎没有谁像我们这样的重视学习方法。也因为如此，才能在一年的时间内不仅武装了几千青年的头脑，而且把还没有开拓的金库——集体学习给予最新的科学的开拓。我们是怎样进行学习的呢？……讨论会和《学习导报》是集体学习的最好方法。……各班准备会，把讨论后的争论，提交队讨论，同时，综合各班的意见，让班代表发言。开会时，第一把握中心，不要让讨论离中心；第二从同学的发言中提出争论点；第三重点要着重讨论；第四有重复的脱离中心的停止发言；第五，有小的争论可由主席答复或留做结论，结论不是把同学的发言重新背一遍，而是把同学发言中的疑问、错误或要点作一个批评和答复。……

学习导报在计划学习、组织学习中起了核心作用。每周一版，内容可分为第一论著，如关心不良倾向的克服、反对散漫的现象等；第二，学习方法的讨论；第三，讨论会的总结（教员做的）；第四，读参考书的指导；第五，各班的学习反映；第六，是问答栏，问答栏是同学学习的顾问，提出问题，答复迅速……[8]

“七分政治”

陕北公学是以政治理论学习和政治思想教育为中心的学校。形象地说，是七分政治、三分军事。成仿吾在他的回忆录中是这样说的："陕北公学的任务是培养抗日救国的革命干部，但与抗大有所区别，有所分工。抗大主要是培训军事干部，教学计划的安排则是七分军事，三分政治。陕公主要是培训政治干部，教学计划的安排原则是七分政治，三分军事。因此陕北公学是以革命的政治教育为主。"[9]

陕北公学的普通班讲授四门课程：一是社会科学概论。这门课程主要是讲授马克思主义关于社会发展规律的基本常识。其中也包括社会发展史、政治经济学的内容。通过这门课程的学习，学员初步懂得了人类社会发展的基本规律，懂得了马克思主义关于阶级和阶级斗争的学说，认识到中国革命不仅有打倒日本帝国主义求得民族解放的任务，而且还有谋求社会解放的远大目标。

二是抗日民族统一战线。这门课程主要是讲授抗日民族统一战线的基本理论和基本常识，以及有关的方针政策等。通过这门课程的学习，学员认识到日本帝国主义侵略中国以来，中国共产党提出的抗日民族统一战线的历史背景，如何坚持独立自主、又斗争又团结，正确处理民族斗争与阶级斗争的关系及有关方针政策等等。

三是游击战争。这门课程主要是讲游击战的理论、战略战术和政治工作。通过这门课程的讲授，学员了解了中国共产党领导的革命战争，了解了游击战在革命战争中的地位和作用，充分认识了游击战在抗日战争中的意义。

四是民众运动。这门课程主要是讲授中国共产党领导的民众运动的知识，包括如何动员、组织、训练、领导民众（主要是农民）参加抗日游击战争，如何建立根据地的政权，及对各阶层的政策，以及减租减息、拥政爱民、妇女解放、扫盲、儿童站岗放哨等。这门课程，主要是使学员了解并掌握中国共产党在根据地领导组织群众、建立政权、建立武装以及各种政策法令等知识和本领。

除这四门课程外，还有不定期的时事报告，给学员们讲当前国际国内形势，边区和根据地的建设等。

高级班讲授的课程较多，主要有中国革命运动史、马克思列宁主义、辩证唯物主义、政治经济学、科学社会主义、世界革命运动史、三民主义研究、世界政治、战区政治工作。还有“中国问题讲座”，其中包括中国农民问题、土地问题、边区经济、工农政权等。除此之外，还要选读马克思主义原著，包括《共产党宣言》《社会主义从空想到科学的发展》《马克思主义的三个来源和三个组成部分》《资本论》等。

陕北公学开设和讲授的这些课程，是全新的课程。在当时，无论是正规大学，还是专科学校、培训学校，都是不曾有过的。

陕北公学的政治教育还有一个得天独厚的优越条件，就是经常请中共中央领导人讲课。毛泽东曾提出，要求中共中央政治局委员都要到陕北公学讲课。毛泽东首先讲国内外形势，他讲述“中国宪政运动”和“青年运动的方向”；周恩来讲述“大后方的抗日形势”和“平江惨案情况”；朱德讲述“敌后战场的开辟和发展”和“根据地的经济”；董必武讲述“正统观和六法全书的批判”；张闻天讲述“新民主

陕北公学

主义文化”等。毛泽东特别重视马克思主义哲学的研究和宣传工作。他带头学哲学、讲哲学，并主持了一个读书班，叫哲学研究会，学习李达写的《新哲学大纲》。毛泽东专门给陕北公学讲唯物论和唯心论，讲反映论和辩证法。这些讲稿后来经过整理，就是大家熟知的《实践论》和《矛盾论》。

陕北公学还有计划地给学员上党课，并编写了一本党课教材《共产主义与共产党》。这本油印教材，虽然外观简陋，却是一本普及党的知识的好读本。许多学员正是通过这个小册子学习到了党的基本知识，增进了对共产主义和共产党的了解。陕北公学在创办后的两年中，有三千多优秀青年加入了中国共产党。

陕北公学设有专职的政治思想工作干部。每队有政治协理员，每分队有政治指导员和政治干事。这些政治思想工作干部大都是从陕北公学的毕业生中挑选的。他们熟悉学员的思想状况，了解学员对所学课程的情况，有实际工作经验。他们和学员生活在一起，和学员一起听课，一起学习讨论，遇有疑难问题，都能适时予以解决。

为了加强政治课的教学和研究，在总校和分校合并以后，在江隆基的主持下成立三个政治理论研究室。这三个研究室是：中国问题研究室，由何干之负责；政治经济学研究室，由李凡夫负责；哲学研究室，由陈唯实负责。三个研究室除了研究课程的教学、马克思主义原著的解读，还着重研究边区建设中的实际问题，包括政治建设、经济发展、农业生产等。江隆基强调，在钻研马克思主义基本理论的同时，一定要注意结合边区的实际，结合抗日战争的形势，多研究实际问题。他还鼓励大家说：“你们是政治理论队伍的尖兵，要多做贡献。”

江隆基在繁忙的教务工作中，翻译出版了伏罗希洛夫撰写的《斯大林与红军》一书。它是伏罗希洛夫为庆祝斯大林五十诞辰而写的一部著作。书中比较系统地介绍了斯大林在苏联红军建设以及指挥各个战役中的贡献，同时也介绍了斯大林在和平建设时期的贡献。是陕北公学学员了解和学习苏联共产党历史的一部辅助教材。该书由延安解放出版社出版（1938年）。另外，江隆基还翻译了关于西班牙共产党主席的《多罗列斯·依巴露里小传》（载延安《中国妇女》第1卷第2期、第3期），翻译了关于西班牙共产党总书记的《狄亚茨的生平》（载延安《解放》第45期）。

在教学中，江隆基承担世界革命运动史课程和中国问题课程的部分讲座，并写有关于该课程的讲义。据陕北公学的学员回忆说，曾看到过这些讲义，“上面密密麻麻修改得很多”。可惜已遗失。

江隆基备课是十分认真的。大家经常看到，就寝号已吹好久了，他还在油灯下备课修改讲稿。有的教员说：“教务长，要注意身体，早点休息。”他却幽默地说：“我白天的时间都用在两腿上了，晚上要让它多休息。”

江隆基特别重视对青年教师的培养，在三个政治理论研究室里，除了何干之、李凡夫、陈唯实等几位专家外，其余多为青年教员。江隆基要求，要以老带新，一边教学，一边研究，使每个青年都能不断提高自己的业务水平。他经常参加研究室的教学讨论会，和大家一起学习和讨论教学中的种种问题，给大家很多启示和帮助。

陕北公学的学习生活充满民主自由的气氛。学员们建立了生活会制度，以班为单位，每周大家凑在一起，谈谈自己的学习生活体会，交流学习心得和生活上的问题。有时江隆基也去参加这样的生活会。有一次，学员们知道江隆基是从德国留学归国的，就欢迎他唱一支德文歌曲，江隆基执拗不过，就给大家唱了一段德文的国际歌。大家欢声笑语，都喜欢听这首气势磅礴而庄严的国际歌。

陕北公学提倡学校全体成员都参加管理学校，全体教员和学员都是学校的主人。实行民主管理包括以下一些原则：学校所有成员，不论有无党派关系一律平等；凡属政治与理论方面的原则问题，遇有意见分歧，采取自由辩论、讲道理的办法解决；凡教学和工作中的实际问题，采取大家商量讨论、少数服从多数的办法决定；学校的教育计划、工作计划的讨论、决定、检查，由学员代表在实施中进行监督；

凡学校成员，对学校工作有权随时提出意见和建议；副队长以下各级干部，由学员民主选举；各队都设有意见箱，随时听取大家的意见和建议；学校里任何人都有权越级上告。

陕北公学是一所统一战线的学校。学员来自全国各地，有的来自祖国边远的东北、西康、云南等地区；有的来自海外，从朝鲜、暹罗（泰国）回国的华侨。有共产党员，有国民党员，有汉、藏、蒙、回、彝等许多少数民族同胞。年龄上的差别也较大，有十五六岁的小弟弟、小妹妹，也有年过半百的老大哥、老大姐。学员的学历有高有低，经历也各有不同。有红军战士，有白区的地下党员，有来自农村的贫困青年，也有国民党高级人士的子女。但是他们却有一个共同的目标，就是抗日。这就是陕北公学的政治基础。陕北公学是一个充满温暖、团结、抗日氛围的革命大家庭。

陕北公学的学习生活是紧张的。学校提倡培养严守纪律、迅速果敢、雷厉风行、一丝不苟的精神，实行军事化、战斗化的管理。每日清晨六点，军号将学员从梦中唤醒，二十分钟内，要完成整理内务、洗漱活动。然后全校集合，点名、早操，整队露天进餐。早餐后，稍事休息，就开始了紧张的学习。晚饭后是文娱活动时间，大家唱歌，看文娱节目，也是集体的有组织的活动。

在学习中，学员经常结合学习的课程，进行军事战斗演习。如夜间的紧急集合、行军、防空演习、作战等。夜间的紧急集合，并不事先通知，且多在深夜和黎明前进行。学员们听到紧急集合号声后，不准点灯，要求在十分钟内，将个人的衣物、书籍、被褥等，打成行军背包背上，然后奔赴指定地点集合。集合后，有时是夜间行军，还穿插着防空、遭遇敌情、捉俘虏等的演习。演习生活虽然紧张劳累，但是大家的精神是欢快的，充满着积极向上的气氛。

陕北公学的学习是紧张的，同时又是生动活泼的。虽然各方面的条件十分困难，学校也千方百计开展各种文体活动。在体育方面，有篮球、排球、乒乓球，还有拔河、掷手榴弹以及爬山、长跑等。在文娱方面，经常组织歌咏会。歌咏活动在陕北公学是十分突出的。许多抗日歌曲就是在陕北公学传唱起来的，如《大刀进行曲》《我们在太行山上》《毕业上前线》《黄河颂》《黄河大合唱》《游击队员之歌》《松花江上》等等。作曲家吕骥、郑律成等的指导，特别是著名作曲家冼星海经常到陕北公学辅导指挥开展歌咏活动，使陕北公学的歌咏活动更是名噪一时。在陕北公学，每逢集会，经常是抗日的歌声此起彼伏，激发着人们的革命热情，鼓舞着人们共同抗日、团结御敌的决心。

为了活跃文娱生活，陕北公学还组织成立了陕公剧团。剧团先后演出了《放下你的鞭子》《游击队长》《在敌人的牢狱中》《补缸》等短小精悍的节目，还演出过大型话剧《蜕变》《母亲》等。另外，还有陕北公学自己编写的小型剧《生死关头》《送郎上前线》等等。这些演出活动，都受到了社会各界的好评。

陕北公学重视艰苦奋斗的传统教育。它的创建就是白手起家的。学员入学后的第一课，就是自己动手挖窑洞，解决栖身之所。清凉山上一排排的窑洞就是学员们一镢头一镢头刨出来的。窑洞并不宽敞，七八个人共用一个土炕，下面铺的茅草，晚上翻身都感到困难。至于上课、吃饭、开会等，都是在室外。数九寒天，教员有时头顶雪花给学员上课。学员上课也没有课桌，学员被褥一物两用，白天捆起来当坐凳，晚上打开来作被褥。到夏天，在露天里，学员就用泥块、石头等作坐凳。陕北公学学习的条件虽然十分艰苦，但大家以苦为乐，努力学好本领，期盼着早日奔向抗日的战场。

1938年夏秋之季，大部分师生到了栒邑分校（栒邑看花宫），留在延安的总校迁到了北门外。大家自己动手盖起了能容纳八百多人的大礼堂（以后的中央大礼堂）。这在当时的延安，也是一座宏伟的建筑了。1939年春，边区政府动员开展大生产运动，陕北公学的师生到陕甘交界的何家山开荒种地，完成了二千一百亩的开荒任务，建立了“陕公新村”。师生轮流到那里边劳动、边学习、边做群众工作。学校还建起了合作社，自己生产肥皂、生产草鞋。

为了克服困难，学校号召学员自己动手。除了自己挖窑洞外，其他如修操场、筑路、挖厕所、开荒种菜、打柴等等，学员们都自觉地去完成。陕北公学的学员是免收学费的，开始时还规定衣服用具自理，每月需交膳食费。后来中共中央决定，学员一律免交膳食费，同时还发统一的土布灰军装，所有干部也都有生活津贴。主食就是小米饭，土豆就是主要蔬菜。以后学校迁至关中栒邑，吃到了白面馒头，学员们已经很满足了。

在学习中，教材教具也极为缺乏。教员讲课大都没有教科书，图书资料也很缺乏。学员学习，主要是要记好课堂笔记。当时延安的文具纸张匮乏，加之陕北公学的经费有限，所以每个学期给每个学员只能发一支铅笔，两张油光纸订的笔记本。墨水也是用蓝靛泡的。夜间照明用的小油灯，也是六七个人共用一盏。这确实是一个艰苦的学习环境。邵式平这样写道："大家晓得陕公最弱的一环是物质条件的困难，没讲堂，也没有饭堂，当然也没有自习室，除了晚上睡觉在窑洞里，整天都在露天里活动。冰天雪地的时候，也在露天里上课、读书、吃饭……但是同学对学校没有不满意的。他们都了解学校没有资金，抗战时期国家财政困难等。虽然这样艰苦困难，但学习精神与情绪始终如一，这是到过陕公的同学都亲身经历过的。"[10]

有一位陕北公学的学员生动记录了陕北公学的学习生活："陕公生活的简单化是早已出名的，窑洞、小米饭、露天讲堂，用包袱代替板凳，上课、听讲演，开晚会看到是五光十色的小包袱，这里面有我们的衣服、我们的书。我们作了一次轻装的演习。轻装就是说，把我们的行装减到最低限度，把全部财产：被服、衣服、书籍、面巾、碗捆成一小包背在背上。男同学限二十五斤（五斤粮食在内），女同学二十斤。初次演习在下午三时，吃过午饭已准备起来了。垫被不要了，枕头不要了，十多块钱的皮鞋送了人。可是几十元一套的西服，几元钱一条的领带，尤其是爱人织的毛衣可就踌躇了。身上已穿得很胖，放在包里试试又似乎太重，拿出来又舍不得。呆呆地望了多时，最后下决心：生命不惜牺牲，这又算什么！我们生长在这里，每一寸土地都是我们自己的，谁要强占去，我们就和他拼到底。这正表示了我们的决心。”[11] 由此可以看出，陕北公学学习生活紧张欢乐的气氛和共同抗日的决心。

江隆基到延安以后，身体状况一直欠佳，早年的肺部疾病时好时坏一直未能痊愈。在挖窑洞、修马路、修操场的劳动中，许多教员和学员都劝他不要参加，但他却说，这是锻炼的好机会，在共同的劳动中没有例外，坚持和大家一起参加劳动。特别是在何家山的开荒生产中，连续一个多月的生产劳动，他也硬是坚持了下来。到延安后，饮食方面的变化也很大，他严格要求自己和大家同吃同住，不要有任何特殊的照顾。在陕北公学中，江隆基是极少数国外留学的学者之一，大家尊敬地称他是“洋博士”。在实际工作中，在艰苦的生活中，大家都感到，江隆基这位“洋博士”没有任何的特殊。他们不仅从江隆基的教学和工作中学到许多知识，更学习到了他那种平易近人的作风。正如曾在陕北公学学习和工作过的戈华和霍遇吾所说的：“同志们无不认为他是一位深受爱戴的、德高望重的革命前辈。是一位党性坚强、经验丰富，而又处处给下属作出表率的领导者。”[12]

陕北公学在创办的两年中，共培养了六千多名干部，其中有三千多人加入了中国共产党。他们毕业后走向抗日前线，分布在抗日的各个战场。在艰苦的革命战争岁月里，在群众运动风浪中锻炼成长。李维汉在回忆中写道：“长征结束到达陕北时，剩下的红军和干部总共才三万多人，这同抗战初期的大发展形势极不相适应。因此，能不能在短期内培养大批干部，的确是一个关系全局的大问题。在党中央的直接领导下，陕公的干部政策、人事制度，都是以有利于干部的成长、使用为出发点。任人唯贤，量才使用，大胆提拔。学员一进陕公，两三个月就入党，三五个月就提干。党把他们放在重要岗位，让他们肩负重任，在炮火中、在大风大浪中锻炼成长。延安培养了中国一个时代的革命骨干，陕公为此作出了自己的贡献。”[13]

到敌人后方去

日本侵略军在发动全面侵华战争初期，企图以强大的武力一举征服中国。但是到1938年武汉会战以后，却被迫放弃已经破产的速战速决的方针，将侵华战争的主轴转到长期作战的轨道上，并加强了“以华制华”“以战养战”的战略实施。

就在日本侵略军着手修改其侵华战略期间，中共中央及时预见到即将到来的重大变化。1938年9月29日至11月6日，在延安召开了扩大的六届六中全会，会议通过了毛泽东《论新阶段》的政治报告和决议案，总结了前一阶段抗日战争的经验教训，分析了今后战争的发展趋势，确定了中国共产党在新阶段的战略方针和任务。

会议确定了巩固华北，发展华中、华南的战略方针，要求全党全军将工作重点放在敌后和战区，并把巩固和发展敌后游击战作为党的军事战略的首要任务。由于预见到日本侵略军将以主力进攻敌后抗日根据地，敌后战场将成为中国抗战战略相持阶段的主战场，所以能否适应这种重大变化，能否巩固敌后抗日根据地并发展抗日游击战争，就成为关系抗日战争前途的决定性环节。

在这种战略任务转变的形势下，中共中央决定将陕北公学、鲁迅艺术学院、安吴堡战时青年训练班、延安工人学校合并，组建成立华北联合大学，由成仿吾任校长兼党团书记，江隆基任教务长兼社会科学部部长，迁出延安，全部开赴敌后抗日根据地。

1939年6月，陕北公学接到中央通知后，就开始了紧张准备。这时陕北公学学生以校部所在地栒邑县看花宫为中心，周围的许多村庄，都住满了陕公学员，青年学生们听说要成立华北联合大学，并开赴敌后抗日根据地，大家欢呼跳跃，兴高采烈，“到敌人后方去……”的歌声，响彻广阔的大地。

6月下旬，陕北公学分校全体师生陆续向延安进发。江隆基带领的部分师生是后一批出发的。7月1日那天，他们宿营黄陵。这个传说中的中华民族祖先轩辕黄帝的陵墓，古木参天，像是点缀在黄土高原上的一块绿色宝石，令人心旷神怡。晚上，陕北公学的师生们在空旷的黄土地上点起篝火，举行了纪念中国共产党诞生十八周年的庆祝晚会。江隆基讲了话，他向大家讲述了自己参加中国共产党的经历，又向大家讲述了日益严峻的国内外形势。他亲切勉励大家“要有长期抗战、艰苦抗战的思想准备”。他强调，今天在我们中华民族祖先的陵墓前纪念党的生日，更有着双重意义，“我们既不能辜负祖先的遗愿，也不能辜负党的期望”，“中华民族的优秀儿女，一定要把日本侵略者赶出中国去”。他的讲话亲切朴实，深深地印在大家脑海里。

到延安后，中共中央领导人张闻天、陈云、李富春等亲切地接见了成仿吾、江隆基等陕公的几位负责人，向他们传达了中央关于成立华北联合大学的决定，并仔细地讲述了开赴敌后的有关事宜。中央要求他们在半个月内尽快起程，目的地是晋东南的抗日根据地。

华北联合大学下设四个部：社会科学部、文艺部、工人部和青年部。陕北公学改编为社会科学部，鲁迅艺术学院改编为文艺部，延安工人学校改编为工人部，安吴堡战时青年训练班改编为青年部。陕公、鲁艺、工人学校只留下极少数人在延安，多数都参加华北联合大学。青训班除一部分学员毕业分配工作外，其余半数以上参加华北联合大学，青训班即停办。新成立的华北联大，除成仿吾、江隆基等负责人外，李凡夫任副教务长，何干之任社会科学部副部长，沙可夫任文艺部部长，吕骥任副部长，工人部由朱改、张淮三负责，青年部由申力生、张立之、何力平负责。政治部主任张然和，供给处处长鲍建章。

在开赴敌后的行军中，中央军委决定华北联大和抗大两校合编为一个纵队，番号为“第五纵队”，由罗瑞卿任司令员兼政委，成仿吾任副司令员。中央军委还决定120师358旅的两个主力团，由旅长彭绍辉带领掩护通过同蒲路封锁线。行军序列决定组成三个梯队，抗大五千人编为五个团，每两团组成一个梯队，为第一、二梯队；华北联大一千七百人，编为两个团，社会科学部为第一团，文艺部、工人部、青年部为第二团，加上抗大的一个团为第三团，组成第三梯队。

华北联大部分领导人
右起：吕骥、江隆基、成仿吾、何干之、朱改、申力生、李凡夫

7月3日以后，博古、王明、毛泽东、周恩来先后接见了成仿吾、江隆基等负责人，并给全体师生做报告。毛泽东做报告时，华北联大的学生送给毛泽东一面锦旗，毛泽东对大家讲："上一回鲁智深大闹五台山，这一回是聂荣臻大闹五台山……你们也去跟着闹五台山吧。"一番话引得大家哄堂大笑。毛泽东还说："你们送我一面锦旗，我回敬你们三个法宝：统一战线、游击战争、革命的团结"，只要好好掌握和运用这"三个法宝"，就什么敌人也不怕，什么困难都能战胜。毛泽东讲完后，许多学生凑到他跟前，敬个礼，掏出日记本，请他签字，毛泽东挥笔写上了"打日本救中国"六个字。学生愈来愈多，围成几层，成仿吾、江隆基动员大家散开，先让毛泽东同志休息，以后再写。学员的热情溢于言表。

周恩来给大家讲了统一战线。他说："我们在上层讲，你们到了基层也要讲……团结一切可以团结的力量，共同抗日，共同进步。"周恩来的讲话，循循善诱，说服力很强，全场一片掌声，并喊出"欢迎周恩来唱歌"。周恩来张开双手大笑说，"你们也太'残忍'了吧！我讲了四个小时，你们还要我唱歌，好吧，我当指挥，大家一起唱，好不好？"大家齐声说："好！"于是，周恩来指挥大家唱起了《到敌人后方去》。铿锵有力的歌声，更激发了大家火一样的抗日热情。

7月11日晚，在陕北公学大礼堂举行了盛大的欢送晚会，毛泽东和其他许多中央领导人出席了欢送会。陕北公学剧团演出了精彩的文艺节目。7月12日，华北联合大学这支一千七百多人的"文化纵队"，背着行装，带着食用五天的干粮袋，踏上了新的征途，向敌人后方进军了。

纵队行军序列是：罗瑞卿带抗大两个梯队在前面开路。联大作为第三梯队，随后跟进。行军路线原计划经延长、延川，在军渡、柳林和延水关、永和关，分两路过黄河。但是，当罗瑞卿带领先头部队渡河到永和关后，经侦察部队（华北联大派军事科科长张西帆跟随侦察）侦察的结果认为：一则，黄河水涨，七八千人的大部队渡河困难；二则，从这一带渡河东进，日寇和顽固势力很强，日寇占据着同蒲铁路沿线较宽阔的晋中盆地，阎锡山的军队则占据着铁路西侧直对黄河的广大地区的城镇和村庄。因此，从这条路线东进，会步步有战斗，也许还会有大的战斗，不符合中央要两校顺利开到敌后的意图。于是，罗瑞卿和成仿吾、江隆基等商量，经请示中央批准，决定改道北上。这样队伍就经清涧、绥德、米脂、葭县，到黑峪口、府谷一带渡黄河。8月4日进绥德，7日到米脂城。13日就到了葭县。葭县县城坐落在黄河边的丛山山岗上，"黄河远上白云间，一片孤城万仞山"。滔滔黄河，奔腾澎湃，涛声震耳，奇景壮观，由北而南咆哮而去。欢快的联大师生们唱起了"风在吼，马在叫，黄河在咆哮……"的歌曲。水声、歌声、朗诵声、欢笑声交织在一起，回荡在山间河谷……

17日，队伍顺利地渡过黄河，到达了宿营地兴县的曹家坡，中共中央晋绥分局书记张稼夫等人热情地接待了这些从延安来的同志们。成仿吾、江隆基和张稼夫研究决定在曹家坡一带暂时休整。一是在这里要等候罗瑞卿带领的第一、二梯队先通过铁路封锁线后，第三梯队才能起程。二是要在这里筹集粮食，前边通过阎锡山统治区和敌伪统治区时，是无法筹粮的。所以，每个人必须筹足七斤干粮。三是要在这里整顿队伍和练兵。从兴县出发后，必须坚持夜行军，同时在通过封锁线时还要强行军。因此，这支“文化纵队”在兴县进行了多次军事演习，进行夜行军、急行军的训练，队伍也实行了轻装。

经过二十余天的休整，9月16日，这支队伍在成仿吾、江隆基的率领下，从兴县出发，经康宁镇，翻越吕梁山，盘旋而东。21日拂晓到达娄烦镇。这时已是秋风起兮云飞扬的季节，清澈的汾河水，寒彻刺骨。过了汾河，队伍登上了云中山。云中山区一片片绿油油的梯田，长满了荞麦、谷子、高粱、玉米，比起贫瘠的陕北高原，显得丰腴得多。

翻过云中山，就接近敌占区的同蒲线封锁面。队伍从兴县出发，已经连续六个整夜的行军。9月23日，开始了第七个夜行军。这一夜要走七十里路，赶到距同蒲线四十里的集结地，越过同蒲线再走四十里，才能到达晋察冀军区控制的游击区。这是一个紧急的夜行军，全程一百五十里，而且要避开大路，走乱石堆积的山间小路。重重的困难和疲惫压在大家身上，当队伍急行军七十里，到达集结地一个山沟里的小村庄时，人们累得一躺倒就睡着了。

这里从西向东，有宽约八十里至一百里纵深的日伪控制区。敌人的据点、岗楼林立，在许多重要通道上布满了一层层火力交叉的封锁线。纵队研究决定，在太原以北、忻县以南的麻会镇、豆罗镇地段通过封锁线。这时，专程来护送的358旅的714团也赶到了集结地。彭绍辉和成仿吾、江隆基、赖星云（714团团长）反复研究了通过封锁线的具体部署。他们对华北联大的全体师生进行了战斗动员，江隆基鼓励大家说："我们有英勇的八路军358旅掩护，敌人是不敢轻易出动的。要紧的是我们一定要坚定沉着"，"从今天下午四点出发到明日拂晓前，这是关键的时刻。必须急行军冲过这一百五十里的敌人封锁线地区，不能停留，不能后退，要跟紧队伍。两个男同志帮一个女同志，千万不可掉队。同时注意加强团部和各连队的联络……"事后各连队重新组织好两个男同志带一个女同志的互助组，团部和各连队都确定了联络员，整个队伍再次实行了轻装。

下午四时，队伍出发。当队伍上山以后，一轮明月已缓缓从东方升起，夜空晴朗，柔光似水。在皎洁的月色下，除了队伍行进急促的脚步声外，一片寂静。急行军到离铁路十里的一个村庄，稍事休息，整顿了队伍，为冲过铁路线再次作了准备。江隆基特别叮咛每个同志要检查一下，是否扎好了腰带、腿带、鞋带，背包是否捆紧了，他又一再告诫大家，"每个人一定要紧跟上行进的队伍，千万不要掉队"。这是一个紧张的夜晚，皎洁的月色，稀疏的星光，笼罩着忽远忽近的村庄，这支庞大的一千七百多人的队伍排成了11路纵队，不停地奔跑，急速的脚步声夹杂着路基碎石的碰撞声，像是在催促着人们赶快通过敌人的"钢铁封锁线"。

从延安出发时，上级配给江隆基一匹坐骑，但他很少骑，经常让给病号和女同志，坚持和师生们一起步行。过铁路线时，他一直站在路轨旁，检查着过路的人群，并小声传话："沉住气，不要慌，紧紧跟上"，"跟上就是胜利！"他的传话，对于这些没有经过战斗锻炼，没有实践经验的华北联大师生们是有力的鼓舞。他们看到他们的团长站在路基上沉着的身影，连续七八个夜晚急行军的疲劳好像一下子就消失了。

过了铁路线，小跑数里之后，急行军爬上了一座大山。山上杂草丛生，还有许多灌木丛，队伍在这里稍事休息，就必须尽快地翻过山去，因为这里仍然是敌人的封锁区。可是，当队伍一歇下来，疲惫的人们就横七竖八地躺下，有的竟呼呼地睡着了。江隆基看到这种情景，又是心痛，又是担忧，连续七八夜的行军，特别是这一夜的小跑，人们确实是应当好好地睡一觉了，“此时此刻是多么需要休息一下呀！”但是，这里并没有脱离危险区，是绝对不能停下来的。江隆基不顾自己的疲劳，赶快骑上马，在山坡上来回穿梭奔跑，焦急地催促大家，“赶快起来！这里是危险区，不能停留！”“一定要翻过这座山去！”“同志们，听我的话，赶快起来！”他三番五次地催促着，可是大家实在是太疲劳了，有的站起来走了，有的刚站起来又躺下了。于是，江隆基跳下马来，搀扶和鼓励他们，“同志们，再鼓一把劲，翻过山梁去，坚持就是胜利！”疲惫的人们在他坚定不断地催促下，终于又上路了。

第二天拂晓，来到了山梁下边一个小村庄。这里已是晋察冀边区阳曲县的路东游击区。由于敌人的“扫荡”，这里到处是断垣残壁，很多房舍已经没有人居住。村边有一个不大的池塘，大家拿出身上带的茶缸，舀着池水，一边痛饮，一边吃着干粮。这一池秋水，比琼浆甘露还要芳甜，沁人心脾，几乎被大家喝光了。这时大家一路紧张的心情也顿时轻松了下来，一个个躺在地上就睡着了。江隆基看着这些可爱的青年，欣慰地笑了。这天下午，罗瑞卿司令员集合队伍讲话，他的语言简短有力，很有鼓舞性。他带着浓厚的四川口音说：“同志们，我们已经胜利了……敌人得到了些什么呢？他们只是拣到些破草鞋、拐棍子和我们的脚印。同志们，我们要继续向东前进，再加把劲，翻过前边的山就到我们的巩固区了。”罗瑞卿的话还没有讲完，侦察报告有敌情。各连队就紧急整理自己的队伍，继续前进了。

前边这座山，即五台山的南端。这是在定襄、五台、盂县、杨兴、西烟、上社、下社、会里敌伪之间的间隙地区。队伍就在这连绵不断的高山上行进。黄昏时分，天气骤变，顷刻间大雨倾盆。在风雨交加中，人们的衣衫很快就湿透了，山陡路滑，大家互相搀扶着继续摸黑前进。午夜，队伍进入了一条深深的狭窄的山沟。沟旁峭壁千仞，沟底乱石堆积，人们就在这弯弯曲曲的峡谷里艰难地行进着。到东方破晓时，这支浩浩荡荡的队伍终于走出了这条深谷，到达了白浪滚滚的滹沱河边。顺着滹沱河岸行进不远，到达了盂县和平山县交界的赵庄村。这里已是晋察冀军区第二军分区的管辖区。赵庄是一个大的村庄，满山坡上都是结满青红枣儿的枣树林，听说来了这支“文化纵队”，村里的老乡们早已等候在村口了，他们欢迎这支“长征”队伍。这时先头部队也已安排好了住房。第二军分区还送来了许多慰劳品。队伍在这里休息了三天，之后又沿着滹沱河前进，经平山县的郭苏村，折而向北，顺着会口川，翻过两界峰，于10月中旬到达了胭脂河边的城南庄。华北联合大学的师生们历时三个月，跋涉两千五百余里，就要在这里落脚，开学上课了。

这是一次到敌人后方去的胜利行军。它是一支鸣奏着华北联大师生们的意志、勇气和力量的凯歌。这个胜利是来之不易的，两千五百余里的长途行军，对于一支经过战斗锻炼的部队来说，可能并不会有多大困难，然而，对于这样一支没有经历战火的、没有武装的“文化纵队”来说，却真不容易。就华北联大的领导来说，除成仿吾等少数几位是经过长征和战争锻炼的以外，包括江隆基在内的其他大多数人，都是没有经过战火洗礼的“门外汉”，种种的困难，是难以想象的。可是他们终于胜利地达到了目的地。这首先是与华北联大广大师生的抗日救国热情，自觉的组织性、纪律性和吃苦耐劳精神分不开的；同时也正如华北联大的师生们所指出的，这是与罗瑞卿、成仿吾与江隆基等负责人的精心组织和坚强领导分不开的。何戊双、胡华回忆说：“当我们跑上铁道线时，个个都俯下身子摸着这号称‘钢铁封锁线’同蒲路光滑的铁轨，站在铁路两旁的八路军三五八旅战士，催我们快走，并说，江团长（江隆基）骑着马在铁路线上站了好一会了。他要看着全团过路。因为他骑着一匹大洋马，目标太大，我们再三催他走，他却不肯，硬是等着大家都过去。我们深深钦佩江隆基同志这种临危不惧的精神。我们爬上东山时，已是下半夜，已经急行军跑了140里路了。到了半山的灌木丛中，许多人认为已到了安全地带，又累又渴又困，一歇下便倒头睡着了。何戊双已有二十八九岁，长途行军后他的双腿都肿了，也同大家一起在极度疲困中倒头睡去。朦胧中觉得有人拉他的胳膊，睁眼一看，原来是江隆基同志……在江隆基团长的鼓舞下，何戊双等人不顾疲困伤痛，又奋起向前走。”[14]

江隆基也是位病号，但他在行军中不要任何照顾。每到宿营地他都要仔细地听取各连队的汇报，布置下一阶段要注意的事项，经常是顾不上吃饭，觉也睡得很少。他对大家的伙食尤其关心。张腾霄在行军中是主管伙食的，江隆基特别叮咛他，“一定要做熟。一定要让大家吃熟饭”。张腾霄也确实抓住了重点，圆满地完成了任务。当行军通过滹沱河时，水冷刺骨，江隆基带着队伍首先自己跳入水中。在五台山南端遇到倾盆大雨，大家的衣服都湿透了，江隆基把自己背包中的干衣服拿出来，交给体弱的同志换上，自己则穿着湿衣服……张腾霄回忆说：“江隆基同志是用自己的言传身教提高人们的政治思想觉悟的。”[15]

办好战火中的大学

坐落在胭脂河和大沙河交汇三角洲的城南庄，是阜平县的一个大镇。镇上有商店、饭店、药铺和一些手工作坊，每隔三五日还有很红火的农村集市。这里地势开阔，丛林茂密，盛产小麦、玉米和大红枣。在这“‘平山’不平，‘阜平’不富”的贫瘠山区，城南庄算是一块富饶的绿洲。这里是中共中央北方分局和晋察冀军区所在地。华北联大到达后，校部住在附近的易家庄，社会科学部住在粟元庄，文艺部、青年部、工人部住在花山和花沟口村。

在延安时，中共中央曾决定华北联大到晋东南（晋冀鲁豫）边区建校。但是当到了晋察冀根据地以后，北方分局考虑到，一是这里地域辽阔（包括北岳区、冀中区、冀东区、平西区、平北区等），需要大批干部，同时还有大量的地方干部急需培训；二是这里靠近平、津、保、石等大中城市，有比较充足的学生来源；三是经过长途行军的华北联大师生，特别是女同志多，体质较弱的文化工作者也多，不宜再长途行军冲过正太路封锁线去晋东南。所以，北方分局与联大成仿吾、江隆基等领导商量，经请示中央，要求联大留在晋察冀根据地，后中央复电同意。这样华北联合大学就在阜平县的城南庄建校了。

然而，这里是敌人的后方，是抗日的前线，是和敌人刀兵相交的战场。晋察冀边区处恒山、五台山和燕山山脉的连接地带，控制着日本侵略军入侵华北的咽喉要道，威胁敌占之平绥、同蒲、正太、平汉、津浦等交通大动脉和北平、天津等大城市，战略地位非常重要。自从晋察冀抗日根据地创立开始，日本侵略军就从未停止过对这一地区的进攻和“扫荡”。特别是抗日战争进入相持阶段以后，日寇更以其主力回师华北，以巩固其后方，把进攻的矛头指向晋察冀根据地。到1938年底，日本侵略军已增至四十四万。从1938秋至1939年秋一年的时间内，日军千人以上的“扫荡”就有一百零九次之多。1939年10月，就在华北联大刚刚抵达城南庄的时候，敌人又开始了对晋察冀抗日根据地的冬季大“扫荡”。11月7日，华北联大师生在城南庄的打麦场上举行开学典礼时，已听到了敌人进攻根据地的隆隆炮声。在“扫荡”与“反扫荡”的严酷斗争中，华北联大也多次迁徙。1940年1月，迁到平山县的元坊村，8月，又迁到了滹沱河畔的李家沟村；1942年1月，转移到唐县的唐河边的南北洪城村、神南镇。是年秋，再度迁至阜平县的平房、河西、北瓜台一带。华北联大是一所在战火中创办的大学，严酷的战争环境给教学带来了难以想象的困难。

面对这种新的战争环境，学校一开始就提出了“背起背包行军，放下背包上课”的口号，要求大家一边坚持战斗，一边坚持学习。华北联大的学生，大都是从敌占区和大后方来的革命青年，以及边区的基层干部，他们都有强烈的爱国热忱，有较高的政治思想觉悟。但是，对这种新的环境也有个认识和适应的问题。为此，江隆基专门给大家作了“以战斗的姿态学习”的报告。他要求大家，一定要充分认识当前的战争环境，要有正确的思想准备，在当前这样一个战争环境中，要学会“战斗化的生活，战斗化的工作，战斗化的学习”。他说，战争的环境迫使我们必须战斗化，“不战斗就不能生存”，“唯有战斗，才能保障生活、工作与学习的胜利”。他要求大家要以战斗的精神来学习，他解释说：“所谓战斗的学习，就是要很好地争取时间和利用时间”，就是要在紧张的生活中，“一定要很好地把握时间”，把一切可争取的、可利用的时间都用在学习上，“使我们一时一刻都不至于荒废”。他强调：“我们学习的时间是短暂的，也是宝贵的，在战争的环境里，我们能抽出宝贵的时间来联大学习，是多么幸运，多么难得呀！”所以，他要求大家一定要懂得我们提出战斗化的意义，学会战斗化的学习。“只要我们懂得利用时间，学习任务是一定可以完成的”。他还提出，“我们主张学习上的民主和课外阅读的自由。但是，所谓民主，所谓自由，是要以革命利益为归依的，超出了革命的范围，便无所谓民主，无所谓自由。加强学习的战斗性，就是加强学习的革命性。就是我们说的学习以革命为中心，一切为革命，一切服从革命。因此，战斗的学习和学习上的民主与课外学习的自由是不相冲突的。”[16]

日本侵略军的不断“扫荡”与我军的反“扫荡”，是晋察冀边区战争环境的重要特点。学校提出，对付“扫荡”，不仅要着眼于“扫荡”到来之际，更要着眼于平时，在平时就要做好反“扫荡”的准备。在这种思想指导下，华北联大的生活确实是战斗化的。全校师生每个人的全部用品：背包、挂包、干粮袋等都在自己身旁时刻准备着，随时准备参加战斗，也随时准备上课。全校师生按军事化连队编制，平时的休息时间、起床、集合、出操、上课、熄灯，都是听清脆的军号声。全校师生都要出早操，进行跑步训练，还要上军事课，练习瞄准、实弹射击和扔手榴弹等。有时还要举行军事演习。在演习中，要求一分钟内紧急集合，十分钟内把分散住在老乡家的同学都要集合到预先指定的地点。晚间演习集合时，要求不用灯火，没有响声，摸黑迅速地打好背包，作完一切应做的准备。

华北联大学生上课既没有固定地点，也没有固定场所。打麦场、河滩地、山沟里、树丛中，到处都是上课的课堂。课代表把小黑板一挂，教师站在黑板前就给大家上课。学生上课既没有课桌，也没有坐凳，背包一放就是他们的坐凳。敌人来“扫荡”了，学生就按参战的实习队，迅速地分散到各县、区，参加反“扫荡”的战斗。战斗一平息下来，他们又集结在树林里开始上课了。华北联大就是这样在战斗的间隙里，坚持紧张的战斗学习生活。开始时，大家感到很紧张，可是一旦他们习惯于这种战斗的学习生活，也就逐渐适应、习以为常了。同时，对于这种“敌人来了就走”“敌人走了就停”“走走停停”，在战斗的间隙中上课的学习生活，也有深刻的理解了。

浴血奋战的战斗生活，磨炼了人们的坚强意志，也使大家摸索到了对付敌人“扫荡”的办法。由于日本侵略军有兵力不足的致命弱点，每次对根据地进行大规模的“扫荡”，都必须来一番认真的准备，增加兵力，囤积粮食，部署军队，运输给养。所以，搞小的“扫荡”还容易些，大的“扫荡”就不可能经常搞。冬天，出动较少些。夏天，有青纱帐，它有顾虑。因此，敌人的“扫荡”一般都以春秋两季为多。同时敌人深入到根据地腹地，兵力补充和给养供应很难解决，所以“扫荡”的时间也不能很长，顶多两三个月。在这样特殊的战斗环境里，华北联大虽然处在敌人四面包围的环境中，却坚持着战斗的学习，战斗的工作，战斗的生活。条件虽然十分艰苦，但是总的来说，大家的心情并不感到紧张和焦虑。

华北联大是学校，不同于军队，对付敌人“扫荡”的主要任务是“安全地撤走，安全地回来”。问题是在这种情况下，如何保证教学质量。江隆基提出，重要的是“要树立以教学为中心”的指导思想，千方百计地搞好教学。他说，以教学为中心，这不仅是学校教育的性质决定的，而且也是在这种特殊的环境中完成党的任务所必需的。

在这种思想指导下，他非常重视研究和编排适应于这种特殊环境的各院、系的教学计划，以及各门主要课程的教材建设。学校开始上课不久，他就提出了这个问题。他要求任课教师要自己动手编写教材。华北联大的图书资料很少，有一些书籍，也是许多教师和学员在长途行军中冒着生命危险，甚至将自己的衣物等等扔掉背过来的，极为珍贵。当然这还远远满足不了大家的需求。为了解决学习资料短缺的困难，江隆基一方面请边区印刷厂翻印一些急需的书籍，另一方面又派人到民间征集和收购。经过大家的辛勤努力，搜集的结果还很可观，居然收集到了商务印书馆、中华书局、开明书店等出版发行的许多书籍，包括《大学丛书》《万有文库》，还有《史记》《通鉴辑览》《通鉴纪事本末》等许多线装书。在江隆基的调整安排下，校部各院和各队都建立了小型图书馆。

为了解决学习资料的急需问题，在江隆基的筹划下还办起了一个油印室。全校师生学习的中共中央文件、重要社论和教师编写的教材等，都是由这个油印室刻印的。华北联大的校刊《文化纵队》，也是他

1939年，江隆基和华北联合大学部分学员
前排站立右起第一人为江隆基

们刻印的。校刊16开，用雪白的油光纸精印，封面套红，发至晋察冀边区各机关团体，受到了大家的好评。《文化纵队》是在江隆基倡议下创办的华北联大的机关刊物。它以报道国内外时事政治和抗日根据地以及本校的重大事件为主。同时也报道、交流在教学中的种种情况，研讨和解答学习中的种种问题。《文化纵队》对于提高全校师生的政治思想觉悟，提高大家学习的积极性起到了重要作用。

华北联大的学员最多时达到四千四百多人，需要有大量的能够胜任教学的教师。当时，学校除了有少数知名教授、学者带头讲课和研讨学术问题以外，绝大多数是由延安来的或在本校毕业生中选拔的青年教员。江隆基十分重视发挥这些教师的作用。这些教师多数是从旧学校和旧社会来的知识分子，他们当中有的还有较复杂的经历，但是他们都是抱着积极的抗日救国的愿望和献身教育事业的精神，向往着抗日民主根据地，走到一起来的，而且又是忠诚的和比较能吃苦耐劳的。江隆基深深懂得，团结他们，发挥他们的作用是办好学校的关键。有几位教师因个人的某些历史问题未能弄清楚，一时不好分配工作，但他们却有一定的教学能力，江隆基也同意接收他们，委任他们做教师工作。后来这几位教师在工作中都表现得很好，受到学生的称赞。

江隆基特别重视对青年教师的培养工作。在他的组织领导下，成立了政治理论研究室，下设五个教研组：中国革命问题组，组长赵宗亚（赵聪）；哲学组，组长宋士达（宋振庭）；政治经济学组，组长杨伯箴；马列主义组，组长李光灿；群众运动组，组长张立之。江隆基兼任研究室的主任，何干之任副主任。这个研究室除担任全校开设的政治理论课外，还从事边区和国内外许多政治问题的学术研究。

研究室的成员除从马列学院调来的和陕北公学原有的教师外，大都是从本校毕业生中选留下来的。他们年纪都很轻，其中像宋士达、汪自天（项子明）、胡华、李滔等还是年仅十九岁的青年。江隆基特别关心他们的成长，经常给大家说："你们都是马列主义理论队伍中的新生力量，任重而道远。希望你们都要发奋努力，在理论研究中有深的造诣。”他还鼓励大家要大胆工作，他谦虚地说：“我的行政工作忙，没有更多的时间搞学术研究，要落在你们后边了。”江隆基对这些政治理论教员的要求是，每个政治理论课教员，都要认真学习马列主义原著，要在钻研原著上下功夫。“只有读经典作家的著作，认识才会有深度”。他特别强调，“学习原著，钻研原著，紧密地结合中国革命的实际，就一定会大大提高自己的业务能力”。江隆基还领导大家学习《资本论》第三卷，他说：“不懂得资本主义发展史，就不懂得近代史。”他要求大家要硬着头皮啃《资本论》。他把自己从延安带来的《资本论》送给了研究室，供大家学习。大家看到，他读过的《资本论》上面画着许多圈圈点点，说明他是读了不少遍的，也说明他在原著的学习上确实是下了功夫的。有一次，他让胡华读《资本论》第三卷，胡华有些胆怯。江隆基说：“《资本论》第三卷很好读，多读几遍，坚持读下去，是可以读懂的。”他还组织研究室的教员们，学习《联共党史》，学习《列宁选集》。每次讨论会，他都尽可能参加，他鼓励大家说：“研究室要有浓厚的学术空气，才会有进步。”

曾在华北联合大学担任教员的陈瑯环回忆说：“当时困难是很多的。如教员欠缺很多，便从干部和学员中抽调有培养条件的培训。1940年调我到中国革命运动史研究室培训。我信心不足，因为我在大学里是学工科的。江隆基同志便亲自找我谈话：‘现在教师很缺，只有自己培训。你应有信心，你有一定的文化水平，我们过去不会打仗，在战争中我们学会了，现在我们不会办大学，不会教书，一样可以学会。何况中国现代革命运动史教研室由何干之同志当主任，他是很有学问的历史学家，在他的辅导下，你们一定可以学会当老师的。’在江隆基同志的鼓励下，我们教研室的几个同志在何干之同志的辅导下，学习研究了一段时间，很快都当了教师。全校当时还有政治经济学、哲学、马列主义、教育、法政、群众工作、音乐戏剧、美术等十几个教研室，先后培养了几百位教师，解决了教师不足的困难……华北联合大学培养了大批的专业干部，支援了战争和抗日根据地建设的需要。江隆基同志和各级领导干部为此呕心沥血，夜以继日地辛勤劳动，为党作出了很大的贡献。”[17]

江隆基主张，教师不仅要搞好教学，而且一定要进行学术研究。1941年1月，皖南事变后，他应晋察冀军区《抗战月刊》的约稿，写一篇《论中国大资产阶级的反动性》的文章，他由于行政工作忙，请胡华起草。胡华写出初稿后，江隆基逐句逐字进行修改，修改后他却写上了胡华当时的笔名华维清，在《抗战月刊》三月号发表了。他总是这样多方面地培养青年人。在江隆基的关怀下，华北联大这批青年教师都有比较坚实的理论基础。

江隆基对教员的要求是严格的，但同时又放手让他们在教学中磨炼，让他们既敢于教学，又有具体要求可循，在教学中充分发挥每个教员的积极性和创造性。他经常用毛泽东的一句话——“教员是干部的干部”勉励大家。他还用“重师必先师自重”的话要求大家，要求每位教员在努力提高自己业务能力的同时，一定要注意提高自己的政治思想觉悟，培养良好的品德作风。他还鼓励大家要多做些社会实践工作，要求大家结合教学进行社会调查，到群众中去，与边区机关团体联系，参加实际工作。江隆基的谆谆教诲和要求，有效地促进了教员的成长。华北联大的教师为贯彻边区的各项方针政策，开展对敌斗争和为社会服务，发挥了良好的作用。

在教学方法上，针对华北联大的实际状况，江隆基特别提出，要尽量多学一点，学好一点。他说，从学习的一般规律讲，人的知识总是从少到多，从简到繁，从浅入深。而且对这些渴求学习的广大学员来说，也应该是尽量使他们多学一些，只有在博的基础上才能有所精。但是，在敌后环境中办学，特别是在学习期限不长、工农干部比重日增的情况下，要求“广求博学”和“少而精”是不实际的，我们只能要求多学一点，学好一点，强调刻苦学习的精神。

江隆基认为，树立尊敬教师的良好风气，也是办好学校的重要条

1940年7月，华北联合大学在晋察冀抗日根据地举行中国共产党建党十九周年暨抗战三周年纪念大会

件。他说尊师爱生应当成为我们的美德，学生应当尊敬教师，教师也要关心爱护学生。江隆基身体力行，他尊敬、关心、关爱教师的美德，联大师生们是非常熟悉的。1940年，学校转移到平山县的李家沟和杨岭村。有一次，敌人突然窜到了西黄泥，离他们的住地只有几里的路程。校部立即集合队伍向盂县方向紧急行军。由于出发的仓促，快到宿营地才发现何干之、阮慕韩两位教授没有跟上行军队伍。江隆基心急如焚，马上派人回过头去沿途寻找，后来在一个小村庄里找到了他们。事后，江隆基在对何、阮两位教授的严肃批评中，一再向他们表示歉意，向大家检讨自己在这个事件中的责任，说“自己是照顾不周”。这件事使何、阮两位教授非常感动，以后何干之、阮慕韩经常向大家提起江隆基这种关爱同志、严于律己的高贵品德。

江隆基对工作认真负责的精神，更是大家所熟悉的，即使在大家看来是分外的工作也是如此。1940年，华北联大受晋察冀边区教育处的委托编写小学课本。在江隆基的领导下，学校成立了编写组。张腾霄任组长，成员有张岱、郭汉城、李成瑞、王向升、王焕勋等。虽然说是小学课本，江隆基也极为重视。他对大家说：“编写小学课本是很重要的工作，千千万万的儿童都要学习它，关系到儿童的健康成长，每一句话，每一个字，都需要认真的考虑。”他明确要求，编写的课本一定要“考虑它们是否有利于抗战，是否切合我们边区的实际，是否有利于儿童身心的健康成长”。以后这套小学课本受到了边区政府的好评，是与江隆基认真负责的精神分不开的。

长期以来，江隆基养成了一个坚持学习的良好习惯，即使在这种特殊的环境中也是如此，并以自己的体会勉励大家，他说：“不学习，就没有进步。”大家经常看到，就寝号吹过以后他还在麻油灯下看书学习。江隆基备课也极为认真，他的讲稿总是改了又改，尽量使内容更充实，条理更清楚。他讲的世界革命运动史和各项专题报告，教员和学生都喜欢听。“教务长做报告了，快些去听！”在华北联大经常听到这样的喊声。

江隆基在讲课中非常重视革命传统和革命气节的教育。有一次，他给教师做关于西安事变的专题报告。他讲得很详尽，分析透彻。他从张、杨两位爱国将领的抗日爱国热忱，蒋介石九一八事变以来的不抵抗政策，以及我党“停止内战，一致对外”的正确方针，一直讲到张、杨两位将军怎样从苦谏到兵谏，扣留蒋介石的过程。他还特别提到周恩来在处理西安事变中的机智果断和不辞辛劳的忘我精神。很多教师和学员都是第一次听到关于西安事变这样详尽的讲解，再加上江隆基理论上的透彻分析，大家都感到受益匪浅。

1940年1月，冬季反“扫荡”胜利结束之后，华北联大搬到了未被敌人破坏的平山县元坊村。这时，第一、第二期学生即将毕业走上工作岗位，在国际工人运动著名活动家李卜克内西和卢森堡遇害二十一周年纪念日，江隆基专门向学生作了关于两位革命家的革命事迹以及他们高尚的革命气节的报告，他强调：“为了捍卫真理而光荣献身的人，人们是永远不会忘记的，也会永远纪念他们的。”他引用我国伟大爱国诗人屈原的话说“亦余心之所善兮，虽九死其犹未悔”，以阐明我国传统文化中的高尚气节。他说，我们要学习先辈们的这种坚持真理、宁死不屈的高尚情操，特别是在今天战斗频繁和敌人刀枪相交中，我们既要发扬勇敢顽强的战斗精神，也要发扬和保持革命的气节。在华北联大的政治思想教育中，保持革命气节的教育是政治思想教育中的一项重要内容。“不屈服，不投降，不变节”，已成为广大学员的座右铭。

由于日本侵略军反复的残酷“扫荡”，以及华北地区的连年干旱，华北联大师生的生活是十分艰苦的，经常穴居野处，烧些玉米棒子，或者以大红枣和野果充饥。最困难的时候，每天的主粮就是黑豆，即使黑豆也只能分配给每人六两（旧衡制）。江隆基坚持和大家同吃同住，有时候学校搞到些羊奶，他坚决不要。他说，“我的身体可以坚持，请配给年长、体弱和多病的同志”。打游击时，他也和大家一样，拿着一个茶缸和大家一起吃饭。当地群众生活艰苦，有一段时间疾病流行，他号召大家节省小米来救济群众。他也和大家一样，一天只吃两顿小米粥。大家说，“教务长处处是我们的表率，是一位深受我们爱戴的领导”。

曾在华北联合大学担任政治教员的杨伯箴有这样的回忆：“江隆基同志为人正直不阿，不谋私利，襟怀坦白，工作严肃谨慎，实事求是，坚持原则，尊重教育规律。与同志相处不苟言笑，似乎过于严肃，但他尊重同志，他的心是热的。他平等待人，对己严格，对人宽厚，因此，年轻的下级同志们对他敬重但不畏惧，觉得他是党派到学校的一个好领导。江隆基同志到华北联大工作前曾任陕北公学教务长。毛主席在陕北公学开学时，写了一个重要的题词：要造就一大批人，这些人是革命的先锋队。这些人具有政治远见，这些人充满着斗争精神和牺牲精神。这些人是胸怀坦白，忠诚的、积极的、正直的。这些人不谋私利、唯一的为着民族与社会的解放。这些人不怕困难，在困难面前总是坚定的，勇敢向前的。这些人不是狂妄分子，也不是风头主义者，而是脚踏实地，富于实际精神的人们。中国有一大群这样的先锋分子，中国革命的任务就能够顺利的解决。我认为江隆基同志多年来一直是实践毛主席对于陕公培养目标的这个指示的。他正是这样的先锋分子中优秀的一员。他为教育战线的干部，树立了一个楷模。”[18]

1941年，江隆基被选为华北联合大学代表出席了晋察冀边区参议会代表大会，他是晋察冀边区参议会的参议员。

在新民主主义的旗帜下前进

毛泽东于1939年底到1940年初连续发表了《〈共产党人〉发刊词》《中国革命和中国共产党》《新民主主义论》等重要论著。这些论著系统地阐明了中国近代社会的历史和现状，全面地论述了中国革命的性质、任务、动力和前途等基本问题，第一次提出了新民主主义的完整理论。这些论著既回答了抗日战争的现实问题，又回答了中国现阶段民主革命和未来建设新中国的根本问题。同时，也为抗日根据地的全面建设提出了理论指导，创造了马克思主义理论中国化的又一范例。

江隆基通过学习并结合他多年的教育实践，先后写出了《以战斗的学习纪念战斗的五月》《五四运动与中国教育》《一个新民主主义教育的模型》《双十纲领的几个基本原则》《在新民主主义教育的旗帜下前进》《反对教务主义、贯彻理论与实际一致的原则》，以及《关于华北联大教育工作检查总结》等文章。[19]

在《一个新民主主义教育的模型》和《关于华北联大教育工作检查总结》的文章中，江隆基回顾了一年来在新民主主义旗帜指引下，华北联大取得的成就及基本经验。

江隆基回顾说，华北联大“这支队伍从陕北出发，经过了二千五百里的远征。它跨过了天险的黄河，爬过了崎岖艰险的吕梁，越过了陷阱式的汾河，征服了崇山峻岭的太行，它践踏了日寇的动脉管——

同蒲路，冲破了敌伪层层的封锁线，经过了千难万险，克服了重重的难关，终于到达了敌后地区。建立了新民主主义教育的堡垒，展开了反敌伪奴化政策和反汉奸投降的文化教育斗争”，它已为“华北各地培养了大批的行政的、民运的、文化教育的以及艺术方面的优秀干部”。这支队伍，遵照中共中央的指示，正在朝着一个方向，合成一条心，集中在一个目标上，“汇成了一股坚不可摧的铁流”。

为什么会取得这样的成就呢？江隆基结合华北联大一年来教育实践的基本经验，阐述了以下几点：

一是，“文化教育要为它的政治服务”。

江隆基认为，“文化教育要为它的政治服务”。文化教育作为社会的上层建筑的组成部分，它始终是为一定社会的经济、政治服务的。所谓的“艺术至上”“教育至上”是不存在的。那种“没有灵魂的躯壳”，在当前是不需要的。江隆基说，“今天中国正在进行着民族自卫战争，就是要驱逐日本帝国主义，肃清汉奸，实行中华民族的彻底解放，建立独立、自由、幸福的新中国”。所以，我们华北联大实施的教育，“就是沿着中共中央指引的方向，为着抗战建国事业服务，为建立独立、自由、幸福的新中国而奋斗”。当前，“在敌人的政治进攻配合军事进攻”的形势下，我们必须遵照中共中央的指示，“坚持抗战，反对投降；坚持团结，反对分裂；坚持进步，反对倒退。并依此去进行一切工作”。

江隆基指出，华北联大加强了三个方面的教育：“首先，是加强了政治教育，提高民族的自尊心和自信心。说明持久抗战的根据与抗战必胜、建国必成的道理。通过加强政治教育使每个人都深切地相信，抗战前途是光明的，最后胜利是中国的。其次，正确地运用了统一战线和发扬民主，高度发挥互助友爱的精神，耐心地教育落后分子一起进步。通过这样教育，把一切抗日党派人士都团结了起来，使他们都能够为抗战建国事业做出最大的努力。第三，坚持进步的方针与科学的立场，反对文化教育战线上一切复古、倒退的反动企图。通过这样的教育，我们同时帮助地方建立民主政治，改善人民生活，提高文化政治水平。这样在克服过去遗留下来的一切愚昧无知、荒谬迷信等等的坏的传统中，都收到了很好的效果。”

二是，坚持“坚定正确的政治方向，艰苦朴素的工作作风”。

“坚定正确的政治方向，艰苦朴素的工作作风”是毛泽东于1938年4月1日在参加陕北公学第二期开学典礼讲述“三八作风”时，专门阐述的问题，并将这两句话赠送给了陕北公学的学员们。

江隆基说，陕北公学是将毛泽东赠送的这两句话作为座右铭的。“在它的启示下产生了成千成百的优秀的、卓越的革命战士”。华北联大继承了陕北公学的优良传统，并“将它作为日常生活与一切行动的指针”。

他解释说，“中国革命是曲折的、复杂的，其过程是持久的、艰苦的”。我们要完成中国革命的历史使命，“就必须在政治上十分坚定，百折不挠，在任何场合都能保持革命的贞操，保持革命的信念，不妥协、不投降、不背叛、不变节；在工作中必须是刻苦、自立、奋斗不息、不怕困难、不惧牺牲、鞠躬尽瘁、死而后已”。华北联大，就是“在这个方针指引下，已经培养出了成千成百的坚强的干部”。他们已分布在华北各个战线上，继承和发扬着“坚定正确的政治方向，艰苦朴素的工作作风”，并“将它作为日常生活和一切行动的指针”。

三是，坚持“理论与实践的一致，教与学的一致”。

江隆基认为，华北联大在教学上重要的一条是坚持了“理论与实践的一致，教与学的一致”的原则。他说，理论联系实际是教学的基本原则。面对华北联大的教学环境和教学条件，坚持这个基本原则尤为重要。江隆基将这个基本原则具体化为教学上的“理论与实践的一致，教与学的一致”两大原则。

江隆基解释说，“理论与实践的一致”主要强调三点：首先，“注意‘学以致用’，力求学校里所学的东西和社会上所需要的东西互相一致起来。因为抗战教育必须及时地解决抗战过程中的干部短缺问题。

抗战最需要的干部也就是我们最先要培养的干部，抗战最需要的知识也就是我们要最先讲授的知识。一切对于抗战建国无用的东西，我们实在来不及学。但这里所谓的‘用’与狭隘的实用主义有别。我们不仅注意眼前的利益，而且也注意将来的利益”。其次，“要紧紧地把握现实。以现实来引证理论，拿理论去说明现实。如此使理论与现实密切地联系起来，才不会发生闭门造车的现象”。再次，“学与做要力求一致。在当前形势下边学边做，边做边学，学的便是做的，做的便是学的”。这是在当前的环境下，非常实用的教学原则。

江隆基解释“教与学的一致”也强调了三点：首先，“要注意到教者与学者努力的方向一致。师生之间，不应有南辕北辙、各不相关的现象。教者必须在各方面以身作则地去影响受教育的人，而受教育的人亦必须在各方面去学习教育的人。如是，则师生在理论上、技术上、政治上或生活上都可以打成一片，使教育取得最大的效果”。其次，“一面教一面学”。“教者不仅教人，而且要向别人学习。学者不只学会，而且要把自己所学的东西传授给别人。如此，教的人可以不断地提高自己，以增强教育的功能，学的人可以随时帮助那些没有受教育机会的人，使他们也能获得一些必要的知识”。再次，“师生要互相爱护，互相帮助，互相进步”。“学者要经常善意地向教者提出意见，以改善教学方法，而教者也要虚心地接受学者的意见，及时地纠正各方面的缺点”。

江隆基认为，华北联大“在这两大原则下进行教学，取得了很大的效果”，并将这些成就归纳为三句话：“已经是坚持敌后抗战，反对敌伪奴化政策的一座坚强的文化堡垒”；“已成为新民主主义教育的一个模范”；“已成为晋察冀的一切文化活动的中心”。

为什么会取得这样显著的成就呢？他强调说，“首先应该归功于中共中央和华北党的正确领导。没有以毛泽东同志为首的中共中央的正确领导，文化纵队便无从产生。没有中共中央的指示，文化纵队将无从把握正确的方针和原则。同样的，如果没有华北党的具体领导，文化纵队将无从克服一切困难”。“文化纵队的成长壮大是同中国共产党的领导分不开的”。中共中央和华北党的正确领导是华北联大取得显著成就的根本保证。

江隆基强调说，“在文化纵队成立一周年的时候，正值抗战开始三周年和中国共产党成立十九周年纪念大典的时候”，我们“要更坚定地在中国共产党领导之下，为开展敌后的文化教育而奋斗，为新民主主义教育在全国的实现而奋斗，为培养独立、自由、幸福的新中国的新国民而奋斗”。

《双十纲领的几个基本原则》一文是江隆基参与讨论的学习体会。

开辟和建设抗日根据地，是中国共产党在抗日战争中的重大决策。为建立和巩固抗日根据地，中共中央和毛泽东做出过许多重要指示。特别是毛泽东《新民主主义论》等著作的相继发表，不仅回击了国民党顽固派在政治思想上的进攻，而且为在中国共产党领导的陕甘宁边区和各敌后抗日根据地的全面建设进一步指明了方向。陕甘宁边区在中共中央领导和关怀下，建立了抗日民主政权，实行“三三制”[20]进一步巩固了抗日民族统一战线，加强了各抗日阶层的团结和合作，使陕甘宁边区这个历史上落后的地区，变成了抗日民主运动的典范，成为中国新民主主义政权的典型。

遵循中共中央的指示精神，以陕甘宁边区为榜样，晋察冀边区于1938年1月建立了敌后第一个抗日民主政权。1940年8月制定并公布了《关于晋察冀边区目前施政纲领》，规定了边区要彻底完成民主政权建设，按“三三制”原则健全各级民意机关及政府机构，充分发扬民主，一切抗日的人士有言论、集会、结社、出版及信仰自由。未经法定手续，任何机关、团体和个人，都不得逮捕、禁闭、游斗和侮辱他人，以保障人权。还规定了一系列经济和文化政策。这个纲领的实施，在抗日根据地引起了极大的反响，称之为“治国纲领”。晋察冀边区被毛泽东誉为“敌后模范的抗日根据地”。

江隆基在《双十纲领的几个基本原则》一文中，着重讲述了在

《纲领》的实施中应当注意的几个基本原则问题。《纲领》全文共20条，所以简称《双十纲领》。纲领分总纲、政权建设、经济政策、社会福利保障及有关政策、文化教育、民族政策及民风民俗、宗教政策等多方面的内容。江隆基提出应注意掌握五个基本原则：

一是，关于“亲密国共合作，坚持团结抗战”。江隆基认为，目前抗日战争的形势正处在空前困难的时期，处在失败投降严重危险的时刻。他说，“要克服空前的抗战困难与空前的投降危险”，“就必须加紧民族团结，消灭内部摩擦，调整国共关系，拒绝分裂危险。反对一切投降派的阴谋，抵抗任何敌人的进攻”。所以，《双十纲领》提出的，“亲密国共合作，坚持团结抗战”是非常重要的，“这也是全中国人民共同一致的要求”。

在实施中，江隆基提出应当按照毛泽东曾指出的那样，坚持做到：（一）我们对于坚决的投降分子与反共分子决然是不容忍的。对他们容忍就是让他们破坏抗战，破坏团结。所以必须坚决地反对投降派。对于反共分子的进攻，必须站在自卫的立场上，坚决打退他。如果我们不是这样做，那我们就是右倾机会主义，是对团结抗战不利的。（二）对于凡非坚决投降与非坚决反共的人则必须采取团结政策，有些人是两面派，有些人是被迫的，有些人是一时之错，对于这些人都应该争取他们团结抗战。如果我们不这样做，那就是“左”倾机会主义，也是对团结抗战不利的。

江隆基说，这些都是坚持抗日民族统一战线的基本精神。就是说，我们在实施“亲密国共合作，坚持团结抗战”中，“要开展两条战线的斗争”。既要反对所谓的“灭共”“限共”“防共”等等的一套，也要“在抗日的原则下，团结一切尚能抗日的人”。

二是，“实现各革命阶级的联合专政，建立巩固的统一战线的秩序”。江隆基说，我们不是无政府主义者，我们主张在一定的社会里建立一定的秩序。“我们反对黑暗的、不合理的极端压迫与无限制剥削的秩序，主张建立一种光明的、合理的、自由幸福的秩序”。“今天在敌后抗日根据地，要力求实现新民主主义社会的秩序”，这就是“统一战线的秩序。这种秩序是建立在各革命阶级联合专政基础上的”。

江隆基解释说，“各革命阶级的联合专政，一方面是专政的，另一方面是民主的”。“对于日寇汉奸和一切反动派来说，是专政的秩序；对于一切抗日人民来说，是民主的秩序”。“因为这种秩序是专政的，所以要摧毁敌伪政权，没收日本帝国主义的财产；要肃清一切破坏团结抗战、破坏边区的特务奸细，打击妥协投降派；要对死心塌地的汉奸给以惩处；要严厉镇压汪派、托派、汉奸，对罪大恶极的大汉奸之土地财产……得依法没收”。

“因为这种秩序是民主的，所以一切抗日人民有言论、集会、结社、出版、信仰及居住自由；非依政府法令及法定手续，任何机关团体或个人均不得有逮捕、禁闭、游街及任何侮辱他人人格、名誉之行为，以保障人权；要保障一切抗日人民的财产所有权；人民除每年缴纳一次统一累进税及对外贸易时之出入税外，任何机关团体不得以任何名目勒索或罚款；要力求保障沦陷区同胞的生命财产及政治权利，反对敌寇绑架、奸淫、勒索、逮捕壮丁及奴化教育；对汉奸审判须依确实证据，其非参与汉奸活动之家属，不得株连，其财产仍须依法保障”。

三是，“拥护工农利益并调节各抗日阶级与阶层的利益”。江隆基说，中国共产党是中国无产阶级的先锋队，工农大众是革命的基本力量。只有吸收占95%以上的人民大众来参加才能保障抗日战争的最后胜利。孙中山先生提出的三大政策，第一就是拥护工农。抗日战争以来，被日本帝国主义压迫蹂躏着的我国各民族各阶级和各阶层，他们都是为民族生存而奋斗的抗日力量。所以必须注意调节各抗日阶级与阶层的利益，巩固与扩大抗日民族统一战线，以保障抗日战争的最后胜利。

江隆基解释说，怎样保护工农利益呢？“就是要改善他们的生活”。怎样调节各抗日阶级与阶层的利益呢？“就是要保障各种生产事业能够顺利进行，各抗日阶级的人民都能够安居乐业地生活下去”。所以《纲领》规定：一方面要“减少工作时间，实行工业部门的八小时工作制，增加工人实际工资，实行半实物工资制，改善劳动条件和工人待遇，安置失业工人”，另一方面要“加强劳动纪律，提高劳动生产率，保障公营和私人企业的顺利发展”，使边区的物资供给不致因敌人的封锁而发生大的困难。同时，一方面要“普遍实行二五减租，保证地租不得越过收获总额的千分之三百七十五，利息不得越过一分”；另一方面，又要坚持“在减租减息后，佃户需依约交租，债户需依约偿付本息”等等。

他说，凡此规定都照顾到各抗日阶级与阶层的共同利益。如果我们只强调发展生产，提高劳动效率，而不顾及工农生活的改善，过低的工资、过长的工时，在高额地租和高利借贷的条件下，就不能提高工农大众的生产积极性与劳动热忱。如果我们只注意改善工农生活，增加工资，减少工时与减租减息，而置边区生产于度外，使生产缩减，物资缺乏，就会影响抗日根据地的巩固与发展。所以，拥护工农的利益，适当调节各抗日阶级与阶层的利益，反对在这个问题上的“左”、右倾机会主义，是实施《双十纲领》中应当注意掌握的第三个基本原则。

四是，“争取经济上的自给自足，力求以乡村战胜城市”。江隆基非常赞同毛泽东在中共六届六中全会上关于中国革命战争的特点和战略问题的论述。他说，“我们在敌后的抗日根据地，依靠广大的农村去对抗占据城市的敌人，是完全有胜利可能的”。“因为我们这里有深广的人力、物力、财力的源泉，有广大的游击活动的地盘，有强大的共产党和八路军、游击队和民兵，有巩固的抗日民主政权及各种进步的政策……”

所以，江隆基说，《双十纲领》规定，要“发展农业、积极垦荒、防止新荒、扩大耕地面积，保障并繁殖耕畜，改良种籽、肥料、农具等农业生产技术，有计划地凿井、开渠、修堤、改良土壤……发展农业、畜牧业及家庭副业”，同时，要“发展军事工业及公营矿业、制造业和手工业，奖励合作社与私人工业，争取工业品的自给自足，以杜绝日货”等等，都是为争取抗日根据地经济上的自给自足制定的。

就目前边区的状态，江隆基认为，“在市场上可能发生工业品价格与农产品价格间的剪刀现象”。他解释说，这种现象就是说，“边区军民日常必需工业品的价格将日益昂贵，而边区农产品由于冀中一带的丰收，将表现下降的趋势。两者的发展犹如张开的剪刀。这样的剪刀现象无疑会给边区的财政经济、农村经济与军民生活带来不利影响”。要预防和消灭这些现象，就必须一方面“争取工业产品的自给自足”，另一方面需要“发展商业，保障境内贸易之自由，严格管理对外贸易，禁止必需品出境及非必需品入境。取缔奸商，反对投机操纵，调节粮食和物价”。千方百计地减少这种剪刀现象。

五是，“男女平权与民族平等”。江隆基认为，“妇女群众是抗战建国的一支主力”，我们要尽可能地改善妇女的生活，改良妇女的待遇，吸收她们参加工作。要“启发妇女群众的积极性，提高她们的抗战热情，使她们由闺房和厨房走上政治舞台，走上社会场所，走上抗战前线”。所以，《双十纲领》规定：要“保障妇女在社会上、政治上、经济上及家庭地位的平等，妇女依法有财产继承权；男女婚姻自主，反对买卖婚姻及一夫多妻制，反对养童养媳、溺婴与戕害青年发育的早婚恶习……禁止使用女工、童工从事妨害身体健康之劳动，并保障同工同酬”。这些都是提高妇女地位、实行男女平等的重要措施。

在民族问题上，江隆基说，中国共产党历来主张“民族自决”与“民族自治”。当前，日本帝国主义侵略者无时无刻不在破坏我们的民族团结，离间我们的民族感情。同时，又利用少数民族在过去“大汉族主义”统治下所受的一切痛苦，以及对汉族人民的成见与恶感来煽动他们“独立”，分裂中国的抗战阵线，实行“以华制华”的毒计。我们一定要戳穿敌寇破坏我民族团结的阴谋诡计，大力宣传我党的民族政策，“为了反对共同的敌人，争取祖国的彻底解放，中国境内各民族必须在完全平等的基础上，团结成为一个牢不可破的统一力量”。

他说，我们坚持民族平等，主张“民族自决”和“民族自治”，“一方面要反对任何‘大汉族主义’的倾向；另一方面也要防范任何少数民族受敌人欺骗和愚弄的危险”。“保障少数民族的利益，使中国境内各民族携手前进，为消灭共同的敌人与拯救共同的祖国而奋斗到底”。

在《五四运动与中国教育》《在新民主主义教育的旗帜下前进》《反对教条主义、贯彻理论与实际一致的原则》等文章中，江隆基集中阐述了关于贯彻实施新民主主义教育的问题。

江隆基非常赞同毛泽东在《新民主主义论》里关于五四运动的历史作用和新民主主义革命诸问题和文化教育的论述。他认为，“五四运动在教育上也有绝大的转变作用”。五四运动以前，随着“资本主义的经济因素在中国社会生成以来，中国的教育也有过一些改革”，但它仍属于旧民主主义革命的范畴。五四运动以后则不同。五四运动以后，特别是中国共产党成立以后，中国产生了完全崭新的文化生力军，他们高举民主和科学的旗帜，提倡与宣传新民主主义的新文化，也给教育带来新的启示和冲击。

江隆基认为，新的事物总是在与旧的事物相对立相斗争中发展壮大的。五四运动后，“中国无产阶级登上了政治舞台，形成了伟大的政治力量，中国无产阶级和中国资产阶级联合起来，与帝国主义封建势力进行斗争。这种革命斗争反映在文化教育上，便是新文化与旧文化、新教育与旧教育的斗争”。

江隆基分析，“教育史上的新旧斗争经历了四个时期”：

第一个时期是1919年至1921年。他说，五四运动后，“中国文化界发生了伟大的革命，影响所及，教育方面也起了一些变革。具体表现在北京大学的蓬勃气象”。在教育中展开了以李大钊为代表的共产主义思想与旧的复辟派的斗争。

第二个时期是1921年至1927年。他说，“这个时期由于中国共产党的成立，马克思列宁主义在中国的传播……新教育运动也大大开展起来”。譬如上海公学的创办、广州地区一些新型学校和农民运动讲习所等等。

第三个时期是1928年至1936年。他说，这个时期，一方面在国民党统治区，有新旧文化的激烈斗争；另一方面，由于工农革命运动的开展和农村革命根据地开辟，“在根据地已实施了新民主主义教育”。

第四个时期是1937年全面抗日战争以后。他说，这个时期，在中国共产党领导的陕甘宁边区、晋察冀边区等抗日根据地，都已成立了许多新的学校，其中影响最大的譬如抗日军政大学、陕北公学、华北联合大学、鲁迅艺术学院、青训班等，这些都是“新的革命教育，是新民主主义教育”。

他说，“新民主主义教育是在两条战线的斗争中成长起来的，它一方面反对帝国主义的奴化教育；一方面又反对大资产阶级和大地主阶级的封建教育。在两面受敌的困难环境中，它艰苦地奋斗着，一步一步地扩展自己的阵地，一点一滴地积累战果”。在今天，新民主主义教育力量，虽然还处于劣势，但它的影响却是很大的，“新民主主义教育事业一定能够取得胜利”。

关于新民主主义教育涉及的一些基本问题，江隆基也提出了自己的看法。

首先，他认为，新民主主义教育必须从属于新民主主义的政治路线。他说，“什么是新民主主义教育呢？简单地说，就是无产阶级领导的、人民大众的、反帝反封建的教育”。新民主主义革命是无产阶级领导的、人民大众的、反帝反封建的。所以新民主主义教育也应当是这样的。具体地说，新民主主义“教育是统一战线的，是为民族解放与社会解放服务的，是具有民族形式的、新民主主义内容的”。江隆基认为，在当前抗日战争的形势下，应当特别强调的是：无产阶级领导下的统一战线和为民族解放与社会解放服务的问题。

关于无产阶级领导的统一战线。江隆基说，就华北联大而言，“诚如各界人士所周知，是中国共产党领导的学校。我们同样应当注意到”，“华北联大不是党校，也不是像国民党所实行的那种狭隘的党化教育”。他说：“中国共产党是最有远见与最无私的救国救民的政党，所以它的一切决策，都是超越党派的狭隘范围而以国家民族的利益为出发点，以人民大众的要求为依据的。如政权‘三三制’的规定，就充分说明了这种立场。同样的，在文化教育的建设上，它是以抗战救国为目标，以青年利益为前提的。在它所领导的学校里，虽然宣传共产主义，但并不强迫任何人信仰共产主义；虽然容纳共产党员入学，但也欢迎一切抗日党派与无党无派的青年来校学习。在它所领导的学校里，没有所谓‘一个政党、一个主义’的谬论与强迫入党的恶劣行为。正好相反，一切言论、出版、集会、结社、思想、信仰、学术研究的自由都有充分的保证。在它所领导的学校里，只有民主自由，没有特务作风；只有互助友爱的精神，没有阴谋陷害的事情；只有建立在群众自学的基础上的学生自治，没有少数‘党官’的统治和包办”。他强调说，“所有这一切，都可以在华北联大找到具体的例证与充分的说明”。

关于为民族解放与社会解放服务的问题。江隆基认为，“华北联大是抗战产物”，“它的一切工作都是以抗战的需要为根据，以抗战的胜利为目标的”。这一点是毫无疑问的。但是，江隆基强调说，“这并不是说，它的任务，就只限于支持抗战”。它的任务还在于“在抗战当中和抗战胜利以后，都要担负起建设新民主主义共和国的任务”。所以，在华北联大的教育计划里，“不仅包括抗战的知识，而且包括建国的学问；不仅包含政治、军事，而且包含科学技术；在它的炉火中锻炼出来的干部不仅是英勇的抗日战士，而且是优秀的建国干部”。所以“建国和抗战是不能割裂的”。

关于在教学中贯彻理论与实际一致的原则。江隆基认为，在抗日战争时期，中国共产党已制定了一条正确的路线，实行了一系列正确的方针政策。党的工作是卓有成效的，但也存在着需要解决的问题。

为了提高全党的马克思列宁主义水平，提高全体党员、干部的思想觉悟，增强党的战斗力，1938年党的六届六中全会曾提出马克思主义中国化的任务。1941年5月，毛泽东在延安高级干部会议上作了题为《改造我们的学习》的报告。号召全党注重调查研究，树立理论与实际相统一的作风。1942年2月，毛泽东作了题为《整顿党的作风》和《反对党八股》报告，在全党开展了整风运动。整风运动是中国共产党在全党范围内的一次普遍的、生动的、理论联系实际的、运用批评和自我批评方法的马克思主义教育运动。它为中国共产党领导人民战胜严重困难，夺取抗日战争的最后胜利奠定了重要的思想、政治和组织基础。

马克思主义中国化，理论与实际相统一，主要是解决教条主义的问题。江隆基认为，这种教条主义的影响在华北联大也是存在的。他说："我们教育工作的基本缺点在于理论与实际、所学与所用的脱节，存在着主观主义与教条主义的严重毛病。这种毛病主要表现在使学生学习一些抽象的理论，而不注意或几乎不注意领会其实质，以及如何具体运用于中国实际，特别是敌后的边区环境。"譬如，"只会死记各种原则和结论，而不会解决实际问题，……能背诵列昂耶夫的政治经济学，但不懂得统一累进税是怎么回事；能分析中国社会经济的性质，但不了解边区的经济性质是什么；能纵论古今中外，而对于周围环境却茫然无知……"所有这些教条主义现象"浸染了我们的教育内容、教学方法和教学态度，因而不能不妨害我们的教学效果与败坏我们的学风"。所以，我们"只有彻底肃清教条主义，才能实现理论与实际、所学与所用一致"。

那么，如何进一步做好理论与实际相一致呢？江隆基提出，要注意掌握三个方面的问题。一是，"要把国际革命的普遍真理与中国革命的具体实践联系起来。这就是说，要有目的研究革命理论，不是为理论而理论，为马列而马列，而是为了解决抗战与革命中的实际问题而向马克思、列宁那里找立场、观点和方法。这就是毛泽东同志所说的

‘有的放矢’”。他提出，“我们今后要坚决地废止静止的、孤立的、抽象的学习马克思列宁主义的方法，而要以抗战与革命的实际问题为中心，并由此出发，去研究马克思列宁主义”，“使马克思列宁主义的立场、观点与方法和同新民主主义的教育内容辩证地统一起来”。

二是，“要把革命理论与周围的事变联系起来。这就是说，要依据辩证唯物论的方法，对瞬息万变的敌、友、我三方面的情况进行详细的调查研究，引出正确的结论，并以此结论作为我们的行动指导。这就是毛泽东同志所说的实事求是的态度”。他提出，“我们今后要加强实习工作，使各院、部与一定的工作机关或事业部门取得密切联系，举行定期的实际考察，以充实和印证讲授内容，使学生从处理事务的过程中去获得分析与综合等的知识和经验，并增强学习的信心和学以致用的能力”。

三是，“要把革命理论和历史实际联系起来。这就是说，要以历史唯物论的观点研究历史，同时以历史的事变去印证革命理论的正确与否。不抹杀历史，不割断历史，不但要懂得中国，而且要懂得外国；不但要懂得今天，而且要懂得昨天与前天”。他提出，“今后我们要加强中国历史的教育，无论专修科或普通科都要学习中国历史，至少要把中国近代史弄个明白”。

江隆基强调提出，“理论与实际一致”是新民主主义教育的基本原则，也是我们今后努力的目标。要实现这个基本原则，“就必须彻底地克服主观主义和教条主义”。他说，“这是一个长期的艰苦的斗争过程，不是经过一次工作大检查就能做到的”，“只要我们能够本着中共中央整顿三风的精神奋斗不懈”，不论是遇到这样或那样的困难，“主观主义与教条主义的邪风终会被纠正，理论与实际一致的辩证唯物主义的学风必将普及于文化教育的田园”。

毛泽东的新民主主义革命理论提出后，江隆基通过认真学习，并结合他的教育工作实践，提出了上述关于新民主主义教育的若干论述。这是江隆基教育思想发展的一个新阶段。

到附中任职

1942年是华北联大最困难的时期。由于1941年8月以来，连续几个月日寇集中十多万的兵力，向晋察冀边区反复“扫荡”，阜平、灵寿、平山等中心区都遭受惨重破坏。1942年春夏又值大旱，各地粮荒极为严重。

华北联大已不能再维持四千余人的庞大规模。是年底，晋察冀中央局和边区政府决定联大缩编。原有的院系只保留教育学院及文艺学院、法政学院的少部分人员，学生毕业回原单位。校部和文艺、政法两院的干部，一部分回延安，一部分在晋察冀边区分配工作。1943年1月，江隆基继李志民之后，担任了抗大二分校附中校长。

抗大二分校附中是1941年7月在冀中成立的一所为八路军培养军政干部的文化学校。它的全名是中国人民抗日军政大学第二分校附设文化中学。秋季，这所学校由冀中根据地越过封锁线西迁至冀西。1943年1月，它又和从冀中迁来的军区抗属子弟中学（即抗中，校长李梦令）合并。全校学生达一千五百人，是一所规模较大的中等学校。

江隆基到附中任职，是抗大二分校孙毅校长要来的。孙毅校长豁达开朗，刚毅正直，珍惜人才，非常热心于教育事业。他听说华北联大要缩编，又知道江隆基这位老党员是一位有丰富办学经验的教育家，就向聂荣臻司令员提出，请这位华北联合大学的教务长给他们的附中做校长了。江隆基到附中后，孙毅向江隆基提出要求：“我请你来，就是要请你把你的全副精力拿出来办好附中。”

江隆基没有辜负孙毅校长的委托，进校后他召开教师、学生和干部开座谈会，了解学校情况。他看到这个学校的师资力量还是很强的，大都是大学以上的文化程度和有多年教龄的教师。他根据抗大二分校对附中“学文化，生活上要军事化”的要求，把学校工作的重点放在如何学好文化课上。在他的主持下，学校重新制订了教学计划，主要课程也制订了教学大纲，教师讲课也准备了教案。他提出，教学计划和课程的设置，要按照正规化中学要求，不要随意取舍。他还根据学校师资的条件，提出开设俄语、日语、英语三门外语课程。他说，在中学里打好外语的基础是非常重要的，我们有这么多外语教师，为什么不好好学习呢？在他的筹划安排下，附中从此开设了这三门外语课程。

附中的学生年龄虽小，但是他们从小就在革命传统教育下成长，在战争环境的陶冶下，养成了吃苦耐劳的作风和良好的组织观念。但是对文化课的学习却不很迫切，要求也不高。针对这种情况，江隆基专门给大家讲了要重视文化课学习的道理，要大家树立远大理想。他说："中学是打好基础的阶段，学好文化科学知识最主要的就是打好基础。"他谆谆教导大家说：你们都是党培养的一代青少年，任重而道远，你们不仅是"准备反攻"的后备军，而且也是抗战胜利后建设新中国的后备军。你们都要准备学完初中，学高中，还要上大学，还要出国留学。青少年要有雄心壮志，要有远大理想。俗语说"人贵有志，鸟贵有翼"。有理想，就有战胜困难的决心，就有坚忍不拔的毅力……为了帮助教师教好课，他仍然像在陕北公学、华北联大一样，坚持深入课堂，和学生一起听教师讲课。教学效果好的，他及时表扬，教师在教课中存在的问题，他也找教师提出改进意见。在江隆基的亲切关怀下，附中的教学质量和教学秩序有了明显的改观，学生的学习积极性也大大提高了。

江隆基处处以身作则，丝毫不松懈对自己的要求。太行山的冬天，寒风凛冽，气温经常在零下十多度。为了搞好学生军事化的生活，他坚持和学生一起出早操，进行军事训练。每当大家出早操时，总会看到他们的校长早在挂满洁白霜雪的树林里等候他们了。每周爬山训练时，又见到他们的校长站在高高的山岭上，鼓励他们爬上最高峰。在露天课堂上课的时候，大家会发现他悄悄深入课堂，席地而坐，听教师讲课，专心观察课堂上的教学情况。每当遇到有的同学外语发音不准时，他还耐心地纠正。课外活动时，也总会看到他和大家坐在铺着厚厚干草的土坑上促膝谈心……江隆基对学生的亲切教诲，大大激励了学生们奋发学习的决心。

1943年初，日寇加紧残酷“扫荡”，晋察冀边区的形势更加严峻。根据中央军委的指示，晋察冀军区决定，将附中全体人员和学生转移到陕甘宁边区，继续完成学业。

这是一次艰难的大转移。2月中旬，学校为准备长途行军开始了编队和行军演习。在动员大会上，二分校校长孙毅讲了话，他讲了这次长途行军的意义和要求，鼓励大家说：“我们的胜利就在一双脚上，我们要靠自己的双脚去战胜困难，夺取胜利。”江隆基也讲了话，他说：“我们要把这次行军当作一次学习成绩的大检阅，每个同学都要下决心拿到合格的成绩，好的成绩。”他们的讲话给这些年轻的中学生以很大鼓舞。江隆基深知这次行军和华北联大那次长途行军是不同的：第一，他们年龄小，都是十几岁的男女学生；第二，行军的路线虽然远远避开了敌人的侵扰，但却多是崎岖艰难的山间小路，还要翻过几座大山；第三，又逢严冬季节，再加上他们平常缺乏战斗的锻炼，困难确实要大得多。为了胜利地完成这次长途跋涉的行军任务，江隆基和附中其他负责人，深入到学生中去，反复做了细致的组织安排工作。

为了缩短行军序列，便于突破和穿越敌人的封锁线，附中十一个队和抗大二分校高上科四个队混合编组，分南、北、中三路向延安进发。江隆基和熊伯涛（晋察冀军区第四军分区司令员、二分校教育长）率附中校部和三个学生队及高上科一队约八百余人向北路出发。北路要经大营、砂河、繁峙北上，沿古长城以外的雁门关游击区西行，穿过敌军之间的缝隙，在宁武县西北过同蒲铁路，攀越摩天岭、荒草梁，再经王寨、岢岚到兴县，在葭县的黑峪口渡过黄河，进入陕甘宁边区。这是一条路程最长、条件最艰苦的路线。

3月中旬，江隆基和熊伯涛率领这支八百人的队伍沿着这条路线出发了。在队伍即将出发时，有十几位从北平来的男女大学生，到附中任教。江隆基考虑到他（她）们可能会遇到更多的困难，便把他们编成一个直属校部的特殊班，并派了一位具有战斗经验的教师给他们当班长。每当到达宿营地，江隆基在安排其他工作的同时，总是要到这个班里问寒问暖，让他们一定要用热水洗脚，解除疲劳。这些刚从沦陷区出来的大学生倍感亲切和温暖。他们说，他们像是来到母亲的怀抱，第一次看到有这样可亲可敬的校长。他们纷纷表示，一定要完成长途行军的任务，把全部青春贡献给边区的教育事业。

在行军途中，江隆基和熊伯涛司令员仔细地安排着每个行军细节，关怀着行军中的每一个人。当行军队伍到达宁武县境内，通过同蒲铁路的封锁线时，一条缓缓而流的河水挡住去路，这里距敌人据点只有十余华里，河水已结起层层薄冰，江隆基和熊伯涛带头蹚着冰水过河。为了不使一个人掉队或发生意外，他们从队伍开头一直跟到队伍的最后，并一个个地小声嘱咐着："跟上前进的队伍"。这支八百余人的中学生队伍终于安全地蹚过了结冰的河水。

当队伍突破了敌人的封锁线之后，最困难的是攀越摩天岭。摩天岭常年积雪，雪深没膝，这时虽然已是早春天气，然而对山区来说，却仍似严冬季节。山高，坡陡，风大，路滑，每向前挪动一步，都要付出很大的力气。队伍下山就更加困难了，天气骤变，呼啸的狂风卷着积雪漫天盖地扑面而来，使人看不见前进的道路，只得暂时停止前进。江隆基看到这种情景，马上传下口令："原地踏步走，千万不要站着不动，更不能蹲下来休息"！他又要大家打开背包，把棉被披在身上，让有关人员赶快找向导引路。他的内心是焦急的，不安的。但他带给大家的却是沉着、信心……经过艰苦跋涉，队伍终于翻越了摩天岭。当时是附中学生的邓芳回忆说："在那曲折起伏的山道上留下了江校长步步脚印，滴滴汗水，片片心血，才使这支队伍脱离了险境，安全地到达了宿营地。"[21]

4月间，南、北、中三路队伍，先后渡过了黄河天险，在清涧会合。5月初，队伍抵达延安。这次艰难的长途跋涉的行军，终于胜利地完成了任务。

五四青年节那天，西北联防军政治部在八路军大礼堂召开了欢迎大会。朱德、贺龙先后讲话，热烈地祝贺这支队伍的胜利归来。他们提出："这支队伍不但要学习文化，还要学习军事"，他们要求附中的性质也要由文化学校改变为"武化"学校，要练兵习武准备上战场。他们还要求大家要自己动手，丰衣足食。江隆基也在大会上讲了话，他说，当前的形势和环境已有很大变化，他要求大家认清新的形势，响应党中央的号召，学习南泥湾的精神，成为文武双全的优秀青年。5月12日，江隆基率领这支队伍来到陇东的合水县同抗大七分校合并，附中改编为抗大七分校第二大队。

6月初，江隆基被调回了延安，在中央党校参加整风学习。

江隆基在附中的任职是短暂的，但他给附中留下的印象却是深刻的、难忘的。邓芳在回忆中这样写道："江校长虽然在附中的时间较短，但给我留下的印象是深刻的，是永远不可磨灭的。不是吗？后来当我们拿起锄头开荒生产时，架起纺车纺线时，我们都没忘记学习文化和科学知识；当我们进行紧张的军事训练，我们仍然没忘记坚持学习文化和科学知识。江隆基校长，在战火纷飞的年代播下的种子，在建设新中国的年代里，茁壮成长，开花结果。"[22]

相识、相知、相爱

江隆基的夫人宋超，是河北省安国县人。1916年1月17日出生于一个封建家庭。她母亲早丧，从小深受父亲的宠爱，七岁入初小，十三岁到县城里读高级小学。毕业后，考入通县女师。抗日战争爆发后，具有强烈爱国心的宋超，毅然地走出了封建家庭，到冀中根据地参加了革命工作。1940年，被保送到华北联合大学学习。

宋超在华北联合大学学习了两年，毕业以后被分配到冀中军区抗属子弟中学工作。1943年1月，该校从冀中迁到冀西，与抗大二分校附中合并。宋超也随着两校的合并，到附中教导处工作。这时江隆基也由于华北联大缩编，到附中任校长。宋超和江隆基由师生关系而成为同事关系。他俩是再次相逢。

新中国成立初期江隆基和宋超合影

爱情，这个闪闪发光的字眼，古往今来，曾敲开了多少青年男女的心扉，然而对宋超来说，却好像姗姗来迟。宋超有着中国女子贤淑、端庄、随和的传统气质，再加上她那高雅秀气和匀称的身材，曾吸引了不少男同事们的爱慕、追求，也有向她写求爱信的，但是都遭到了她婉言谢绝。她有自己对爱情的理解和追求。她以为，男女的结合，应当是相知、相爱、心心相印，爱不是从嘴巴讲出来的，而是用心感受出来的。所以，二十六七的姑娘，在感情的琴弦上始终没有鸣奏出爱情的旋律。

然而和江隆基的再次相逢，她的心开始萌动了。爱情的滋生，有时是朦胧的，有时是一见钟情，也有时是在清晰的脉搏中闪跃出来的。宋超和江隆基的结合，是属于后一种情况，他们是在相识、相知中相爱的。

宋超在华北联大学习时，江隆基就给她“留下了好的印象”，当时江隆基是教务长，除经常给学员作形势报告外，还给学员讲课。江隆基的报告、讲课受到学员们的普遍欢迎。宋超说，他“语言中肯、说理透彻”，“没有华丽的辞藻，没有渲染和夸耀”，“他有渊博的历史和地理知识，将许多见闻和故事讲得娓娓动听”，“他是留日留德的留学生，却看不出有丝毫的‘洋气’”……在宋超的心目中，江隆基是可敬的，也是可亲的。她说，“他是一位很好的教师”。

到附中后，由于在工作中多方面的接触，使宋超对江隆基有了更进一步的了解，也一天比一天加深了对江隆基的尊敬和爱慕。她从江隆基身上看到了许多许多……

她看到，江隆基有一种非常可贵的品德——尊重每一个人。无论对待同事、下级，还是对待普通的工人、农民，他都谦虚礼让。从他身上丝毫看不出那种由于职位不同而高人一等的倨傲之气。每次开会，他总是耐心地倾听每一个人的意见，即使是有明显错误或是由于水平不高、表达不清楚的，他也总是留心听人家把话讲完。他从不把自己的意见强加于人。他的话不多，但却中肯朴实，也很精辟，充满了真知灼见。在党的生活会上，他完全是一个普通党员，认真坦率地向行政上是他下级的党小组长汇报思想。他看起来很严肃，很少嬉戏说笑，但他的心底却是宽厚的。他关心人、体贴人，“像是懂得每个人的心似的，跟他一起谈话，总觉得舒心、温暖和亲切”。

她看到，他是那样稳健持重，对重大政策的贯彻和一些措施的制定，他总是反复掂量，力求准确，力求符合实际。当时正值日本侵略军加紧“扫荡”“蚕食”和“封锁”的时候，日伪军经常骚扰，有时情况十分紧急，但她看到江隆基却是十分沉着镇定；他总是派其他同志带领师生先撤退，等大家全部撤退完了，他才会放心地离开。由于敌人的“蚕食”“封锁”，边区物质生活十分困难，缺粮断草，吃的烧的都成了问题。她看到江隆基和师生一起生产自救，一起到几十里外去背粮，到深山割草。他也和大家一样，一茶缸白开水，一块黑面馍……他还风趣地给同志们讲故事，鼓励大家战胜困难，共渡难关。

她看到，江隆基对工作积极认真，充满了高度的负责精神和强烈的事业心。1943年2月，奉中央军委指示，附中全体师生向延安转移。这是一次长达三千多里的艰苦行军，困难是可想而知的。宋超作为行军队伍中的一个队干部，她焦急地看到，江隆基连续几天几夜，忙来忙去和队干部一起落实每一项具体措施，甚至哪些人要给予特殊照顾也一一作了安排。他的眼熬红了，人也消瘦了。在行军中，他的马让给病号骑或给体弱者驮行李，而他自己则跑前跑后地招呼着队伍的行军序列。每到宿营地，他又不顾自己的疲劳，总是先到各个班里了解行军情况：有无病号，鞋袜有无磨破的，问寒问暖，关怀备至。

她还看到，江隆基个人生活又是那样清贫简朴。他的卧室兼办公室里，只有一条薄薄的褥子、一条打了补丁的棉被和几件衣服卷在一起的枕头。她还注意到江隆江自己洗衣服，自己缝补衣裳……

敬佩、同情、爱悯交织在一起，她感到他们之间确实具备了相爱的基础。

宋超深情地说，“我的脑海里总是闪现出隆基在华北联大给我们讲课时的情景，总是闪现出我们在行军中他以身作则、细致入微地照顾师生的情景，我觉得，自己对他的情感已不单纯是敬佩、尊重了。而在行军途中、在工作中，隆基对我的关心与照顾也多了起来。我隐隐地感到，一种爱慕之情正悄悄在我们之间滋长”。[23] 至于江隆基呢，他似乎有些男人惯有的粗心和迟钝。在华北联合大学时，作为学生的宋超似乎从没有引起他的关注，拨动他感情上琴弦的还是从附中到返回延安的途中和宋超一起工作的日子。他觉得宋超是一位好同志，是一位恬静、贤淑的姑娘，纯真而朴实，善良而坚定。在多方面的接触中，他有一种自然而奇妙的感觉，仿佛有人将她送到他的身边。他开始依恋宋超了。他在日记中写道：

我发现了一颗明星，
她高踞皎洁的夜空。
她的光芒那样圣洁而高不可攀，
我追随她走了几千里路程。
从晋察冀到陕甘宁，
在陇东的高原上，
我发现她在向我移动……

在合水整训的一个晚饭后，江隆基邀约宋超到村头散步。微风扑面，晚霞映着两人的身影。“超!”江隆基首先开口说，这是江隆基第一次这样称呼宋超，“你天真善良，朴实无华……让我们做个朋友吧”。宋超默默地点点头，却什么也没有说出来。江隆基热切而诚挚的话语，已在她心中打开了一个新奇的感情世界，她已经深深地爱上了走在身边的江隆基。

1943年10月17日，一个明朗的星期天，江隆基和宋超在中央党校二部明亮的窑洞里举行了简朴的婚礼，中央党校的许多人参加了他们的婚礼，为他们祝福。

婚后，江隆基仍在中央党校参加整风学习，宋超则在延安医科大学党总支任教育干事。又一个星期天，两人到延河边散步。十月的延安虽然是金秋季节，却已凉气逼人了。阵阵的清风中，两人相偎相依，江隆基说：“超，你对我的家庭状况、个人经历虽然是了解的，但是，我还没有给你系统地讲过。你我既为夫妻，又都是共产党员，你应当清楚地知道我的过去，我的一切。”他接着说，“夫妻的感情最基本的一条是要建立在相互了解上，了解才能信赖。了解、信赖中的相爱才是真挚的爱，你说对吗”?“你说得很对，我也是这样想的。”宋超知道隆基今天会有什么重要的话要说。

江隆基从他的家庭、父母给他的教育、过去婚姻的曲折与痛苦，以及他参加中国共产党、出国留学、从事革命活动，一直说到家庭现状和兄弟间的情况。他恳切地说：“我虽然入党很早，也经历了许多革命斗争的锻炼，但在我身上仍有不少的旧思想、旧意识，望你今后要多帮助、多批评。”宋超从江隆基朴实无华的叙述中，更增进了对江隆基的敬佩和眷恋。接着，江隆基特别讲到中央党校整风审干的事，他心平气和地说，“我正在接受审查”，“一个共产党员，对组织应当是忠诚的，毫无保留的，同时也有责任帮助组织了解自己的过去，不能认为组织上审查就是组织不相信自己的表现”。他说，“你我都不应当有这样的想法，这是考验我们党性是否纯正的表现”。“但是，超——”他接着说，“有一点是我们需要特别留意的，就是无论如何，一定要坚持实事求是。”以后，宋超才知道，当时中央党校也受到“抢救运动”的影响，错误地对待了一些同志，也涉及江隆基。她钦佩江隆基在整风审干中的忠诚态度和无私的品德。

江隆基对自己要求严格，对妻子宋超要求也是严格的。1945年11月，他们的第一个孩子出生，是个女孩，起名蛮蛮。宋超没有奶，当时物质条件差，市面上也没有牛奶、乳粉之类的食品，仅仅靠组织上给江隆基照顾的半磅牛奶来喂孩子。做母亲的经常看着饿得哭个不停的孩子，心里真是不好受！宋超在焦急之下，向江隆基发牢骚：“你就不能向组织提出点个人要求吗”？“这是什么话？”江隆基当即批评宋超说，“我怎么不能向组织提出个人要求呢？问题是应当不应当提。我们的生活是艰苦一点，别人的孩子不也是一样吗！你看隔壁窑洞的阎秘书的爱人带着三个孩子，不是照料得挺好吗？你怎么不能向她学习呢？”宋超听了，觉得他并不能说服自己，赌气地说：“她是家庭妇女，我怎么能和她比……”江隆基抚摸着宋超的手轻轻地说：“超，你这样说就不对了。她是从农村出来的家庭妇女，但是她每天都在纺纱、做鞋，支援前线。她在做力所能及的事，也在抚养着下一代。从她身上，我们应当看到我们的不足，难道就不应当向她学习吗？我们千万不可有优越感。”“千万不可有优越感”，宋超觉得隆基的话确实讲到了她的痛处。她的怨气虽然一时还没有平息，但她觉得隆基的话是对的。后来，宋超就和隆基一起动手，制作了一个小煤火炉，两人又到煤渣里拣煤核，每天煮米汤喂孩子，终于渡过了哺乳的难关。

还有一件事，那时小蛮子已经几岁了，隆基身边的一位工作人员态度生硬粗暴。一天，宋超随便谈起了这位工作人员，说：“这位同志群众有反映，你怎么不管管？”隆基则说：“你如果确实看到他的缺点，就应该当面对他进行帮助，或在小组会上提出，不能听了一些人没有‘根据’的反映就直接对我讲人家的是非。这样做，对干部没有好处，对我和干部的关系也会产生一些不好的影响。”他还强调说，“在我们党内，干部关系、工作关系只能按照党的规定以组织原则去处理，而不能渗透个人情感，作为领导干部的家属更不能不经调查证实就进行评论。”此后，宋超再不向隆基过问他工作上的事，再也不去谈论隆基工作中的人和事。宋超和隆基这一对至敬至亲的恩爱夫妻，模范地恪守着党的原则。他们相知相爱、志同道合，在革命的征途上无论遇到什么波折，都是相濡以沫，携手并进的。

注 释

[1] “硬汉子”是对江隆基的褒义词。说江隆基是一位“硬汉子”，在陕北公学的师生中是有深刻记忆的。1986年，兰州大学在悼念江隆基逝世二十周年纪念活动暨江隆基塑像揭幕仪式时，原北京卫戍区副司令员张西帆赋短歌一首，悼念这位过早辞世的杰出教育家。兹将全文抄录如下：

予与江隆基同志，同在关中陕北公学、华北联合大学工作过，1942年分手，予任军职。大陆解放，抗美援朝归国后，在北京大学久别重逢，话旧叙新，回顾当年教学踏过的新路，相对欣然。因作短歌以记其事。

硬汉怀国赴延安，薄海学业得耕园；
陕北公学生员广，高原穹低语声喧；
再跃联大驰敌后，北岳雪霁五台山；
有缘附骥凌战火，万千学子赴戍边；
自兹分袂各衔命，北大重逢已新天；
未名湖畔话今昔，克敌建业赖知宽；
理论实际敢密结，喜看桃李正竞妍；
求实创新遵马列，历史长河永向前；
同心数语传真理，余韵萦徊忆犹甘；
良师益友多正气，浩劫及良殒光寒；
奈何逝者不可追，但愿后者莫负前。

[2] 1938年5月，江隆基任陕北公学副教务长，1939年1月陕北公学关中分校和总校合并后，任教务长。

[3] 李维汉（罗迈），1938年3月到陕北公学，先后担任陕北公学副校长兼党

组书记、分校校长、总校校长等职。1938年10月，在陕北公学成立周年纪念会上发表了《陕北公学分校的成就》（载《解放》第54期）。晚年撰写了《回忆与研究》（中共党史资料出版社，1986年4月）。本文均有参照。

[4][5][6][7][13] 转引自李维汉：《回忆与研究》，中共党史资料出版社，1986年4月。

[8] 原载《新华日报》，中华民国29年2月16日。

[9] 成仿吾：《战火中的大学》，人民教育出版社，1982年，第26-27页。

[10] 邵式平：《陕北公学实施国防教育的经验与教训》，原载《解放》第37期，1938年5月6日。

[11] 顾明：《从斗争中训练与学习》，原载《新华日报》，1938年5月16日。

[12] 戈华、霍遇吾：《怀念江隆基同志》，载《纪念江隆基文集》，兰州大学出版社，1987年8月。

[14] 何戊双、胡华：《谦和正直，丹心耿耿——回忆江隆基同志》，载《纪念江隆基文集》，兰州大学出版社，1986年。

[15] 张腾霄：《献身革命教育，桃李遍国中》，载《纪念江隆基文集》，兰州大学出版社，1986年。

[16] 原载《文化纵队》创刊号，1940年5月20日。

[17] 陈瑯环：《我们永远怀念您——江隆基同志》，载《纪念江隆基文集》，兰州大学出版社，1987年。

[18] 杨伯箴：《怀念江隆基同志》，载《纪念江隆基文集》，兰州大学出版社，1986年。

[19]《以战斗的学习纪念战斗的五月》《五四运动与中国教育》《一个新民主主义教育的模型》《双十纲领的几个基本原则》，均载于华北联大校刊《文化纵队》。《在新民主主义教育的旗帜下前进》《反对教条主义、贯彻理论与实际一致的原则》，均载于《晋察冀日报》，1941年7月4日。《关于华北联大教育工作检查总结》原件存于中央档案馆。

[20] 1940年3月，中共中央发出《抗日根据地的政权问题》的党内指示，提出在华北、华中等地建立的抗日民主政权，是民族统一战线性质的政权。政权的组织结构必须实行“三三制”，即共产党员、非党“左”派进步人

士和中间派人士各占三分之一。

[21] [22] 邓芳：《难忘的先师——江隆基校长》，载《纪念江隆基文集》，兰州大学出版社，1986年。

[23] 宋超：《岁月有痕——我与隆基在一起的日子》，兰州大学出版社，2011年。

第五章

从实际出发办好延安大学

抗日战争胜利后，江隆基出任延安大学副校长（正校长缺），主持全校工作。

日本侵略者的无条件投降，标志着中国人民抗日战争的胜利结束，标志着世界反法西斯战争的胜利结束。但是中国国内战争的危险却严重存在。和平与战争、民主与独裁的斗争，成为抗日战争胜利后国内形势的显著特点。

面对国内形势的变化，1945年8月11日，中共中央做出了《中央关于日本投降后我党任务的决定》。接着，毛泽东在延安干部会议上做了《抗日战争胜利后的时局和我们的方针》的讲演。中共中央深刻分析了国内形势，确定了新的战略方针和斗争策略。9月19日，中共中央向各中央局发出“向北发展，向南防御”的指示。提出，在南方做出让步，收缩南部防线，巩固华北以及华东、华中解放区；控制热河、察哈尔两省，集中力量控制具有重要战略地位的东北地区。

在这种新的形势下，1945年10月，中共中央决定对延安大学做相应的调整：自然科学院、鲁迅文艺学院、行政学院的大部分等东调，去东北地区，其中自然科学院大学部两个毕业班学员，由中央组织部分配到各解放区工作。延安大学只保留行政学院等机构和校部预科。

延安大学是1941年9月，由陕北公学（后期陕公）[1]、泽东青干校、女子大学合并成立的。首任校长吴玉章，副校长赵毅敏。随着抗日战争形势发展的需要，延安大学的办学规模逐渐扩大。到抗日战争胜利前夕，全校共设立行政学院、鲁迅文艺学院、自然科学院和一个独立的医学系。行政学院设有行政、司法、财经、教育四个系，鲁迅文艺学院设有戏剧音乐、美术、文学三个系，自然科学院设有机械工程、化学工程、农业三个系，加上医学系，全校共有十一个系近二十个专业。有教职员工五百余人，学生一千三百余人。

江隆基就是在延安大学进行大的调整变化的时候，出任延安大学的副校长主持全校工作的。

延安大学大调整之后带来多方面的影响。首先是院系的大部分东迁后，是否还保留原来的规模；其次是根据抗日战争胜利后形势的发展变化，学校的性质和任务是否需要调整；另外还有，大部分人员调动后，人们的思想情绪也有波动，出现了某些消极现象。由于院系的大部分东迁，学校的经费也一下子减少了许多。这时候的延安大学正处在一个困难的转折时期。

面对困难的局面，江隆基充分听取了各方面的意见，提出了几点看法：一是，遵照中央的统一布置，依据延安大学的现实状况，不能强求维持原来的规模。他说，不仅目前的条件不允许，而且在短时间内也不可能发展到原来的规模。学校的规模应依据现有的条件进行调整。二是，依据抗日战争胜利后形势的发展变化，遵照边区政府的指示精神，延安大学的主要任务应当是以培养边区实际需要的干部为主，同时在可能范围内兼顾培养边区的高级知识分子，为正规化发展奠定基础。三是，应当减少学校的生产自给任务，学员应当以学习为主，保证教学质量。江隆基综合各方面的情况后，向边区政府提出了《延安大学现状及今后整扩计划》的报告。边区政府审议并通过了江隆基的报告，强调了以下几点：

（一）延安大学目前以训练边区实际需要的干部为主。设立教育、财经、农业、司法等班。预科可改为高中部。

（二）延安大学除训练现在需要的干部外，在可能范围内逐渐考虑，集中留下的学生分班培养边区高级知识分子，为走向正规化大学建立基础。

（三）减少生产自给任务，加强教学。明年起延安大学的经费，由财政厅按照供给标准拨付。学生可适当参加生产作为改善生活之用，酌情给教员发零用费。

遵照边区政府的决定，江隆基着重抓了以下几方面的工作：

撤销原院系建制。将行政学院的四个系改为四个科（班），设立教育、司法、农业、会计四科（班）和文艺科（班）、新闻科（班）。将原预科改为高中部。学制由原来的两年缩短为一年。其中会计科（班），考虑到人才的急需，由一年缩短为半年。

精简调整行政机构。将原来的教务处和干部处合并为教干处，教干处分设教务科、干部科和图书馆；将校务处改为总务处，分管全校的后勤管理、生产劳动、运输合作社和农场。管理工作人员也进行了精减。与此同时，加强了基层管理，各个专业科（班）都配备了正副班主任，加强了党支部建设。

加强和健全民主管理制度。首先，加强和健全了校务委员会。校务委员会由校长、各处处长、各专业科（班）班主任、教员代表、高中部主任和学生会主席组成。凡涉及学校管理中的重要事项，都要通过校委会审议和讨论决定。其次，设立教职工会议制度，以听取全校教职工对工作的意见和建议，并定期召开会议。在学生中则加强了学生会工作，学生会主席及其他干部，均通过民主选举。积极参与各种社会活动，开展各项文娱体育活动。在民主管理中，还制定并加强了一系列学习和生活管理制度。

加强对教学的管理。江隆基对全校各专业的课程，进行了全面梳理，确定了公共课、专业课等课程的适当比例。遵照边区政府提出的延安大学的主要任务是“培养为陕甘宁边区服务的各种建设干部”，“培养较高级的知识分子和提高边区现任的中级干部”的要求，他强调，各专业的教学都要兼顾两个方面，既要重视政治理论和政策的学习，也要重视专业知识和技能的学习。在政治理论和政策的教学中，针对大部分学员是来自基层的工农干部，是政权机关的干部，他们都有较多的实际工作经验，不足的是文化程度较低的实际状况，他特别提出了在加强文化课程学习的同时，也要加强中国革命史和马克思主义基础理论的学习。他说，延安大学的学员毕业后，都要回到各自的工作岗位。他们是为边区服务的各条战线的干部，在很大程度上都是党和政府方针政策的执行者，所以下大力气学好有关党的理论和知识，掌握党的方针政策是十分必要的，这样将会大大提高工作的自觉性，提高工作能力。

江隆基特别加强了政治课的教学。延安大学的政治课，共开设四门，即边区建设、中国革命史、革命人生观和时事教育。这些都是全校的公共课。江隆基又提出，增设两门政治课，即马克思列宁主义基础和政治经济学。他强调在政治课教学中，要加强系统理论的教学，要求学生重视基本理论、基本知识的学习。在直接管理政治课教学的同时，他还讲授政治经济学。

延安大学政治课教师大都比较年轻，专业知识也比较薄弱。江隆基经常参加他们的教学业务会议，关心这批青年教师的成长。他要求大家切实抓好基础理论的系统学习，多读些马克思列宁主义原著。他常用荀子的话“不积跬步，无以至千里；不积小流，无以成江海”教导大家。他说，做学问，搞教学，都要有这种精神。

为了提高教师的业务水平，提高教学质量，江隆基鼓励大家“自己动手编讲义”，“从编写讲义中学习，从编写讲义中提高”。在他的动员下，政治课和其他许多专业课的教师都自己动手编写讲义。其中有一些讲义还成了各个学校的通用教材。编撰《延安大学校史》的曾鹿平这样说：“在陕西省档案馆曾翻阅数十本这一时期延大青年教师编写的各种教材，虽然大多都是油印，而且纸张非常粗糙，但编写的水平还是相当不错的。如今它们已成为历史文物，具有重要的历史价值。”[2]

教育科（班）的班主任马彬，是一位勤奋好学的青年。他也讲“中国革命史”。他后来回忆说，他的业务知识就是在编写讲义中得到提高的。开始他总是担心写不好，怕出错。他找江隆基校长谈自己的想法。江隆基鼓励他，要坚持自己动手编写讲义，勉励他要放得开，要多看多读。“只要深入下去，就会走出来的。”江校长还勉励他说：“编写讲义不是很容易的事，会遇到许多困难。但是，只要下苦功夫勤奋努力，不做懒汉，‘锲而不舍’，总是可以写好的。”马彬牢记江隆基校长的教诲，感慨地说，他编写的讲义，江校长多次帮助他修改，从内容结构、段落大意到观点的表述，江校长都提出自己的看法，错别字也帮他修改。每次修改后，江校长总是说，“我修改得不一定对，供你参考。”江校长就是这样的谦虚，这样的认真负责，这样的平易近人。他感激江校长，永记江校长的教诲。他说：“我这个教员，是江校长手把手地教出来的啊！”[3] 新中国成立后，马彬虽然再没有做学校的教学工作，但是在江校长指导下工作的这段经历，从中受到的教益，使他终生难忘。

江隆基在加强学校教学管理中，还提出了教学方法的改进问题。当时延安大学的学生，多来自陇东、关中、三边、绥德等地的政府机关和团体，多是在职干部（约占全体学生的79.6%）。但是学历大多比较低，大多数是初中毕业（约占46.11%），部分是小学毕业的，也有个别是大学毕业的，文化程度普遍较低且参差不齐。依据边区政府一再提出的延安大学的主要任务是“为边区培养有实际工作能力的干部，是提高在职干部的政治与业务素质”的要求，江隆基认为延安大学实际上是一所带有培训性质的干部学校，在教学上不能完全按照正规化的要求。他根据在陕北公学和华北联合大学工作的经验，着重提出以下几点：

（一）在加强各专业基本知识、基本技能教学的同时，要加强自学和集体互助。他提出的基本教学过程是，教师在讲课后，要向学生提出问题，然后学生根据自己的实践经验和调查材料，进行集体讨论。最后教师将学生的讨论情况、争论问题、疑难问题汇总，结合教学内容进行系统总结和讲授。江隆基强调，在这些教学过程中重要的是处理好自学与集体互助的关系，必须以自学为主，集体互助为辅。只能在加强自学的基础上，进行集体互助。否则学习就会流于形式，收不到应有的教学效果。

（二）注重学用结合。延安大学的行政学院，边区政府曾规定几个实习基地作为经常性的实习场所。江隆基非常重视这些实习场所的使用。针对延安大学的办学特点，他提出在以学为主的情况下，要特别注重学用结合，加强对实习的指导，提高学员的实际应用能力。并依据各专业的具体情况，规定了一学年中有三个月的实习时间。

（三）提倡教学的民主。江隆基提出，在教学过程中无论是教师的教，还是学生的学，都要发扬民主。他鼓励教师在教学中自由研究、自由讨论。在教学管理上注重思想的指导，杜绝用行政手段解决教学上的问题。教师要善于引导学生增强学习的自觉性和创造性。教员和学生之间可以互相学习，互相帮助。教员要注意倾听学生的批评意见，以改进自己的教学。学生要尊重教师的教诲和批评，以促进自己的学习进步。

针对延安大学的办学特点，江隆基十分关注学生的社会实践活动，其中有一项就是参加“冬学”活动。冬学是中共中央到陕甘边区以后采取的普及社会教育的一项重要形式。它是“利用冬季的空闲时间来实施民众补习教育的一种方式”。冬学的课程有：识字、政治常识、军事常识及军事操、自然常识（包括防毒防空、救护等）、算术、唱歌、周会等，其中以识字和政治常识为主要课目。冬学的教师，除少数专职，大都由在校的中学生兼任，当时将他们通称为小先生。冬学深受边区广大民众的欢迎，发展很快，至1938年，已发展到595

处，学员达9882人，几乎占到青年民众的一半。随着冬学的发展，其逐渐成为一种制度，冬学成为边区社会教育的一项重要内容。江隆基十分重视这项工作，他认为，冬学既是普及教育的一种重要途径，也是延安大学学生参加社会教育的重要形式。

抗日战争胜利后的第一个冬季，陕甘宁边区政府分配给延安大学开展冬学的地区，是一些从来没有兴办过学校的地方。江隆基专门给全校师生做了思想动员，从组织安排到人员组成，都做了精心部署。他特别讲了先做群众的学生，然后才能做群众先生的道理。他要求大家一定要注意入乡随俗，和群众打成一片，要尊重少数民族的宗教信仰和生活习惯，要有责任感，有吃苦的精神，严格遵守纪律。

延安大学参加冬学的师生取得了良好的成绩，受到好评。《解放日报》《边区教育通讯》均有报道。如《解放日报》1945年10月27日的报道：

他们亲切的感到学校（指冬学）是自己办的，教员和咱们是一个样儿的人。

教员呢，每天估计学生要来时，先把炕烧热，火生好。大家来了一脱鞋就围在炕上，简直比一家人还热火。学生病了，教员每天去慰问，设法给捎药，给医治，直照顾到病好。外村的碎（注：小的意思）娃娃，在路程上有点怕，教员每天送他们到自己的家门口。周丑娃、白路路，冬九天一满（注：一直的意思）就没有袜子穿，教员晚上迟睡一会，都给打上。

《边区教育通讯》1945年12月20日报道：他们“能因材施教，对大人着重劝说，对娃娃多用鼓励。记忆力强的，教的多；记忆力差的，教的少。一个很用心但天资笨的毡匠工人，给他教课本上的字记不全，就采用他工具上的字编成课文教，收效很大”。“冬学结束后……学生们学习并没停止，就照着留下的办法做功课。”……有的“会写简单信件”，有的“会读《群众报》”，有的“学会了算盘六归法”。

大家反映这些教员“下尽了辛苦，出尽了力”。

吴旗县在总结1945年全县冬学成绩时，特别将延安大学举办冬学的二区二乡评选为冬学先进乡。

江隆基还特别重视学生的文体活动。当时，文体活动的设备虽然十分简陋，却搞得十分活跃。延安有两个最引人注目的篮球场，一个是八路军总部所属大砭沟篮球场，另一个就是延安大学的篮球场。每天下午课外活动时间，延安大学的篮球场，被围得水泄不通，群众争相观看篮球比赛。观看的群众不仅有延安大学的师生，还有周围的居民和延安的机关干部。延安大学的篮球队、排球队还是小有名气的。1946年5月，陕甘宁边区政府举行的“五卅”篮排球的比赛，延安大学的男女校队，双双夺得了冠军奖杯。

延安大学的文娱活动也很活跃。每个周末都要举办周末舞会。逢年过节都要组织秧歌队上街宣传。1946年的五四青年节，为庆祝五四运动二十七周年，延安大学专门组织了各种庆祝活动。有篮球、排球、乒乓球、拔河比赛，有五四青年节征文活动，有五四青年节演讲比赛。各个班级还推出了纪念五四青年节的特别墙报。在学校大礼堂举办了纪念五四青年节的图片展览。延安大学的文娱宣传是有传统的，在社会各界都有着良好的反响。

江隆基于1946年10月离开延安大学到陕甘宁边区政府教育厅任职，主管全边区的教育工作。以后，边区政府又专门成立了以江隆基为主任委员的延安大学教育委员会，对延安大学实行领导。江隆基在延安大学实际工作的时间，仅短短的一年。时间虽短，却对延安大学的发展有着重要的影响。林迪生[4]是1926年加入中国共产党的老党员，当时在延安大学任教干处（人事处和教育处合并）处长，他对江隆基这段工作留有深刻印象。他回忆说，延安大学大部分东调以后，实际上存在许多困难和问题，主要就是关于延安大学今后的基本任务和发展方向如何确定。在这个问题上是有不同意见的。有一种意见是仍要继续保持原来的院系规模和体制，认为延安大学的发展不能降低规格。江隆基同志则是从实际出发，依据边区形势的改变，延安大学现有的教师队伍的状况，学生的文化程度，特别是陕甘宁边区广大干部培训提高的需要，提出了调整机构、降低规格的意见，并制定了规划。江隆基同志认为，延安大学应当向新的正规化方向发展，但是目前不具备这样的条件。而且国内的形势、战争的环境也不允许延安大学有这样的发展。“隆基同志是从实际出发办好延安大学的。”

林迪生认为，这一点非常重要。“隆基同志使延安大学在困难的变动时期，得到了巩固和发展。”“在隆基领导下工作仅短短一年的时间，他的思想和作风却给我深刻的影响，使我学习到许多极为宝贵的品德。”[5]

及时转入战时教育

抗日战争胜利后，中国人民渴望已久的休养生息、重建家园的和平愿望，很快被内战的硝烟所破碎。1946年6月26日，国民党军队以大举围攻中原解放区为起点，相继在晋南、苏北、鲁西南、胶东、冀东、绥东、察南、热河、辽南等地，向解放区展开了大规模的进攻，悍然发动了全面内战。

内战爆发后，江隆基出任陕甘宁边区政府教育厅副厅长。厅长贺连城，是一位有声望的民主人士，但年老多病，教育厅的工作完全压在江隆基的肩上。

这时，国民党不断派出飞机轰炸延安。在边区的北线、西线和南线，国民党军队亦蠢蠢欲动，不断进行袭扰。陕甘宁边区被迫进入了战争状态。5月2日，中共中央西北局书记习仲勋签发了紧急指示，要求边区军民加紧做好自卫战争的准备工作。6月3日，又发出了《关于紧急动员准备战争保卫边区的指示》，对边区党政军民的备战工作提出了具体要求。10月，根据中共中央关于以自卫战争粉碎蒋介石的进攻的指示精神，西北局决定将边区的工作重点立即转移至自卫战争的轨

1946年，陕甘宁边区政府教育厅全体同志合影
前排右八为江隆基

道。要动员一切力量，准备粉碎国民党军队的进攻。

江隆基遵照中共中央和西北局的指示精神，召开厅务会议，反复研讨了边区教育面临的任务及应采取的具体措施。

11月15日，在他的主持下，召开了陕甘宁边区第五届三科长（三科长即教育科长）联席会议，会议集中讨论了及时转入战时教育问题。各县的三科长还介绍了进行战时教育的情况和经验。会议结束时，江隆基做了总结报告。会议讨论通过了《陕甘宁边区战时教育方案》。12月10日，边区政府向各专员、各县（市）长及各中学校长下达命令，颁布了《陕甘宁边区战时教育方案》[6]。

《方案》共分四个部分。对战时教育的任务与方针、实施原则、教育内容、组织形式等都做了原则的规定。

关于战时教育的任务与方针，《方案》指出，国民党发动了全面内战，现在又准备大规模地进攻延安。为保卫边区、保卫延安，彻底粉碎敌人的进攻，“我们必须普遍发动群众，动员一切力量，为人民自卫战争的胜利而奋斗”。

《方案》指出，“各级学校及一切社教组织亦应立即动员起来，发挥教育的有生力量，直接或间接地为自卫战争服务，一切教育工作者都应成为保卫边区的宣传员和组织者。目前教育工作的中心任务是配合军事、政治、经济、群运等工作，争取人民自卫战争的胜利”。

（一）向广大群众解释战争的性质及其目的，使每个人都懂得敌人所发动的进攻解放区的内战是想维持个人独裁，继续出卖祖国，进一步压榨人民的非正义的反动战争。而我们所进行的武装抵抗，则是为了保卫独立、和平、民主，维护全中国人民利益的正义的自卫战争。

（二）揭露蒋管区贪污腐化、特务横行、横征暴敛、民不聊生的惨状。宣传我边区丰衣足食、民主自由，工人有工作，耕者有其田，商人有钱赚，学生有书读的幸福生活，以激发广大群众热爱边区，同仇敌忾，为争取中国独立民主而奋斗到底的决心。

（三）向广大群众宣传国民党反动派军民对立、官兵对立、军心厌战、民心反战的情况。说明我边区军民一家、官兵一致、士气旺盛、愈战愈强的实况，以提高与巩固群众对蒋军必败、我军必胜的信心。

（四）暴露蒋军奸淫掳掠、无恶不作的残暴行为。宣扬八路军为民除害、奋不顾身的英勇牺牲精神。使广大群众深切认识自卫战争与人民利益的血肉相连的关系，因而更加爱护军队，积极参战，用一切力量与一切方式来支援前线，争取人民自卫战争的最后胜利。

关于战时教育的实施原则，《方案》指出：

（一）社会教育与学校教育相联系。学校教育以儿童与青年为主要对象，社会教育以成年人为主要对象，但两者是有联系的。把学校作为据点来推动社会教育，以儿童做小先生去教育一般群众，不仅帮助了社会教育，而且充实了学校教育的内容。平时教育工作以学校教育为重心，到战时就需要提高它的社会教育的作用，发动广大青年和成年人参加自卫战争。

（二）时事教育与文化教育相配合。学校教育与社会教育在平时应多注重文化教育。但是到战时则应当加强时事教育，要有计划、有系统地宣传时事，提高广大群众的政治积极性，将时事教育与文化教育互相联系起来，在学习文化中注意时事政治，在宣传时事中兼学文化。

（三）教育内容与战争生活相结合。在战时教育中，要以各种生动范例做活的教材教育广大群众，要加强课外活动与社会活动，以充实教学内容。必要时教员可率领学生参加战时工作，进行宣传教育活动。

（四）根据不同地区采取不同的工作方针。在巩固区和广大农村，就现状加以改革充实新的内容，加强社会教育活动。在边缘区、交通线，或敌人主攻方面，要以转移分散和参加战时工作为原则；在敌占区，要以隐蔽埋伏或撤退为原则；在新的解放区，要以争取原有教育干部，利用原有教育组织，逐步加以改造为原则。

关于战时教育的教育内容与组织形式，《方案》指出：

（一）学校教育方面，应将某些课程加以适当补充，增加新的内容，适应战争需要。

国语、政治及公民课应着重培养革命观点、群众观点，坚持勇敢及拥军尚武的精神，揭露敌人侵略政策的实质。史地等课应发扬民族气节与反抗强暴的历史传统，宣传民族英雄、革命先烈英勇奋斗的事迹，联系战争形势，提高保卫边区的热情。理化、自然、卫生等课应增添防空防毒、急救看护、熬硝炼磺、制造火药和地雷等实用知识。体育课等应增加简单的军事训练，学习侦察、通讯、站岗、放哨、坚壁清野、埋地雷、掷弹等实际技能，培养迅速敏捷、灵活机动的习惯和作风。

同时指出，在教学中要根据时局发展和学校的具体情况，酌情变动课程及授课时间。如增加时事、军事及社会活动时间，减少一些不急需的课程等。要加强学生会、儿童团的组织及工作，发挥学生在战时教育中的积极性及创造性。如充分开展壁报、黑板报、歌咏、秧歌、戏剧、讲演、访问、慰劳、拥军优抗、动员参战等活动。

（二）社会教育方面，应以时事政治教育为主要内容。要利用报纸战讯及战讯实际生活为教材，讲授生产节约、拥军优抗、争取俘虏、自卫防奸、空舍清野、救护防毒、担架运输等实际知识与技能。

要重视发挥各社教组织的作用：在各城镇及较大村庄举办黑板报；利用识字组读报宣传；加强民教馆工作做流动宣传；组织秧歌队、歌咏队、演剧队等文艺团体的宣传演出；组织民间艺人创作短小文艺作品，以及发挥冬学的组织宣传等。大力宣传自卫战争，树立“一切服从战争”“一切为着胜利的思想”。

（三）如果战争到来，原有的学校和社会教育组织，可采取下列步骤进行：

将年龄太小不能离家的学生加以疏散，年龄较大的编为小组，参加儿童团工作。教员可采取轮教的方式坚持教学，宣传时事及对实际工作进行指导。假如沦于敌后，在情况许可下，可教小学生进行隐蔽宣传及情报通讯等活动。

率领年龄较大的学生撤退或转移，参加兵站、俘虏营、野战医院等的工作。教员可随同指导，进行可能的教学，并保持与学校的联系，以便随时调动和集中。

根据当时当地的情况，可派部分教员和学生到民兵、游击队、担架队、运输队等组织中进行宣传教育活动。还可组织流动宣传队、战时服务团或战时教育辅导团，进行各种助战工作，协助各种战争动员，提高人民的参战热情。

关于战时教育的领导工作，《方案》指出：

（一）战时教育不能与平时教育割裂，而是在平时教育的基础上加以改造和发展。战时教育不是孤立的，应和其他各项工作密切联系起来，携手并进。领导者应当权衡轻重，照顾全局，不能孤立地片面地强调教育，也不能因战争环境而放弃可能进行和必须进行的教育工作。

（二）为了加强领导，建议由县委宣传部、县府三科、民兵大队部及群众团体，组成宣传委员会，作为县动委会的一个组成部分，在动委会的领导下订出一定时期的宣教计划，分工负责，按时检查。

（三）战时教育工作仍应照顾到群众的“自愿与需要”。要在工作中启发群众的自觉与自愿，反对借口忙碌而放任自流，同时也反对借口战争，实行强迫命令。

（四）对所有教育干部应进行深入全面了解，并做适当的配备与调整。如在边缘区应配备较强的本地干部，尽力在群众掩护下坚持教育工作。也可参加区乡政府的工作，配合社会教育。可使较弱的干部参加后方工作。在战争威胁较大地区，学校应当转移或疏散或停办。多余干部可参加其他部门工作。但教育领导机关须切实登记，保持必要的联系。要切记爱护干部，保证干部的安全是领导机关不可忽视的责任。

（五）领导应有远见，随时注意战争发展的形势，灵活布置工作。如遇情况紧急时，可将学校组织变成社教形式，或将固定集中的学校转为流动分散的轮学。战时化整为零，战后即集零为整。在敌人可能侵入时要准备如何隐蔽或撤退。当我军进攻时配合开展新区工作。在战争情况下，上下级的联系可能要迟缓些；因此，应主动加强与当地领导机关的联系，以便及时处理问题。

《陕甘宁边区战时教育方案》是一个十分重要而又及时的战时宣传动员方案。《方案》下达后，各级教育机关和各级各类学校立即进行了传达和动员，按照《方案》的规定和要求及时转入了战时教育。延安大学李敷仁校长在传达动员会上，号召全校师生在自卫战争中“要个个变成能文能武的好英雄，粉碎进攻边区的蒋贼”。延安大学按照《方案》的要求，坚持组织行动军事化，坚持教育内容与战时生活相结合，坚持一面学习、一面生产，为运粮救灾、支援战争做出了贡献。

各个中学校，按照《方案》的要求，普遍实行了军事化的编制。学校成立了自卫军，进行了军事训练。课程中增设了军事常识和救护常识，加强了时事政策教育和反奸教育。有的学校如绥德师范组织了战时工作组和宣传队，还组织了三个救护队，分赴各个医院。有的学校按照《方案》的要求，出墙报、写板报、组织宣传队，进行自卫战争的宣传。各个学校在教学中都增加了时事政策和军事常识的学习和教育，为自卫战争做了必要和充分的准备。边区各学校师生和社教团体决心以战斗的精神投入到自卫战争中，为争取自卫战争的胜利做出贡献。

《陕甘宁边区战时教育方案》是江隆基主管边区教育工作后，首次拟定颁发的有关教育工作的文件。文件指导思想明确，对陕甘宁边区教育如何及时转入战时教育的相关问题，都做出了细致的规定。在自卫战争即将到来之际，在使边区教育及时转入战时教育中发挥了重要指导作用。

在陕北战役中

国内战争的形势发展很快。从1946年6月国民党发动全面内战，到1947年2月，国民党军队向各个解放区的进攻都连续遭受惨重失败。为了扭转不利的战局，从3月份起，国民党军队转为向陕甘宁和山东两个解放区进行重点进攻。

3月11日，胡宗南召开军事会议，宣布了向陕甘宁边区进攻的计划。他调集了三十四个旅二十三万人，组成南、西、北三个集团的庞大攻势。胡宗南的十五个旅十四万人，自洛川、宜川一线分两路进攻延安。青海马步芳和宁夏马鸿逵的十二个师旅，榆林邓宝珊的两个师，分别从西、北进攻陕甘宁边区。同时还调集了空军予以支援。

形势是严峻的。陕甘宁边区的解放军只有四个野战旅约一万七千人，以及地方旅约一万五千人。敌我兵力悬殊。

中共中央决定撤离延安。决定由书记处书记刘少奇、朱德以及部分中央委员组成中央工作委员会，到华北等地进行中央委托的工作。

书记处多数成员包括毛泽东、周恩来、任弼时率中共中央和人民解放军总部继续留在陕北，指挥全国各个战场的作战。

在中共中央统一部署下，陕甘宁边区政府和教育厅机关在撤出延安后，也随之在陕北高原的山梁沟壑中同敌军周旋。为了做好战争的后勤支援工作，中共中央西北局专门组成了以林伯渠为主任委员的西北局后方委员会。后委会由林伯渠、贾拓夫、王维舟、惠中权、江隆基、常黎夫、马锡五、王子宜等十一人组成，统一管理边区粮草、衣服、财经、支前等工作。

国民党军队大规模进攻边区以后，各中等学校的工作都受到不同程度的影响，有的学校过多地遣散学生；有的学校将学生过多地调出去工作；也有的学校带领学生终日行军，难以坚持正常教学。为此，边区政府教育厅及时发出《关于战时各中等学校工作的指示》[7]，指出：

在保卫边区的战事中，各中等学校是一支重要力量。因此，不论环境如何困难，各学校必须遵循教育与战争结合，学习与工作结合的总原则，在支援前线、服务战争的总任务下，坚持工作。

（一）教育内容需加以必要的精简与修改，酌量增加政治教育。政治教育的中心任务是增强学生的胜利信心与提高服务战争的热情。增设群众工作及军事常识等课程，减少文化课。

（二）各中学学生都要在加紧学习、帮助区乡邻近村庄的群众工作中，利用一切可能条件，从事一些农业生产。如有个别学生不能适应战时生活，可斟酌情况，保留学籍，疏散回家，或安置在较安全地区的群众家中。一些学校不适当地把一部分，甚至大部分学生遣散回家是不对的，应立即纠正。

（三）学校的组织机构、工作制度与人员配备，要力求灵活精干。家属、小孩与干部中的病弱者，可疏散回家或安置在群众家中。精减疏散后，教职员可参加工作团或另行分配工作。

（四）学校须经常进行群众纪律教育，搞好群众关系。不允许侵犯群众的利益。对违纪人员分别轻重给予处分。

这时，小学教育除赤水、吴堡等个别县、区能坚持正常教学外，其余大部分小学陷于停顿。针对这种情况，边区政府教育厅于7月5日及时给各专、县发出指示信。[8] 指出：

（一）不同区域，采取不同方法。在巩固区域尚未疏散的学校，应继续坚持上课，并以学校为据点推动社教工作。已解散的学校，应避开城镇及交通要道，先恢复完小，再根据具体情况逐渐恢复普小、民小。在游击区域应积极开展社教工作，为支援战争服务。

（二）教学内容应根据战时需要加以调整。政治课应以报纸及战时的各种生动实例为教材，进行时事教育，提高学生的胜利信心与仇敌情绪。文化课以国语为主，配合一些战时常识，如防空、看护、站岗、放哨等。课外进行生产与群众工作。

（三）教育干部应设法保存，不能随意自由解散。已参加地方工作并能胜任者，暂时不调回；尚未参加工作者，可选择一部分较强的，组织巡回社教组，完小及高级部非边区籍教员，送入延安大学学习。一般普小、民小教员，目前无适当工作可做的，可选送各中学学习。

（四）各级行政领导要克服“取消教育工作”的观点。要将教育工作和战争动员工作适当配合起来，以收全面抗敌之效。

延安大学自3月14日搬离延安后，在陕北十多个县，辗转迁徙，坚持办学。8月东渡黄河，先后转移到晋绥边区。在敌情紧急、条件十分艰苦的情况下，按照《指示》的要求，坚持组织行动军事化，坚持教学内容与战时生活相结合，坚持一面学习、一面支援前线，坚持依靠群众运粮救灾，受到晋绥边区的表扬。

在边区教育厅的统一部署和领导下，在整个陕北战役中，各个中等学校除远离敌人的个别县外，大都是辗转迁徙与敌人周旋，“一般都能适应情况的变化，化整为零，集零为整，积极地参加了地方工作或医院工作，直接或间接为战争服务”，既坚持了学习，又支援了战争。同时也使广大教职员得到了锻炼，学生也学到了许多生动丰富的战争知识，增强了爱国的热情。

行知中学[9]将大部分教职员和学生组成了“第四后方医院”（全称为中国人民解放军西北兵团第四后方医院），参加了青化砭、羊马河、蟠龙、沙家店、宜川、瓦子街、西府、荔北等各次战役的服务，支援战争。在院长卢勤良[10]的组织领导下，“把学校变成医院，以适应战争需要；又把医院变成学校，在战争中去学习”。在极端困难的战争环境中，“对西北战场的贡献及其成就是极其珍贵的”[11]，受到边区政府的表扬。

《群众日报》有这样的评论：第四后方医院“在过去十个月中，以全力为战争服务，并虚心向战争学习。他们对西北战场的贡献及其成就，是极其珍贵的。……可以看出，一方面他们逐步掌握了全心全意为伤员服务的方针；一方面他们能够虚心踏实、实事求是地在实践中学习。而这正是行知中学的优良作风在战争中的继续发扬。他们在和平时期的教学中培养了为人民服务的品质，领会了联系实际，和实际结合的精神。……他们是新民主主义教育下成长的优秀的青年学生。这便是他们获得成绩的一个基本原因。这是值得我们学习的”。[12]

如子长中学（1945年5月创办，校址在子长县瓦窑堡，是为纪念谢子长烈士而命名的一所中学），在校长王志匀、副校长赵亚农的带领下，一方面开辟临时学习场所，坚持学习；一方面又根据师生健康和年龄等状况，分别编队，支援前线。在羊马河战役中参加了救护伤员的战地服务，之后又编入吕梁军区第一野战医院，投入到后方医院的工作。

再如米脂中学，在高诚斋等的带领下，除了年幼体弱不能迁移疏散的学生回家外，他们带领的二百多名学生，背起背包，在行军转移中坚持学习，同时还组织部分师生成立了“战地工作团”，协助政府搞战地动员，支援前线。

赤水县全县七十六所小学中，有五十所小学采取了“敌来我散，敌走我办”的办法，使全县一千一百多名学龄儿童没有因为战争而失学。关中分区的大部分小学也采取了这种办法，敌人来了，将教职员和学生疏散，敌人走了又来到学校上课。也有部分小学，教师带着学生集体转移，敌人走后又回到学校，继续上学。

总之，在整个陕北战役中，千方百计将战争给学校教育带来的损失减少到最低程度。

这时，边区教育厅还根据中共中央西北局和边区政府的指示精神，发出了《关于教育工作配合土地改革运动的指示》。指出，“土地改革是今年一切工作的中心，教育工作应与这一运动配合起来”。

（一）各学校应配合这一运动，向学生进行深入的思想教育。要组织学生参加有教育意义的集会，使学生从实际斗争中，了解过去农村剥削制度的不合理与土地改革的必要。要组织教员学习有关土改的政策和搜集有关材料，向学生讲授。学校要随时搜集不同阶级出身的学生在土地改革中的表现，加以研究，作为思想教育的根据。

（二）各学校及社教组织，应配合土地改革运动，进行广泛深入的社会宣传，如教唱农民翻身的歌曲，用黑板报宣传土地改革的故事，秧歌队编排农民翻身的节目等等。使教育工作在土地改革中发挥应有的作用。

陕甘宁边区的土地改革是在中共中央发布《关于清算减租及土地问题的指示》（“五四指示”）后开始的。中共中央西北局结合边区土地问题的实际状况，于1946年7月21日签发了关于减租和查田的指示。12月，边区政府公布了《征购地主土地条例草案》。边区的土地改革分期分地域地开展起来。陕甘宁边区的土地改革的做法和成绩受到中共中央的充分肯定，中共中央向各解放区通报了陕甘宁边区土地改革的经验。

国民党军队大举进攻陕甘宁边区后，土地改革工作只得暂时停下来，一直到义合会议[13]之后，才重新陆续展开。按照中共中央西北局和边区政府的统一安排，江隆基率领的边区教育厅工作组，1948年1月初到陇东环县开展土地改革工作。

环县紧靠南梁革命根据地，属陇东革命老区。早在1936年红军西征时即获得解放，建立了苏维埃政权，并与陕甘根据地连成一片。之后，这一地区进一步巩固扩大，到抗日战争时期，已包括宁县、正宁、镇原、庆阳、合水、环县等的广大地区。陇东老区是陕甘宁边区的西南大门，战略地位十分重要。

环县、华池、曲子等三地的土地改革是从1947年1月开始的，之后，由于国民党军向陕甘宁边区的重点进攻，同样停了下来。环县等三地的土地改革取得了很大成绩，解决了无地少地农民的土地问题。但是由于片面宣传“贫雇农路线”，采取过火的斗争，也不同程度出现了“左”的偏差。

江隆基十分重视土改工作。他在领导战时教育的繁忙工作中，专门抽出时间组织大家学习中共中央《关于清算减租及土地问题的指示》、中共中央西北局关于减租和查田的指示、边区政府的《征购地主土地条例草案》等文件，学习其他地区的成功经验。他要求大家充分认识土地改革的重要意义。他说，当前开展的土地改革是我们党土地政策的重大改变。它是由原来的削弱封建剥削的减租减息开始向废除封建剥削的分配土地的转变。废除封建的不合理的土地制度是我们党领导民主革命的根本任务之一。解决农民的土地问题是我们取得革命战争胜利的重要条件之一。深入开展土地制度的改革，使广大无地少地的农民群众解决了土地问题，必将激发农民大众的政治热情和生产积极性，积极地支援自卫战争，这是我们取得自卫战争胜利的重要保证。他特别提醒大家说，土改是政策性很强的工作，一定要十分慎重。要深入细致地做工作，不能坐在那里等汇报，要深入下去，挨村挨户地跑，要确实掌握到真实的情况。他特别要求所有工作人员“严格遵守纪律，要有吃苦的精神”，“我们知识分子应当多受教育，要经受锻炼”。

环县的土地改革，按照上级的要求，主要有四项任务，即核定成分、核对土地、“抽肥补瘦”、“挖底财”，对不法地主进行批判斗争。

经过摸底调查，这里阶级成分的划分、土地的核定，以及土地分配中的“抽肥补瘦”等等，还是符合要求的，但也出现了一些问题。如有的将无剥削行为或有轻微剥削行为的中农和富裕中农也错误地定为地主富农，随意没收了他们的财产和土地；有的将一些工商业者也拉出来批斗，甚至挖底财，分浮财；也有的将基本守法的地主拉出来批斗；有些坏分子也乘机兴风作浪，搞报复，借口反对“旧干部”，干坏事。

江隆基认为，出现这些偏差的主要原因是，我们的干部没有正确理解和执行党的方针政策，对广大群众缺少正确的引导。出现这些偏差，虽然是个别的，但也正如中共中央西北局习仲勋书记指出的，“我看有‘左’的偏向，不要半个月，就可以一切破坏得精光”。针对这些情况，江隆基和教育厅工作组做了大量细致工作。他特别提出要纠正干部思想上、作风上的“好大喜功”“急功近利”的思想。他认为，这也是出现这些偏差的一个重要原因。

经过三个月深入细致的工作，环县的土地改革得到了全面落实，广大无地少地的农民大众获得了土地，纷纷出现了支援前线的热潮，组织了担架队，做了军鞋，征送了军粮，参军参战的青年也十分踊跃。据统计，环县、曲子两地参军青年达三千五百余人。环县等地土改工作受到了好评。

江隆基是3月13日随着中共中央西北局、边区政府机关离开延安的。在此前后的几个月里，是他最繁忙的一段时期。在撤离延安之前，遵照上级的指示，他全力投入自卫战争的准备工作。在撤离延安之后，他又全力投入战争状态下的撤离、疏散和坚壁清野的工作。他想方设法使学校和学生在教学上的损失减少到最低程度。他始终坚持着在辗转迁徙与敌人频繁的周旋中，既要使学生从战争中受到教育，又要使学生在战争中不致荒废学业太多。他深深感到，此次自卫战争的撤离疏散远不同于晋察冀边区时华北联大的撤离疏散。这次面对的是未成年的中小学生，如何更周密地安排，如何加强管理，都是十分重要的事。他在《陕甘宁边区战时教育方案》以及《关于战时各中等学校工作的指示》《陕甘宁边区政府教育厅指示信》下达后，又多方奔走，深入下去检查落实情况，指导工作。

1947年冬转战陕北途中。右三为江隆基

撤离延安后，江隆基的夫人宋超是随着边区政府机关的家属队一起转移的。为了躲避敌军的侵袭和飞机的轮番轰炸，这支家属队不得不向远离交通要道的偏僻山沟里疏散，而且在辗转中由大变小，一再分散。到后来，分散到仅两三家为一组。和宋超同为一组的是李建彤、王劲两家，她们都是带着孩子的家属队。李建彤（小说《刘志丹》的作者）是边区政府副主席刘景范的夫人，王劲是边区政府秘书长王子宜的夫人。不幸的是，李建彤身边带的仅三个月大的孩子，在转移中得了急病，不得医治而夭折，悲痛之下李建彤准备起身找部队参加战地服务。王劲带的两个孩子都太小，长途奔波自顾不暇，也准备将孩子送到王子宜的老家保安县。宋超带的女儿蛮蛮不满周岁，也准备转移到晋绥边区的延安第一保育小学。恰在这时，她们见到了途经这里的边区教育厅的一位干部。他告诉宋超说："江厅长就在离这里不远搞土改。"

江隆基已有半年多时间不知宋超和孩子的音讯了。听到母女俩就在离他七八十里的地方，抑制不住兴奋的心情，找来一匹马，赶到了宋超和两位大姐的住地。宋超看到江隆基特别消瘦，一副疲惫的样子，身上灰军装的袖头和膝盖都有破洞。但黑红的脸上，两眼仍炯炯有神，神态镇定自若。宋超心痛江隆基，知道他是一个十分尽责的硬汉子。"他对工作太操劳了。"

江隆基见到宋超母女俩，又看到李建彤、王劲两位大姐，非常高兴。告诉她们说，"彭总已打了几个大胜仗"，"毛主席、周副主席仍留在陕北指挥全国的战场"，并说"我们很快就会返回延安的"。大家都为我们的胜利备感欣慰。当得知李建彤的孩子不幸夭折，江隆基也情不自禁地流下了眼泪，他希望李大姐多多保重身体。

就这样，江隆基和宋超母女，李、王两位大姐匆匆见面，又匆匆离去，返回陇东驻地了。

"恢复学校教育不可懈怠"

中共中央决定主动撤出延安以后，开始了艰苦的陕北转战。1947年3月16日，中共中央决定组成西北野战兵团，以彭德怀为司令员兼政治委员，以张宗逊为副司令员、习仲勋为副政治委员，统一指挥陕甘宁边区所有部队作战。在敌军兵力、装备占绝对优势的情况下，依据陕北地区群众基础好、地形复杂、回旋余地大等有利条件，遵照中共中央的统一布置，西北野战军[14]采取了"蘑菇战术"，诱敌深入，同敌军周旋，陷敌于十分疲惫、十分缺粮的困境中，寻找战机，集中优势兵力，在运动中逐个加以歼灭。

3月25日，西北野战军首先取得了青化砭伏击战的胜利。4月14日又取得了羊马河伏击战的胜利。5月，西北野战军诱敌军主力北上，乘虚攻占了敌军重要的补给站蟠龙。这样在撤离延安后仅四十五天，西北野战军就取得了三战三捷的胜利。

为了打击青海马步芳和宁夏马鸿逵军队野蛮疯狂的侵扰，西北野战军于5月21日至7月7日发起了陇东战役，并取得了胜利。接着，8月，在中央统一部署下，为了调动胡宗南主力北上，西北野战军发起了榆林战役，并取得了胜利。随后西北野战军又转战沙家店地区，取得了沙家店战役的胜利。这样仅仅经过四个月的时间，西北野战军七战七捷粉碎了国民党军对陕甘宁边区的重点进攻。

从1946年6月国民党军发动全面内战开始，仅仅一年的时间，中国共产党领导的人民解放军就粉碎了国民党军队的全面进攻和重点进攻。

1947年6月底，人民解放军由战略防御转入战略进攻。在中共中央的统一部署下，从6月30日开始，以刘伯承、邓小平率领的晋冀鲁豫野战军为中路，千里跃进大别山；以陈毅、粟裕率领的华东野战军为东路，挺进苏鲁豫皖地区；以陈赓、谢富治率领的晋冀鲁豫野战军一部为西路，挺进豫西。三路大军，以“品”字阵势，互为犄角，逐鹿中原。人民解放军的战略进攻全面展开了。

人民解放军转入外线作战的同时，处在内线作战的部队也先后展开了全面进攻。谭震林、许世友率领的华东野战军山东兵团，聂荣臻率领的晋察冀野战军，徐向前率领的晋冀鲁豫野战军太岳兵团，林彪、罗荣桓率领的东北野战军等也在同时加紧发起反击，渐次转入了战略反攻。仅仅一年的时间，从陕北而东北，从东北而华北、华东，人民解放军新解放的地区已达到三百三十五万平方公里，解放的中小城市已达到五百七十九座。

在陕甘宁边区，彭德怀、习仲勋率领的西北野战军，在粉碎了国民党军的重点进攻之后，也转入到外线反攻。1948年3月5日，发起了黄龙山麓战役，解放了黄龙地区的大片新区。4月，又发起了西府（西安以西，泾渭两河之间地区）战役、陇东战役，解放了大片地区。

延安是4月22日收复的。江隆基于延安收复后的第十天就随先头部队从陇东回到延安。面对国民党军对边区的严重破坏，面对新的战争发展形势，江隆基着重开展了各级各类学校的清理与恢复工作。他说，要尽快抓紧恢复工作，“恢复学校教育不可懈怠”，“教育是有连续性的，要尽可能将遭受的损失补回来”。从7月5日到7月13日，连续发出三个文件，就小学、中学、干部学校以及社教工作等的尽快恢复问题，做了具体部署。这三个文件就是7月5日发出的《根据具体条件恢复国民教育工作》的指示信，7月8日《对恢复老区国民教育工作的指示》，和7月13日《陕甘宁边区政府指示》。[15] 文件主要强调以下几点：

一是要根据具体条件尽快恢复学校教育的正常工作。“在巩固区域尚未疏散的学校，应继续坚持上课，并以学校为据点来推动社教工作”；对“已解散的学校，应避开城镇交通要道，先恢复完小”，“再根据具体情况逐渐恢复普小、民小”；“在游击区域应积极开展社教工作”。“要抽调部分干部组织战时社教辅导组巡回各乡，进行识字组、读报组、黑板报、讲演、说书等活动”，要“配合帮助战争动员工作”。各级学校在教学内容中仍要注意“根据战时需要加以伸缩”，以加强时事宣传教育，支援前线。

在恢复学校教育中，要求老区各县将重点放在恢复完全小学，“老区各县应集中力量办好一个或几个完小”。在社会教育中，要将重点放在“办好民教馆”，以民教馆作为开展社会教育的“重要据点”。

二是在各项恢复工作中，要注意克服轻视恢复学校教育工作的倾向。在战争期间各项恢复工作都十分繁忙，这是不可避免的。但是，绝不能以此为借口，轻视学校教育的恢复。我们应该尽快做的是，“使已停顿了的学习损失，尽快的补充上去”，应当认识到“教育工作绝不可任其停顿”。

三是关于中等学校的恢复和发展。自卫战争开始以来，由于支援前线和地方工作的需要，各中等学校陆续被调出工作的学生较多，仅从行知、子长、绥德中学和绥德师范调出的学生就占到全校学生的

62%。整个老区陆续被调出工作的学生已达五千余人。鉴于目前形势的发展，干部的需求日益迫切，决定恢复行知中学和米脂中学，决定关中师范和新接收的栒邑中学合并。在三边、陇东分区的学校内增设中学班或师范班。由于工作的需要，可将学制暂时缩短为一年至二年，保证每学年有十个半月的学习时间。通过这些措施以培养大量急需的干部。

四是加强学校的教学管理。鉴于当前形势发展之急需，特别要求所有干部（包括教员）都要"加强政治学习和业务学习，加强工作责任性和教育能力"的培养，提高教学管理水平。要为"培养更多青年知识分子成为新民主主义建设人才"，做出应有的贡献。

9月7日，针对恢复工作出现的一些问题，江隆基又写出了《关于边区中等教育的几个意见》[16]，就加强恢复工作、稳定学校的教学秩序、解决学生来源等等问题，提出了原则性的意见。意见强调指出，为了"恢复边区工作和发展大西北的需要"，"必须坚持和发展陕甘宁地区的中等教育"。以中等教育为重点，培养大量的基层工作干部。

边区的完全小学是1938年开始建立的。到1946年自卫战争以前，全边区已建立完全小学六十二所。完小毕业生，除了部分升入中学外，有40%以上的参加了边区工作（陕甘宁边区儿童入学较晚，有的完小毕业时已十五六岁，甚至更大，这也可能是完小毕业后参加工作的原因之一）。自卫战争后，边区小学同样遭受严重破坏。在教育厅积极努力下，经过一年的恢复工作，到1948年底，完全小学已恢复到五十余所，初级小学已恢复到近千所。

中等学校的恢复工作也取得较好的成绩。到1948年底，已恢复到五所，即延安大学附中、行知中学、米脂中学、绥德师范和关中联中。中等学校的恢复工作在教育厅的积极推动下，主要是大大加强了培养干部的工作。除了对普通中学进行了必要调整以外，各分区县都增设了党校。在一年多的时间里，全边区共培养了近一万名干部，为支援前线、支援新区的建设做出了贡献。

在积极的恢复工作中，江隆基反复强调，要求各区县、各级各类学校一定要注意从实际出发，结合具体情况放手做工作。他经常深入到基层，发现问题，解决问题，工作做得很细致。

在各级学校的恢复工作中，极为困难的是经费严重不足。江隆基一方面给大家讲述国内战争发展的形势，讲述党的方针政策，勉励大家要学习“节衣缩食，也要办教育”的精神；另一方面他和财会人员一起精打细算，解决好每个细小而又关系群众利益的问题。边区政府教育厅主管财会工作的钟天丰这样记述：“当时各地的各类学校处于恢复阶段。陕甘宁边区的整个财政是相当困难的，当然谈不上由边区政府拨发一定的经费发展教育事业了。但是学校还是要办，即使是维持的经费也要想办法发给。在这样困难的情况下，隆基同志想了很多办法，使边区政府发出的有限经费能用得得当，并使其发挥作用。他作为教育部门的领导者不得不为发放教育事业费而操心。为了使各类学校的教职工能维持最低生活水平，隆基同志和有关人员共同研究，将每个教职员待遇分为‘分’，每个‘分’内含有小米、土布、油、盐、煤的数量，然后定出标准。如教导主任以上每人每月八十至一百分，教员每人每月七十至九十分，中学一般职员五十五至七十分等等。将五种实物折成小米，按当月中旬平均价格折成钱，按50%发给各地。剩下一半由各地财政解决。就这样保证了各地学校从战争创伤中得到了恢复。”[17]

为了使中小学和民校学生的饭菜经费落到实处，使经费开支有章可循，江隆基专门主持制定了《中小学及民校饭菜经费开支暂行办法》，对供给性、补助性等等经费都做了原则规定，保证了青少年学生们的最低生活水平。为了更好地解决贫苦学生就学难的问题，江隆基还采取措施，增加了公费生和自费生助学金的标准（公费生增加了十五斤小米，自费生增加了八斤小米）。虽然增加的数量有限，但对保证学生身体健康和安心学习起到了重要作用。

在各级各类学校的招生中，江隆基根据边区自卫战争以来的实际情况，特别提出，对于学生的入学在“学历和年龄上不必限制过死”，要使那些有志于学习、积极上进的青少年都有求学的机会，要“支持和鼓励贫寒的学生入学”。

钟天丰深有感触地说：“他（江隆基）是我一生革命征途中遇到的少有的好领导、好老师。对我的教益匪浅。”[18]

黄龙分区教师座谈会

1948年春季，西北野战军转入外线作战后，先后解放了黄龙地区和西府地区。由于西府地区尚处在战争状态，所以中共中央西北局决定先着重搞好黄龙新区的建设。

黄龙地区解放以后，建立了黄龙分区，辖九个县。黄龙分区是延安以南的一个比较富饶、文化教育较为发达的地区。全区人口六十余万，有中等学校十三所，完全小学七十余所，每个乡都有初级小学一至五所。有的村（如韩城等县的一些村）还有村学等等。由于这个地区紧靠边区，长期以来国民党将它作为包围边区的前哨阵地，特务组织较多，活动猖獗，形形色色的反共宣传也较频繁。同时由于这个地区紧靠边区，也受到中国共产党政策的影响，有不少青少年投奔到边区，到陕北公学、青训班、鲁迅师范学校等处求学。

在新的解放区迅速扩大的形势下，如何解决新区工作中面临的问题，做好新区工作，中共中央西北局给中共中央提出了《关于新解放区的工作问题》的报告。报告陈述了新区工作中面临的种种新问题，提出了关于新区工作的基本方针。着重强调，“如何把中央的路线、政策在全党同志中搞清楚搞一致，适当地解决新区各种问题，成为做好新区工作的关键”[19]。毛泽东对这个报告极为重视，同意报告中所提出的各项方针，并将这个报告印发全党各中央局、分局和前委，进一步明确了在新区的工作方针。

江隆基认真学习并组织教育厅的工作人员学习了中共中央和中共

中央西北局的有关文件。江隆基强调，中央的新民主主义的路线和方针政策是明确的。只要我们正确理解中央有关新民主主义教育的方针政策，就可以避免或少犯右倾和“左”倾的偏差，就会正确解决新区面临的新问题。

面对新区的学校教育和社会教育状况，江隆基重点抓了两方面的工作，一是关于接管新区学校教育的工作，二是如何做好新区教师队伍的整顿和教育工作。他仔细分析了黄龙分区学校教育状况，主持起草了上述两项工作的计划。两个计划经教育厅厅务会议讨论通过后于6月1日上报中共中央西北局。6月19日，习仲勋书记批示：“两个计划均阅过，尚切合实际，望能在政务会正式通过，俾早领导执行。”[20] 其后，中共中央西北局发出了《中共中央西北局关于黄龙区学校教育的指示》。7月初，边区政府组成了以江隆基为团长的新区文教工作团开赴黄龙新区。新区文教工作的恢复与改造全面展开。

首先，对各级各类学校教育采取“严格保护政策”。凡是条件具备的都可开学上课。同时根据实际情况集中办好若干个中学、小学。对新区的所有教育工作者除确系反动分子和破坏分子外，一律争取合作。对于讲授的课程，除宣传法西斯毒素、反共反人民的内容做适当调整外，均予保留。

其次，在学校管理上实行校务委员会领导下的校长负责制。校务委员会由校长、教务主任、事务主任、教职员代表、学生代表组成。另外设立学习委员会，负责组织全校教职员的政治学习。校长人选争取教育界有声望的人士担任，如韩城中学争取了在当时从教四十余年有声望的樊厚甫先生出任校长。还有如韩城师范的张孔博，郃阳师范的党晴梵、党修甫等等。学校的民主管理和聘任知名人士出任校长，都起到了良好的作用。

再次，坚持贯彻新民主主义教育方针。在学校教育中，按照新民主主义教育方针政策办教育。本着实事求是的科学态度，办好新区学校。要将培养为人民服务的思想与学习文化科学知识结合起来，使他们成为为人民革命战争和新民主主义建设事业服务的新生力量。

为了大力宣传中国共产党的方针政策、宣传边区的教育方针，边区教育厅国民教育科制定了八十六条标语，其中对教员的有二十七条，对学生的有五十九条。这些标语从教育方针、教学方法以及思想教育等各个方面对新区的师生提出了希望和要求，引起了很大反响，收到很好的效果。

与此同时，江隆基重点搞好黄龙分区暑期教师座谈会的工作。

黄龙分区暑期中小学校教师座谈会，是7月中旬开始的。参加座谈会的有全分区的中小学教师七百三十人。座谈会以阅读学习文件与座谈讨论为主，以听辅导报告为辅。学习的主要文件是：毛泽东的《新民主主义论》《中国革命与中国共产党》《论联合政府》《目前形势与我们的任务》《在晋绥干部会议上的讲话》《在延安文艺座谈会上的讲话》，任弼时的《土改中的几个问题》，陈伯达的《人民公敌蒋介石》《中国四大家族》，以及《人民解放军宣言》《土地法大纲》《陕甘宁边区教育方针》等。座谈会的要求是，通过学习和座谈，领会新民主主义革命的理论及党的各项方针政策，提高认识，消除疑虑，稳定情绪，明辨新旧社会的区别，以“初步改造他们的思想意识，争取其大多数为人民服务”，“逐渐树立革命人生观”。

座谈会历时一个月，到8月中旬结束。黄龙区暑期教师座谈会引起了很大反响，是一次很有成效的座谈会。座谈会结束时，由积极分子发起了退出伪组织的活动，纷纷自动签名。并召开控诉会，揭露国民党、三青团和特务组织的破坏活动。座谈会通过了向毛泽东主席的致敬电及《告蒋管区教育界同仁书》。

《群众日报》对黄龙分区暑期教师座谈会做了大量报道。中共中央西北局和陕甘宁边区政府，充分肯定了它的成功经验，并发布文件，批示各地参照实施。

对于黄龙分区暑期教师座谈会的成功经验，江隆基总结为五个方面：

一是团结和教育知识分子，“应以他们的觉悟程度及其具体要求为出发点”。黄龙分区的教师队伍的状况说明，“除极少数确系反动分子和破坏分子外，均可以争取他们合作”。他们当中有的对中国共产党存有疑虑，消极观望，以及有种种偏见等等，主要是由于长期受国民党反共反人民的恶意宣传的影响，他们中的绝大多数是“受了欺骗、蒙蔽、麻醉”的，对中国共产党有许多误解和偏见是不可避免的。而且就大多数人来说，他们又“多半是盲从附和，并非思想上已经有了固定的认识”。所以，采取教育的办法团结他们，争取他们为人民服务是完全应该的，也是可能的。

江隆基认为，知识分子的思想改造是“一个长期过程”，不可“要求过高，求成过急”。就目前来讲，基本的要求应当是“划清敌我界限，在革命政权的领导下，做一个为人民服务的教育工作者”，“不是要求他们马上成为一个牺牲个人和家庭利益的革命家”。至于他们还存在的一些错误思想意识，“可在今后的学习和工作中去慢慢改造”。

二是团结和教育知识分子，应当在团结基础上进行思想改造。江隆基认为，团结与改造是相辅相成的，“没有团结就谈不上改造”。改造本身不是目的，争取团结他们为人民服务才是真正的目的，所以我们应当强调“在团结基础上进行思想改造”，通过思想改造达到团结的目的。

江隆基认为，对新区知识分子的争取和团结，“一定要有诚恳的态度，谦虚的作风，民主的精神，以身作则的模范作用”，“切忌盛气凌人，以胜利者自居”，“你落后，我来改造你”，这种态度是绝对要不得的。他说，我们在工作中应当注意掌握的是“原则性要强，方式方法要灵活”，这一点非常重要。他说，这次座谈会开始时，有许多人是抱着应付的态度和试探的心理来的，以为座谈会也和国民党的训练班一样，“讲一套漂亮话，敷衍几个星期完事”。甚至有些人随时准备溜走。但是来到以后，他们看到的是我们的民主自由，看到的是我们诚恳的态度，看到的是我们的关心和爱护，看到的是我们的工作人员和学员们打成一片……结果，他们不仅消除了种种疑虑，而且学习情绪日益高涨。他们反而觉得自己太幼稚，甚至将自己在座谈会上提的糊涂问题，当作笑话加以讥讽。

三是要发扬“自由思想与自由争辩”的精神。江隆基认为，能否让大家自由思想、自由争辩，敢于讲话、勇于暴露，是开好座谈会的一个关键问题。他说，这次座谈会之所以能取得良好的效果，重要的一条就是我们发扬了这种民主精神。种种错误的思想观点，某些原则性的分歧等等，是不可避免的。问题在于我们采取怎样的态度、怎样的方式。我们一定“要有意识地开展争论、启发、诱导”，在自由争论中“支持进步的观点，使争论向正确的方向发展”。同时一定要注意说理，要讲道理，要有耐心，循循善诱，要相信绝大多数是能够辨别是非、服从真理的。对于提出的荒谬问题、发表的错误言论，我们也要实事求是地分析，“是因政治上的无知而发的谬论”，还是“基于政治成见而发的反动言论”，一定要有区别。务必防止把思想问题和政治问题混为一谈。对于前者，“应以与人为善的态度进行适当批评，但不可过分地伤害了对方的自尊心”；对于后者，则“应予必要的揭露”，以说理的精神指明错误。在自由争辩中，一定要避免采取压制和打击的办法，避免那种借题发挥，甚至恶意攻击的现象。

四是对于我们自身“存在的缺点与错误也应公开承认，进行自我批评”。他说，有些人往往将革命理想化，看到我们的优点，认为是理所当然。一旦发现我们的某些缺点，就大加讥讽，认为还是和国民党一样的。他说，这样看问题的方法当然不对头，这种以一点代替全盘、以现象代替本质的方法自然会出偏差。但是，就我们自身来说，江隆基强调，“对确实存在的缺点与错误，也应公开承认，进行自我批评”。只有这样，“才能使他们对党的政策有正确认识，才能相信我们是大公无私的，是为人民服务的”。

五是对知识分子个人的历史问题要仔细分析，慎重对待。就黄龙分区的知识分子队伍（主要是中小学教员）的统计，有50%～70%是国民党员或三青团员（宜君、黄陵等县约占50%，韩城、宜川等县约占70%），数量是惊人的。但是就实际情况分析，“他们中的多数是被迫参加的，而且对国民党的黑暗统治，普遍不满”。他强调，对此应当“分清是非和轻重，分别对待”，应当“以争取改造为主”。至于“其党派关系问题，应在其思想自觉的基础上求得解决，不可过早地强制登记或反省”。这样做的效果很好，在座谈会即将结束时，与会的积极分子发起了退出敌党团的活动，并在召开的控诉大会上，揭露国民党三青团的罪行。

黄龙分区时期教师座谈会的成功经验，对于其他新的解放区，以及解放后在接管学校教育中，做好争取团结广大知识分子工作都有着重要的借鉴和指导作用。

民办公助

1948年秋，解放战争进入夺取全国胜利的决定性阶段。

在革命战争迅猛发展，中国共产党即将取得全国政权的形势下，江隆基回顾了陕甘宁边区教育的历史，他试图从陕甘宁边区多年来走过的道路中，寻找出一些成功的经验。他也思考着，从中国国情的实际出发，在学校教育中我们应当着重解决的问题。

他认为，在新民主主义教育方针的指引下，陕甘宁边区的教育事业有了很大进步，取得了显著成绩，它“反映了边区人民的政治经济生活，同时又推动和丰富了边区人民的政治经济生活”。[21]他说，在这些方面我们都有许多可以借鉴的经验，需要研究总结，继承和发扬。其中一个重要的可以借鉴和继承的经验就是民办公助。他提出，面对解放后中国仍然落后的经济状况，在普及教育问题上，特别是广大的农村、乡镇，继承边区已经实行多年的民办公助是切实可行的。

抗日战争以前，陕甘宁边区农村经济长期处于停滞状态，文化教育比较落后。人民缺少文化生活，文盲率高达90%以上，除少数城镇有少量学校外，在广大农村，方圆几十里找不到一所学校。林伯渠到陕北后在一次工作报告里说道：“边区是一块文化教育的荒地。学校稀少，知识分子若凤毛麟角，识字者则极稀少。在某些县，如盐池县一百人中识字者只有两人，再如华池等县则二百人中仅有一人。平均起来，识字的人只占总人口1%。至于小学，全边区过去也仅有一百二十个，并且主要是富有者的子弟。整个边区的中学生是屈指可数的。社会教育简直是绝无仅有的事。”[22]

1939年9月，陕甘宁边区政府正式成立后，重视教育建设，学校教育有所发展。特别是经过“整风”学习以后，纠正了“旧型正规化”的教条主义倾向，使学校教育注意到了边区的实际状况，促进了学校教育的普及，并向着群众实际需要的方向发展。从1944年起，边区陆续出现了一种新的办学形式——民办小学。边区政府及时总结了这种群众自己办学的经验，提出了在国民教育中实行民办公助。4月，边区政府发出《关于提倡研究范例及试行民办小学的批示信》。《批示信》指出，各级政府应该注意所属小学教育的改革，要“发动群众的力量，根据群众的意愿，来办群众自己的学校”。并且要求“将来应做到每村都有一所民办村学。在村学的协助下来办冬学、夜校、识字班，以达到全边区扫除文盲的目的”。

民办公助，主要是鼓励群众自己办学，政府在方针政策上加以指导，在经济上给予补助。这是陕甘宁边区在长期教育实践中，在经济文化落后、居住分散、人口稀少、交通不便，以及在政府经费短缺的情况下，找到的一条符合边区实际的普及教育的办学方式。

自从民办公助提出以后，边区的民办学校有了很快发展。1944年底，民办小学已占到全边区小学总数的52%。1945年秋季，已达到占全边区小学总数的60%。

江隆基主持边区教育工作以后，非常重视民办公助的工作。他提出，应当不断总结经验，巩固和发展民办公助的办学方式。他强调，民办公助是促进边区教育普及的好政策，是改变边区落后状态，促进文化教育发展的好政策。它既满足了广大群众要求读书识字，提高文化素质的需求，也大大帮助政府解决了教育经费的困难。他引用群众的话说："民办好，民办了，学校由咱们管，先生由咱们请，可以按咱庄稼汉的闲忙规定念书时间。农忙时，多生产，农闲时，多念书。娃娃也不用带粮到外村去上学。"它"确实是普及陕甘宁边区教育的好办法"。[23]

坚持贯彻"民办公助"的方针，江隆基认为，应当依据陕甘宁边区的实践经验，注意做好以下工作。

一是在发动方式上，要按照当时当地的具体情况和群众不同的觉悟程度，使他们感到读书识字的重要，自动地起来办学兴学。要照顾到边区农村环境和农民生活的特点，在群众需要与自愿原则下进行工作。绝不能不问群众的需要与意愿，只凭一时的热情去干。更不能急于求成，强迫命令，甚至搞突击竞赛，搞摊派等等。

江隆基还进一步提出，民办公助，应当是将"教育事业交给群众作为乡村自治的一个重要项目，让群众根据自愿，按照自己的需要去办"。他说，我们提倡民办公助的学校，并不是像旧社会那样的私学。我们的民办公助学校是全村人民的共同事业，人人都有权利入学，人人都有义务去支持。也正是这样，我们的民办公助就有广泛的群众基础，我们的民办公助学校就会蓬勃发展起来。

二是在组织形式上，民办公助"在于普及教育，组织形式是各种各样的"。他指出"因时制宜与因地制宜，校址不必集中，学制不求划一。适应农村分散的环境，采取分散办学与分村教学的方法，力求做到不误生产，不违农时"，这是民办公助学校的重要特点。陕甘宁边区在民办公助的实践中，创办了多种形式的办学模式。如延安沟门的职业小学、关中的一揽子民小、三边地区的按村与按户轮学及半年学校等等，都取得了很好的效果。特别是一揽子民小，其中包括娃娃的整日班、妇女的午班、成人的夜校等等。这些多样化的形式就把学校教育与社会教育结合起来了。还有按户轮学、按村轮学，这些都是群众自己创造的有效的普及教育的好形式。

三是在教学内容与教学方法上，要“从群众实际生活的需要出发，群众需要什么就教什么，学了以后就能应用”。江隆基说，这也是民办公助学校的重要特点。譬如教认字，就教日用的杂字；需要记账，就教珠算；需要应酬门户，就教书信，写条据，写契约，写对联；需要卫生健康，就教卫生常识等等。在教学方法上，也不需要强求一致。教员所用的教材不完全是固定的课本，而是根据实际生活中的种种事物随编随教。在教学时间上，也不需要过多限制，早到早教，晚到晚教；集体的人多了教，人少了个别的也教。正是因为这样的办学模式切合于农村生活环境，切合于群众的需求，所以这样民办公助的办学，就在群众中扎下了根。群众更加关心学习文化知识了，对他们子弟的上学也更加踊跃，积极支持了。仅仅几年的时间，陕甘宁边区就涌现出了许多这样受群众欢迎的好学校。如延安的杨家湾、旧城、沟门，新正县的富庄、前义阳，淳耀县的岭底、白原，赤水县的枣林，吴旗县的赵家沟，定边县的梁圈、黄蒿梁，庆阳县的熊家庙，镇原县的西壕，佳县的崔家河，子洲县的峨峁峪，志丹县的顺宁街等等，都是深受群众欢迎的民办公助学校。

四是加强组织领导是做好民办公助工作的关键。江隆基强调，我们所说的公助，是“全面的指导和帮助”。所谓公助，并不仅仅是帮助解决经费问题，只是助粮助款等，更重要的是包括“教育方针、教学内容、教学方法、教员、教材”等等。这是我们做好民办公助的关键。我们应当全面地、有重点地指导和帮助，但这“不是包办代替，而是建立在群众自愿和需要的基础上”的。还应当注意加强日常的组织领导。譬如要“注意巡视检查、交流经验、解决困难，经常想办法巩固群众的情绪，不断发挥其积极性”等。还有，如“设法提高教学水平和改进教学方法，以增进教学效果”“帮助编印新课本”等等。还有，如“加强学校和群众的联系，听取家长对学校的意见，不断地改进工作；教员也要经常将学校的情况及学生的成绩报告给家长……这样群众就会关心学校，而学校就容易在群众中生根”。[24]

在新的形势下，为了坚持巩固和推广民办公助，江隆基也提出了自己的意见：

首先，要进一步加强领导。他认为，加强领导同样是能否坚持、巩固和进一步推广的关键。他说，民办公助虽然已经取得一定成绩，取得了一定经验，但是应当看到这些成绩仍然有待于进一步巩固提高。仍然需要加强“全面的指导和帮助”。今后，还要特别注意纠正“领导上的放任自流与强迫命令”两种偏向。他要求“各级领导对这个政策要有清楚的了解和正确认识”，要“把它提高到政策高度去认识”，进一步推广民办公助的经验。

其次，要“合理解决经费问题”。他说，每个民办学校最好给自己建立起一份“家务”，打下一个长远的“家务”基础。经费的解决，可以采取多种形式，多种办法酬集。也可以募集基金，开办生产、消费和信用合作社等。譬如米脂县民丰区采取了这些办法都收到了很好的效果，这些都是可以借鉴的。

江隆基提出，在经费问题上，应注意的是：“不要由学生家长平均负担。因为在人口稀少的乡村既难支持，又不合理；要避免随时摊派，因为这样最易引起群众的不满；在有民小的村庄，可酌量减轻农民附加粮的负担”等等。

再次，“要提高教师教学水平，增进教育效果”。江隆基认为，提高教师的教学水平，是贯彻民办公助方针的基本保证。他说，即使在现有困难的条件下，也要千方百计提高教师教学水平，增进教育效果。他提出了一些办法：（一）领导要经常督促检查。譬如可介绍范例，组织参观，召开家长会议，举办成绩展览、互相观摩等，不断提高教师的积极性和责任心，丰富教师的实践经验。（二）建立据点，分工领导。以完全小学、中心小学为中心，推动民办学校。使每个公立学校都承担起帮助民办的责任。（三）组织教师联合会。以区为单位，按时召开座谈会，研讨教学内容、教学方法、教材，以及时事政治、文化科学知识等的有关问题。（四）利用寒暑假期，举办教师讲习会。总结经验，交换意见，讨论问题，以促进和提高教师的教学水平。（五）适当抽调一些教师，到各中等学校或完全小学参加短期学习班，帮助提高教师的业务水平。

江隆基强调，在目前革命战争在全国取得胜利的新的形势下，面对我国文化教育落后的状况，我们既需要坚持民办公助，促进普及教育，同时也需要使民办公助“向正规化方向发展”。我们“不能停留在游击战争的阶段，满足于过去一套”。我们应当是“数量与质量并重，普及与提高兼顾”。[25]

“新型正规化”

1949年初，辽沈战役已胜利结束，淮海、平津战役即将胜利。在长江以北地区，国民党军队的整个战线已全面崩溃。在长江以南地区，国民党统治已完全陷入混乱之中。

毛泽东为新华社撰写了1949年新年献词《将革命进行到底》。指出，我们必须把革命进行到底，必须用革命的方法，坚持彻底干净全部地消灭一切反动势力，在全国范围内推翻国民党的反动统治，建立一个新中国。

这是革命战争即将取得全国胜利的前夜。面对这种新的形势，江隆基认为，我们的学校教育，特别是在办学方向上也应当有个较大的相应的转变。他说：“随着革命形势的发展，不久的将来我们就要取得全国的政权。我们的一切工作都要从局部的地方性向统一的全国局面发展，由分散的农村向集中的城市发展，由暂时的措施向长远的计划发展。”他强调说：“为着适应今后的胜利局面，一切工作都需要来个大转变。文教工作自然不能例外。”我们的学校教育也应当“向新型正规化前进”。[26]

关于学校教育正规化的话题，早在抗日战争全面爆发后的1938

年，面对边区的文化教育落后状况，陕甘宁边区政府就将其提上了日程。在《关于改进与扩大小学工作的初次总检查的信》中指出：要求“学校质量更高一些：一方面要坚持战时国防教育方针，力求学校组织适合于战争变化的局面；一方面要利用各种可能的环境，使学校建设走上正规化道路，克服过去残留下来的一切游击主义的作风。学校要办得像一个学校”。这是边区政府针对抗日战争的新形势，和边区小学教育落后的混乱状况，首次提出的要走上正规化的问题。

1946年陕甘宁边区参议会全体成员合影。后排右二为江隆基

1941年11月，陕甘宁边区参议会通过了陕甘宁边区政府施政纲领，其中的关于文化教育政策进一步规定了“健全正规学制”。指出，边区实行正规化教育，就是要克服过去教育中的游击作风和只求数量忽视质量的倾向。从学制、课程、管理诸方面逐步建立正规教育制度，使边区教育走向正规道路，以提高边区教育的质量。在建立正规化教育思想的指导下，边区政府教育厅先后制定颁布了一系列法令、规程。如《陕甘宁边区小学法》《陕甘宁边区模范小学暂行条例》《陕

甘宁边区奖励小学教员暂行办法》《陕甘宁边区模范夜校、半日校暂行条例》《民众教育馆简则》《陕甘宁边区小学规程》《陕甘宁边区暂行中学规程草案》《陕甘宁边区暂行师范规程》等规程。这些规程对边区教育的学制、课程、教材、设备、管理等各方面都做了具体详细的规定，对于提高边区的教育质量，使边区教育走上正规化起到了积极作用。

但是，在正规化教育的具体实施中却出现了偏差，使边区教育走过了一段弯路。

譬如在小学教育中，普遍推行义务教育。要求学龄儿童八岁到十四岁都要按规定入学。后来由于行不通，又决定重质不重量，精简和合并学校，提出了每个县宁可取消十个普小，也要办好一个集中的完小。并要求每个学校在年限、班级、开学、放假等方面必须整齐划一。在中等学校教育中，严格规定入学的标准年龄，规定初中为十三岁至十七岁，高中为十六岁至二十岁。同时还规定，每个中学除了有必要的桌凳、教具和教室外，还必须有自习室、图书馆、俱乐部、仪器、药品、标本、体育器械等。还要求每个学校除了办公室、师生宿舍以外，还必须有食堂、浴室、礼堂、农场、合作社以及校园等。

在教学内容和教学方法上也将大城市里的一套搬了进来，将农村的课本城市化。例如在小学课本里就有这样的内容："爱干净的孩子，天天都洗澡"。在边区，山区的孩子连水都喝不上，哪里还谈得上洗澡？还有如"太阳出来了，爸爸起床了，妈妈起床了，我也起床了，大家都起床了"。在边区农村，农民都有早起下地干活的习惯，太阳还没有出来，已经在地里干活了，哪里还会等到太阳出来？

边区的教育不能脱离边区的经济、政治状况，同时，边区的教育也必须服务于边区的经济和政治。依据边区的实际状况，江隆基总结了这方面的经验，他提出，边区教育的基本任务应当是"消灭文盲和培养知识干部"，这也是"边区教育多年以来的努力方向"。就"消灭文盲"的任务而言，江隆基主张应在大力普及小学教育中，推广"民办公助”，在普及社会教育中，大力推进冬学教育。至于“培养知识干部”，则主要是中等以上学校以及干部培训学校的事。这一切都要从边区的实际出发，切合边区的实际。

江隆基认为，“培养知识干部”，中等以上学校担负着“提高现任干部与培养未来干部的双重任务”。这是因为，第一，边区各地的乡村干部中文盲与半文盲占相当大的数量。这些干部经过长期的革命锻炼，有着丰富的斗争经验，同群众有着密切的联系，是革命的宝贵财富。但是由于文化程度的限制，思想上进步很慢。为了使这些干部得到提高，改进他们的工作，将他们轮流抽调到这些学校来学习，是非常必要的。其次，边区的知识分子向来缺乏，抗日战争以来虽然有大批外来的知识分子参加边区的各项建设，但仍然供不应求。中等学校的学生常常是不到毕业就被抽调出来参加工作了。几年来被调出参加工作的已近六千人。这也说明了中等学校在培养知识干部上所起的作用。所以江隆基建议：“各个中等学校于普通班外，应再开办半年到一年的短期训练班，以专事提高区乡干部的文化政策水平。”他认为，边区的中等学校教育始终具有“干部教育及预备干部教育的性质”。所有这些都是适应当时情况而采取的正确措施。

江隆基认为，学校教育本身有其共同的特点。在取得全国政权的形势下，主客观条件已发生了巨大变化，这就使得学校教育有条件恢复其固有特点，按照“正规化”的方向发展。江隆基将这种在新形势下推动学校教育的发展，叫作“向新型正规化前进”。

“新型正规化”有哪些基本要求呢？江隆基提出了以下几点：

关于新型正规化的基本精神，他提出：就是“要照顾现在又要照顾将来，要照顾农村又要照顾城市，要照顾到特殊又要照顾一般”。“要照顾现在又要照顾将来”，意思是说，在学校教育的培养目标上，既要面对当前新民主主义社会的需要，为新民主主义的政治经济服务，同时也要展望未来，照顾到将来向社会主义社会过渡的需要。“要照顾农村又要照顾城市”，意思是说，学校教育的发展应当顾及全面，既要注重农村学校教育的发展，也要注重城市学校教育的发展。“要照顾特殊又要照顾一般”，意思是说，学校教育的发展，在中国这样一个多民族的、多地域的广阔大地，是不可能均衡发展的。这就要求我们在工作中，一定要注意到发展中的特殊性。

关于新型正规化的基本内容，他提出，主要应当包括“有计划性和科学性”。“要有明确的目标，正规的制度，严密的计划，完备的教材。”同时，还要“健全学校的组织，加强教学的领导，注重教学效果”，“培养更多的为人民服务的干部及预备干部”，“广泛开展文教运动，使广大群众从旧社会的封建蒙昧的状态中完全解放出来，达到文化上的彻底翻身”。

关于实施新型的正规化，江隆基提出，应当注意防止两个方面的偏向。他说，我们边区多年来教育工作积累了许多经验，对于这些宝贵的经验，我们“要用马克思列宁主义的方法加以研究”，“分析出哪些是正确的，哪些是错误的”，对于正确的东西“要发扬和提高”，对于错误的东西要加以批判和改正。他强调说，“离开了过去的基础，就无所谓发展，无所谓新型正规化”。所以，我们强调要继承老解放区学校教育工作的经验，但也不是要抄袭过去的一套，满足于过去的经验。

要防止另外一个方面的偏向，是要正确对待旧教育的传统。他说，旧的学校教育是半封建半殖民地社会的产物，在许多方面是不适合新民主主义社会要求的，“我们决不能把旧型正规化当作新型正规化”。但是，我们应当注意的是，我们绝不是全盘否定，“拒绝吸收”，而应当是“加以必要和可能的改良，来发展学校教育工作”。他强调，我们这样做，不能认为是“向半封建半殖民地的教育制度妥协”，而是“必须依据实际情况，继续不断地坚决而有步骤地去进行改革，使之符合于新民主主义和向社会主义过渡的实际需要，向新型正规化转变”。

江隆基还强调，同其他事物的发展一样，学校教育的正规化，有它的复杂性，“需要经过一定的发展过程”，“需要具备一定的条件”，“不是一蹴而就的”。“客观实际是不断发展的，我们的新型正规化也需要不断地发展和充实。”[27]

学校教育向新型正规化发展，是江隆基在革命战争即将在全国取得胜利，建立新的政权的形势下，提出的一个重要课题。

注 释

[1] 1939年夏，陕北公学、延安鲁迅艺术学院、安吴堡战时青年训练班、延安工人学校合并，成立华北联合大学，并开赴晋察冀边区。1939年冬季，中共中央决定复办陕北公学，在延安重新招生，称后期陕公。

[2] 曾鹿平：《承前启后，继往开来——江隆基在延安大学》，载《纪念江隆基文集》，兰州大学出版社，2005年。

[3]《访马彬记录》，1983年 。

[4] 林迪生，浙江省临海县人，1903年5月生。1926年加入中国共产党。1937年任中共苏维埃教育部社会教育科科长。1938年任鲁迅师范学校校长。1941年到延安大学任职，先后担任中学部主任、教育科科长、教干处处长、教育处处长等职。新中国成立后，任西北军政委员会教育部副部长。1953年起任兰州大学校长、副校长，在兰州大学工作二十六年。1979年任中国教育学会副会长兼秘书长。1988年离休。1997年在北京病逝，享年94岁。

[5]《访问林迪生记录》，1981年。

[6][7][8][15][16][20] 原件存陕西省档案馆。

[9] 原名延安中学，为纪念著名教育家陶行知，1946年8月改为行知中学，是陕甘宁边区教育厅直接领导的一所中学。

[10] 卢勤良，行知中学副校长，新中国成立后任陕西省教育厅副厅长。1951年12月因病逝世。

[11]《解放日报》，1948年3月5日。

[12]《提高自己，战胜困难——向第四后方医院学习》，载《群众日报》，1948年3月5日。

[13] 1947年10月下旬到11月下旬，中共中央西北局在习仲勋主持下，在绥德县义合镇召开了陕甘宁边区干部会议，会议传达了全国土地工作会议精

神，做出了关于彻底完成边区土地改革和开展整党工作的决议。

[14] 1947年7月31日，中共中央军委决定，将西北野战兵团定名为西北人民解放军野战军（简称西北野战军）。

[17][18] 钟天丰：《江隆基同志给我的印象》，载《纪念江隆基文集》，兰州大学出版社，1987年。

[19] 习仲勋：《关于新解放区的工作问题》，载《习仲勋文选》，中央文献出版社，1995年。

[21][24][25][26][27] 江隆基：《边区教育的回顾与前瞻》，原载《边区教育通讯》，1949年1月。

[22] 参见《陕甘宁边区政府文件选编》第1辑。

[23] 江隆基：《关于贯彻民办公助政策经验的初步总结》，1947年。

第六章

出席新政协会议

1949年9月21日，中国人民政治协商会议第一届全体会议在北平召开。江隆基出席了这次大会。

召开新的政治协商会议[1]是中共中央的重要决策。早在1948年4月30日，毛泽东在中共中央发布的五一国际劳动节口号中，就发出了“迅速召开政治协商会议，讨论并实现召集人民代表大会，成立民主联合政府”的号召。新中国的筹建序幕已经拉开。

新政治协商会议筹备会于1949年6月15日在北平成立。筹备会在以毛泽东为主席的常委会领导下成立了六个工作组，分别负责以下工作：（一）拟定参加新政协的单位及代表名额；（二）起草新政协的组织条例；（三）起草共同纲领；（四）拟订中华人民共和国政府方案；（五）起草宣言；（六）拟订国旗、国歌及国徽等。各个工作组进行了积极的准备工作。

江隆基是1949年8月下旬同陕西省的几位代表由西安出发的。途中历经近十天的奔波始到达北平。江隆基有这样的记述：“当晚到达潼关，在车上睡了一夜。第二天清早过黄河，晋南派汽车来接，当天行至运城。第三天到临汾，在行署休息了一天。第五天仍乘汽车到灵石，火车已到霍县，但尚未卖票。我们是从灵石上车的，晚上在车站等了好久，几乎淋了雨，晚十点上车，坐的是最坏的三等车，大家都挤在车板上睡了一夜。29日早十时到达榆次，由西北办事处向太原要了一辆头等卧（铺）车，傍晚过石家庄，30日黎明抵德州，均未换车，只将我们的专车挂在平浦列车上就开走了。30日午后四时到天津，六时半即安抵北平。”[2]

江隆基到北平后，参加了会议的会务准备工作。9月21日，大会正式开始，江隆基是全国教育工作者委员会候补代表。全国教育工作者委员会代表共十七人，正式代表十五人。正式代表是：成仿吾、叶圣陶、钱俊瑞、林砺儒、张如心、晁哲甫、陈鹤琴、俞庆棠、竺可桢、江恒源、汤用彤、叶企孙、杨石先、戴百韬、柳湜。候补代表两人，他们是江隆基、葛志成。

会议期间，教育组代表热烈讨论了政协筹委会的三个文件（《中国人民政治协商会议共同纲领》《中华人民共和国中央人民政府组织法》《中国人民政治协商会议组织法》）。特别对《共同纲领》的第五章文化教育政策（第四十一条至四十九条）专门进行了研究讨论。大家竭智尽虑，为国献策，讨论十分热烈。大家一致认为，文化教育政策的九条内容，全面阐述了新民主主义的文化教育政策。它切合实际而又坚定明确，对新中国文化教育的各项工作都起到了规范和指导作用。在讨论会上，大家又共同推举成仿吾代表教育组在大会上发言。

大家认为，政协会议的召开与《共同纲领》等文件的拟定，充分体现了在中国共产党领导下的政治协商精神。大家衷心赞扬毛泽东、周恩来等领导人的大智大勇，既提出了完整的符合中国国情的立国方案，又虚怀若谷听取其他党派和民主人士的意见，平等协商国家大事。与会期间，江隆基遇到了好几位过去的老同学，有的成了著名学者，有的是民主党派的领导者，他们都以自豪喜悦的心情，谈论着这样那样的感受。

长期困扰江隆基的肺病（肺结核），在革命战争年代无暇顾及。这次来京开会，他抽时间到医院做了检查。医生叮嘱他，虽然已无大碍，但还是要求他多注意休息，多注意保养。

10月1日，江隆基参加了开国大典。毛泽东在天安门城楼上向全世界庄严宣告："中华人民共和国中央人民政府今天成立了。"鲜艳的五星红旗在《义勇军进行曲》的雄壮旋律中冉冉升起，五十四门礼炮鸣二十八响。国庆阅兵式一直持续了三个小时。夜幕降临，华灯初上，欢乐的人群高呼着"中华人民共和国万岁！""毛主席万岁！"的口号，欢呼声响彻云霄。扩音器中不断传出毛泽东洪亮的声音："同志们万岁!"江隆基完全沉浸在幸福的心绪中。

在一片欢乐喜庆中，江隆基感触很深，也想了很多。《共同纲领》庄严宣告："中国人民的胜利已使帝国主义、封建主义和官僚资本主义在中国的统治时代宣告结束"，"中国人民由被压迫的地位变成为新社会新国家的主人"。历经血与火的洗礼的中华民族，屹立在东方，中国人民站起来了。他回想着中国人民的奋斗历史，如果从打响反抗帝国主义侵略第一枪"放眼看世界"的林则徐算起，已经走过了一百多年的路；如果从公车上书、维新变法的康有为、梁启超算起，已经走过了五十多年的路；如果从民主革命家孙中山领导的辛亥革命算起，也已走过了三十多年的路。中国人民经历了多么大的流血牺牲才换取了今天的胜利啊！我们党又是经过多少坎坷才取得了今天的胜利啊！

江隆基铭记在心的是：我们一定要牢记胜利来之不易！我们一定不能忘记那些仁人志士，那些前仆后继、英勇奋斗的无数的革命先烈!

新政协通过的《共同纲领》分序言和总纲、政权机构、军事制度、经济政策、文化教育政策、民族政策、外交政策等七章，总计六十条，七千多字。它凝结了以毛泽东为代表的中国共产党人、民主党派和无党派民主人士的心血，它是百余年来中国人民为之奋斗的结晶。这是中华人民共和国开国的根本大法。江隆基在学习和讨论的过程中，深深感到《共同纲领》的分量和它的重要意义。

会议期间，江隆基专门为《新华周报》撰写了一篇关于教育政策的文章，题目是《新民主主义教育的发展及其特质》。[3]

首先，文章以马克思主义的基本观点提出了文化教育与经济政治的关系。它引用了毛泽东在《新民主主义论》中的一段话："一定的文化教育是一定社会的政治与经济在观念形态上的反映。"江隆基认为，这是我们认识"教育的发展及特质"的基本观点。他说："政治经济的发展决定着文化教育的发展，而文化教育的发展又可以倒转过来促进政治经济的发展。""政治经济是主导的东西，而文化教育则是从属的东西。"江隆基说，教育是一种有意识的、有目的的、有计划的培养人的社会活动。它是社会生产生活继承、延续，和新生一代生存成长不可缺少的组成部分。社会发展是永恒的，教育发展也是永恒的。教育作为社会生活的一部分，它又始终受着一定社会生产力的制约。生产力与生产关系的矛盾统一，推动着社会发展，也推动着教育的发展。而教育的发展同时又会影响社会生产力和生产关系的发展变化。所以，我们绝不能够脱离一定社会政治经济来看待教育的发展，譬如"教育清高论""教育万能论"等等都是不对的。

其次，文章简略回顾了我国近百年来新教育的发展。江隆基认为，新教育的产生与发展，大致是从戊戌维新变法开始的。在维新变法中，大力改革科举制度，废除旧八股，将书院改为新学堂，以及创办京师大学堂，设立译书局，派留学生出国留学，学习西方的自然科学和社会学说等等。戊戌维新变法激发人们挣脱封建专制的思想禁锢，是一次重要的思想启蒙运动，但是它最终却失败了。江隆基说："政治经济的大权依然操在腐朽透顶的封建统治者的手里，如何能够从民族解放的需要与广大人民的利益出发去考虑问题呢?"同时，它们也没有与中国的国情结合起来，"一方面提倡维新，另方面提倡复古；一方面提倡洋书洋文，另方面提倡尊孔读经；一方面提倡科学技术，另方面提倡旧礼教的传统。这就必然会弄成一副非驴非马的尴尬相"。

江隆基在文章里提出，真正新的文化教育是从1919年的五四运动开始的。他说："中国近代史上划时代的'五四运动'，是人民民主革命运动的分水岭，也是文化教育运动的转折点。”作为新民主主义革命开端的五四运动，同时也是新文化运动的开端。对于与之紧密相连的教育的影响也是深远的。五四运动使教育的改革有了进一步的发展。特别是中国共产党领导的人民民主革命的兴起，在广大的解放区“普遍实行了新民主主义教育，无论干部教育和群众教育，学校教育和社会教育，都有不少的创造和极大的发展”。

江隆基强调，新民主主义教育是“在艰巨斗争中得到成长和发育的”，它已积累了许多宝贵的经验。

文章着重讲述了《共同纲领》中阐明的新民主主义教育的方针政策。《共同纲领》第五章专门列出了文化教育政策，从第四十一条到第四十九条共九条。其中第四十一条规定：“中华人民共和国的文化教育为新民主主义的，即民族的、科学的、大众的文化教育。人民政府的文化教育工作，应以提高人民文化水平，培养国家建设人才，肃清封建的、买办的、法西斯主义的思想，发展为人民服务的思想为主要任务。”

江隆基认为，这一条很重要，它规定了新民主主义文化教育的性质和主要任务。他就教育方面做了如下的解释：

他说，新民主主义的教育是民族的，是说它“具有民族的特点，符合人民的要求，反对民族压迫和民族侵略，争取民族独立与民族平等；反对买办思想与洋奴思想，提倡民族自尊心和自信心；反对抄袭外国与全盘西化，主张批判地吸收各个民族和各个国家的进步思想、进步科学、进步制度，以补我之不足；反对盲目的排外思想与狭隘的民族观念，提倡国际主义和阶级友爱的精神。它以本民族的解放为出发点，而以全人类的解放为归宿，它把民族主义和国际主义紧密地结合起来”。

他说，新民主主义教育是科学的，是说“它是根据社会发展的现状去规定教育方针与教育制度；它反对封建剥削与封建压迫，提倡农民翻身与妇女解放；它反对封建迷信与落后思想，提倡科学思想与进步精神；它反对武断盲从，自以为是，主张理论与实践一致，认识与行动一致；它反对唯心论与宿命论，提倡辩证唯物主义与历史唯物主义；它反对复古倒退与割断历史，主张批判地接受中国古代的文化，剔除其封建性的糟粕，吸收其民主性的精华，并将封建统治阶级的腐朽东西和代表人民文化的优秀遗产严格地区别开来，前者要予以否定，后者要加以发扬光大”。

他说，新民主主义教育是大众的，是说“它的一切设施都以广大人民的利益为出发点。它反对极少数的反动统治阶级垄断教育，主张教育应为广大人民，特别是劳动人民所有并为其服务；它反对‘万般皆下品，唯有读书高’的封建思想，主张知识分子应与工农结合并为工农服务；它反对学校领导上的专制独裁，主张民主管理与民主自治；它反对思想统制与消极处罚，提倡自由争辩与耐心说服；反对盲目说教与强制服从，主张启发诱导，提高认识。总之，新民主主义教育是从人民的需要出发，以为人民服务为目的的”。

文章的最后，江隆基特别引用了《共同纲领》的总纲：“中华人民共和国为新民主主义即人民民主主义的国家。实行工人阶级领导的，以工农联盟为基础的，团结各民主阶级和国内各民族的人民民主专政，反对帝国主义、封建主义和官僚资本主义，为中国的独立、民主、和平、统一和富强而奋斗。”

他认为，《共同纲领》总纲的这些规定十分重要，它也是实施新民主主义教育的总纲。他说，实行工人阶级的领导，就是“实行中国共产党的领导，实行马克思列宁主义、毛泽东思想的领导”。这是实施新民主主义教育的根本保证。

这篇文章是江隆基在出席新政协会议，参加《共同纲领》的学习讨论时，依据个人的认识撰写的。提出了如何正确理解新民主主义教育的意义、方针和政策，提出了在实施新民主主义教育中，应当坚持什么、提倡什么，应当反对什么、防止什么，这是完全切合新中国建立初期的社会历史环境的。它观点明确，见解深刻，对于新中国的教育工作和广大教育工作者来说，具有十分重要的启示和指导作用。

稳步推进旧教育的改革

1949年春，在中共中央统一部署下，彭德怀、贺龙、习仲勋率领的第一野战军在西北战场上发起了春季攻势，解放了铜川、蒲城、大荔、朝邑、淳化、富平、耀县等地。接着，发起了陕中战役，先后解放了三原、高陵、泾阳，使泾河以东、渭河以北的大片地区得到了解放。并于5月20日解放了陕西省省会西安。

早在1949年1月，西北野战军武庄（白水县武庄）会议召开时，就为解放后城市政策和城市工作做了思想上和组织上的准备。习仲勋专门做了《关于党的城市政策与城市工作》的报告，提出了接管城市的基本方针和基本任务。之后，即开始了积极准备接管西安的计划。3月，在中共中央西北局的领导下，成立了接收西安准备委员会（简称西准会）。西准会由十六人组成，主任贾拓夫，委员有周典、张经武、陈希云、赵伯平、王子宜、常黎夫、白如冰、惠中权、高士一、蒋崇璟、江隆基、喻杰、黄亚光、杨晓初、杨仁（杨静仁）等。西准会下分政务、财政、金融、文教等若干处。江隆基是文教处的总负责。从那时起文教处就在江隆基的领导下开始了对学校教育、社会教育、新闻出版、戏剧电影等的接管准备工作。

5月16日，在中共中央西北局的领导下，成立了西安市军事管制委员会。军管会是西安解放后实行军事管制的最高权力机关。军管会成立后，认真学习了中共中央《关于军事管制问题的指示》，对于接管方针、入城纪律和注意事项、各处的工作要点，以及军事代表工作等都做了进一步的安排。

关于文教口的学校教育，江隆基提出的接管方针是："严格保护，暂维现状，逐渐改良"。并规定，争取各级学校尽速复课（遇假期除外），停授反动课程，废除反动的训导制度，教职员中除个别恶迹昭著、证据确凿的特务反动分子必须撤换外，其余一律留用。军事代表只负责政治上的领导与工作上的监督。对于私立学校则要办理登记手续，留任的教职员应酌发维持费。关于接收的方法和步骤的规定是：进城后即向各校发出通告，并召开会议宣布政策，商筹开学复课等事宜。文教口经过仔细安排，共组织了十个接管小组（大学四个，中学四个，小学两个），全面开展接管工作。

西安解放后，在全面展开接管工作、实行军事管制的同时，第一野战军和西北军区（陕甘宁晋绥联防军）共同发起了扶郿战役，解放了八百里秦川西部的广大地区。接着展开了陇东追击作战，与马步芳、马鸿逵部进行最后的决战。8月26日兰州解放，9月5日西宁解放，9月25日银川解放，12月新疆和平解放。这样，在中华人民共和国成立前后的两个月内，西北五省区全部得到了解放。

1950年1月19日，西北军政委员会在西安正式成立，统一领导西北五省一市——陕西、甘肃、宁夏、青海、新疆和西安市的工作。西北军政委员会主席为彭德怀，副主席为习仲勋、张治中。军政委员会下属若干部。江隆基任教育部部长，副部长为林迪生、党晴梵，主管西北五省一市的教育工作。

解放前，西北地区在封建军阀的统治下，政治腐败，经济凋敝，教育也长期处于落后状态，经费短缺，设备简陋，规模狭小，师资匮乏。1936年西安事变前，全西北地区仅有高等学校4所（西北大学、西北农业专科学校、甘肃学院和新疆学院）。1937年以后始有所发展，至1949年，有大学2所（西北大学、兰州大学），学院5所（西北工学院、西北师范学院、西北农学院、西北畜牧兽医学院和新疆学院），专科学校5所（陕西师专、陕西商专、陕西医专、陕西师专南郑分校和西北农专），此外还有3所私立专科学校。全西北地区专科以上学校学生共有4000余人。至1949年，中等学校280余所，学生7万余人；完全小学4200余所，学生15.2万余人；初级小学2万余所，学生138.6万余人。学校的分布与发展极不均衡，有的省区还没有一所高等学院，最高也仅有中等学校。如宁夏仅有中等学校13所，学生2000余人；青

江隆基与西北军政委员会部分成员合影。第二排自左向右：成柏仁、江隆基、党晴梵、岳诘恒

海仅有中等学校9所，学生1500余人。若以全西北地区人口2360万计算，每万人中在校学生分别是：大学生2.27名，中学生34.81名，小学生471.81名。全西北地区的文盲占80%以上，入学率仅有31%。[4]

西北地区解放后，人民政府接管了各级各类学校，开始了对旧教育，包括办学方向、教学内容、教学方法等方面的改造，使之纳入社会主义教育的轨道。毛泽东在中国共产党第七届中央委员会第三次全体会议上的报告中指出，中央提出的方针是："有步骤地、谨慎地进行旧有学校教育事业和旧有社会文化事业的改革工作，争取一切爱国的知识分子为人民服务。在这个问题上，拖延时间不愿改革的思想是不对的；过于性急，企图用粗暴的方法进行改革的思想也是不对的"。[5]

遵循中央的方针，结合西北地区教育的实际状况，江隆基将西北地区的学校教育分为三种类型：一是革命老根据地的教育，即陕甘宁边区的教育。它们在中国共产党的领导下，坚持新民主主义教育方针，新的教育事业已有很大发展，积累了丰富的教育经验，也为西北地区的学校教育树立了好的榜样。二是"广大新区的教育"，即刚刚接管下来的国民党统治区的学校教育。这些学校，"长期以来是实施着半殖民地半封建的教育"。三是少数民族地区的教育。江隆基指出，西北是个多民族聚居区，少数民族教育占有相当比重，虽然它们也是"实施着封建的、半封建半殖民地教育”，但又“有其特殊性”。对于这三类不同的学校教育，江隆基提出：对于第一类，即老革命根据地的教育，主要是“力求巩固、提高，并依据主客观条件，作适当发展”；对于第三类，即少数民族教育则须遵循民族宗教政策，“不能与汉族学校同样对待”。他说，大量的工作是第二类，所谓对旧教育的改造，主要也是指的这一类学校。

对于旧教育的改造，江隆基提出的具体工作方针是：“恢复、整顿、巩固、改造，在有条件的地区重点发展”。[6]

恢复，江隆基说，就是各级各类学校要尽快地复学、复课。西北地区由于战争的破坏，由于胡宗南和马步芳、马鸿逵封建军阀的摧残，在临解放前，很多学校都已停课或解散。解放后，采取了“严格保护，暂维现状，逐渐改良”的办法，首要的就是要使学校教育尽快地恢复起来，复学、复课。除勒令停办的个别学校外，“一律维持现状”；在课程的安排上除取消童训、军训、公民、三民主义等课程和某些课程中的反共反人民的教学内容外，一律“照常上课”。主要精神是“宣传政策，安定人心”。

整顿，江隆基说，就是在恢复的过程中，做初步的整顿和调整。其中包括端正办学方向，取缔训导制度，清除个别坏分子，改变旧的领导制度，进行校政改革，建立临时校务委员会，以主持学校的日常工作等。由于师资、学生来源和经费、设备等多方面的因素，对高等学校做了适当的调整。调整的基本情况是：兰州西北农业专科学校仅有学生一百一十名，设备也较差，决定与陕西西北农学院合并。西北畜牧兽医学院基础较好，西北地区也急需兽医和畜牧人才，决定将兰州西北农校和西北农学院的畜牧系科合并于西北畜牧兽医学院。将陕西师专、商专、医专三校合并于西北大学。暂时停办政治、法律两系。将外文系分为俄文、英文两系，边政系改为少数民族学系。同时将兰州大学和西北大学的少数民族学系合并，准备成立西北民族学院和外国语学院。经过这样调整后，西北地区共有大学两所（兰州大学、西北大学），学院六所（西北工学院、西北农学院、西北医学院、西北师范学院、西北畜牧兽医学院、新疆学院）。同时还确定了西北人民革命大学为“以改造知识分子为目的的短期政治训练班性质”的学校。同时本着这个精神对中等专科学校也做了调整合并。

巩固，江隆基说，就是经过初步整顿和调整之后，必须有一个“巩固过程”，使之初步稳定，不要经常地变来变去。他强调说，前进一定要稳妥，稳步中的前进才是真正的前进。这一点对于我们制定和掌握方针政策的人来说，尤为重要。

改造，江隆基说，对旧教育的改造虽然是多方面的，但主要的、大量的是两项，即对现有教师队伍的改造和对现有课程的改造。

在有条件的地区重点发展，江隆基认为，无论就全国来说，还是西北地区，我们的教育事业必须是“全面的持续的发展”，要使“学校教育迈向正规化”。但是，在我们初创时期，在政权亟待巩固，经济亟待恢复，各方面的工作都处在恢复、整顿的状态下，要求学校教育有全面的发展和较大的发展都是不现实的。只能是在主客观条件具备的地区重点发展。他说，仅仅恢复、整顿而不发展是不对的，有发展而没有重点的发展也是不切合实际的。

江隆基说，“恢复、整顿、巩固、改造、重点发展”的工作方针，是一个完整有机的统一体。恢复、整顿是改造、发展的前提，不经过分期的恢复、整顿，不顾条件地改造和发展，是改造旧教育中的“急性病”。同时改造和发展又是恢复、整顿的必然趋势。恢复和整顿的目的，在于使教育得到改造，使教育有所发展。仅有恢复和整顿而没有改造和发展是盲目的，是停滞不前的错误思想。

江隆基说：“把半殖民地、半封建的教育改造成为民族的、科学的、大众的教育”，“是一个艰巨的任务”，也是一个“长期的改造过程”。必须防止和克服两种偏向，既不能“要求过高，求成过急”，也不能“墨守成规，拖延不改”。“这两种偏向的共同点，都是对新民主主义的教育思想理解不够，对新中国当前的教育政策掌握不稳”的缘故。同时，也“不能说前一种偏向是工作上的缺点，后一种偏向是原则上的错误”。应该看到这两种毛病都是方针政策上的偏差，都是原则上的错误，都是需要我们努力改正的。江隆基的这一论述和意见对于纠正当时存在的“‘左’比右好，‘左’是方法问题，右是立场问题”的偏向，起到了重要的指导作用。

在改造旧教育中，一项重要内容是课程改造。江隆基说，解放后，我们采取行政手段，取消了反动的课程，对于旧有课程做了初步的调整等等，大量的课程改革还没有做；而且课程的改革，仅仅依靠行政手段也是不行的。

关于课程改革及其有关事项，江隆基提出了以下几点：[7]

第一，在当前，“课程改革的问题，基本上是一个认识问题”。因为只有“对旧教育的缺点毛病有了足够的认识，对新社会的需要和要求有了正确的了解，才能坚决地毫不犹豫地去进行课程改革”。所以，要完成课程改革的任务，首先是“打通思想，提高认识”。有人提出，课程改革能否搞好，决定于客观条件是否具备。江隆基说，这种说法也是不全面的。虽然说，当前我们的客观条件困难重重，会给课程改革带来许多不利的影响，我们也会逐渐改善，逐渐充实。但是“目前课程改革的阻力并不在于客观条件的困难，而在于主观努力的不足”。课程改革工作在于如何利用现有的条件，打通思想，提高认识，发挥主观能动性。可以预见，我们的课程改革是一定可以做好的。

他说，课程改革的目的，“在于把半殖民地、半封建的教育转变为新民主主义教育；把旧有教育内容转变为民族的、科学的、大众的教育内容；把理论脱离实践的教育方法转变为理论与实践结合的教育方法”；“使课程内容能够适合国家建设的需要，课程的分量能够适应学生的消化能力”。这就要求我们不断提高理论修养和业务水平，掌握马克思主义的立场、观点和方法，掌握科学技术上的最新成就。课程改革要求我们要剔除旧的糟粕，“有了新的立场、观点和方法，才能把课程改革搞好”。同时，我们还要认识到“新民主主义社会要求我们培养切合国家建设需要的，符合广大人民利益要求的建设人才”，如果我们的认识仍停留在过去的状态，课程内容和教学方法仍然停留在过去的状态，怎么能完成课程改革的任务呢？

第二，在课程改革中，应当“善于保持和发扬人类历史文化科学方面的优良传统和真正的成就”。他说，我们的课程改革是要“革除资本主义和封建主义所给予学校教育上错误的和落后的影响”，绝不是全盘否定，更不是剔除有益的东西。在课程改革中，我们一定要注意，一方面要从社会主义国家和新民主主义国家的文化教育中吸取新的血液和新的养料，另一方面也要批判地接受中国历史文化和资本主义文化中正确的合理的东西。他强调说，我们“需要学习，但不是盲目的抄袭”，“我们一定要根据中国社会的实际情况和新民主主义社会的特点去创造一套新的教学内容和教学方法”。

第三，课程改革不能“局限在课程数量的变动，更重要、更本质的是质量的改进和提高”。他说，我们的课程改革应当“包括量变和质变两个方面，要注意考虑学生的负担能力与消化能力，考虑我们的课程分量”。对于过去那些繁杂冗长的课程，是需要精简的。但是，我们绝不能认为减少了几门课程，或增加了几门课程，合并了几门课程或分设几门课程等等，就算完成了课程改革。他说，这些有关学时、学分、课目、分量和排列的变动是必要的，是保证我们的教学计划性，克服教学上的自由主义和兴趣主义的必要条件；但是“这只是课程改革的开端，而不是课程改革的全部内容”。课程改革更重要、更本质的是，如何改造教学内容与教学方法，如何提高教学质量和取得良好的教学效果。虽然要做到这点是不容易的，但是“必须朝这个方向努力，只有达到这个目的，才算完成了课程改造任务”。他还提出，当前在中小学的课程改革中，应当以社会科学为重点，主要是政治、语文、历史、地理等课程的改革。总之，课程的改革“企图一下都进行改革，或者把教学改革只缩小到教学方法问题上是不妥当的”，我们一定要“采取慎重的态度，绝不能求成过急，马虎从事”。

第四，做好课程改革工作，还“必须加强教学的组织性与计划性”。他说，加强组织性，就是发挥学科的作用和教研组的作用。学科要从整个教学单位上发挥它的组织作用，教研组要从每门课程上去发挥组织作用，既要克服那种听其自然的无政府状态，也要注意“使教师能有更多的时间来从事于有关教学问题的研究”。他说，“加强教学的计划性，就是必须制订教学计划和教学大纲。教学计划是针对每个学科的，教学大纲是针对每门课程的。教学大纲必须服从教学计划，两者需要结合起来，才能加强教学的计划性，克服盲目性和兴趣主义。”有人说，教学计划和教学大纲，都是一套形式。江隆基指出，这种说法是不对的。“这是对教学计划和教学大纲还缺乏正确的认识，没有认识到它们的重要性和所起的重要作用。”内容和形式是辩证统一的，“一定的内容必须通过一定的形式去表现”。他要求各个院校在课程改革中一定要对教学计划与教学大纲有足够的重视，并且使其制度化。

江隆基还强调说：“课程改革不是简单的靠少数几个领导人所能完成的。必须将课程改革作为学校建设的重要一环，动员全校教职员有组织、有计划地去进行。”既要加强领导，又要发挥群众的积极性，只有这样才能将课程改革搞得更好。

经过一年多的努力，课程改革取得了初步成效。主要有四个方面：

一是精简了课程。各高等院校都删除了某些重复的、不是必需的课程，并且有重点地增设和加强了必需的和重点的课程。如西北医学院，原来是不分系的，现在已分科，并有了重点课程。兰州西北畜牧兽医学院删除了一些不必要的课程，在动物学专业中增加遗传学、胚胎学等课程，在诊疗实习中增加了调剂学等。兰州大学的动物学系增设了寄生虫学、细胞学、经济昆虫学等课程。西北大学的地质学系增设了地质测量，矿物学添加了投影与晶体画法等。文法学院等也有较大的变动，加强了近现代课程，加强了对当代问题的研究。另外，通过课程改革，各个院校都开始重视课外活动，并规定和增加了课外活动时间，初步开展了文体活动。

二是在系统理论知识的基础上，实行了适当的专门化。各高等院校经过调整和整改之后，根据学科培养专门人才的要求，制订了教学计划，对于基础课和专业课之间的比重，也做了相应的调整。专门化专业设置，专业专门化的确立和发展，以及相应的课程设置、实验配置等等都进行了细致的工作，随着科学技术的发展和国家建设人才的需求，也在探索新的要求和变化。

三是贯彻理论与实际相一致的教学原则，加强了与相关业务部门的密切联系。如西北医学院协助有关卫生部门，进行了多次的防治工作。西北畜牧兽医学院组织防疫队，先后扑灭了兰州市的牛瘟、猪肺疫炭疽病等。西北农业学院与有关部门合作，在调查西北地区小麦吸浆虫等活动中做出了显著成绩。西北大学协助有关部门做了大量的测绘工作。兰州大学协助有关部门大力推进科普教育等，都收到显著成效。

四是成立了教研组，制订了教学计划、教学大纲。这是课程改革中极为重要的收获。教研组的成立大大加强了教学的计划性，进一步明确了教学目的和要求，发挥了集体的互助和交流作用，促进了教学方法的改进和教学质量的提高。教学计划和教学大纲的制订，提高了教师对教学目的和教学任务的认识，提高了教师教学和研究的积极性，更有利于增强教学效果，提高教学质量。

中小学的课程改革也取得了显著成绩。各中学试行了教育部颁发的《中学教学计划草案》和《数理化精简提纲草案》，调整了科别，精简了课程，多数学校已成立各课程的教学研究小组，并注意与实际相结合。中等技术学校也向专业化方向做了调整，纠正了过去那种课程杂乱与分量过重的毛病。小学教育在贯彻实施新学制方面也迈出了新的步伐。

在课程改革中还有一个重要收获是重视和加强了学生的健康教育。许多学校调整并规范了每周的作息时间，加强了体育课及课外活动，开展了文娱活动，改善了环境卫生，加强了学生的伙食管理，使学生的健康状况有了明显改善。

总之，一年来的课程改革为今后的教学工作打下了良好的基础。西北地区积极稳妥地初步完成了对旧教育的改造，取得了显著的成绩。

“两个中心环节”

遵循中央“对旧有学校教育事业改造”的方针，为了及时将学校教育工作纳入正轨，江隆基提出，在学校教育中要加强政治性和思想性的问题，他在西北区首届高等教育大会上做了关于“加强学校工作中的政治性和思想性”的报告。之后，在西北区中等学校教育会上，在西北区工农教育会议上，他都提出了这个问题。他强调说，在加强学校的政治性和思想性的教育中要突出抓好两个中心环节。一是“树立工人阶级思想的领导作用”，二是“贯彻爱国主义的思想教育”。[8]

关于树立工人阶级思想的领导作用，江隆基是这样说的：“《共同纲领》的总纲第一条明确地规定‘中华人民共和国为新民主主义即人民民主主义的国家。实行工人阶级领导的、以工农联盟为基础的、团结各民主阶级和国内各民族的人民民主专政’。我们的国家既然是工人阶级领导的，那么工人阶级的领导作用，不仅要表现在军事、政治、经济方面，而且要表现在文化教育方面。这就是说，工人阶级的思想必须在各级学校中取得公开合法的领导地位，马克思列宁主义和毛泽东思想应该在我们的各级学校中逐渐取得优势。”

具体地说，就是“在学校工作中必须忠诚地执行《共同纲领》的各项政策。实行新民主主义的教育方针，坚决地接受共产党和人民政府的领导，执行人民政府的法令公示，积极提倡并参加马克思列宁主义和毛泽东思想的学习，充分注意学生的思想政治教育，积极地进行课程改革与校政改革，并在教职员和学生中扶持进步思想，克服落后思想，清除反动思想”。

《共同纲领》颁布后，江隆基就非常重视《纲领》的学习和宣传。他在陕甘宁边区教育厅1949年的年终总结上就提出，“《共同纲领》是中国人民的大宪章，是中国革命的宝贵经验的总结，是新民主主义中国的建设方案，是毛主席思想的集中表现”。他要求“大家要努力学习”。在关于“加强学校工作中的政治性和思想性”的报告中，他又再一次强调了这个问题。

加强工人阶级思想领导作用的政治思想教育，江隆基提出：

首先，要提高对中国共产党的认识。主要的方式就是通过政治课、大报告、演讲、演戏、劳动服务及各种社会活动，广泛地宣传毛泽东思想，讲述中国革命和中国共产党的历史，开展对学生的思想教育，使大家都认识到，“共产党是代表人民利益的政党，新民主主义是走向社会主义的必然道路”。提高广大师生的政治觉悟，辨明大是大非。

江隆基在西北区高等教育工作会议上做报告

就学校的日常工作来讲，江隆基提出，主要是学习和贯彻中国共产党的各项方针政策，学习和贯彻新民主主义的教育方针和政策。他要求各级学校领导要注意研究“方针政策、思想原则和教学原则上的问题”，不要将主要精力“纠缠在经费和人事的圈子里”以及“行政事务性的问题”上。江隆基将它具体化为四个方面：一是在政治上，要“掌握和贯彻方针政策”；二是在思想上，要“加强师生员工的理论学习与思想指导，不断地提高觉悟水平”；三是在组织上，“要团结全校的师生员工，把一切力量组织起来，为一定的工作任务而共同奋斗”；四是在业务上，“要设法改进教学内容与教学方法，指导教学和学术研究工作”。他强调说，这四个方面是相互关联的。“政治思想的领导必须贯彻到各个具体业务中去，而思想与业务的领导又必须通过各个组织去实行。离开了政治思想的领导，业务就会失掉灵魂；同样，离开实际业务，政治思想领导就会落空。所以加强政治思想领导，决不等于削弱业务领导；相反，政治性思想性加强了，实际业务也就有可能提高。”

其次，要“扩大马克思列宁主义、毛泽东思想的学习和宣传”。他说，马克思列宁主义、毛泽东思想“不仅能给我们指出正确的政治方向和奋斗目标，帮助我们建立正确的世界观和人生观，而且能提供我们以正确的立场、观点和方法，去观察问题和研究问题”。就当前来说，他要求，一定要使马克思列宁主义、毛泽东思想“在我们的各级学校中逐渐取得优势”。“各级教育部门和各级学校都要努力做好这方面的学习和宣传。”

解放了，新中国成立了，广大师生充满对新社会的向往，期盼民族的独立、祖国的富强，期盼学好本领，投身到祖国的建设中去。但是，长期以来，由于受“超阶级”“超政治”种种思想的影响，相当普遍的还存在着诸如“学术与政治无关”“技术高于一切”“学好了技术可以走遍天下”等思想。江隆基非常重视纠正这类错误倾向的思想教育。他说，“这是一种对问题的片面性认识”，“我们反对单纯技术观点，绝不等于否认技术的重要性”，问题是如何正确认识自然科学和技术与政治的关系。单纯技术观点是不要政治，甚至和政治是对立的，但是事实是不是这样呢？江隆强调说，无数事实说明，“技术离不了政治”，一定的技术是在一定的政治经济条件下产生的，同时也是为一定的政治经济服务的。“技术离开了政治就会迷失方向”，“技术可以服务于人民大众，也可以服务于反动阶级”，“可以成为征服自然的武器，也可以成为侵略杀人的武器”。更重要的是，“掌握在什么人手里，用什么样的政治思想去指导，根据什么立场观点和方法去运用”。这个道理大家应当是很清楚的。所以，在新民主主义教育中，我们提倡的是，要“把政治思想教育和科学技术教育紧密结合起来”。在各种课程中启发引导学生去“解决立场、观点和方法问题”。“纠正那种不问政治的单纯文化与单纯技术观点。”我们要求的是，希望广大师生都能牢固地树立为人民服务、为新民主主义社会服务的世界观和人生观。

再次，要清醒地认识到，接受新事物，学习新思想，是一个“自我教育的过程”。江隆基说，我们大家都是从旧社会过来的，由于个人的阶级出身不同，社会实践和经历不同，受各种各样思想的影响，都会自觉或不自觉地带来各种旧思想。解放了，经过政治学习和参加各项社会活动，“思想认识已起了很大变化”，“政治觉悟和思想水平得到了明显提高”。许多人都“感到有从头学起与重新做起的必要”。这“是一个良好的开端”。但是应该认识到，“今后的路还很长”。接受新事物，学习新思想，实际上也是一个长期的“自我教育”的过程；我们应当自觉地，同时也需要愉快地接受这个过程。今后我们应当形成一种风气，以一种高度的“政治责任感”，投入到“自我教育”中去。要发扬“互相帮助，互相勉励”的精神。大家都在这条道路上“前进不息”。我们既不能操之过急，也不应该消极懈怠。只要我们以诚恳的态度，努力学习新思想，大家都会有所收获，有所进步的。

关于贯彻爱国主义的思想教育，江隆基提出，在学校的政治思想教育中，需要加强和坚持的另一个中心环节就是坚持贯彻爱国主义的思想教育。这个问题除了在西北区各次教育工作会议上论述过外，江隆基在视察各院校的工作中也多次讲过。其中讲得比较多的一次是在西北农学院院长辛树帜陪同下给全院师生做关于开展爱国主义思想教育的报告。他着重讲了从两个方面开展爱国主义思想教育：

一是要充分认识爱国主义教育的重要性。什么是爱国主义，他引用列宁的话：爱国主义是“千百年来巩固下来的对自己独有的祖国的一种最深厚的感情”，是“推动社会前进的动力之一”。[9] 江隆基认为，我们中华民族是拥有这种最深厚感情的民族，我们的民族大家庭，就是千百年来“劳动人民世世代代用自己的血汗创造的”，我们是在捍卫民族团结、抵御外来侵略、维护祖国统一中凝聚起来的具有最深厚感情的民族。热爱我们的民族，热爱我们的祖国，已深深地扎根于千千万万中华儿女的心里。我们是有爱国主义传统和基础的。

江隆基说，爱国主义思想教育，是“启发和发挥全国人民力量的有力武器”，是“社会教育的灵魂”。无数事实说明，“只有使全国人民对祖国有充分的认识，高度的热爱，才能充分发挥每个人的积极性，把祖国建设得更光辉更灿烂更美丽”。

他说，爱国主义思想教育的重要性还在于，它“像一把铁扫帚”，扫清了百余年来帝国主义侵略下“使许多人丧失了的民族自尊心和自信心”。他说，帝国主义的长期侵略给中国人民思想上的毒害是很深的。其中之一就是较普遍存在的崇洋媚外思想，甚至还有恐外思想。这是中国人民在遭受屈辱中带来的。“今天中国人民站起来了。我们不但要从政治上、经济上、军事上翻身，还要从文化上、思想上翻身。”“要扫清这些毒素，树立起民族的自尊心和自信心”，投入到祖国的建设中去，使我们中华民族屹立在世界的东方。

他说：“爱国主义是一切工作和一切业务所包含的东西，绝不是额外附加物。”就是说，爱国主义是融化在每个人的学习、工作和生活中的，“我们的一切工作，都是为人民服务，为人民效力的，它本身就包含着丰富的爱国主义内容”。譬如说，购棉储棉活动，就不仅是单纯的经济任务，而且是爱国活动；再譬如农民缴公粮，工商界的纳税，宗教界的“三自”革新运动等，都是爱国主义的具体表现。

在学校教育中，江隆基提出，重要的是不能将“爱国主义教育只局限在课外活动、时事学习和政治课的课堂中”。爱国主义思想教育应当贯穿于学校教育的一切活动中，贯穿于一切课程的教学中。爱国主义思想教育在学校教育中是永恒的主题，是一项经常性、持久性的工作。将爱国主义思想教育仅仅当作某个部门、某种学科的工作是不全面的。将爱国主义思想教育仅仅当作短暂的，或者仅仅是某个时期的工作也是不对的。

他还指出，我们提倡的爱国主义绝不是狭隘的、片面的爱国主义。我们提倡的爱国主义“是与国际主义相结合”的爱国主义。我们热爱自己的祖国，我们为我们民族的独立、民主和自由而奋斗。同样，我们也热爱其他一切爱好和平的国家和人民，支持一切正义的“人民革命运动”。“不仅关怀自己祖国的命运，也同情和支援其他国家人民的解放运动和民族解放运动。”

二是在贯彻爱国主义的思想教育中应当注意解决几个问题。

第一，树立“科学技术为人民服务、为祖国效力”的思想。他提出，在日常的教学中，要增强学习的目的性和理想性教育，要将“国家生产建设的实际需要”和为人民服务的思想结合起来，要使自己的学习与国家的富强联系起来，与祖国的命运联系起来。要使“政治理论与文化科学的学习，互相影响、互相补充”。通过这样一些结合性的教学，使广大学生“树立正确的学习态度，培养高度的学习热情，掌握正确的治学观点和方法”。从而从根本上树立起“为人民服务、为祖国效力”的思想。

第二，要“树立劳动观点和群众观点”。江隆基提出，从小学教育起到中学一直到大学的教育中，都应当注意培养学生的劳动观点和群众观点。要教育学生懂得这样的道理，即任何科学技术的发明创造都是从生产劳动中“总结起来，加以提炼，提升为科学原理和原则”的，任何学术成就都不可能是“凭空想象的”。要教育学生热爱劳动，让他们接触社会，接触劳动大众，让他们懂得任何科学技术的进步，“哪怕是天才的科学家和发明家，离开了劳动大众，都将一事无成”。要教育学生懂得“没有劳动观点和群众观点的人，是难于掌握科学与技术成就的”。

第三，要学习“辩证唯物论的观点与唯物辩证法的方法”。他说，辩证唯物主义与历史唯物主义是马克思主义的世界观和方法论，是中国共产党的理论基础。大家都应当努力学习和掌握这种科学的世界观、认识论和方法论。应当学会用马克思主义理论观察问题、分析问题，用马克思主义理论指导我们的教学和学术研究，这样，我们的科学研究水平和教学水平，就会大大地提高起来。

第四，要爱护“祖国的一草一木”。江隆基提出，在开展爱国主义思想的教育中，除了加强系统的理论学习，提高认识，“使爱国的热情具有充分的理论基础”外，更重要的是结合实际，从具体事例中培养“爱祖国、爱人民、爱劳动、爱科学、爱护公共财物”的思想品德。他说，我们应当提倡，爱护“祖国的一草一木”，要将“祖国的一草一木都当作自己的生命一样”来看护。

在贯彻爱国主义思想教育中，江隆基还特别提出了要加强爱国主义传统教育。他说，“中华民族是一个伟大的优秀民族”，是有着爱国主义传统的民族。千百年来，正是伟大的爱国主义思想，使众多的民族凝结在一起，维护了民族的团结，维护了祖国的统一。也正是这种伟大的爱国主义思想，抵御外国帝国主义的侵略，维护着民族的尊严和国家领土完整。也正是这种伟大的爱国主义思想，使我中华民族的悠久历史与古老文化绵延至今。他要求广大青年学生，一定要认识到它的“正义性与必要性”，使爱国主义思想继承下去，发扬光大。

江隆基强调说，“树立工人阶级思想的领导作用和贯彻爱国主义思想教育，是加强学校工作中政治性和思想性的两个中心环节”，二者是分不开的。“因为我们要树立的工人阶级思想的领导作用，是在马克思列宁主义的国家学说和毛泽东思想的基础上建立起来的”，是“和爱国主义思想教育完全一致的”。只要“抓住这两个环节，积极努力，务求贯彻，我们的学校教育将会大踏步地前进”。

新中国成立初期，在加强学校的政治思想教育中，江隆基提出的抓好“两个中心环节”的思想教育，有着重要的指导意义，在实际工作中发挥了积极作用。

“办好教育的关键”

1950年7月，西北军政委员会教育部主持召开了西北五省区第一次教育工作会议。这是一次西北区各民族教育工作者的大聚会。会议听取了江隆基关于西北区一年来中等教育工作的报告、林迪生关于工农教育和在职教师学习的报告，讨论通过了关于中学教育实施办法草案的说明、职工业余学习教育意见的说明、1950年冬学工作的初步意见等。会议对学生的政治思想教育，对教师的争取、团结、教育、改造的方针，民族教育问题，以及课程改革等都进行了广泛讨论。会议最后听取了西北军政委员会副主席习仲勋的总结讲话，听取了江隆基的补充报告。会议历时十一天结束。

这是西北教育部召开的一次重要会议。它对西北区教育的恢复、整顿和发展都具有重要指导意义。在这次会议上，江隆基专门讲了“培养和提高师资”的问题，阐明了对知识分子的方针和政策，强调了这个问题的重要性。他说：“西北教育事业的建设，必须团结各民主阶级、各民族的知识分子来进行，而提高教师的政治觉悟和业务水平，即是办好教育的关键。”

其后，在1951年8月召开的西北区高等教育会议上，在西北区文教会议上，以及关于《西北区一年来教育工作成就及当前任务的总结报告》中，江隆基多次阐述了这个“办好教育的关键”问题。

西北地区教师队伍的情况是怎样的呢？江隆基有个统计。解放以后，高等学校教师共有797人，其中教授273人，副教授128人，讲师136人，助教206人，以及教员若干人。中等学校教师包括职工在内共有5600余人，其中宁夏仅有中等学校教师187人，青海仅有140人。全西北地区小学教师共有54000人。解放前，由于因人设事，冗员过多，往往职员和工警占有很大比重。在高等学校里，这个问题尤为突出。如西北大学教师有180人，而职员却有214人，工警250人，职员和工警是教师的2.5倍多。全西北地区教师短缺的问题十分突出。江隆基初步预测，西北五省区今后五年内大约需要教师的数量是：高等学校1600人，中等学校14800人，小学87000人。[10]

江隆基提出，应当依据具体情况，采取多种方式多种途径积极解决教师数量不足的问题。对于高等学校，主要是采取派遣留学生和增加培养助教、研究生的方法。对于中等学校，除扩大现有两所师范学院外，拟在五年内增设师范专科三所。同时决定，西北人民革命大学（延安大学）举办教育研究班，通过培训和轮训的办法培养专科以上的教师。各师范学院增设师范专修科，也采取培养和轮训的办法培养中小学教师。小学教师除了要扩充现有的师范学校外，拟在五年内继续增设师范学校，要求每一专署区有一所师范学校，每一个较大的县有一所初级师范学校。此外，要积极举办小学教师轮训班，开办各种师范速成班，吸收初中毕业或完小毕业以上的失学、失业青年及家庭妇女参加培训。还决定，在中小学校试行辅导员制，选拔本校毕业的优秀生，由本校教师直接培养。另外，还采取函授办法，培养和提高教师队伍。

经过多方面的努力，到1952年上半年，高等学校教师已增至1072人，中学教师达到6131人，小学教师达到70064人。江隆基采取的扩充教师队伍的各项措施已初见成效。

江隆基提出，加强教师队伍建设，更重要的还在于“培养和提高教师的政治觉悟和业务水平”。他认为，就教师队伍的状况来说，绝大部分教师来自旧社会，都不可避免地受到旧社会的种种影响，对中国共产党，对新中国，都或多或少存有疑虑，对中国共产党的方针政策更是不甚了解。他们会带着旧的思想意识来看待新社会。但是也应当看到，他们中间也广泛地存在着爱国思想，对建设祖国有着良好的愿望。他们期盼着能改变旧社会的污泥浊水，改变落伍的面貌，让大家都能过上好日子。只要我们正确地贯彻党的方针政策，努力做好工作，绝大部分的教师是会“要求进步，愿意为人民服务”，“是能够团结并改造成为新教师的”。[11]

如何提高教师的政治觉悟呢?

江隆基提出，首先要明确“现阶段改造教师工作的基本要求”。这些基本要求就是:“（一）逐步肃清封建的、买办的、法西斯主义的思想影响，培养爱祖国、爱人民、爱劳动、爱科学、爱护公共财物的新道德，为人民服务的新思想;（二）纠正旧教育的封建传统思想，切实领会新民主主义的教育方针，改进自己的教学工作;（三）学习、运用科学的历史观和辩证唯物的观点，解释和研究社会科学与自然科学。”

其次，要注意两个问题。一是不能“采用短期突击的办法与正面打击的方式”。他强调，思想改造是一个长期的“反复的教育与耐心改造”的过程，要求过高或过低都是不现实的。二是不能要求“清除一切非无产阶级思想”。江隆基说，我们要求肃清的只是封建的、买办的、法西斯主义的思想及其影响，而绝不是要“清除一切非无产阶级思想”。譬如小资产阶级思想、个人主义、自由主义以及属于人民内部的其他落后思想等。虽然这些思想普遍存在，虽然这些思想也妨碍着我们的进步，也妨碍着全心全意为人民服务，但是，这些都是属于思想教育的范围。一定要注意划清二者的界线。

针对“清除一切非无产阶级思想”的说法，江隆基还提出，这也是一种“超现实的要求”。他说，这样的要求不仅在现阶段不可能实现，即使到社会主义社会乃至共产主义社会，人们的思想也不会那样“纯洁无瑕”。

至于说到“发展为人民服务的思想”，江隆基是这样考虑的。他认为，肃清反动思想的影响，或是纠正种种错误的思想，主要目的都是在于培养为人民服务的思想。我们说的思想改造和思想教育都不能离开这个总目标，要培养种种新思想，归根结底，“总结一句话，就是为人民服务的思想”。

江隆基强调，对人民教师来说，“人民教师不应是一个简单的知识传授者，而应是人类灵魂的工程师”，“教育别人，也教育自己”。他要求每位教师都应当努力教育自己，将培养为人民服务的思想当作人民教师的职责。

关于“纠正旧教育的封建传统思想，切实领会新民主主义的教育方针和改进自己的教学工作”，江隆基也强调了两点：一是要正确地对待旧教育的传统思想。解放了，旧的政权被推翻了，人民当家做主的新政权建立了，是否也要像打碎旧的国家机器那样，打碎旧教育的传统思想呢？江隆基强调说，这种看法和做法都是不对的，也是有害的。他说，对于旧的教育以及它的传统思想，应当采取“纠正”的办法，而不是全盘否定的办法。就是说，我们在对旧教育的优良传统继承的同时，要纠正那些属于糟粕的东西。这一点对于人民教师来说尤为重要。譬如体罚的问题，这是几百年乃至千年以来存在的现象。解放后，我们就发布了文件，即《西北教育部关于废除体罚的指示》。《指示》提出：“体罚原是封建社会私塾里惯用的一种管理儿童的方法。采用这种方法的结果不是造成学生的懦弱，丧失进取心，便是造成学生的虚伪心理。今天，我们实行的是新民主主义教育，须以客观真理，运用民主方法来教育学生。因此，体罚或变相体罚学生的任何行为，都是错误的，必须严格禁止和彻底废除。”《指示》还提出：教师要“虚心学习，钻研业务，领会新教育的精神，重视和热爱学生。根据学生的具体情况和特点，实施民主管理。循循善诱，耐心说服，启发学生的自觉、自治、自动的精神，建立校内民主的纪律”。《指示》明确规定，对于体罚学生的教师“屡教不改，明知故犯”者，“视情节轻重，给予处分”。

江隆基强调的第二点是，要“切实领会新民主主义的教育方针和政策”。多年来，江隆基在领导岗位上，始终牢记毛泽东说过的“党的政策是党的生命”的话，将其作为自己工作的指针。解放后，在西北军政委员会教育部第一次部务会议上，他就特别提出了“掌握政策”的问题。在首届西安暑期教师座谈会上，他要求每位教师都要努力“学习新民主主义的教育方针和有关政策”。他强调说，这是做好本职工作，搞好“教学的基本保证”。“切实领会新民主主义教育方针和政策”，也是提高教师政治思想水平的基本要求。

关于“用科学的历史观和辩证唯物的观点解释和研究社会科学与自然科学”，江隆基说，提出这个问题的目的，是希望大家都能学习和建立科学的世界观。在社会生活中，由于种种因素的影响和主观客观条件的不同，人们会自觉或不自觉地出现许多有差别的对世界的认识，也会形成不同的理论观点。有无先进的理论帮助我们树立科学的世界观呢？江隆基的回答是肯定的。这就是马克思列宁主义、毛泽东思想。他说，它“不仅能给我们指明正确的政治方向和奋斗目标，帮助我们建立正确的世界观和人生观，而且能够提供给我们正确的立场、观点和方法，去观察问题和研究问题”。[12]希望每一位教师都努力学习这个先进的科学理论，提高教学和科学研究水平，更好地完成我们肩负着的教育和培养下一代的任务。

江隆基采取了许多措施，主要有三个方面：

一是通过上政治课、听大报告、听演讲及参加各种社会活动，广泛宣传马克思列宁主义、毛泽东思想，讲述马克思列宁主义、毛泽东思想的基本原理；宣传中国共产党领导中国革命的历史，讲述中国共产党的有关方针政策；宣传人类社会发展史，讲述劳动与劳动创造世界的意义。通过这些大规模的学习活动使大家认识到，“共产党是代表人民利益的政党，新民主主义是我国走向社会主义的必然道路”；知道了“重视劳动与尊重劳动人民”的道理，并“逐步树立起为人民服务的思想”。在这些广泛的宣传教育中，从各高等院校到各中小学，都做了大量的工作。许多学校里的政治学习气氛空前高涨，出现了许多新气象。

二是通过学习会、研究班以及假期学习座谈会等，专门组织教师进行集中学习。学习的主要文件有《社会发展史》、《中国革命与中国共产党》、《新民主主义论》、《在延安文艺座谈会上的讲话》、人民政协的《共同纲领》，以及有关土地政策、知识分子政策、统一国家财政经济的决定等等。一年来，西安、兰州、天水、汉中、迪化（乌鲁木齐）等地都举办了中学教师学习会。西北教育部还直接举办了两期教育研究班。一年来，全西北区有三千多名中学教职员参加了学习会与研究班的学习。

三是结合政治思想教育与教师的学习活动，进行学校的民主改革。这些民主改革主要有：建立学校的校务委员会制度，建立各种工作制度和会议制度，建立政治学习小组制度等。由于各项民主生活制度的建立，教师的工作积极性有了明显提高。

在这些活动中，江隆基特别提出，要注意掌握政策，防止某些偏差的出现。一是不能“要求过高，求成过急”。譬如，有的地方举办教师学习会，因急于清除教师们的旧观点、旧作风，就要求教师过军事生活，采取粗鲁的斗争、坦白等方法，使得有些教师情绪不安，造成思想上更多的顾虑，甚至对思想改造产生抗拒的情绪等。还有些学校，提出了“彻底干净地消灭旧思想”，“反对小资产阶级和一切落后思想”，采取了“三评”“坦白”等整风斗争方式等等。江隆基坚决纠正和制止这些错误的做法。他严肃地批评说，这“不仅是教育方法上的错误，而且是教育方针上的严重偏差”。

他说，教师的思想改造，“必须从学习马克思列宁主义基本理论入手，积极建立正确的观点，逐步联系思想实际与业务实际进行思想改造”，“不能犯急性病和采用简单粗暴的方式”。他还指出，政治思想教育“应从觉悟水平出发，着重诱导启发，正面讲清道理，以培养他们的正确思想，使其政治觉悟逐渐提高，在自学自愿的基础上有步骤有重点地改造错误与落后思想”。

江隆基还提出，在政治思想教育中，不能“采用挑战、竞赛方式”，以及“用突击的方法解决学习中的问题”。他说，这些都是急躁、轻率的做法。在政治思想教育中企图“走捷径的办法”都是不可取的。

为了加强和加快教师队伍的建设，江隆基十分关注提高教师的业务水平。他提出，基本方针是“长期培养与短期轮训相结合，统筹兼顾，目前以短训为主”。主要有：

第一，利用寒暑假期举办教师学习会和研究班。除了必要的政治学习外，主要是研讨有关业务，提高教学水平。西北教育部专门组织编辑了四种学习资料：《普通学校思想政治教育文选》《论教师的任务》《语文教学的方向问题》《中国历史教学参考资料》。从1950年寒暑假开始，到1951年两年的时间，全西北五省区已有三千多名中学教职员参加了学习会和研究班的学习，大大促进了教师教学的积极性，提高了教学质量。

第二，举办教师训练班和进修班。根据各省区的实际情况，大体采用了三种类型：一是采用轮训的办法，组织在职教师并吸收失业的有专业知识的知识分子组织训练班，学习有关业务。二是设立教师进修班，专门进行有关业务的学习和研究。三是设立教育工作干部进修班，轮训干部，提高业务管理水平。到1952年上半年，像这样的训练班和进修班，陕西共举办了四期，宁夏举办了五期，青海举办了五期，甘肃举办了一期。这些短期的培训都收到了良好的效果。

针对中学教师的业务学习，主要是委托两所师范学院（陕西师范学院、西北师范学院）和西北人民革命大学举办教育研究班和进修班，到1952年上半年已举办了六期。另外，西北教育部还责成各省区设立教师业务文化补习学校，提高教师的专业知识。到1952年上半年，在西安、兰州、乌鲁木齐、银川、宝鸡、天水、南郑等地，这样的教师业务文化补习学校都已建立起来。西北教育部还设立了函授学校和函授通讯班，大力普及提高教师的业务水平。

第三，举办师范速成班。主要是补充小学教师和培养提高小学教师的业务水平。这项工作是从1951年开始的，分为两大类：一类是招收具有初中文化程度的失学失业青年和初中毕业或三年级以上的学生，以培养小学高年级的教师。一类是招收完小毕业和具有同等学历的失业失学青年，以培养小学低年级教师。两类师范速成班的学习期限均为一年。到1952年上半年，在西北教育部组织下的师范速成班，已培养了小学教师七千六百余人。

对于高等学校教师，江隆基提出，主要是通过教师本身的教学实践、科学研究工作培养提高，同时大力加强助教和研究生的培养。同时，在他的积极争取下，西北教育部在北京、天津、上海等地聘请了一批教师和一批归国留学生到西北地区任教。到1952年上半年，这项工作也初见成效。

在教师队伍的建设中，江隆基还特别注意提高教师的生活待遇和政治地位的问题。解放后，教师的工资基本保持了解放前的水平。西北教育部曾有个初步摸底调查，就西北五省区来说，高等学校，特别是中学和小学教师的工资，都远低于其他各省区，约为华北、华东、华南以及东北等地区的三分之一。工资低薄，又往往不能按时领取，生活没有保障。解放后，由于人民政府经费的暂时困难，这种状况基本延续下来。至于学校的经费，完全小学是由地方政府开支，初级小学则一般是“群众自筹”。由于经费难筹，一些初级小学只得停办。这也使得许多小学教师“不能安心工作”。1949年，西北师范学院解放后第一次招生，原计划招生三百六十名，由于报考的人数过少，只招收了几十名学生，原因就是“教师的工资低，不愿意做教师”。当时师范学院学生的助学金较少，只占到全额的50%，当然也是一个原因。

1950年，西北军政委员会教育部成立后，江隆基就着手解决这些棘手问题。经过多方的研究和协商，决定高等学校教师的工资均“追加一成”。师范学院和普通师范学校学生的助学金“追加一倍”，即实行全额助学金。小学的经费包括完全小学和初级小学，均由县或区统筹统支，统一调配。同时调整教师的工资，做到“每个小学教师的工资能够维持两人至两个半人（小孩）的生活费用”，并“要按月发放，不得拖延”。

在提高教师的政治待遇方面，江隆基还特别关注了小学教师，强调要提高小学教师的社会地位。解放后，有些县区仍然随意命令小学教师去算公粮、誊写各种材料、帮助乡里做文书等等，江隆基坚决制止了这种随意“停止上课”，让教师“干杂活”的不尊重教师的行为。他还提出，以后县、区召开代表大会等，应当有“教师代表参加”。

为加强教师队伍建设，江隆基倾注了不少心血。

冬　学

冬学，是利用农村冬季的农闲时期，面向农民群众实施普及教育的一种形式。陕甘宁边区广大民众缺少文化教育，文盲占到全区人口的90%以上。同时陕甘宁边区地属黄土高原的北纬寒冷地区，冬季较长，广大农民从10月以后就进入农闲季节。冬学就是针对这种状况提出开展的。陕甘宁边区冬学实施很早。那是在中央红军到达陕北以后的1936年12月，由中央苏维埃政府教育部和共青团中央共同发起在广大农村中开展冬学活动。从此，在陕甘宁边区就开始了利用冬季农闲时间开展识字扫盲的活动。至于为什么称之为“冬学”，据说是缘于陆游的一首《冬日郊居》诗句：“儿童冬学闲比邻。”（“农家十月，乃遣子弟入学，谓之冬学。”）陕甘宁边区政府成立后，十分重视这项活动，认为它是“扫除文盲，提高边区成年人之民族意识与政治文化水平”的一个普及教育的重要形式。“天寒地冻把书念，花开水暖务庄农。”冬学逐渐形成了一种经常的学制。到全国解放，陕甘宁边区的冬学已取得显著成效。

西北军政委员会成立后，江隆基又将冬学工作提上议事日程。他认为，面对大西北80%以上的农村和牧区人口，特别是在抗美援朝、土地改革的形势下，进一步推动冬学活动更是十分必要的。同时，他也看到解放后的大西北与原来陕甘宁边区状况的差异，需要深入总结陕甘宁边区开展冬学活动的成功经验，并结合西北地区广阔农村牧区以及边远城镇的情况，改进并大力开展冬学活动。经过摸底调查、反复研讨，江隆基着重提出并采取了以下措施：

一是关于行政组织领导。陕甘宁边区冬学活动，由边区教育厅制订冬学计划，在各级政府的领导下，分级成立县、区、乡的冬学委员会，结合本地区的实际情况，开展冬学活动。江隆基认为，这仍然是行政组织领导的好办法。他要求各级政府仍沿用这种办法，作为推动机构使冬学活动落到实处。并建议工会、农会、妇联和共青团协助推动这项工作的开展。他提出，各级、各部门都要“发挥骨干作用和带头作用，带领群众一同搞好这项群众性的工作”。还提出，“积极分子入学的多寡，学习的好坏，应是考核冬学成绩的一条重要标准”。

二是加强宣传动员工作。江隆基认为，解放后，在党的工作和党的各项方针政策的影响下，群众学习文化知识的积极性有很大提高。但是，对于上冬学学习还是有不少顾虑。譬如，有的担心影响生产，影响工作；有的担心会成为“公家”人；有的甚至担心女儿媳妇上了冬学会闹家庭纠纷、会闹离婚等等。所以普遍深入地做宣传动员工作是十分必要的。他说：“应当使大家认识到，冬学是广泛组织群众学习文化知识的一种好的组织形式。可以大力普及文化知识，同时也会大力提高广大群众的爱国主义思想，加强他们对政府政策的了解。”他还强调，宣传动员不能流于形式，要切切实实做工作，注重实际效果。在宣传动员中，可采取多种形式，譬如组织秧歌队、小戏剧等街头宣传，挨家挨户做深入宣传动员。江隆基强调，在宣传动员中要注意的是，一定要坚持群众自愿的原则，坚持说服、劝导的方法。要改变那种强迫命令、简单粗暴的作风，注意启发群众学习的积极性。

在宣传动员中，街头宣传和办黑板报、墙报进行广泛通俗的宣传起到了很好的效果。在各个城镇、街道都出现了形形色色的墙报、黑板报。板报、墙报成了群众经常议论的话题。其中有一首《上冬学》的通俗说词曾广泛流传。这首说词是陕甘宁边区时期创作的，作者李伟。其词曰：“庄稼收到家，人人笑哈哈，拿起书本儿，冬学学文化。学文化好处大，知识学得多，道理解得下，不做落后人，不做睁眼瞎。男女老少都来上冬学，冬学好处大。人人有文化，救国有办法，小管咱家务，大就管国家。会生产会打仗，有文又有武，创造新中华。不做落后人，不做睁眼瞎，男女老少都来上冬学，冬学的好处大。”这首说词以通俗朴实的语言，说明上冬学的意义，起了很好的动员作用。江隆基专门表扬了这样通俗朴实的宣传形式。

三是组织形式可多样化。陕甘宁边区时期的冬学，主要是面对农村。解放后，这种情况有了很大变化，除了面对农村外，大量的则要转移到城镇地区，面对城镇的广大居民。江隆基认为，如何采取新的多样化的形式，更切合城镇的实际状况，是需要研究解决的新问题。他提出，首先还是要解决“与群众的生产、生活相结合”的组织形式的问题。在这样的结合中，使“方式灵活一些”，既可以采取集中的方式，也可采取分散的方式。在学习时间上，可根据生产生活的实际情况来确定，也不强求一律。他特别提出，面对城镇多种不同情况采取不同形式，是普及冬学教育的一个新特点。他提醒干部“不要怕麻烦”，“为群众服务要有不怕麻烦的精神。怕麻烦，事情就办不好”。

江隆基指出，虽然我们要采取组织形式多样化，但不等于放任自流。一定要有相应的制度做保证。他说：“没有必要的制度，是不能很好巩固的。”他还一再强调，“冬学的制度，要切实可行”，要“通过群众自己去讨论制定”，要群众“自觉地遵守执行”，只有这样才能使制度落到实处。经过宣传，各地冬学都制定了相应的学习制度。

经过初步探索，在继承陕甘宁边区经验的基础上，西北五省区也出现了多样形式的冬学。除全日冬学外，还有半日冬学、冬学夜校等形式。针对不同年龄段、不同人群等还出现了成人冬学、儿童冬学、妇女冬学等。更多的还出现了许多行业类的冬学，如卫生冬学、纺织冬学、杂货冬学、百货冬学、饭馆（餐饮）冬学等。有的集中，有的分散；有的分大组学习，有的分小组学习；有的学习时间长，有的学习时间短。结合实际，针对性强，冬学教育取得了显著成绩。短短两年时间，西北地区的冬学已成了风行一时的学文化、学政治的重要阵地。

四是改进教学方法，实行民主管理。在教学管理中，江隆基提出要十分重视教学方法的改进。他说，教学方法绝不是什么雕虫小技，而是直接影响教学效果的重要问题。解放后冬学的教学大都启用小学教师以及部分干部和知识青年作为冬学教师。他们虽然有着满腔的热情，但面对广大成年群众，却缺少教学经验。针对这种情况，江隆基和有关处室专门研究了改进教学方法和实行民主管理的问题。

江隆基提出，首先是要提高对教学方法重要性的认识。正如有的教师说："教法不良，冬学是办不好的"，"教法是过河的桥，桥塌了怎能过河?"这些都说明广大教师对教学方法的重要性是有所认识的。问题在于，面对少年儿童行之有效的教学方法，转换一个环境，面对成年人就不一定完全适用了。江隆基特别讲述了教学方法的问题，他说："教学方法是服从于教学目的的，不同的教学对象、不同的教学内容，就会有许多教学方法上的差异。"冬学面对的学生主要是成年人，他们并不像少年儿童一样是一张白纸，一切从零开始。他们在学前就有着许多生活、生产等等的经验和经历，特别是在认识能力上、认识技巧上会有许多不同。一定要针对不同的教学对象，根据不同的教学内容，进一步提高对教学方法的理解，改进我们的教学方法。

江隆基还提出，要借鉴边区冬学教学中许多成功的经验改进教学方法。陕甘宁边区在冬学教学中是积累了许多成功经验的。譬如从生活的需要出发，从识字入手进行教学，先让认识自己的姓名、村名，引发学习的兴趣。从认识人民币上的数字入手，学习基本算术。从日常需要出发，从写收条、写信、写婚丧请帖、写对联等等入手，学习语言常识等。从实际生活中学习，从实际生产中学习，从不知到有知，从不完全不确切到完全的认识，这也是成人冬学的一个特点。事实说明这样做能收到很好的效果。

江隆基还提出，在教学中也不能只是单纯的讲述，一味采取灌输的方式。好的教学方法应当是将讲解与问答互动，认知与情感并重。应结合实际应用，采取日常用语，应用类比、推理、模仿等等方式，深入浅出地讲好每一堂课。

为了改进教学方法，提高教师的教学水平，在西北教育部的倡导下，各乡镇和街道，都陆续举办了冬学师资短训班。通过短训学习使他们了解冬学的教学目的和教学方法，明确教学责任，提高服务热情，注意教学效果。这些短期培训的开展，对于搞好冬学教学，起到了很好的作用。

其次，江隆基指出，在冬学管理中，实行民主管理方式也是十分重要的。依据陕甘宁边区的管理经验，在江隆基的积极推动下，西北五省区的冬学大都以区或乡为单位，建立了冬学教员联席会议制度，研究冬学的管理、社会活动和教学等方面的问题。有的还制定了冬学教员奖励暂行办法，经群众评议、县市冬学委员会考查审定后实行奖励。

参加冬学的学生，也实行由学生自订学习公约，订立考勤请假制度。同时，提倡开展批评与自我批评。积极参加社会活动，活跃文娱生活。这些措施都活跃了民主管理的气氛。

五是选用普及实用教材。江隆基十分重视冬学教材的选取和编写。教材是教学的主要依据，也是教学质量的重要保证。解放后，冬学的教材依然采用了陕甘宁边区时期通用的教材。边区普及通俗的教材是值得称赞的。1939年，陕甘宁边区政府成立后，面对边区的特殊情况，就提出了要编写自己的教材。在教育厅下设立编审室，专门负责编写审议教材的工作。十年左右的时间，边区教育厅编写了包括干部教育、中学教育、小学教育和民众教育的大量教材。特别是其中适用于普及教育的通俗教材，紧密贴近农村生产生活，紧密联系中国历史和现状，紧密贯彻抗日爱国的精神，文字简练，通俗易懂，更是深受广大群众的喜爱。这些教材对于提高广大群众的文化知识，弘扬爱国主义精神起到了十分重要的作用。

需要提到的是辛安亭在这方面的贡献。辛安亭（1904年12月16日—1988年12月28日），山西省离石县沙会则村人。1931年夏考入北京大学历史系，是那一年山西省考入北京大学唯一的一名学生。1938年3月来到延安，进入陕北公学学习，毕业后被分配到陕甘宁边区教育厅工作。1939年2月加入中国共产党，并被任命为编审科科长。从此开始了他长达十余年的教材编审工作。他最早编写的教材是《边区民众课本》（后再版时改名为《民众读本》）。这是他专门为冬学编写的一套教材。包括《抗日三字经》《实用四言常识》《新五言杂字》三部分。这套教材完全采用了群众喜闻乐见的“三字经”形式，用精简的语言、通俗而有韵的词句，或三言或四言或五言编写而成，易懂、易记，深受广大群众的喜爱。

其后辛安亭又陆续编写了三种民众读本《日用杂字》《识字课本》《农村应用文》等用于冬学。前两种采用韵文形式，篇幅短而内容丰富，生字多而不重复，很适合成年人学习。《农村应用文》内容简明，语言通俗，适合农村干部使用。在编写冬学教材之外，他还参与编写了大量的小学教材。到1942年，他编写的整套教材共有八种三十三册。这些教材都是经边区教育厅颁布，作为小学通用的。为了帮助初级教师和干部提高文化知识，辛安亭还编写了许多通俗读物，如《中国历史讲话》《干部识字课本》《干部文化课本》《农村干部文化课本》等。1948年，辛安亭又将他零星撰写的篇章汇集起来，编写出《新三字经》。这部《新三字经》，解放后经六七家出版社出版，改名为《儿童三字经》或《儿童三字歌》发行。解放后，辛安亭出任人民教育出版社的副社长兼副总编，协助叶圣陶先生主持出版工作并从事全国中小学教材的编审工作。

辛安亭一生好学不倦，笔耕不辍，与书为伍，著作丰盈。他出版著作八十余部，累计四百余万字。他为祖国的教育事业，为教育的普及与提高，做出了重要贡献。

解放后，西北教育部决定仍采用辛安亭编著的冬学教材。这些边区通用的通俗教材，依然受到广大读者的喜爱，收到了很好的效果。由于城乡的差别，参加冬学者的行业不同，各个地区在采用边区课本的同时，冬学教师还根据实际情况仿照辛安亭的编写方式编写了许多补充教材。群众想学啥就教啥，如想学珠算，就教学会打算盘；想学记账，就教学会记流水账；想学唱歌，就教学会如何识简谱等等。另外还出现了许多“小先生”，即先学会者再教后学会者。同时各行各业通过黑板报、墙报作为补充辅导教材，大大促进了冬学的文化学习。

两年多来冬学活动的收获很大：

第一，冬学的广泛开展是一次较大范围的扫盲活动，大大普及了文化知识。据西北军政委员会教育部统计资料，在1949年冬季，即解放后的第一次冬学，就有一百四十万人参加学习；到1951年的冬季，又有三百四十万人参加冬学。如果按当时全西北地区总人口二千三百五十万人计算，两年多来参加冬学的人数累计起来，确是一个非常可观的数量。参加人数之多，普及范围之广，都是罕见的。许多不识字的，识字了；不会写信的，会写书信了；不会读报的，会读报了；不讲卫生的，也知道讲卫生了；不喜欢唱歌扭秧歌的，也喜欢参加集体活动了；等等。在广大的城乡街道出现了许许多多新气象、新风尚。

第二，宣传了党的政策，提高了广大群众的政治觉悟，增强了爱国热情。冬学是以学习文化课为主，结合政治思想教育开展的。在冬学的学习中，将文化学习与政治思想教育结合起来，就会使广大群众更多地了解中国共产党的方针政策，也使他们亲眼看到了为群众服务的政府的工作。他们从解放后与解放前社会生活以及个人经历的对比中分清了是非，明辨了敌友。特别是连续两年多的冬学都是配合党的中心工作开展的，如《减租减息条例》《征粮条例》《三反政策》的学习，以及抗美援朝的宣传教育，这些都大大提高了群众的政治觉悟，激发了他们的爱国热情。冬学的学习，是一次在较大范围内开展的政治思想教育活动。

第三，破除封建迷信，扭转了不良的社会风气。解放前在一些城市乡镇，封建迷信、邪教道门以及吸大烟、卖淫嫖娼等现象相当普遍。解放后，政府采取了果断措施，打击了这些社会恶习。冬学的学习也配合了这些工作，特别是清除邪教一贯道等的活动，冬学的学员也从中受到了思想教育。冬学的学员涉及范围广，各行各业、城镇乡村、男女老少，几乎都有参加。通过冬学的学习，这些学员们起到了良好的带头作用，为破除封建迷信，扭转不良的社会习气，做出了不少的贡献。解放后，社会风气的根本好转，是与广大群众参加冬学的学习活动分不开的。

“民族团结是最重要的一环”

1950年7月，西北五省区各民族大中学学生第一届代表大会在西安召开。西北军政委员会主席彭德怀做了热情洋溢的讲话。“民族团结是最重要的一环”就是彭老总在这次会议上提出的。他的原话是这样的：“我现在要讲的第一个问题是团结。团结是做好一切工作的基础。只有团结得好，事情才会搞好。在西北，民族团结是最重要的一环。首先是依据民族平等政策，发扬互助精神，亲密团结起来，团结得像一个和睦的大家庭。”[13]

中国共产党历来重视民族团结、民族平等和共同发展问题。1935年8月，长征途中的毛尔盖会议上就提出：“红军今后在中国的西北部活动，不能同少数民族脱离关系，因此争取少数民族在中国共产党与中央苏维埃政府领导下，对于中国革命前途有决定的意义。”[14] 1938年中共六届六中全会，毛泽东特别提出了要“尊重各少数民族的文化、宗教、习惯”的问题。1941年5月，在成立中共中央西北局时，又专门设置了少数民族工作委员会负责少数民族工作。

在开展少数民族工作中，中共中央还特别重视少数民族教育的发展。在中央党校设立了民族班，在陕北公学设立了民族部。1941年，在陕北公学民族部的基础上，正式成立了延安民族学院，以培养大批少数民族干部。

同时，在各少数民族聚居区先后办起了少数民族学校，包括一所伊斯兰公学、六所伊斯兰小学、一所蒙回学校、三所蒙古小学等。陕甘宁边区从1935年到1949年的十多年中，少数民族教育从无到有，从小到大，有了很大的发展，在开展少数民族教育方面也积累了不少经验。

新中国成立后，江隆基调查统计，西北五省区有十五个少数民族，人口6041635人，占西北地区总人口的26%。[15]长期以来，由于经济发展滞后，少数民族的文化教育长期处于落后状态。除聚居在城市，以及以农业生产为主的个别少数民族有学校教育外，大部分少数民族地区几乎没有小学，也没有中等学校。

遵照中央的指示精神，江隆基认为，发展少数民族教育，促进民族经济发展，维护民族团结，是十分迫切又十分重要的事。他强调彭总的话，“民族团结是最重要的一环”，说：“我们一定要深入调查研究，找出适当的解决办法，促进少数民族教育的发展。”为此，他专门组织人员，对西北少数民族教育状况做了深入的调查研究。

江隆基将少数民族教育状况划分为三种类型。一是游牧区，即以游牧为主的游牧地区。这些少数民族居无定所，居住分散，且又是少数民族中的多数地区。二是农业区，即以农业生产为主的少数民族。这些少数民族多聚居在小的乡镇或城市郊区，居住相对比较集中。三是城市区，即聚居于城市，多从事商业贸易及餐饮等，有定居点。依据这些不同类型，江隆基采取了三种重点发展的办法：对于游牧区，主要推行社会教育，以推广社会教育促进文化教育的普及和提高；对于农业区，主要以发展民族小学为主，兼顾社会教育的普及；对于城市区，以有重点地恢复和发展民族中等学校为主，兼顾小学教育的普及。

江隆基提出，促进少数民族教育的发展，是事关民族团结的大事，是事关民族政策的大事，一定要慎之又慎。他反复给大家强调了两句话：一句是毛泽东提出的，要“尊重各少数民族的文化、宗教、习惯”；一句是彭德怀提出的，“民族团结是最重要的一环”。他要求大家始终要把握好这两点。

江隆基指出，对少数民族学校的改革，“必须根据其民族特点与社会历史条件，以非常慎重的态度去进行。宗教信仰是少数民族生活中的一个重要部分，其文化教育活动往往受宗教的影响，如果我们不慎重处理，很容易因宗教问题而影响民族团结”。[16]

根据中央的指示精神，经过学习和反复酝酿，在部务会议上议定了以下一些原则：

一是关于佛教寺院以及伊斯兰教清真寺内所设立的经文学堂。这些经文学堂都是为培养僧侣、喇嘛、阿訇等而设置的，所授课程完全是宗教课程。这些都需要严格保护。在现阶段，可“根据群众的需要和自愿，酌量增加一些文化和时事政治的学习”。

二是关于宗教性学校和训练班（以讲授宗教课程为主），可采取学校教育形式，兼授汉文及其他文化课程，增加民族语文、民族历史以及时事政治等。

三是关于某些正规学校里的宗教课程，应根据群众的需求与自愿，适当减少、暂予保留或改为选修。不得违背群众意愿采取一律取消的办法。

四是对于正规学校里的少数民族学生，要严格尊重他们的宗教信仰和生活习惯。饮食起居应予以适当照顾。有条件的要开设清真食堂等。

江隆基提出并采取了许多措施，促进西北地区少数民族教育的发展。主要有：积极协助民族事务委员会筹建民族学院，地址设在兰州。这个民族学院经过积极筹建于1950年10月正式成立，定名为西北民族学院。确定新疆民族学院以培养少数民族干部为主要任务。在青海、宁夏两省举办少数民族干部训练班，以培养少数民族干部。在民族杂居地区的中小学，有计划地吸收少数民族子弟入学，入学条件酌情放宽。同时积极筹办（协助各省、市）少数民族中小学。在当前，可附设少数民族学生班，或附设学校。另外，以社会教育为主的游牧区，可协助卫生部门和文艺部门，适当组织卫生医疗、文艺宣传等工作队，以适应少数民族生活的方式开展社会教育工作。

西北五省区的少数民族文化教育落后，发展缓慢，在促进少数民族教育发展中，一个重要而必须解决的问题就是少数民族教师严重短缺的问题。江隆基十分关注这个问题的解决。经西北教育部的摸底调查，全西北五省区少数民族的小学教师缺两千余人，中学教师也仅有三百余人，远远满足不了发展的需要。为了解决这个紧迫的问题，江隆基采取了一些措施：一是通过各省区、市举办民族班，有重点地培养少数民族教师；二是在各师范学校增设少数民族班，以培养教师；三是在西安设立民族公学，一方面培养少数民族干部，另一方面也培养少数民族教师。经过积极筹划，西安民族公学于1951年成立，民族公学在两年多的时间里培养了三千多名少数民族干部（包括教师）。四是利用寒暑期教师学习会，吸收少数民族干部和教师参加。通过学习会的政治时事学习和参加各种社会活动等方式，提高少数民族干部和教师的政治思想水平和文化水平。通过这些措施的落实，初步缓解了教师短缺的状况。

解决少数民族语文课本问题是发展少数民族教育中另一个至关重要的问题。解放前，西北地区的少数民族只有少数的几个民族有完备的语言和文字，有的则是只有语言而无文字。这是少数民族文化教育发展迟缓的一个重要原因。为了解决这个棘手的问题，江隆基咨询并专门聘请了一些专家进行研究，探讨解决的办法。经过多方筹划，在西北教育部的直接组织领导下，组成了少数民族语文编译组，其中包括少数民族研究专家、精通少数民族语言文字的专家，开始了少数民族语文课本的编辑工作。在江隆基的积极支持和关怀下，经过这些专家的辛勤工作，到1951年下半年，共编译出八种少数民族语文课本。包括维吾尔族、哈萨克族、俄罗斯族、锡伯族、蒙古族、藏族、回族和新疆蒙古族等民族语文课本八种，供西北地区十三个少数民族学校教学使用。这些西北少数民族语言文字课本的出版发行，使西北地区少数民族语言文字的普及教育取得了突破性的进展。

经过近两年的努力，全西北地区专科以上少数民族高等学校的院校和系科达到五处，即新疆民族学院、西北民族学院、兰州大学的民族语文系、西北大学的民族学系、西北艺术学院的民族艺术系，学生达到840余人，比解放前增加了8倍。中等学校27所，包括普通中学14所，师范学校11所，职业技术学校2所，学生达到4951人。小学2488所，学生达到304460人，占到各少数民族适龄儿童总数的30%。

与此同时，少数民族的社会教育也有了稳步发展。解放前，在城市聚居的一些少数民族也曾有一些类似民教馆的设置。但是由于种种原因，对于社会教育的影响很小。解放以后，随着各少数民族经济的发展，文化教育的普及，推广社会教育已成为少数民族的迫切需求。从1950年起，在西北教育部的推动和组织下，各少数民族也兴起了办冬学、办民校、组织识字班等社会教育活动。特别是冬学在少数民族地区的推广，更取得了显著成绩，仅1950年的冬学，参加学习的各少数民族学员就达到30万人。冬学在少数民族地区“掀起了空前的学习热潮”。在冬学的影响下，各少数民族地区还举办了工人业余学校、农民学校、妇女识字班，普遍建立图书室，黑板报等也普遍创办起来。许多宗教人士、少数民族的知名人士，纷纷出资资助这些活动，一时间形成了学习文化的热潮。

西北五省区少数民族教育的发展，取得了显著成绩。

“谱写了新篇章”

西安是1949年5月20日解放的。在此之前，中共中央西北局已为接管西安做了各项准备，拟定了《准备接收西安初步计划》，成立了接收西安准备委员会。江隆基作为该委员会文教处的总负责人，对文教口的各项工作都做了具体的安排部署。

江隆基清醒地认识到，革命战争取得全国胜利，我们党成为全国的执政党，这是一个根本性的变化。他牢记毛泽东的告诫，“夺取全国胜利，这只是万里长征走完了第一步……以后的路程更长，工作更伟大、更艰苦。这一点现在就必须向党内讲明白，务必使同志们继续地保持谦虚谨慎、不骄不躁的作风，务必使同志们继续地保持艰苦奋斗的作风”。[17] 他认为，这应当是共产党人的座右铭。

他也知道，中国共产党领导的中国民主革命正面临着一个大的转变。这是一个由革命战争向和平建设的转变，由农村向城市的转变，由新民主主义向社会主义的转变，同时也是由五千年来的封建的农业社会向现代工业国家的转变……这一切也正像他在解放黄龙分区时所想到的，是在向新型的正规化的转变。

他也知道，我们的干部，大部分生长在农村，长期在农村环境中工作。全国解放了，我们由“落后”的农村，走进了“先进”的城市。许多陌生的东西需要我们去熟悉，一切的一切都需要我们重新学习。从思想到业务都需要我们做充分的准备。

江隆基十分重视进城后的各项准备。遵照中共中央西北局的统一安排，他组织所有的工作人员认真学习中共中央制定的《约法八章》《三大纪律八项注意》，中共中央西北局颁布的《入城纪律及注意事项》，以及华北军区印发的《入城纪律手册》《城市政策纪律教材》等，从思想上、政策上、作风上、纪律上武装所有工作人员。他要求所有的工作人员都要“廉洁的、朴素的为人民服务”，要“杜绝贪污，禁止浪费”，一定“要从思想上、作风上树立起一道长城，有一个新的开始”。

西北军政委员会成立后，江隆基在教育部第一次部务会议上组织大家认真学习中共中央和中共中央西北局的有关文件，切实领会文件的精神，并针对部务工作提出了具体工作要求：“了解情况、掌握政策、研究业务、指导工作”。

他说：“我们的环境变了，地位变了。但是我们的工作作风——密切联系群众的作风不能变。”我们一定要“深入到各个学校去，深入到各个文教部门，接近群众”。他说，在革命战争年代，我们离不开群众。革命胜利了，在和平建设年代，同样离不开群众。我们是胜利者，却不能以胜利者自居。我们手中有了权，更不能离开群众。我们手中的权，必须有铁的纪律的约束。没有铁的纪律的约束，那是很危险的。胜利了，我们更要始终牢记党的群众路线，不能脱离群众。“要贴近群众，了解下情。”

他说，我们要深刻领会中央的方针政策，切实按照党的方针政策办事。我们部里的工作人员都是做领导工作的，每个人都是党的方针政策的执行者。掌握方针政策，严格按照党的方针政策办事十分重要。他强调，我们面对的是西北五省区的广大区域，城乡差别大，少数民族多，我们“一定要千方百计防止在政策上出现偏差”。

他说，我们的工作人员，都“要明确工作范围及职责，建立正常的工作制度，恪尽职守，做好本职工作”。“要深入学习党的教育方针和政策，学习教育理论，熟悉教育业务，加强业务的研究。”他说，“我们的事务性工作很多，却不能陷于事务性的圈子里”，我们“要摆脱文牍主义、事务主义。要熟悉教育工作的规律，掌握工作的中心环节。要坚决去掉疲沓、拖拉的作风”。他强调，我们必须努力学习业务，研究业务，提高业务能力，只有这样才能做好工作。

他要求每个工作人员都要学会工作原则和工作方法。“要注意掌握三点：一是布置工作要有预见；二是要做好组织力量、配备力量的工作；三是要注意检查工作，检查工作的效果。”他说，布置工作，“如果没有预见，工作自然没有主动性，没有计划性”。“工作中有主动，有计划，我们的工作就会按步骤的、有重点的去搞好。”他强调，面对新的工作，我们一定“要从思想上提高认识，讲究科学的工作方法”，“切实通过会议制度，发挥民主精神”。特别是在工作过程中“要有检查，有报告”，使各项工作都能走上正规。

他要求大家，新的工作开始了，希望大家在新的岗位上，一定“要以谦虚诚恳的态度，民主的精神，严格的纪律，搞好团结，做好各项工作”。

通过一系列的学习，使大家统一了认识，明确了任务。教育部的各项工作，一开始就呈现出了新的气象。

进城以后，江隆基一家三口住在一间办公室内。后来又搬到两间十二平方米的平房里。平房比较简陋，没有暖气，没有上下水，也没有卫生设备。夏季闷热，冬季阴冷潮湿。遇到大风暴雨，房顶还常常漏雨。有人说，江部长的住房还顶不上延安的窑洞。办事的人几次提出要给他调换住房，他都拒绝了。他说，“房子漏雨修修补补还是可以的”。有的同志提出，再给江部长增添一间住房，他也不同意，他说：“现在人民生活还很困难。我们这样的条件，已经很不错了，不能给人民增加负担。”这两间平房陪伴着他们一家，一直到江隆基调离西北教育部。

江隆基的穿着简单朴素。从延安来时穿的那身灰布衣服，已经洗得泛白；那件旧棉大衣也是从延安带来的。后勤部门几次催他更换新的，他总是不答应。他说：“衣着的要求是整齐清洁。这就足矣！”在饮食方面他也不讲究什么，吃得十分简单，常常是两碗面条、一碟小菜。他说：“生活上不要有特殊化，政治上要有民主精神。这对我们当干部的尤其重要。”

对进城以后这段生活，江隆基的夫人宋超女士有这样的回忆：“那几年，隆基工作很忙，又经常出差。我常常一个人在家带着蛮蛮（江亦曼）。记得当时我们住的房间里蝎子特别多。我就在床上挂一顶蚊帐，既可以防止房顶的灰尘落下来，也可以防止蝎子爬到床上来。每当遇到打雷下雨的夜晚，借着闪电的光亮，总能看见蚊帐外面爬着蝎子。这时，我们不敢入睡，常常坐到天亮。有时，还要半夜爬起来去取机关文件。……虽然物质生活很艰苦，但是，我一想到和隆基在一起为新中国的教育事业工作，就觉得浑身有使不完的劲儿。”[18]

江隆基每天工作十多个小时。虽然周日可以休息，但他从来也没有什么星期日。在陕西省档案馆，至今还保存着江隆基自己起草的一份1951年10月一个月的工作计划，摘录如下：

（一）检查各级学校教职员的政治学习，提出改进方法（各处共同负责，月底完成）。帮助参加土改的师生，进行土改政策的学习。

（二）检查高教会议精神的传达情况及教职员、学生的反映（高教处负责，本月20日以前完成）。

（三）协助各省市筹办小学教师速成班（师范教育处负责，月底前就绪）。

（四）传达全国初教、师教会议及民族教育会议精神（林副部长、李处长、原处长、杨副处长分头进行，本月20日以前完成）。

（五）协同西北区统一招生委员会在陕甘两省的中心城市招收初中程度以上的失业失学知识分子（月底完成），并布置各县进行完小毕业生的登记工作（中教处负责）。

（六）召集参加文委第三次委员会会议的教育行政干部举行座谈会，讨论全国的初教、师教及民族会议精神的传达及实施问题（十月半以前举行，办公室负责）。

（七）修订五年教育计划（10月15日完成，办公室负责）。

（八）筹划召开实施中学新规程的中学校长或主任的讨论会（10月底前筹备妥当，中教处负责）。

（九）了解大中学校招生及注册的情况（月底完成，高教处、中教处负责）。

（十）了解大中学校政治教员的情况及今年暑假调整的情况。

（十一）布置冬学工作（十月半前发布指示），并计划组织巡视检查组（社教处负责）。

（十二）协助青年团、文化部举办秋季运动会（月底完成，社教处负责）。

根据部的工作计划，各处室提出处、室工作计划，各处、室计划要力求具体。有时限、有人力的部署。

进城以后，工作的计划性和制度化，是江隆基工作的一个重要特点。他说，过去在战争环境里，许多主客观因素的影响，我们不可能有那样严格的计划和制度，今天我们的环境变了，“就应该逐步使我们的工作走上正规，遵循制度和计划去工作”。“我们的一切工作都要有计划、有步骤。有计划、有步骤并不是等待、拖延、慢慢来。另一方面一切工作都需要有调查、有研究。不经过调查，只是把上边下来的任务简单的转下来，这种作风是解决不了问题的。”[19]

1950年工作一开始，江隆基就要求每年都制订出年度工作计划，并将工作计划要点公示于众。他说：“我们这样做，不仅使我们工作走上正规，更重要的是使我们工作更贴近于群众。”从1950年起，教育部及其下属各处，都制订有年度工作计划和每月工作计划细则。这对于习惯于过去的那一套工作方式的人们来说，是一个很大的改变，也激发了大家工作的主动性和积极性。

在工作中，江隆基十分注意深入基层，了解实际情况。他说：“了解真实情况，是做好工作的重要条件。”他要求各处室不能浮在上边，要经常深入下去调查研究，做到心中有数，并逐步形成制度。他专门起草制定了《西北军政委员会教育部关于建立报告请示制度的指示》。《指示》指出：“目前西北地区各级教育行政机构，已大体建立起来。各级学校也大都经过初步整顿。为及时了解各地教育情况，贯彻中央人民政府教育政策，总结各地工作经验，以加强领导和提高工作效率，需要建立和健全报告请示制度。”《指示》对报告的范围和请示的职责、应当遵循的基本原则、必要的统计数据等，都提出了具体要求，并强调，“加强工作报告制度，及时反映情况，密切上下级关系，是提高工作效率，总结工作经验，保证政策执行的有效办法”。《指示》要求，在反映情况、报告工作中一定要坚持“实事求是，认真负责的态度，采取民主讨论，集思广益的方法”。“文字要简明扼要，问题要说得清楚明白”，力求做到“有情况、有分析、有结论”。

江隆基在工作中是不知劳累的。他认真负责的精神，更是大家所熟知的。从陕甘宁边区到西北军政委员会教育部，在江隆基领导下工作多年的钟天丰有这样的回忆："在1950年至1952年期间，当时国家还没有完全走向计划经济。每年春季的计划会议上，总是先由各部门算账，提出自己部门最低需要经费数，然后根据国家财力进行分配。计划部门要求各部门的时间又非常紧迫，每反复一次总是要加班加点地算账。在这个时候，隆基同志总是和我们一起工作。有时我们计划会议开完后，机关已经下班了，我只得根据白天开会平衡的情况算账。至夜里十一二点，向他汇报，第二天才能向财政部门去汇报。经费往往关系到教育事业的发展，在财力不足的情况下，哪些学校优先发展，哪些靠后，哪些省、市多发展，哪些稍次等等问题，都必须由领导决定。有时候提出几个方案测算，很费时间，夜里一熬就到凌晨两三点，甚至通宵。我们深知，他的工作很多，不能总是陪着我们，然而他总是坚持和我们一起，一遍两遍地计算。有时候实在不忍，劝他先去休息，等算好了再向上汇报，但他总是坚持和我们一起算完为止。本来每年春季计划会议期间，我们工作最繁重，加班频繁。但是，在他的艰苦作风影响下，也不觉得累，也没有什么怨言。总觉得部长都能和我们一样加班加点，熬夜受累，我们就是再苦再累也没有什么可说的。我体会到这就叫作身教重于言教。"[20]

霍得元是这样说的："在西北教育部时，我担任一个党小组组长，江隆基同志就编在我们小组。所以差不多每周都和江隆基同志一起过一次组织生活。他和我们一起谈工作、谈生活、谈思想，一起进行批评和自我批评。他很注意听取大家的意见，也常给我们讲解党的方针、政策。他和我们谈得最多的是，党员一定要认真执行党的统战政策，要尊重党外领导同志，特别要团结好新来的同志（当时有一位党外副部长和几位党外处级领导，还增加了不少新同志）。他对我这个小组长很尊重，每月发津贴费后总要亲自把党费交给我。每次党小组会他都准时参加，从不迟到。如果他有事外出，不能参加组织生活会，都要找我或者托别的党员代为请假。过后还向我们了解小组会的内容。像他这样有很长党龄，有很高职位的老同志，仍然和我们年轻同志平等地坐在一起过组织生活，给我们的教育很大。”[21]

进城以后，教育部的几位部长仍然继续共用陕甘宁边区政府原来配给教育厅几个厅长共用的那辆吉普车。吉普车由于年代太久，经常抛锚，司机很有意见。管理事务的同志向办公厅反映，要求更换新车。江隆基知道后，很不满意，批评了这位管理事务出于好心的同志。他说：“我们进城了，难道什么都要变吗！什么都要换新的吗！”后来这位同志将新车退了回去，又将那辆吉普车换了回来，整修了以后继续使用。

刘御有这样的回忆：“我曾在江隆基同志领导下工作过六七年。他给我留下的印象很深很好。概括起来就是两句话：他不像个教育官，他是一位教育家。……在江隆基同志为人民教育事业奋斗的一生中，他一直身居‘长’位或‘官’位，从中学校长到大学校长，从边区教育厅长到大区教育部长，还一再兼任教育厅行政机关的党组书记和大学党委书记。虽然他身不离‘官’，可是从来不摆官架子，谈话也不打官腔；他生活朴素，工作勤奋；写文章，自己动手，做报告，亲笔写稿，从不假手于他人……无论从哪方面看，都看不出一点官气。因为他不是以官为职业，而是以教育为职业。他是一位教育家。”[22]

“谱写了西北区教育建设的新篇章”，说这话的是时任陕西师范大学党委书记李绵。李绵长期在陕甘宁边区教育厅工作，新中国成立后曾担任西北军政委员会教育部中教处处长。20世纪80年代初作者访问他时，他就称赞江隆基在解放后这三年的工作是“谱写了西北区教育建设的新篇章”。他还列举了许多事实，称赞江隆基是一位具有“革命家的气质、学者的风格、教育家的建树”的教育家。其后，1986年在江隆基逝世二十周年时他撰写了纪念文章，题目就是《谱写了西北区教育建设的新篇章》。

解放后的三年中，江隆基在新的岗位上，谱写了西北区教育事业新的篇章。

注 释

[1] 抗日战争胜利后，在国共两党的共同努力下，1946年1月10日，在重庆召开了政治协商会议。会议达成了和平建国纲领等项协议。政协协议的通过，激起了全中国人民对于实现和平、民主、团结、统一建国的热烈期望。但是，由于蒋介石蓄意挑起全面内战，撕毁了这些协议，政治协商会议也宣告破产。所以将这次政协会议称为“旧政协”，而将中共中央提出召开的政治协商会议称为“新政协”。

[2] 摘自江隆基写给宋超的信，1949年8月31日。

[3] 原文载《新华周报》，第4卷第10期。

[4][10][15] 据西北军政委员会教育部统计资料，1950年。

[5]《毛泽东选集》第5卷，人民出版社，第19页。

[6] 江隆基：《西北区一年来教育工作成就及当前的中心任务》，载《西北教育通讯》第7卷第4期。

[7] 参见江隆基：《团结起来，为贯彻课程改革与思想改造而奋斗》，1951年8月。原件存陕西省档案馆。

[8] 江隆基：《西北区高等院校会议的总结报告》，1951年。原件存陕西省档案馆。

[9]《列宁选集》第3卷，人民出版社，1972年，第608页。

[11] 江隆基：《加强学校工作中的政治性和思想性》，载《西北教育通讯》第7卷第4期，1951年10月。

[12] 江隆基：《在西北区第一次教育会议上的报告》，1950年7月。原件存陕西省档案馆。

[13] 彭德怀：《亲密团结，学好功课，建设各族和睦的新西北》，载《群众日报》，1950年8月17日。

[14]《六大以来》(上)，人民出版社，1982年，第687页。

[16] 江隆基：《西北区中等教育现状与今后改革意见》，1950年7月26日。

[17]《毛泽东选集》，人民出版社，1964年，第1328-1329页。

[18] 宋超：《岁月有痕——我与隆基在一起的日子》，兰州大学出版社，2011年。

[19] 江隆基:《西北军政委员会文教委员会第三次会议总结》。原件存陕西省档案馆。

[20] 钟天丰:《江隆基同志给我的印象》，载《纪念江隆基文集》，兰州大学出版社，1987年。

[21] 霍得元:《纪念江隆基同志，学习江隆基同志》，载《纪念江隆基文集》，兰州大学出版社，1987年。

[22] 刘御:《江隆基同志——一位脚踏实地的教育家》，载《纪念江隆基文集》，兰州大学出版社，1987年。

第七章

"北大很幸运"

1952年秋，江隆基一家来到北京，由此开启了他在北京大学近七年的工作和生活经历。在此期间，既有工作中取得成就的欣慰和快乐，也有家庭生活的幸福时光，更有反右斗争中刻骨铭心的记忆和坎坷曲折的经历。在北大这块沃土上，江隆基辛勤耕耘，把自己的全部心血都倾注在工作上。在短短的几年中，北大的各项工作都出现了新局面，从而成就了20世纪50年代北大发展与建设的繁荣时期。

一、进京

江隆基被调入京时距离全国解放已有近三年。对于新中国的高等教育事业来说，1952年其发展进入了具有转折性的关键阶段。新中国成立初期，随着大规模经济建设的推进，国家急需大量专业技术人员，尤其是工业建设的专门人才。在全面学习苏联的政策影响下，全国范围内进行了被称为"院系调整"的大规模大学组织机构改革，以从国家整体利益出发，更加有效和有计划地培养人才。这次"院系调整"并非局限于对某一所大学的内部组织机构进行调整，而是针对众多的大学，或跨省、跨地区地对大学进行改组、撤销或者合并。全国范围的院系调整是从工科院校开始的。1951年11月3日至9日，教育部召开了为期一周的全国工学院院长会议。会议决定以华北、华东、中南三个地区的工学院为重点进行院系调整，除保留并加强少数文理科综合性大学外，按行业归口建立单科性高校，并根据新中国建设的需要建设一批新的工科院校。这份关于全国工学院调整的方案于1952年4月16日得以公布。教育部在正式公布上述方案后，又于5月制定出“1952年全国高等学校院系调整方案”，其范围已不限于工学院，还涉及其他各个专业。到1952年底，全国高校由调整前的211所变为201所[1]。以高校以及在校学生数量最多的华北地区为例，北大、南开两所大学改为综合性大学，清华、天津两所大学改为多学科的工业大学，北京师范大学与辅仁大学合并成立新的师范大学，取消辅仁、燕京两大学的校名，同时成立北京地质学院、北京钢铁工业学院、北京航空工业学院、北京林业学院、北京机械化农业学院、中央财经学院和北京政法学院。这种全国范围内的大学组织的重新调整，意味着新中国高等教育的基本框架的形成。随着新中国成立前后对于旧式学校的接管、改造以及20世纪50年代“院系调整”的开展，为了加强党对高等学校的领导，中央选调了近千名中高级党政干部充实到高等院校担任领导职务，先后有一百多人担任高等学校院校长、党委书记等职务[2]。其中既有无产阶级革命家、教育家吴玉章、李达、陈望道等，也有解放军高级将领陈赓，以及著名教育家匡亚明、朱九思等。作为具有丰富教育经验和革命资历的江隆基也是在这样的背景下，被中央抽调入京参与到新中国高等教育事业的建设中来的。

刚到北京时，江隆基一家曾有一段时间住在教育部招待所。当时组织上曾提出两个工作岗位让他选择，一是去教育部工作，二是去北京大学工作。江隆基经过慎重考虑，选择了后者。按照宋超女士的回忆，当时江隆基决定去北大任职主要是从两个方面考虑的：一方面，北大是享誉国内外的著名高校，也是高等教育的第一线，到那里工作，有利于掌握教育规律，更好地理论联系实际，可以丰富自己的教育理论和教育实践。另一方面，江隆基在1925年就考入北京大学，曾在那里聆听过李大钊的演说，参加了爱国民主运动，接受了马克思主义学说，并从此走上革命道路。1927年，在白色恐怖下，江隆基在北大毅然加入中国共产党。在日本留学时被日本当局驱除出境，回国后他又回到北大继续开展革命活动，被国民党当局逮捕，坐过反动派的牢房。他对北大有一种特殊的感情。可以说，正是出于对新中国高等教育事业的无比热爱和对母校北大的强烈感情，江隆基最终选择了去北大工作。

二、从老北大到新北大

北京大学，这所古老而驰名中外的高等学府，自1898年的京师大学堂起，经历了晚清、北洋时期、国民党统治时期以及抗日战争西南联大时期等多个时期的演变。1949年1月31日，北平和平解放，北京大学从此开始了她新的纪元。

新中国成立前的北大在学校管理上实行校长负责制下的教授治校，由校长、各学科长以及教授互选产生的代表组成的评议会为学校的最高立法机构，学校各行政部门的负责人也基本由教授兼任。在北平和平解放前夕，北大校长胡适于1948年12月15日离开北平南下，临走时留了两个条子，其一是让时任文学院院长的汤用彤代理校务，其二是托汤用彤、周炳琳和郑天挺维持北大校务。汤用彤力辞代理校长之职，认为“还是人多一些好”，最后学校行政会议讨论决定由汤用彤、郑天挺、周炳琳三教授组成三人小组负责校务。1949年2月28日下午，北平军事管制委员会文化接管委员会正式接管北京大学。两千余名师生员工参加了在民主广场举行的欢迎接管大会。汤用彤教授致辞，表示欢迎接管。军管会文管会主任钱俊瑞宣布正式接管，学校行政事宜暂由汤用彤教授负责。

经过一段时间的筹备，5月4日，北京大学校务委员会成立，北平市军事管制委员会任命汤用彤等十九位教授和两位讲师、助教代表，两位学生代表二十三人为校务委员会委员；汤用彤任校务委员会主席。同时，北平市军管会还公布了学校主要行政负责人的任命：曾昭抡为教务长，郑天挺为秘书长，汤用彤为文学院院长，饶毓泰为理学院院长，钱端升为法学院院长，马大猷为工学院院长，俞大绂为农学院院长，胡传揆为医学院院长，向达为图书馆馆长。由此，学校校务由校务委员会主持，派驻北大的军管代表和联络员随之撤离。[3]

1949年底，新北大的内部整合基本完成。在学校组织形式及领导关系上，校务委员会为全校最高权力机关，集体领导全校校务，每月开会一次，闭会期间以常务委员会为最高领导机构，常务委员会对校委会负责，每周开会一次。汤用彤为常委会委员兼校务委员会主席。校务委员会下设图书馆、博物馆、研究部、周刊编辑、体育、财务、生活福利、校产分配、节约救灾、助学金评议、出版等十一个专业委员会，负责相关事务。校务委员会下设总办事处、教务处、秘书处，并设教务长、秘书长，负责学校教学、行政事务的管理。

直到1951年6月1日，马寅初出任北大校长后，北京大学的最高行政领导方始确认。马寅初是享誉海内外的民主斗士和经济学家，我国许多经济界耆宿，多出其门。他同时还是一位老北大，五四运动期间，蔡元培任北大校长时，马寅初曾被聘为北大经济系教授兼系主任，1919年又当选为北大第一任教务长。由这样一位在学界、政界拥有崇高的威望，又与北大有着长久渊源和对北大有着深厚感情的著名学者来出任北京大学校长是最合适不过的。

据说调马寅初来北京大学任职前，毛泽东接见了马寅初，问他就任北京大学校长有何困难，有何要求。马寅初直截了当地说，别的问题没有，只有一个简单的要求，就是“以后我请谁到学校里去做报告，可要得到保证!”毛泽东听后，笑着说：“这条我保证！以后你想请谁，我就保证他随叫随到!”此事的另一种说法是，马寅初趁向毛泽东汇报工作的机会，请毛泽东答应他为北京大学“调兵遣将”的计划。一次在中南海开会时，马寅初向毛泽东提出了请求：“要兄弟把北大办成一流的学府，主席就得支持我的工作。”毛泽东笑着问：“马老，您要怎样的支持呢?”马寅初说：“不要别的，只希望主席能批准，兄弟点名邀请谁到北大演讲，请不要拒绝。”毛泽东高兴地答应了马寅初的请求：“这个好办，我批准了。”然后又风趣地说：“马老，我给你这个尚方宝剑！”[4]

马寅初的“调兵遣将”不限于请谁来演讲的范围，由于自己的非党员身份且当时已年逾古稀，他曾多次向毛泽东、周恩来提过要求，恳切希望中央派一位党员校长来协助他的工作。江隆基早年曾就读北大，粗略算起来与马寅初也有师生之谊，作为有着丰富革命经历和教育经验的他无疑是担当这个职位的最佳人选。1952年10月，中央人民政府为了加强对北京大学的领导，正式调任江隆基出任北京大学副校长（第一副校长），协助马寅初主持管理校务。此后两人在工作当中精诚合作、肝胆相照，取得的成绩斐然，成就了北京大学发展历史当中的一段佳话。

三、“北大很幸运”

1952年10月4日，北京大学几千名师生隆重集会，第一次在院系调整后的燕园新校址举行开学典礼。马寅初校长讲话，对江隆基到校表示热烈欢迎。中宣部副部长陆定一、教育部部长马叙伦、教育部副部长钱俊瑞也先后发表讲话。过去的开学典礼从来没有来过这么多首长，这次许多首长到会，显然是表示对江隆基来校任职的重视。

马寅初校长的讲话诚挚而又风趣，他说：“隆基同志是一位老党员，是一位有丰富经验的教育家。他来北大，北大很幸运，我们很幸运。”他还幽默地说：“抗日战争时期许多外国朋友说‘中国的文化在延安’，而延安大学又是延安的最高学府，是文化中心的文化中心。隆基同志当时担任延安大学校长，那是有着最高文化的同志。”马老的一番生动有趣的介绍，立即引起了全场师生的欢呼、笑声和热烈的掌声。

江隆基在马老的邀请下也发表了热情的讲话。他说：“北京大学是我的母校，我接受马克思列宁主义思想是在北京大学，参加中国共产党也是在北京大学，北京大学对我来说，是有特殊感情的。”“在离开二十五年之后，今天又回到北京大学，我是回娘家了。”江隆基在讲话中强调，要大家认清当前国内的新形势，以及在新形势下北京大学的“重任”。他说，“解放后，经过三年的恢复工作，国家财政经济状况已开始根本好转，大规模的经济建设即将开始”，“人才的培养，特别是高级建设人才的培养已经十分迫切地摆在我们面前”。“作为国家培养高级建设人才的北京大学，有着责无旁贷的‘重任’。”江隆基说，他是“刚进校门”，不能下车伊始，就哇啦哇啦。“马老既然要我讲，我就讲一讲。”他说，学校的工作很多，要解决的问题也很多。就当前来讲，主要的工作有三件：

第一，进行全面的教学改革。江隆基说，全面的教学改革是改造旧教育的一项主要工作。新中国成立三年来，经过各项政治运动和院系调整，已为我们进行全面的教学改革创造了有利条件。“教学改革是十分慎重和细致的事。”我们一定要有领导有步骤地进行，同时，也必须结合北京大学的实际去改革。他说，教学改革是势在必行的。但是，在具体做法上则应当是灵活的，不能“强求一律”。当前，教学改革应当着重解决两个方面的问题，一是教学观点，二是教学方法。在教学观点上，要坚持以“辩证唯物主义和历史唯物主义观点代替陈腐的、过时的、落后的观点”。在教学方法上，要坚持以“理论联系实际与循循善诱、因材施教的方法代替主观的、注入的、盲目说教的方法”。他强调说：“总之，我们进行全面教学改革的目的，在于使我们北京大学建立起新的教学制度和教学秩序。”

第二，开展马克思列宁主义和毛泽东思想的学习。江隆基说，马克思列宁主义和毛泽东思想是科学的真理，是我们行动的指南，也是我们改造旧世界的思想武器。我们一定要充分认识它“作为指导思想的重要意义”。过去两年的思想改造运动已取得了很大成绩，但是“思想改造是一个长期的过程”。同时，“不能经常作为运动来进行‘洗澡’‘过关’”，“更不能当作日常方式采用”。“我们今后应当是建立起经常的理论学习制度，从经常的理论学习中不断提高我们的政治觉悟与思想水平。”他强调说，“我们开展马克思列宁主义和毛泽东思想的学习”，“并不是要大家都成为马列主义的理论家”。我们这样做的目的，“在于通过学习树立正确的人生观和世界观”。同时，还要看到，学习和掌握了马克思列宁主义毛泽东思想的基本理论，我们的业务研究就会加速前进，我们的工作也将会做得更好。

第三，有准备地建立学校的政治工作制度。江隆基说，经过这几年的工作和各项政治运动之后，大家都要求加强学校的政治思想领导。中央教育部正考虑在高等学校试行政治辅导处制度。它的主要任务就是掌握学校的思想政治情况，加强思想政治教育，联系校内各种社团，指导教师的各种社会活动等。政治辅导处的建立，将会大大促进学校各项工作的开展，并将逐步地使我们高等学校的政治思想工作建立起正规的制度。

江隆基最后说：“建设好新北大，对我来说是一项陌生而又崭新的工作，我将竭尽全力，协助马老把工作做好。我也要求，全校师生员工同心同德，团结一致，为建设好新北大而共同努力。”[5]

这是江隆基第一次在全校大会上与北大师生见面、讲话。他身着一身灰色的布衣，显得稳健持重，严肃大方。他那魁梧的身材、炯炯有神的眼睛、稳重大方的风度和那出口成章、条理清楚、观点明确、用词恰当的讲话，给大家留下了深刻的印象。

江隆基简短朴实的讲话，赢得了全场几千名师生的热烈掌声。这表达了他们对这位来自解放区的第一位党员副校长的欢迎。虽然这是一次就职演说，但他并没有随便许愿；他的讲话没有什么闪耀的词句，只是些朴实的话语，也没有展现什么宏图大业，而是实事求是地提出问题。

江隆基在北京大学工作了六个多年头。这是北京大学稳步前进的六年，是团结进步的六年，也是发生巨大变化的六年。事实说明，他没有辜负北京大学师生员工的信赖。正如马寅初校长所说的，“隆基同志来北大，北大很幸运，我们很幸运”。

建设社会主义新北大

1949年9月29日公布的《中国人民政治协商会议共同纲领》对新中国教育的性质、任务和方法等方面都做出了规定。例如，“中华人民共和国的文化教育为新民主主义的，即民族的、科学的、大众的文化教育。人民政府的文化教育工作，应以提高人民文化水平，培养国家建设人才，肃清封建的、买办的、法西斯主义的思想，发展为人民服务的思想为主要任务”；“提倡爱祖国、爱人民、爱劳动、爱科学、爱护公共财物为中华人民共和国全体国民的公德”；“中华人民共和国的教育方法为理论与实际一致。人民政府应有计划有步骤地改革旧的教育制度、教育内容和教学方法”；等等。[6]北京大学和其他大学一样，面临着从旧教育体制向新教育体制转轨的问题，即如何全面贯彻落实《共同纲领》中提出的新民主主义教育方针，努力把北大建设成为社会主义新型大学。

一、统一思想与完善校务管理

1951年秋到1952年秋，在全国范围内进行了一次大规模的思想改造运动，即团结、教育、改造从旧社会过来的知识分子；从另一个角度说，也是知识分子自我批判和自我否定。思想改造运动的兴起与北大有着直接的关系。马寅初担任北大校长后，针对新中国成立初期师生员工的实际情况，一再强调教师要学习新思想，确立为人民服务的立场。1951年暑假，马寅初率先在北京大学设立了“暑期学习会”，组织本校教职员学习四十天，学习方法是听报告、读文件，联系本人思想和学校情况，开展批评与自我批评。暑期学习结果“成效甚好”，“开学后工作效率提高不少”，“收益出乎意料之外，思想未改者开始转变，已改者提高了一步”。[7]这场原本限于北京大学范围内的政治学习运动随即受到毛泽东、周恩来等党和国家领导人的重视。周恩来指示教育部对北京大学教师政治学习问题加以研究。教育部的结论是：这种政治学习对于全国高校都很有必要，应当推广到北京、天津两市所有高校，待取得经验后再推向全国。于是以此为契机，京津各大专院校在教育部的直接领导下，掀起了知识分子思想改造运动，并很快推行至全国范围。截至1952年底，全国高等学校有91%的教职员和80%的大学生参加了学习。

江隆基来到北大时，北大的思想改造运动已经基本结束，正赶上北京大学从市内沙滩迁至西郊原燕京大学校址不久，院系调整也刚刚结束。这时的北京大学由原北京大学、清华大学、燕京大学几所大学的文理学院，以及辅仁大学、中法大学等部分文理科合并而成，共有十二个系、三十三个专业、七个专修科，成为一所主要从事自然科学、人文社会科学基础学科教学和研究的新型综合性大学。这种新的组合带来的结果是，一方面，三校的合并使原来各校的著名学者云集一堂，充实和加强了教学科研力量，形成了北京大学名师荟萃、百花争妍、学风严谨、读书氛围浓厚的大好局面；但另一方面也产生了一些新的问题和矛盾。

首先，对于这样的院系调整安排，特别是取消燕京大学的决定，当时不少师生表示悲痛与惋惜，或者干脆持否定态度。如当时就职于燕京大学的巫宁坤回忆时任燕大西语系主任赵萝蕤时，曾写道："从青岛回来后不久，萝蕤来访，向我传达本系教师分配情况，我的去处是天津南开大学。话一出口，她就忍不住放声哭了起来……当初，她满怀信心，要壮大燕京英语教授的阵容。如今她以稀有的才华着手构建的象牙之塔在狂风暴雨中化为灰烬，美好的梦想成为镜花水月，她怎能不伤心欲绝？"[8] 当年就读于北大中文系的马嘶也曾这样回忆："记得我入学以后很久，那时院系调整已过了一年时间，我还在燕园中看见胸前佩戴着'燕京大学'校徽的学生，这无疑是对撤销燕京大学的一种无声的抗议，或者至少是对他们母校留恋之情的一种表现吧。"[9]

此外，由于当时的北大刚刚从城内搬往城外燕京大学校址，合校后新的行政机构尚不健全，而燕京原有的资源设施已不能满足合并后的教学工作需求，新的建筑迟迟不能完工，上级又迫切希望在当年12月初开课。在这期间又频繁遇到一系列的突击任务，如俄文速成学习、全校的调查研究、中苏友好月、工资调整、大规模采用苏联教材等，使得合校后的新北大在行政管理运作上屡屡出现困难和问题。江隆基在1953年4月15日致北京市委的报告中说："由于北大在院系调整之后差不多等于一个新成立的学校，各方面的准备都很不充分，这就使我们的工作完全处于被动状态……来校之后又因学校行政机构不大健全，大小事情都逼在眼前不能不管，再加上我的工作作风有官僚主义，联系群众与深入实际不够，因而形成上学期的忙乱现象。"有关这种工作中的被动和无序状态，在他的工作笔记中也能够找到具体事例。如对1952年10月7日晚间召开的系主任联席会议，他写道："这会的召开我是临时才知道的，因为上课日期逼近，召开这样一个会是必要的，但因事先缺乏准备，所以会议要研究的问题不够具体明确，解决问题不彻底，给予大家的印象不深。我想假如我酝酿一两天，这会是可以开得更好一些的。我想掌握工作的时间性是必要的，但必须防止欲速则不达的急躁病。会上做报告和发言最多的是教务科长张世龙同志，副教务长侯仁之出席而未发言，这虽是因为侯刚从广州回来，还摸不清情况，但客观上造成一种印象，好似教务科长在领导系主任联席会议，而教务科长又是党员干部，难免使人感到党员干部在包办代替。假如教务科能善于推动教务长去进行领导，我想工作效果是会更好的。"又如在10月9日的工作笔记中，他写道："昨晚参加党委副书记所召开的所谓核心人员会议，讨论开课前的准备工作。这类问题本应由行政上去布置，但因以往行政领导无力，有的要由党委包办。今后各单位既然都有党员负责干部，则应交由行政去做，如果还要成立经常性的核心组织去做，是不妥当的。但为了照顾大家的工作积极性，我不准备过早地提出反对意见。"江隆基深感整个北大党的力量偏弱，"除我一人是老干部外，其余全是解放战争中入党的新干部。他们的优点是积极热情、和群众有联系，缺点是缺乏工作经验、缺乏政治锻炼和政策思想，他们在过去搞学生运动时是有办法的，但在今天要领导教学和行政工作，就感到很生疏。正因为如此，所以全校不易形成一个坚强的党的领导核心，工作上顾此失彼，漏洞很多。”[10]

正是工作当中遇到的这些实际的困难，使江隆基清醒地意识到，能否把这些来自不同院校、系别的，具有不同传统、作风、习惯的队伍很好地团结起来，“是一个对新北大起步是成功还是失败的关键”。他极为重视这个问题，为了抓住重点、解决问题，江隆基深入群众，调查研究，和其他党政干部一起，做广大教职工的思想政治工作，要求大家要团结一致，共同为建设新北大而奋斗。

北京大学在院系调整以后，教师主要来自原北大、清华和燕京三校。因三校渊源不同，教学等各方面也有差异，教职员工的思想比较复杂。针对这个问题，江隆基认为，把大家团结好，调动各方面的积极性，一个重要的问题是，必须在学校确立马克思列宁主义的指导地位。1953年春学校开学后，中宣部通知各高等学校，要求教师学习毛泽东的《实践论》《矛盾论》。江隆基根据中央指示把学校党政领导人和各系系主任专门组成一个学习小组，结合北京大学的实际，学习毛泽东的《实践论》和《矛盾论》。他亲任组长，每周定时定点组织大家进行自学和讨论，并和全校教师一起听艾思奇的辅导报告。对于这些理论著作，江隆基虽然早已钻研过多遍，但他仍然坚持和大家一样认认真真地学习，从不无故缺席。对于这些理论著作，虽然他比其他人理解得深，并常常给其他人以帮助，但在讨论时，他仍和大家一样，交流思想，进行争论，从不以教育者自居。由于他的马克思列宁主义的理论修养高，同时，又把自己的思想和大家的思想交融在一起，所以，大家都乐于积极参加，也敢于暴露思想，许多思想上、理论上的问题能相互见面。大家质疑问难，谈看法，讲体会，畅所欲言，心情格外舒畅。这个学习会起的作用很大，有些老教授虽然也曾接触过一些马克思列宁主义的书籍，但是像这样系统的学习，特别是通过听辅导和集体讨论的方式，言而由衷地学习，还是第一次。通过学习和讨论，不仅使大家的马克思列宁主义理论水平和对中国共产党的方针政策的认识有了很大提高，而且也使大家在感情上融洽在一起。同时，他根据北大老教授多、民主党派较多的实际情况，每两周组织一次共产党与各党派负责人的座谈会，在会上，他向大家宣传党的方针政策，鼓励大家畅所欲言，为办好北大出谋划策。

通过学习会和座谈会的召开，统一了大家的思想，加强了全校师生员工的团结，鼓足了大家为建设新北大而努力奋斗的干劲。直至多年以后，许多老教授、老同志仍十分怀念这样的学习会和座谈会，他们认为，参加这个学习会“心情很舒畅，思想上进步很大”。例如时任北大教务长的著名物理学家周培源，就曾十分感慨地回忆说：“当时，我在他（江隆基）的领导下负责教学工作。院系调整后的北京大学主要是由北大、清华、燕京三校的文理和社会科学等系科合并后组成。由于三校的传统有异，在新中国如何进行新的教学工作，大家在看法上有很大分歧。因此，我的工作曾遇到困难。隆基同志了解到这个情况后，立即决定组织并亲自领导校、系负责同志进行思想政治学习和讨论，统一大家的思想认识，学校的教学工作得到顺利开展。此事虽已过去三十余年，但我至今记忆犹新。”

在江隆基领导和主持的学习会的带动下，北京大学学习马克思列宁主义和毛泽东思想的活动普遍展开。还举办了夜大，专门进行定期的马克思列宁主义和毛泽东思想的学习，长期坚持，也取得了较好的效果。应当说，通过这些学习，北京大学广大教师、干部的理论水平和对党的方针政策的认识有了明显提高，逐步确立了马克思主义在学校各项工作中的指导地位。

针对学校行政工作方面的情况，江隆基进校后不久，就着手建立健全校务委员会。他对这项工作是积极的，又是慎重的。经过几年的摸索和不断地总结经验，到1956年，北京大学已经建立起比较完备的校务委员会制度，并做出了相应的决议。决议明确指出，“校务委员会是学校的权力机构，体现着对学校工作的集体领导”。“凡属学校教务和科学研究工作以及行政管理中的重大问题，都应当提请校务委员会讨论并作出决议。”校务委员会的成员包括：校长、副校长、各行政单位负责人、各系科主任、直属教研室主任、党委书记、团委书记、工会主席及有代表性的教师。校务委员会的职责是：（一）审查并批准学校学年或学期教学工作与科学研究工作计划和总结。（二）评定教师学衔，教授、副教授学术评定结果，由校长提请高等教育部学衔学位授予委员会批准。（三）评定博士和副博士学位，评定结果由校长提请高等教育部学衔学位授予委员会批准。（四）讨论并决定系主任、副系主任、处长、副处长的任免事项。（五）讨论并决定学校重大的机构调整事项。（六）审查并批准学校全年预算。（七）审查并批准学校各项重要的规章制度。（八）讨论教学工作与科学研究工作及其他工作中的重大问题。

在校务委员会的领导下，各系相应地成立了分会。对于分会的职责也明确规定：“校务委员会的各分会受校务委员会的委托，研究和讨论有关教学和科学研究工作中的问题，其中涉及全校性的问题或个别系的重大问题，须将研究结果提请校务委员会批准。”

在校务委员会中，江隆基特别注意发扬民主作风。每次开会，江隆基总是认真听取大家的意见，让大家“知无不言，言无不尽”。校务委员会开得既严肃认真，又生动活泼。有一次，马老在会上对经济系系主任陈岱孙说：“我当校长没时间研究我的经济学，应当和你换个位置，你来当校长，我去当经济系主任。”陈岱孙也笑着回了一句：“上面能批准你辞掉校长吗?”气氛显得十分融洽。

无论党内党外，江隆基都坚持“群言堂”，不搞“一言堂”。他尊重大家，大家也尊重他。举例来说，当时的教授评定工资级别问题，处理好是很不容易的，更何况像北京大学这样名教授集中的地方。然而，在江隆基的主持下，北京大学的教授工资级别评定工作做得十分合情合理。他从北京大学的实际出发，提出要着重看学术水平，是否有真才实学，而不能单独强调马列主义水平的高低。如当时被认为是有“唯心主义”的一些学者，也被评为一级教授，有些年轻教授，虽资历浅，但有真才实学，如物理系王竹溪、梵语专家季羡林等，也被评为一级教授。其次在评定中，他强调“要经过反复的民主协商，全面的分析比较，是什么就评什么”。他非常尊重大家的意见，工作做得细致稳妥。大家都非常满意。北京大学有那么多教授，很少听说对自己评定的工资级别有什么怨言。

新中国成立以后，北京大学就建立了教育工会。如何正确地发挥工会的作用，也是江隆基十分重视的问题。他指出，教育工会同产业工会一样，都是“工人阶级的群众组织”，但同时又有差别。教育工会在学校的基本任务是：“在党的领导下配合行政，密切联系群众，教育群众，不断提高会员的觉悟程度和组织性，为完成国家所规定的教育计划而奋斗，并在可能的条件下，关心并帮助会员逐步改善物质生活和文化生活。”它主要应当起到以下几方面的作用：一是发挥党在学校中进行政治思想工作的主要助手作用。“由于工会是全体工作人员自己的组织，通过工会来进行政治思想工作，发挥助手作用更为便利。”二是发挥党联系群众的纽带作用。特别是在当时高等学校中党员人数很少的情况下，发挥工会联系群众的纽带作用更为重要。三是协助行政部门办好学校，保证完成教学计划。四是协助行政部门改善教职工的物质生活和文化生活。

江隆基强调，学校工会一定要注意处理好党、政的关系。他说，工会工作必须接受党的领导。“能否主动争取党的领导，是工会工作能否发展，能否发挥作用的关键。”工会工作要服从学校的工作计划，围绕学校一定时期的中心任务去布置工作。工会与行政部门不能相互代替，也不应相互排斥，应当是互相支持，互相协助，一切从国家利益、群众利益、整体利益出发。他还提出工会应当量力而行，集中力量去搞几件主要事情，力量不够的，暂时不办，不可贪多冒进。北京大学的工会工作是很有特色的，在它的职责范围内做了大量的工作，丰富了广大教职工的物质生活和文化生活，激发了教职工工作和学习的积极性。

二、全面教学改革的开展

北京大学的教学改革始于新中国成立初期。新中国成立之初，百废待兴，北大在培养目标、管理体制和教学研究等方面都开始了除旧布新的工作。本着“坚决改造，逐步实施”的原则，调整学校的培养目标、管理体制和教学工作。在教学方面，首先废除了国民党统治时期以“六法全书”为主的十三门旧课程，新开“辩证唯物论与历史唯物论”“新民主主义论”“政治经济学”等全校性公共必修课。同时，对其他课程进行了合理增减，以提高教学质量。重视理论学习与国家建设的结合，加强课堂讨论和实习等环节。在经历1952年的院系调整后，北京大学共设置三十三个专业，并将学科体系相近的专业组合成十二个系，另外还设立了两年制的七个专修科。专业设置初步确定后，学校的全面教学改革逐步开展。

1953年1月，高教部部长马叙伦在《人民教育》上发表文章，提出高等学校要认真学习苏联经验，改进教学内容和教学方法，提高教学质量。9月10日至23日，高教部在北京召开综合大学会议，指出当前的首要任务是学习苏联经验，进行教学改革工作，不断提高教学质量，以适应经济建设的迫切要求。同时也提出了“综合大学应该是整个高等教育的基础，是国家文化科学发展的一个重要标志”，“综合大学是一个教育机构，同时也是一个研究机构”的要求。北京大学遵循高教部的要求，在教学制度、内容、方法和组织等方面进行了一系列的改革，同时加强了科学研究工作；设置新的专业学科，建立和加强教学研究室，制订新的教学计划，编写新的教学大纲和教材；学校、系和教研室经常组织教学讨论和教学观摩，召开教学经验交流会，并开设了习题课，增加了学年论文。这些措施加强了北大人才培养的针对性和计划性，提高了教学质量和科研水平。

20世纪50年代我国高等学校进行教学改革，是根据中央的要求，以“学习苏联先进经验，并结合中国实际”为基本方针的。江隆基极为重视这项工作，他认为，中央的要求和方针是正确的、适时的，教学改革是关系到能否改变北京大学的面貌，建设社会主义新北大的具有战略意义的措施。为了搞好教学改革，他带头学习教育理论、党的方针政策和苏联的教育经验，以摸索高等学校的教学规律。

为了认真研究、学习借鉴苏联的教育制度，1956年2月，江隆基率团去苏联列宁格勒、基辅等地参观访问。在苏联，他们考察了列宁格勒大学、基辅大学、萨拉托夫大学等高等学府。访问前，江隆基做了详细的准备工作，查阅了大量有关苏联的教育制度特别是高等教育制度的资料。访问中，他全面了解了苏联的教育制度、课程设置、教学工作、科学研究，以及学校党的领导和思想政治工作等各方面情况，仅出访记录就有厚厚一本，达上万字。访问回国后，他撰写了《关于学习苏联先进经验的几个问题》等文章，提出在学习苏联先进经验基础上，结合北京大学的实际所要坚持的几个原则：一是，学习苏联一定要照顾到我国过渡时期的特点。他认为，过渡时期是一个新旧交替的时期，因此我们不能够要求一切都很完善，都很正规。我们不

江隆基与苏联萨拉托夫大学校长会谈

能要求一切都整齐划一和标准化。苏联是先进的社会主义国家，而我们仍处在从新民主主义向社会主义的过渡时期。譬如说，我们就不能以为苏联大学有什么专业我们也设置什么专业，教学计划的制订和修改也应考虑到北京大学的主客观条件等等。二是，学习苏联先进经验的同时，一定要注意总结我国的历史经验，总结我们的教师在多年教学中的宝贵经验，并且要注意吸收其他国家，包括资本主义国家的有用的东西，“不要否定旧教育的一切”。三是，学习苏联的先进经验，“不能是枝节的或形式的学习”，“要体会它的思想性和科学性，注意它的组织结构，以及理论联系实际”。[11]

总之，江隆基认为，学习苏联的先进经验是我们坚定的方针，这是无可置疑的。但是在实践过程中，则要善于将苏联的先进经验变为我们自己的东西。在方法上，也不应采取“简单的先搬过来的办法”，而应当是“在搬的时候就要考虑和结合我们的实际”，从而形成我们自己的一套完整的体系。[12]

江隆基认为，在学习苏联先进经验的过程中，还有一个要善于向苏联专家学习，善于发挥苏联专家作用的问题。他经常给大家讲，苏联专家是以“高度的国际主义精神和精深的科学知识来帮助我们工作的”，“他们把苏联先进教育经验介绍给我们，积极地为我们搜集苏联的教学资料和科学资料”，“我们应当感谢他们，应当尊重他们”。有一次汇报苏联专家工作时，有人建议在校内建个专家公寓，专家不必上课时乘车来往，可以节省时间，学校每年也可以少付给友谊宾馆一大笔费用；有些外国专家也愿意住在校内，和中国朋友多接触，以便学习汉语，了解中国的情况。江隆基认为这个建议很好，在请示教育部后，立即着手设计图纸，专家公寓（现在的北大招待所）很快就建成了。1952年以来，陆续到北京大学帮助工作的苏联专家达三十三人。这些专家在北京大学开设了三十余门新课程。他们的工作帮助和促进了北京大学的全面教学改革。江隆基对待苏联专家，既尊重，又不卑不亢，做得十分得体，保持了国家和民族的尊严。苏联曾派专家古马

1953年，江隆基与苏联专家在未名湖畔合影

青珂到北大帮助进行教学改革，江隆基在充分尊重他的意见的基础上，坚持从我国的实际出发。当时化学系有位教授，在学术研究上与苏联专家的意见不同，江隆基说，我们既要尊重苏联专家，也要尊重我们自己的专家。通过反复做工作，终于妥善解决了问题。在北大工作期间，江隆基和苏联专家和睦共事，建立了诚挚的友谊。

就教学改革的内容讲，江隆基认为，一定要通盘考虑，整体配套，而不应零敲碎打，以致顾此失彼。教学改革主要应包括教学计划、教学内容、教学方法（及形式）和教学组织等四个方面的根本改革。

教学计划是学校进行教学工作的根本依据，是国家对各专业学生政治思想水平和专业知识水平要求的体现。江隆基认为，就综合大学来说，它应当体现出综合大学各专业的培养目标、规格以及各种课程的目的和要求，应当体现出“全面发展”方针的贯彻，注意教学计划的整体性和连贯性。他还认为，教学计划不是一下子可以完备的，需要经过几年的教学实践，反复修订、补充，制订出我们自己的比较完备的教学计划。北京大学每年学校的工作计划中都把教学计划列为重点，党委和校务委员会曾多次讨论和研究。1954年，在总结经验的基础上，专门拟定了《关于各系科制订和修订教学计划的指示》。各系成立了教学改革核心小组，广泛地发动教师学习讨论，并请苏联专家给予具体指导。发扬民主，充分讨论研究，多次修订补充，全校各专业都制订了基本上符合培养目标和学校实际情况的比较固定的教学计划。

北京大学的教学计划有以下几个重要特点：一是在培养目标上突出了综合大学的特点。既有广博、系统的基础知识的要求，又有较高的专业与专门化训练的适合国家建设需要的要求，所以在教学计划中注意了基础课和专业、专门化课程的结合，使两类课程的比例适当。二是遵循理论联系实际和重视培养学生独立思考与独立工作能力的教学原则。教学计划特别重视课堂教学以外其他教学形式的安排，如习题课、实验、课堂讨论、课堂实习、教学实习、生产实习等教学环节，以及学年论文与毕业论文等在教学计划中也都有所反映。三是为了保证培养人才的规格，在教学计划中对总学时、周学时和各门课程的学时，以及课外作业的分量都有严格的规定。做到既不降低标准，又不增加学生的负担。四是注意了教学计划的整体性和一贯性。包括学历、课程种类、课程分量、学习进度、教学法、专门化设计等等，都作为一个有机整体进行了统一的安排，力求使它们符合学校的实际，力求它们的稳定。

教学计划的制订使北京大学根本改变了过去脱离实际的无目标、无计划的旧教育传统，使整个教学工作转变为有明确目标的、有计划的、适应国家建设需要的教学制度。

教学内容的改革是教学改革的中心。在这方面，江隆基提出，主要应抓住教学大纲和教材建设两个环节。教学大纲是关于学生对该课程所应获得的知识、技能和锻炼技巧的范围的规定，也是教师进行教学的“基本指导依据”。制订教学计划并使之实施，必须有各门课程基本适用的教学大纲。因此，在各系科的教学计划初步制订的同时，北京大学即着手制定和修订各门课程的教学大纲。为了做好这项工作，北京大学专门拟订了《关于制订和修订教学大纲的指示》，组织全体教师进行了关于制订教学大纲的学习，使教师们明确教学大纲的性质、作用及其重要性，使大纲符合培养目标和教学计划的要求。为了慎重地对待这项工作，各系还成立了教学大纲审查委员会，到1955年底，全校各专业所开设的二百七十三门基础课与专业课，78%有了自订的（包括部颁的）教学大纲，并完成了高教部委托拟订和修订的教学大纲。

在制定和修订教学大纲的同时，学校还抓紧进行教材建设。到1955年底，全校自编教材已达一百一十二种，其中有许多经高等教育部推荐到全国各综合大学交流使用。

北京大学制定教学大纲注意了以下几个方面的问题：一是切实贯彻了马克思列宁主义的指导思想。在制定教学大纲的过程中，广大教师，特别是人文科学方面的教师，力求用马克思列宁主义的立场、观点和方法来制定本课程的教学大纲。对于一些明显的错误观点，经过讨论有明确结论的，将正确意见列入大纲；问题不明确，或没有把握的，就积累资料，继续研究；对于明显的分歧点，也在教学大纲中有所反映，以十分慎重的科学态度来对待各种学术观点。二是贯彻了“少而精”的原则，切实保证教学大纲的质量。为了编写好教学大纲，各系、各专业抽调了有较高学术造诣和丰富教学经验的老教师及部分青年教师负责，强调着重从科学体系上叙述和分析问题，注意课程的目的和作用、讲授的重点和要求，注意结合专业的要求、本课程在教学计划中的地位、与其他课程在内容和进度上的配合，以及课程的深度和广度是否切合实际等问题。三是努力钻研苏联教学大纲。北京大学按照各种课程的性质，将学习苏联的教学大纲约分为三种类型：第一类是理科的大部分课程，内容基本可以采用，但要注意尽可能地反映我国优秀的文化遗产；第二类是文科、理科的部分课程，内容部分可采用，需要着重结合我国的实际和科学成就拟定；第三类是文科一部分民族特点较强的课程，内容应根据我国在这方面的科学成就拟定。但是无论是哪一种类型，在学习苏联教学大纲的同时，一定要审慎地结合中国历史、地理、经济、文化的特点，结合该门学科在中国发展的情况，结合中国学生学习该门学科的规律，结合已有的教学经验，结合教师和学生的水平。要开动脑筋，注意克服不从当前实际出发的教条主义，也要防止过分迁就当前实际，对当前和今后国家建设需要估计不足的保守倾向。

教学方法及各种教学形式的运用是直接关系到教学质量和教学效果的重要问题。北京大学在教学改革开始以后，即向全校教师提出，要"面向学生实际，重视教学效果"，注意克服只管教不管学，不从学生实际出发的现象。从1953年起，北京大学开始学习和运用苏联的各种教学方式，并革新了旧有的教学过程。到1955年，各种教学形式，包括课堂讲授、课堂讨论、课堂实习、习题课、实验、教学实习、生产实习、考试、考查、学年论文和毕业论文等都已推行。其中多的已做过五六遍，少的也摸过一两遍，积累了许多宝贵的经验。先进教学形式的运用，促进了教学质量的提高，更好地培养了学生的独立工作的能力。

在教学方法方面，北京大学总的要求是，根据加强培养学生独立思考和独立工作能力的精神和师资、设备情况，不断地改进教学方法和各种教学方式的运用，并注意各种教学方式之间的相互联系和配合，不断总结和交流经验，以改进和提高教学方法。具体地说，对课堂讲授，强调它是各教学形式中最重要的一环，要努力改变呆板的念讲稿的情况，逐步做到能真正在课堂上进行生动的讲解。缺少教科书和参考书的课程，尽可能在讲授前发给学生讲义或较详细的讲授提纲，无论是否发讲义或讲授提纲，要求学生一律要记好笔记。对习题课，强调它的目的是在教师指导下训练学生独立地解决问题、分析问题的能力。除根据课程性质、年级高低和学生水平的情况，可酌量减少时数外，应着重提高质量，加强学生对典型问题的分析。部分程度较好的学生经教师批准允许自由参加。对课堂讨论，强调它的作用是在教师有计划的指导下，使学生巩固并进一步明确课堂讲授的内容。着重提高讨论的质量，讨论的次数和每次讨论的题目可酌量减少，每星期每个学生一般以参加一次课堂讨论为度。教师在课堂讨论中逐步引导学生根据所学的理论知识，通过自己的思考，用自己的语言来分析问题、展开讨论，并力求每次讨论都能真正解决一两个问题。对实验课，主要是通过其对学生实验中的基本操作进行正确的和严格的训练。强调随着年级的上升要多让学生自己动手，每次实验时间的规定，可灵活一些。对质疑答疑课，强调质疑与答疑的目的不同，二者相辅相成。答疑是让学生问问题，并要学生主动提出问题，由教师解答，以帮助他们继续学习。质疑则是由教师根据学生学习的情况，提出问题，让学生解答，以帮助学生深入地学习。质疑答疑课一般都由主讲教师负责，个别的也可由领导课堂讨论及习题课的教师负责。质疑答疑课的时间由教师和学生自行约定，每周可以有固定的时间，也可以不固定时间。对集体辅导，学生可以自由参加，对于考试、考查，一般采用口试、笔试两种。口试具有一定的优越性。但是，宜于笔试的课程和大班的课程，也应采用笔试。考试的成绩应根据学生理解、掌握的程度和联系实际的能力来评定，不能只看笔记是否背得很熟。有实验和课堂实习的课程，其实验和实习部分的考察应在平时进行，期末只给成绩，不再进行考察。对毕业论文和学年论文，强调论文的写作，对于培养学生独立工作能力有很大好处。有学年论文和毕业论文的学生，都必须做。在写作中注意不断提高质量，对不同的学生应有不同的具体要求。

教研室是学校进行教学工作和科学研究工作的基层组织。1952年全面的教学改革开始以后，北京大学就参照苏联的先进经验在各系建立了这种新的教学组织。1953年11月，学校专门研究了教研室的建设工作，并制定与通过了《北京大学教研室和教研室主任暂行工作条例》，使教研室的工作更加规范化，大大促进了教研室的建设。到1955

年，全校已建立七十九个教研室。教研室的各项活动发扬了教师的集体主义精神，增强了教师之间的团结，提高了教师的业务水平和政治思想水平，促进了教学质量的逐步提高。教研室的活动已成为教师教学生活中一个不可缺少的组成部分。

北京大学教研室的建立及各项工作的展开，注意了以下几个方面的问题：一是教研室必须明确自己的职责，“领导所属的各课程的教学工作，领导所属教师的科学研究工作以及培养研究生、进修生的工作和提高教研室成员的政治水平与业务水平的工作”，在系的领导和帮助下，依靠自身的努力去完成各项工作。二是要明确教研室是一个集体工作单位，所以一定要发扬集体主义精神。加强教研室成员的团结互助，发挥每个成员的才能和智慧。三是强调教研室工作的计划性。没有计划，就不可能把教研室成员的工作组织成为一个整体。教研室的工作，不仅要订计划，而且还需要具体组织计划的执行和系统的检查工作。一方面要有工作计划的内容和要求，另一方面还要明确每项工作的执行人以及完成的期限。四是要明确教研室主任的基本职责是负责领导全教研室的工作。不发扬民主、不发挥集体力量，必然不能将教研室工作做好。同样，不敢负责，放松领导，也必然会使工作流于形式。

江隆基强调，在教学改革中必须坚持将“保证教学质量，培养出合格的专门建设人才”作为中心任务。为此，他提出两个方面是必须严格把关的：一是学生的入学标准，即严格把住学生的入学资格；二是严格教学过程中的考试考查制度。北京大学于1953年制定了考试与考查暂行办法，教务处编辑了《考试手册》，供全校师生学习参考。经过几年的教学实践，不断地总结经验，到1955年已基本形成了切实可行的考试考查制度。在这方面主要是注意了以下几个问题：一是要明确考试考查的目的，强调考试考查是教学过程中的一个重要环节，其目的在于系统地巩固学生所学的知识，检查学习成果，发现缺点，及时加以纠正和改进。同时，通过考试考查也“促使教师缜密地检查和分析自己的教学工作”，不断地提高教学质量。二是正确地评定考试考查成绩，强调“评定考试考查成绩，不是一个简单的技术性问题”。因此，“评定成绩必须客观、准确”。评分是对学生的劳动成果做出正确的估计，同时也反映教学效果，代表了教师的劳动收获，所以一定要坚持极为严肃的态度。三是考题与考签，要真实地反映课程的教学要求。四是要认真领导学生做好考前复习，主要是加强辅导答疑，但同时要明确考前复习并不是课堂教学的继续，而是要学生通过自己的独立思考，巩固已学的知识。复习并不是“要抱着学生走路”。另外，还特别强调，每个学生应当把努力做好考前复习，争取优异的考试成绩，看作是向祖国的汇报，这是每个青年学生的崇高职责。

在教学改革中，江隆基还特别重视相应的各项规章制度的制定。到1955年，北京大学不仅制定了教学改革中的各项规章制度，而且还制定出教务管理的一系列规章制度，包括学生的学籍管理、考勤、生产实习、进修、旁听、教学设备管理、函授教学，以及人事管理、财务管理、图书管理等各项规章制度。

在江隆基与马寅初、周培源、汤用彤等的领导下，北京大学的教学改革取得了显著成绩。同时，他们也以自己深厚的学识和丰富的教育经验，奠定了新北大优良的学风和校风。后来，人们将它概括为“三严”（严密的教学计划、严格的基础训练、严谨的科学作风）、“三基”（基础理论、基本知识、基本技能）和“勤奋、严谨、求实、创新”八个字。

三、党组织的发展与完善

加强中国共产党对学校工作的领导，是江隆基初进北大后考虑的又一重要问题。新中国成立后，北京大学内部的党团组织由秘密转为公开，开始逐步发展和完善。20世纪50年代初期，北大党组织主要是指导和配合学校行政贯彻新民主主义教育方针进行思想政治工作，并不直接参与学校的行政管理。1951年2月，北大建立党委，叶向忠任书记。10月，江隆基出任北京大学副校长后，协助马寅初主持全校工作，同时进一步加强党对北大的领导。

江隆基刚到校不久，就把在党政工作岗位上的党员骨干组织起来，建立了党的核心小组。凡是学校的重大问题，实际上都是由这个小组讨论决定，然后党、政、工、团分头去办。在当时的情况下，这样做既协调了各组织之间，特别是党、政、工、团的工作，又大大加强了党的统一领导。

这个时期，北京大学党的力量还是比较薄弱的。从解放区来的党的领导干部只有很少的几个人，多数是解放战争时期和新中国成立后入党的年轻党员，教师中党员就更少了。他们虽然缺少党的实际工作经验和锻炼，但是对学校工作熟悉，能联系群众，工作上有热情、有朝气。江隆基非常重视对他们的培养和使用。他说，他们有较高的文化素质，对大学工作也熟悉，是办好北大的一支重要力量。他一方面紧紧依靠他们，尊重他们，与他们平等地讨论各种问题，发挥他们的积极性和主动性；另一方面又严格地要求他们，使他们在实际工作中不断提高。他的关心和爱护，从不停留在口头上，而是在实际的工作和生活中。如果出了差错，他的批评也是严厉的。大家觉得他既严肃认真又亲切可敬。

江隆基认为，学校教育同许多业务工作一样，“不懂业务或者业务条件很差的人，硬要去指挥一切，势必会出现很多毛病的”。所以他要求所有的党员干部，都要努力熟悉学校教育和本职业务，要成为业务指挥上的“内行”，不能长期做“外行”。他要求干部除了努力学习本身业务外，还要学点教育学，在教务部门工作的干部，还应该系统地学习教育学。在他的推动下，这项工作也取得了较好的效果。这样做，客观上也起到了加强党对学校工作的领导作用。

为了加强对学校工作的领导，江隆基除了向上级反映，要求增派党员领导干部外（从1953年起，陆续增派了党员领导干部），还特别注意党的建设工作，“加紧培养党员专家”。同时注意吸收合乎党员条件的教师入党，以加强对教学和科研工作的领导。另外还派遣了一批有一定专业水平的进步教师（包括中共党员）到苏联学习，以加强新生力量的培养。中央知识分子工作会议后，他强调积极慎重地在高级知识分子中发展党员的工作，制定了两年（1956至1957年）“发展”计划。这一时期，北京大学有十七名高级知识分子加入中国共产党。许多同志的入党宣誓大会，他都亲自参加，向他们表示祝贺。例如在季羡林、曹靖华等教授的入党宣誓大会上，他都发表过热情洋溢的讲话，希望北京大学的高级知识分子，要以他们为榜样，积极争取加入中国共产党。

江隆基十分注意党委内部的团结与分工。在党委领导下的校长负责制未建立以前，在党委工作中，他始终坚持以党委委员的身份进行工作，发挥作用。他尊重党委主要负责人和其他同志，不“越权”，积极地团结大家一道工作。党委领导下的校长负责制建立后，他十分尊重其他几位副书记的工作，强调按“集体领导，个人负责”的精神办事。党委内部既充分发扬民主，又明确分工，凡党委和常委讨论通过的事情，如发生失误，要由集体负责；凡党委分工管理的工作，如发生失误，则由主管个人负责。他强调，不是什么问题都“推给”集体，也不是由一个人“包”起来。

江隆基认为，“像北大这样的高等学校，无论现在或将来都不能没有党外人士参加领导，否则就难于调动非党员领导干部和广大教师的积极性”。[13] 同时，他还提出，党员干部“要善于推动党外人士出面主持工作”，通过他们来贯彻党的方针政策。北京大学的民主党派较多，而且许多人还是该组织的主要领导成员。为了做好这方面的工作，学校每两个星期举行一次“双周座谈会”，商讨学校大事，交流思想，对学校工作等方面提出建议和看法。在座谈会上，江隆基是党的方针政策和马克思列宁主义的宣传员，他也借此机会和大家沟通思想，交换对学校工作的意见。“双周座谈会”既发挥了民主党派的作用，也团结和调动了各民主党派成员的积极性。

江隆基还十分注意正确处理党政关系的问题。他认为，在坚持党的领导的前提下，一定“要密切党政关系”，而且许多工作还需要“党委采取主动态度与行政密切配合”。“要通过政治思想工作动员和组织党内外的力量，来保证行政任务的完成。”党政有明确的分工是十分必要的。遵循中国共产党党章和中央关于高等学校党的领导的指示精神，北大党委经过多次酝酿与讨论，对学校党委的职责做出了相应的决议。

在来到北大工作的短短几年中，江隆基兢兢业业地工作，协助马寅初校长，加强了党的领导，团结了党内外同志，不仅圆满完成了新北大的整合，而且使新北大在统一思想、提高完善教学科研和管理以及建立健全党组织等工作方面，都取得了巨大的进步。

北大历史上的“黄金时代”

正是由于较为顺利地开展了院系调整和思想改造运动，确立了马克思主义的指导地位和完成了全面的教学改革，北京大学迅速地实现了向“新民主主义大学”的转轨，为其在20世纪50年代的繁荣发展奠定了基础。人们总是喜欢将最好的时期比喻作“黄金时代”。北大的一些老干部、老教授在谈及北京大学的建设和发展时，都认为20世纪50年代，确切说是从1952年到1957年“反右运动”之前的这个时期，是北大发展的“黄金时代”。其主要表现为学校集聚了一大批驰名国内外的专家学者，并且打造出力攀科学研究高峰的科研团队以及营造了朝气蓬勃的校园生活氛围等方面。在这个金色的年代里，江隆基充分发挥着自己的智慧和力量，使北京大学进入了学校发展当中最好的历史时期之一。

一、团结的领导层

1952年高校院系调整以后的北京大学，由马寅初出任校长，江隆基和汤用彤出任副校长。在三位校长中，马寅初负责全面工作，汤用彤分管教学、科研以及后勤方面的工作，江隆基则负责政治思想和人事管理工作。1956年，江隆基又担任党委书记兼副校长，成为新中国成立后北京大学的第一任党委书记。在党内，江隆基是党委书记，他重视发挥党委会的集体作用，以坚持党对学校的领导。在行政上，他是副校长，校长马寅初、副校长汤用彤、教务处长周培源、副处长严仁赓等都是知名的教授，由此也形成了一个以专家学者为主的学校领导模式。马寅初、汤用彤、周培源都是党外人士，江隆基则是老党员和资深革命家，当时主持北大日常工作的实际上是江隆基，但他在任期内，始终重视和依靠集体的力量，努力协调各方面的关系，调动各种积极因素，从而领导好学校的各项工作。尤其是对党外人士和专家学者居多的学校领导层，江隆基不但尊重他们的学识，而且非常尊重他们的职权，凡有关学校的重大事项，都和他们共同商量，一起做出决定，然后再各自分工执行。应该说，正是在马寅初、江隆基等领导的团结协作、精诚合作下，才造就了社会主义新北大在新中国成立后七年当中的辉煌成就。

马寅初（右二）、江隆基（左二）、汤用彤（左一）与苏联专家交谈

校长马寅初（1882—1982），浙江绍兴人，是一位享誉海内外的经济学家和著名的民主斗士，在学界和政界都有着极高的声誉和广泛的影响。江隆基十分尊重马寅初，每次开会他都请马老讲话，校务委员会等许多会议，每次开会他都请马老主持，校务委员会等许多重要决定，如学校工作计划、预算、重要干部的任命、副教授以上的职称评定等等，他都请马老最后拍板。1958年，江隆基请马寅初主持北大六十周年校庆筹备事宜，马老提出要邀请旧北大，甚至京师大学堂的二十多位老人，其中还有一位北洋军阀时期做过内阁总理的老人。江隆基尊重他的意见，表示赞同。学校有慰问老师、学生和接见来宾的事，江隆基也总是请马老出面，有时还陪同马老做这方面的工作。

马寅初也非常重视和支持在江隆基领导下的学校党委的作用。1957年5月14日至15日，他连续两天出席了中共中央统战部召开的民主党派和无党派人士帮助党整风的座谈会。座谈会上，不少人提出要党来填沟补墙，要党委撤出高等学校。马寅初不同意这种意见，当即大声说："目前有些批评是不够实事求是的，有否定一切的现象。应当从团结的愿望出发，不能光讲坏处，好处一点不论。如现在对北大的批评，坏的地方讲得很详细，好的地方一点也不说，这是无法令人心服的，也不好共事。伏罗希洛夫主席这次来北大参观，就一直称赞北大！如果这些好处都不谈就不是从团结的愿望出发，也不是和风细雨。学校党委制有他的好处，以北大为例，有八千个正规生，这八千人的思想、家庭情况，党委都知道。如果党委退出去，我是无法了解的，叫我做校长，我也管不了；而且我管得多了，俄文也不能念了，研究工作也不能做了，山也不能爬了，身体也不能锻炼了！照我想，北大的教授是靠拢共产党的，因为他们都亲眼看到共产党的英明。只要共产党接近他们，他们一定愿意与党合作。单纯批判党委制不好是不对的，党委制好的地方要表扬。墙必须从共产党和民主党派、无党派人士两方面来拆，共产党整风是拆墙，民主党派也要拆墙，单靠一方面是不行的！解放前，我在北大教了十六年书，那时先生讲课没有大纲，没有计划，一年的功课不讲完也无人过问。考试出几个题目，也不来监考，学生考试等于抄书。现在不同了，教学改革已经基本完成，有了教学计划、教学大纲。这都是党委制的好处。比比过去，看看现在，学校中的党委制无论如何不能退出学校。”对于马寅初的讲话，有人表示不满，甚至有人站起来公开反驳，但马老依旧坚持“我自岿然不动”的态度，全面支持与肯定北大党委的作用与贡献。[14]在实际的工作当中，马寅初对江隆基也十分尊重。马老当时还兼任中央经委的工作，社会活动和社会工作比较多，经常外出到中央办公或开会。临行前，他总是说：“兄弟刚才讲的，无关紧要，大家要好好听江副校长的，这才是正题。”每逢开会，江隆基做报告，马寅初都要认真地听，并记笔记。马老听力较差，为了听好报告，他经常把座椅搬到讲桌的一端，把笔记本放在讲桌上，一面听讲，一面记录，听到精彩的地方，他就带头鼓掌。

在北大学生的眼中，马寅初是一位身材矮胖、满面红光、童颜鹤发、精神矍铄的老人。他说话幽默风趣，不拘小节，很受同学们的欢迎爱戴。马老在全校师生大会上的讲话，基本都是在学生大饭厅里举行的。每次他走上主席台都会引发学生们起立欢呼，欢呼声经久不息。马寅初讲话从不拿讲稿，往往是即兴侃侃而谈。他讲话时，情绪饱满，有激情，富于鼓动的力量，有时又讲得很幽默、睿智，常常引发笑声。有一次他在讲话中提到自己锻炼身体的经历，便说，他曾把锻炼身体的经验写成了文章，交给历史系主任及《北京大学文科学报》主编翦伯赞，让他在学报上发表，他不给登。马老大声说：“他自己就不爱锻炼身体嘛！”引起了底下人们的哄堂大笑，马老自己也哈哈大笑起来。还有一次，1958年元旦，北京大学师生在大饭厅举行新年联欢晚会。零点时分，马老到联欢会场。他用地地道道的笃腔诙谐地对大家说：“恭喜发财！恭喜发财！但不是发个人的财，是要发展经济，让社会主义集体发财！”[15]这种不一般的贺词也立即赢得满堂笑声，师生们以热烈的掌声向马校长表示新年的祝贺。

同马寅初风趣幽默、不拘小节的风格相比，江隆基留给人们的印象则是一位严肃沉稳、不苟言笑的精干成熟的中年人。他身材魁梧，精神饱满，看上去很年轻，只有微微谢顶，显得前额宽大。衣着比较朴素，冬天常穿一件旧灰棉大衣，平日穿一身半新的毛呢制服。后来，灰大衣换成了一件毛料皮领长大衣，更显得神采奕奕。当时，江隆基同学生们见面的机会很多，也时常在大会上讲话。与马寅初不同，他讲话总是按讲稿去讲，一般都讲得比较长。在同学们看来，他是很有讲话水平的，也有学问，讲话比较干净、准确，只是因为党委书记的身份决定了他对学生讲话的内容多是政治理论和政策宣传，有时就不免冗长枯燥。这种严肃谨慎的风格，自然难以留下马寅初那样轻松幽默的轶事。可是有一次，他却极其严肃地给全校师生留下了一个大大的幽默。据当时就读于北大中文系新闻专业的邓荫柯的生动描述，大约是1956年的元旦晚会，北大师生齐聚大饭厅联欢，先演节目，后跳交谊舞，气氛欢快热烈。激动人心的时刻来临，新年钟声敲响，大家停下舞步，聆听江校长团拜祝词。他一改平日沉稳的语调，情绪激昂地向大家祝贺了新年，同学们相互握手祝贺。大家以为“团拜”一时结束了，正要乘兴继续跳舞，也许要乐个通宵。可是江校长接下来还有讲话：“目前的国际形势一派大好，社会主义阵营……”大家只好伫立静听下去。江校长热情洋溢、周密详尽、声韵铿锵地发表他精心准备的新年祝词。十分钟过去了，国际形势还没结束；二十分钟过去了，国内形势刚刚开头；半小时过去了，才谈到北大。这时，这些平常比较爱听江校长讲话的同学有点忍不住了，轻轻跺脚驱寒者有之，交头接耳者有之，来回走动者有之，悄悄退场者有之，总之，大饭厅有点乱哄哄的了。可江校长仍然气势如虹地讲着……终于，江校长的新年祝词结束了，大家算是松了口气，可是欢快的情绪有点衔接不起来了。有人看了一下表：整整四十分钟！并无多少幽默感也不想扫大家兴的江校长于浑然不觉中幽了大家一默！大家也隐约感觉到这么一位忠于职守、时刻不忘教化职责，又有几分木讷书呆子气的校长，必然是个淳朴憨厚的正人君子，不会是个八面玲珑的机灵小人。[16]

无论是从个人性格还是从工作方式而言，马寅初与江隆基都显示出明显的不同。不过这种不同，并没有妨碍两位教育家的共事与合作。相反，正是这种差异使得二人在学校工作中更能够互相配合，相得益彰，从而共同谱写了社会主义新北大建设的一段佳话。马寅初性格外向，在讲话中称呼自己，喜欢说“兄弟”如何如何。称呼别人则更加随意，如他直称周恩来为周先生；李富春副总理来校讲话，也一会儿称他为李先生、李副总理，一会儿又叫他“李副总统”，让人不由得联想起那位逃离大陆的副总统来。有一次，康生来校讲话，马寅初称他为“康生同志”，到了最后，同志、先生称号全免，直呼其名：“现在请康生讲话！”这样随意的称谓，青年学生们听了不禁想笑，但是大家看到台上江隆基严肃的表情，也就不敢发出笑声了。在讲话中，关于涉及学校的重要问题、具体安排，马寅初讲到兴头上，难免有不着边际、荒腔走板之处。他讲完之后，江隆基总是不急不躁地出来解释理顺一番，拔拔高，上上线：“马校长的讲话很重要，是这么这么个意思……大家要深刻领会。”每到这个时候，学生们都感到一点滑稽，也感到几分亲切和温暖，为两位教育家的珠联璧合感到庆幸。马寅初天真浪漫、风趣幽默，讲话往往随性而发，有时就不免“口无遮拦”。在这种情况下，江隆基一方面表示非常尊重马寅初校长的意见，同时也很注意保护马的言行。在一次中文系工会主办的关于《红楼梦》讨论的座谈会上，马寅初校长也发了言，讲的不是关于《红楼梦》研究的问题，而是谈到他到南方去视察，在群众中看到的事。马老讲完后，大家又欢迎江隆基副校长讲几句。他站起来说：“刚才马老讲的，同志们不要误会，党历来主张群众运动的自觉自愿，而不是强迫命令的。”他拍着马老的肩膀说：“马老，对吧！”马老连声说：“对的，对的。”散了会，大家鱼贯走出教室。江隆基搀扶马老下楼，一边走一边说：“马老，到我那儿去吃饭吧！”对于这种情况，当时在场的同学说法不一。有人说，作为主管全面工作的副校长，江隆基不该在会上讲那样的话，那明显是为纠正马老的话才说的；也有人说，这是一个老布尔什维克的党性表现。应该说，在当时的政治环境下，江隆基的这种做法，正是真挚的出于对马寅初的一种提醒与保护。

马寅初作为热爱共产党的无党派人士，他和江隆基竭诚相见，互相尊重，通力合作，团结无间。作为学校的党委书记，江隆基对马寅初这样德高望重的大学者、教育家也表现出发自内心的钦佩和理解，表现出一个成熟共产党人的宽阔襟怀，以及对自己岗位的高度责任感，他的行为是宽容和原则性的典范。也正因如此，才使得马寅初在主持学校行政领导工作之外，还有条件、有余力从事自己的经济理论研究，他的《新人口论》和国民经济综合平衡论就是这时经过调查研究完成的。

汤用彤（1893—1964）是国际闻名的哲学家和佛学家，在中国佛教史、魏晋玄学、印度哲学等方面都有较深的造诣。1952年院系调整前他是老北大的校委会主任委员，院系调整后他是次于江隆基的第二副校长。江隆基十分尊重汤老，请他主持领导文科各系的工作。汤老当时已届花甲之年，教学和科研任务很重。但他对自己主管的工作认真负责，和江隆基合作很好。1954年冬，汤老由于积劳成疾，突患中风，病情危急。江隆基闻讯后立即多方奔走，争取上级的支持，组织抢救，并且组织校长办公室的工作人员去医院日夜帮助护理。由于多方面的努力，终于使汤老脱离了险境，后来汤老还撰写了《康复札记》等重要论著。他以"虽将迟暮供多病，还必涓埃答圣民"的诗句，表达了他热爱祖国和人民的感情。

教务长周培源（1902—1993），是国内外著名的物理学家，也是九三学社的中央副主席，在教师中享有很高威望。江隆基非常尊重他，请他主持领导理科各系的工作。周培源精力充沛，每天上午骑自行车来学校办公，工作认真，积极负责，他对北京大学的教务管理、理科的师资队伍建设和实验室的建设等做出了重要贡献。周培源有什么问题和困难都乐于找江隆基帮忙解决。一次，他在筹建力学专业的风洞实验室时，因费用高昂、技术复杂而遇到困难，他请学校给予支持，后来在江隆基多方设法和支持下终于建成。1956年，全国知识分子工作会议后，中央提出要争取海外中国科学家回国工作，江隆基委托周培源主持其事。周培源利用他旧日的同事或师生关系，向海外发出了许多信件，又动员北大的教授们也这样做，争取科学家回国的工作取得较好的成果。周培源后来回忆在北大的这段工作时说："我和隆基同志是在1952年秋院系调整中到北京大学工作时认识的。当时，我在他领导下负责学校的教务工作。我们相处的时间虽只有短短几年，但他参加革命的历史，坚持党的原则、忠诚党的教育事业和刚正不阿的工作作风，对同志虚怀若谷的高尚品德，给我极大的影响并使我受到深刻教育，他是我的良师益友，我们在一起共事的愉快岁月，使我终生难忘。"[17]

要把北京大学建设成为一所名副其实的社会主义大学，就必须加强党对学校工作的领导，确立马克思主义在学校的领导地位。江隆基对此非常重视。他到校时，中央尚未确定高等学校的党组织应当对本单位的行政机构起领导和监督作用。根据这种情况，他把在学校党政领导岗位的党员组织起来，建立了党的核心领导小组。凡是学校的重大问题，实际上都由这个小组讨论决定，然后，由党、政、工、团分头去办。这样，既协调了各组织之间，特别是党政之间的工作，又加强了党的统一领导。1956年，党的"八大"确定高等学校的党组织对本单位的行政机构起领导和监督作用以后，他改任党委书记兼副校长。他坚持民主集中制原则，坚持集体领导与个人分工负责相结合，在党、政、工、团之间进行必要的分工，从而进一步加强和巩固了党的领导。江隆基经常说："我虽然是党委书记，也不能一个人说了算。"在学校和党委做出重要决定之前，他总是让干部充分发表意见，吸取正确意见，对错误的意见不打棍子、不扣帽子，只是加以说明或解释。对于江隆基的这种工作作风，曾经在他领导下工作过的贺剑城有过清晰的描述："开会时，隆基同志认真倾听每个同志的意见，把各种意见深深地记在脑子里，他最后发言时，提出几点非常明确的意见，把正确的意见包括进去，对错误的意见也要说明错在哪里。我非常佩服他的政治水平和记忆力，每个人的发言都记得。有一次我把一份材料先送给他看，他召集有关的同志开会，让我汇报材料，有一个地方我说错了，他立刻予以纠正，我感到十分惭愧，论年龄他应该是我父辈的人了，记忆力还那么强，我真自愧弗如。"[18]

时刻注意倾听来自群众的呼声，也是江隆基民主作风中一个显著的特点。虽然他工作繁忙，但总是不忘抽出时间到教师家里和学生宿舍里了解他们教学、学习、工作和生活的情况。他到校不久，就广开言路，提出了欢迎全校师生员工给学校工作提出建议和意见。具有民主传统的北大师生，热爱北大，关心北大，也确实给学校工作提出不少的意见。为了使这项工作经常化、制度化，学校专门制定了《关于处理群众来信来访的几项规定》。规定指出，各单位必须重视群众的来信来访，并指定专人负责处理，对群众所提的任何意见均须做负责的答复和交代。

在这个时期，北京大学还形成了一个好的传统，即一年一度的新年除夕，学校领导（校长马寅初、党委书记江隆基）要向全校师生员工祝贺新年。每当新年的钟声敲响，大家在欢乐的气氛中都要听听学校领导的新年祝词。每逢春节，学校领导又总是一家一家给教师们拜年、慰问，祝福他们阖家团聚、生活愉快，使全校教职工感到分外亲切和温暖。

在江隆基和其他许多同志的共同努力下，短短几年的时间，在北京大学的校园里，领导层之间、上下级之间、新老教师之间以及广大师生员工之间，出现了前所未有的团结融洽的局面。"从未发生过各校同志之间不团结的事，甚至也没有出现过'他们是某校的，我们是某校的'等划分亲疏的言行。"[19] 这种团结融洽的局面，为建设好新北大创造了良好的环境，为贯彻党的方针政策、做好各项工作，提供了十分有利的条件。

二、正确的知识分子政策

江隆基不但重视学校教育改革，而且真心爱护人才。江隆基到北京大学后，把很大一部分精力放在和广大教师交朋友上。或者亲自拜访，或者相约谈心，或者随堂听课，总之，他通过各种途径和教师广泛地交朋友，北大的教授、副教授他都认识，基本上都接触过。同时，他还一而再、再而三地教育下面的同志，一定要重视教师工作，做好教师的工作。对于那些名教授，他更是频繁地接触，深入了解，帮助他们解决思想问题和工作、生活中的实际困难。在工作中，他既重视加强党对学校工作的领导，又全面贯彻党的知识分子政策，尊重知识，爱惜人才，了解和熟悉知识分子，真诚帮助、关心他们，充分支持他们的工作。在生活上，则实实在在地解决他们的实际困难。

江隆基关心教师们的生活。教学和研究是脑力劳动，一个安定、良好的生活环境，可使教授们心情舒畅，工作效率提高。江隆基总是尽最大努力，极力为他们营造出一个较为舒适的生活环境，替他们排忧解难，使其安心工作。与冯友兰先生调换住房就是一个典型的事例。

江隆基全家入住北大后，最先住在北京大学新校区中的燕南园57号。新北京大学的校区是一处集自然景观与人文景观为一体的历史名园，燕南园实际上是燕园南端的一片住宅区，也是北大校区中的一个高级住宅区。入住燕南园的北京大学教师，都是一些在学术上最具声望的著名的老教授，如马寅初、汤用彤、冯友兰、周培源、严仁赓、侯仁之、蒋荫恩、林庚等人。燕南园57号，原先是美国驻中国大使司徒雷登住过的房子，无论面积还是设施，在燕南园中都是最好的。当了解到冯友兰先生家的住房比较拥挤，条件比较差，没有地方摆书籍时，为了改善他的居住条件，江隆基和夫人宋超商量后，主动把自己住的条件比较好的57号寓所腾出来，让冯友兰先生居住。这样调整后，又请严仁赓先生搬到冯友兰先生原来居住的寓所中，江隆基全家则搬进了严仁赓先生原先居住的50号寓所中。50号寓所在燕南园最西边，室内既无暖气设备，也不是木地板，条件比较简陋。虽然调换住房后，江隆基一家的居住条件有所下降，但作为妻子的宋超却非常理解丈夫的心思，她说："要办好新中国的高教事业，必须充分调动知识分子的积极性，为他们创造条件，让他们为培养新中国的建设人才、发展党的教育事业贡献力量。我们是党的干部，必须时刻保持谦虚谨慎、不骄不躁的作风，保持艰苦奋斗的作风。"冯友兰先生入住燕南园后，对自己在北大的居住条件是比较满意的。他晚年将自己的住所命名为"三松堂"。"三松堂者，北京大学燕南园之一眷属宿舍也，余家寓此凡三十年矣。十年动乱殆将逐出。幸而得免。庭中有三松，抚而盘桓，较渊明犹多其二焉。"[20]冯友兰以所居前三松寄意，是以他将自己的著作名之为《三松堂全集》，也可以看到冯友兰对自己在北大燕南园的居所充满了爱意。[21]

江隆基理解教授们的思想和性格。科学研究本来是一项独立性很强的事业，优秀学者在教学科研当中往往需要具备一种倔强与不妥协的性格，毋庸讳言，这也会使他们在世故人情方面拙于应对，与当时的主流意识形态也有一定的差距。所以，如何做好思想工作尤为重要。江隆基对北大教授们在思想上的理解、宽容、耐心、贴心，使他们深受感动，并心甘情愿为北大尽心尽力地工作。傅鹰（1902—1979）是1950年从美国回来的知名化学家，在北大化学系任教授、胶体化学教研室主任、系委员会委员。他学术造诣很深，又有强烈的事业心，只是脾气有点古怪，不易相处。化学系的工作人员谈起这位傅先生时，常常要皱眉头。当时，到北京大学的苏联专家组组长，也是一位胶化教授，有时与傅鹰教授意见相左，大家觉得工作难做。江隆基没有因为这些议论而对傅鹰先生产生偏见，而是有意识地和傅鹰接触。在接触中，江隆基发现傅先生坚持的许多意见都是正确的。傅鹰也很尊重江隆基，和他诚恳地谈心，说他决心在胶化研究上"滚一辈子"。江隆基对他这种强烈的事业心，深感钦佩，常向别人转述傅先生的这句话。江隆基又进一步沟通他和那位苏联专家的关系，以消除意见上的分歧。后来那位苏联专家认真地了解了傅先生的学术造诣，也表示钦佩，对江隆基说："傅鹰教授确实是一位权威学者，我很钦佩他。"

向达教授是一位杰出的历史学家，又是一位著名的藏书家，对我国的古籍有精深的专门知识。他在兼任北大图书馆馆长的几年中，为北大图书馆收购了许多善本书和其他珍贵资料。琉璃厂旧书铺的人都与他熟识，有了好书就拿到向先生那里让他优先选购，有些书价格很高，但向先生有权决定是否购买。江隆基很尊重他，信赖他，对他的工作从不干预。王重民教授是我国著名的版本专家和敦煌学专家，任北大图书馆系系主任。江隆基总是鼓励他写书，在反右派斗争以前，他在江隆基的鼓励下，写了不少重要的学术著作。

1956年全国掀起"向科学进军"的热潮后，在北大师生当中激发了空前的学术热情。当时老教授们有一个共同的困难，就是缺乏学术上的年轻助手。冯友兰先生当时虽然年过六十，但仍很健壮，心情是跃跃欲试、兴高采烈的。他曾专门找江隆基谈话，倡议要确定并培养学术上的接班人，使学术得以继续并发展。对此，冯友兰有一个形象的比喻，他对江隆基说："我是家有万贯，膝下无子。"这是说校系领导还没有安排他的学术接班人，而他已年过花甲，将垂垂老矣。江隆基对这句话感触很深，他后来在对一些校系干部的讲话中常加以引用，要求有关人员尽量解决。[22]这个问题在北京大学很快就得到了较好的安排。1956年8月，北京大学教务处便拟定了为本校三十九名中科院学部委员和著名教授各配备一至五名助手的决定，他们是：乐森璕、冯友兰、冯承植、周培源、段学复、江泽涵、许宝騄、饶毓泰、王竹溪、胡宁、黄昆、叶企孙、李继侗、陈祯、张景钺、汤佩松、张青莲、傅鹰、黄子卿、翦伯赞、魏建功、王力、季羡林、马寅初、汤用彤、向达、李汝祺、赵以炳、游国恩、杨晦、邢其毅、严仁赓、马坚、朱光潜、熊十力、庄圻泰、程明德、闵嗣鹤、申又枨。北大的老教授们非常感激江隆基对他们工作的支持和帮助。这样做既调动和发挥了那些名教授的积极性，使他们能够出学术成果，又培养了一批继承他们学术事业的接班人。例如在文科方面，除冯友兰外，为汤用彤配备了汤一介，为翦伯赞配备了田余庆等，此后他们都成为学术界的著名专家学者。

江隆基还以十分积极的态度对待教师的职称晋升工作，凡符合高等教育部晋升标准的，同时在学校的教学与科学研究方面比较优秀的，都及时地得到晋升。如化学系的高小霞、张锡瑜、庞礼，地质地理系的仇为之，历史系的宿白，哲学系的汪子嵩，经济系的熊正文等都及时地由讲师晋升为副教授。他对教师也有严格正规的要求，对教师的考核、鉴定、评审、提升、选留和调整等都相应地制定出一套制度。

值得一提的是，江隆基不但在工作中，而且在生活里也与教师员工们建立起密切的关系。身为党的高级干部，江隆基和北大的高级知识分子之间的关系十分融洽。他经常到同住燕南园的马寅初、汤用彤、周培源、冯友兰、侯仁之等教授学者家中拜访，虚心向他们请教，就办好北大、搞好科研和教学工作，征询他们的意见，并关心他们的生活，帮助他们解决实际的困难。在新中国成立初期，北大的很多老教授、老专家，对共产党的认识和了解，就是从江隆基身上开始的。每逢过年，江隆基、宋超夫妇都要去各家拜年，然后被拜访的这家主人又加入到拜年的队伍当中，一起去另一家拜年；于是拜年的队伍就像滚雪球一样，越来越大，大家热热闹闹地聚在一起，非常和谐、温馨。有时周末，江隆基夫妇也带着子女与马寅初、周培源、侯仁之、张仲纯等先生和他们的家人一起去郊游。为了配合江隆基一起做好北大的知识分子工作，宋超也会带着女儿到一些教授的家中看望他们的夫人和孩子，和他们叙叙家常，联络感情。宋超长期在解放区工作，从来没有与高级知识分子的夫人们打过交道，无论思想方法，还是生活方式都与她们大不一样。所以，开始时交往很不习惯。但是，当宋超想到做好高级知识分子的工作也是党的工作的一部分，是江隆基做好北大工作的一项重要内容时，就很坦然地与她们礼貌相待、礼尚往来了。就这样，江隆基一家和一些知识分子成了相互信赖的朋友，有的甚至成为终生的挚友。[23]

江隆基不仅在实践中善待知识分子，尤为难能可贵的是，他对知识分子在理论上的认识也很有高度。办学校主要依靠教师是江隆基一贯的办学思想。在北京大学这个专家学者云集，教授、副教授在教师中占较大比重的最高学府，江隆基有这样的考虑：一是要做好团结广大教师的工作，并且“要在党的周围团结一批业务修养较好，政治思想进步的教授、讲师，在校一级和系一级形成科学领导核心，以加强业务领导”[24]。从长远看要“依靠和培养新生力量”，从当前看，主要要“借重老教师”。二是，新中国成立后经过思想改造和其他政治运动后，教师的思想面貌已发生了很大变化，今后思想改造是长期的。我们应当努力做到“在政治上信任他们，在知识上尊重他们，在思想上要耐心地、和风细雨地达到改造的目的”[25]。三是要鼓励和提倡每位教师不断提高自己的业务水平（包括教学和科学研究两个方面），同时也要求每位教师努力提高自己的政治思想水平，学习马克思列宁主义、毛泽东思想。他提出，“希望每位教师都要做一个现代唯物主义者，做一个马克思主义者的自觉信徒”。四是，要尊重和理解教师的工作，尊重每位教师的自尊心。在工作上应和他们建立起“互相信任，互相接近，互相商量，互相学习”的关系，特别是像北京大学，“教师有自由主义的传统，具有高度的自尊心，更不可操之过急”[26]。只有这样，才能调动他们的积极性，充分发挥他们的作用。总之，他认为，“最好的团结是最有效地发挥他们的作用”。江隆基把这种做法，叫作“各得其所，各展所长”。

1956年，全国知识分子工作会议在周恩来的支持下成功地举办之后，江隆基更是大力贯彻会议精神，文理科各系都为著名的老教授举办了任教三十周年的庆祝会。他还要求学校各部门，制定具体措施来改善老、中年教师的工作条件和生活条件，由总务处、人事处、图书馆和校长秘书室联合组成了“改善工作条件”工作组，专门负责这方面的工作。其中特别是保证教师业务工作时间的问题，由党、政、工、团和民主党派联合做出了关于《北京大学保证教师业务工作时间的规定》。这个规定是比较全面、细致的。如规定在星期一至星期五上午及晚间、星期六下午、星期日不得召集教师开会，也不要去找教师或打电话（紧急情况例外），教师校内的行政兼职不得超过一职。社会工作时间，每周不得超过六小时。对于各种会议也做出种种规定和限制，如对全校性会议的次数和各级组织必须召集的会议，也有明确限制。同时指出，“各种会议务须精简，一般以两小时为限，重要会议也不宜超过三小时。每次会议的召集人及会议参加者必须事先作好准备，必要时应将有关材料于会前印发或传阅”。规定中还指出，会议的日程要事先做出安排，校、系两级每周会议日程，均须于前一周公布。

江隆基不但对中老年教师和干部爱护备至，他也很善于发现优秀年轻人才，把他们提拔到重要岗位上来。如当今我国著名古希腊哲学家汪子嵩，当时被任命为哲学系副主任；以后成为北大副校长的沈克琦，当时被任命为物理系副主任；才华出众的英国文学史家吴兴华，当时被任命为西语系副主任。这些同志当时都只有三十岁左右。还有如以后成为北大党委书记的王学珍（中共中央候补委员），当时是北大教务处的负责干部；后任北大秘书长的文重，当时是总务处一位负责干部。这些人当时都是二十多岁的青年，他们都在江隆基的精心培养下，迅速地锻炼成长起来。

这里还应当指出的是江隆基实事求是的精神。实事求是说起来容易，但是真正做到却并不是容易的事。如果说在正常的情况下，坚持实事求是还比较容易的话，那么，当政治运动中，或者是一股错误的思潮来自上面，而大家在认识上也认为是理所当然的情况下，要坚持实事求是就不那么容易了。如果说个人在处于顺境的时候，坚持实事求是还比较容易的话，那么，在处于逆境时，坚持实事求是就不那么容易了。而江隆基恰恰做到了这一点。这也正是江隆基最值得人们尊敬和难以忘怀的地方。党的实事求是的精神体现在江隆基身上，成为一种十分可贵的品德。

从1954年到1955年，在我国学术界、教育界开展了大规模的对资产阶级学术思想的批判，从红楼梦研究中的资产阶级唯心主义到胡适的资产阶级思想批判，一直持续了一年多的时间。在这场批判中，北京大学是引人注目的中心之一。江隆基遵照中央有关的指示精神，在北京大学积极推动了这项工作的开展。

江隆基的出发点是：我国广大的科学工作者和高等学校教师，经过思想改造和马克思列宁主义的学习，“政治思想已经有了很大进步。但学术思想上的资产阶级的影响仍普遍严重地存在着。如不消除这种资产阶级思想的影响，科学研究和教学改革都将无法深入，科学工作者和教育工作者亦将不能完成他们在社会主义建设事业中所担负的历史任务”。所以，他认为，开展对资产阶级学术思想的批判是必要的。

如何正确地开展这项工作呢？结合北京大学的实际，江隆基提出并坚持了以下几点：

首先，他认为，“学术思想批判的中心任务在于宣传辩证唯物主义世界观，反对资产阶级唯心主义世界观”。不能用政治运动或行政命令方式解决，也不能把学术思想问题当作政治问题，它同样需要用自由讨论、自由争辩的方式去解决。

其次，他认为，“学术思想批判必须建立在科学研究的基础上”，建立在实事求是的科学的基础上，“要以理服人，而不要以政治声势去压倒人”，同时，还要“提倡反批判，允许保留不同意见”。

再次，他认为，“学术思想批判不能脱离党的团结、教育和改造知识分子政策”。学术思想批判是对知识分子进一步的思想改造，也是为了求得思想上的团结一致，以便使他们更好地为人民服务。[27]

对于20世纪50年代这场对资产阶级学术思想的批判，目前学术界、教育界仍持有不同的看法和评价。然而我们在上述原则中仍可看出，江隆基在政策的掌握上有着令人信服的求实精神。

江隆基任职北大的六年时间，正是新中国成立后除旧布新之际，各种政治运动接连不断。有着悠久历史的北京大学，教授的出身与思想情况相当复杂，所以每一项政治运动来临，总有一些知识分子会不同程度地受到冲击，而江隆基一则是千方百计地把政治运动限制在思想领域，二则是对受到冲击的教师尽量保护。可以说在20世纪50年代这样一个特殊的时期，江隆基保护了北京大学一些高级知识分子。

作为哲学界“唯心主义哲学”代表的冯友兰先生，因为其旧有的学术观点以及曾经两次参加国民党，与国民党政府联系较多的原因，自新中国成立后就被组织确定为必须检讨过去“反动言行”的人物，在“三反”“五反”运动中，又受到过激烈的批判。1952年，清华大学文科并入北大后，他被北京大学评为四级教授，这对于在哲学界久负盛名，且在旧中国就已当选过中央研究院院士的冯友兰来说，无疑是一种巨大的难堪和很不公正的待遇。冯友兰以四级教授的身份在北京大学工作的时间不长，1954年北京大学重新把冯友兰定为一级教授，使得他的生活待遇和精神状态都得到了很大的改善。在冯友兰重新被定为一级教授的过程中，作为学校主要领导的江隆基曾经发挥了重要的作用。

朱光潜是治学严谨、学识渊博的著名美学教授，性格内向，平日耽于深思而疏于言谈。江隆基对朱光潜的学术地位和治学方法是很钦佩、很尊重的。虽然朱光潜在1956年已被视为唯心主义美学的代表人物，不停地接受批判和思想改造。但是，在1956年酝酿中国科学院哲学社会学学部委员名单时，江隆基仍主张将朱光潜列入。他知道从美学方面提名可能通不过，由于朱光潜在西语系兼职，学部委员中英国文学史学者还没有，就把朱光潜作为英国文学史学者提了上去。只是后来由于种种阻力，朱光潜没有被列入学部委员。

20世纪50年代的北京大学，在江隆基主持工作期间，在对待知识分子政策方面做了许多有益的工作。由于他作风正派，在工作中注意正确贯彻党的知识分子政策，50年代，北京大学虽然政治运动不断，但在教学和科研工作方面还是做出了巨大的成绩。直至今天，北京大学的一些老教授仍然在怀念这位正直的共产党员。

三、科学研究的新高峰

在1952年开始的院校调整中，北京大学可谓收获颇丰，以一个工学院，换取了三大学院（清华、燕京、辅仁三所大学的文学、理学、法学三大学院）。新的北京大学共设数学系、物理系、化学系、生物系、地质地理系、历史系、哲学系、经济系、法律系、中国语言文学系、俄罗斯语言文学系、西方语言文学系等十三个系，基本上形成了侧重于基础理论的学科特点。20世纪50年代初，北京大学的文、理科在全国占有相当重要的地位，拥有开展科学研究的雄厚力量，并且也取得了丰硕的成果。之所以能够如此，原因当然是多方面的，但是相当大程度上应该归功于以马寅初、江隆基为首的北大领导层对科研的重视。

自担任副校长和党委书记那一天起，江隆基便将开展科学研究视作高等学校的最为基本和重要的任务之一。对于如何正确地贯彻党的方针政策，做好教师的科学研究工作，更好地为社会主义建设服务，江隆基坚持这样的基本思想：一是始终坚持“科学研究为社会主义建设服务，充分发挥马克思列宁主义的指导作用”。他认为，这是“开展科学研究不可动摇的重要原则”。二是在学术问题上，一定要坚持“自由讨论，自由争辩”的原则。他认为，这是“发展先进科学和提高理论水平的最有效的手段”，要提倡“从实际出发，对具体问题具体分析的科学态度和独立思考、独立钻研的创造精神”，[28]“在学术问题上有多少家，就算多少家”。三是在学术争论中，要坚持平等原则。不采用多数压服少数的办法，要允许自由地发表意见、保留意见。要允许批评，也要允许反批评。属于不同学派和持有不同学术见解的，也要相互尊重，不应抱宗派门户之见。在学术争论中，还要注意坚持尊重事实，尊重实践，坚持真理，修正错误。四是加强党对科学研究工作的指导。他说，这是“搞好科学研究工作的前提和保证”。但是“加强领导不等于包办代替或乱加干扰”。科学研究工作是科学家的事情，能不能出成果，首先取决于科学家自身的努力。科学研究专门性很强，一定要发挥专家、学者和老教师的作用。同时还要注意不要将提倡集体主义，变成提倡搞平均主义，也不能把个人在学术上的“冒尖”，误解为个人主义。五是树立学术上自由讨论、自由争辩的风气，努力为“争鸣”创造必要条件。

马寅初早在1954年时已初步酝酿成自己的人口论观点，并在北大发表这方面的讲话。江隆基非常钦佩马老注重社会调查、尽职尽责的精神。作为一种学术观点，他总是让马老在北大自由发表，不加干预。虽然当时社会上已有人提出马寅初的“新人口论”是马尔萨斯的一套，并主张对马老进行批判；但是江隆基并不为这种气氛左右，坚持让马老自由发表自己的观点。马老讲话，一贯没有讲稿，事先也不和任何人商量。有一次在全校大会上，谈到自己的“人口论”思想时，他说：“兄弟这个是马克思的马，不是马尔萨斯的马。”正是由于当时马老的“人口论”受到某些非议，他才这样说的。

在遗传学界，有摩尔根和李森科两派的争论。20世纪50年代，在“学习苏联”的口号中，我国的遗传学界也是一边倒地对摩尔根学派进行批判。北京大学有一位摩尔根的学生，我国遗传学界的老前辈李汝祺教授。江隆基并没有由于这种一边倒的批判气氛而对李汝祺教授有任何歧视，相反却帮助他避免受到舆论压力，坚持自己的学术研究。北大其他坚持摩尔根学派的人也没有受到像有些地方那样的非难。

北京大学的哲学系，是个合并了全国高等院校的哲学系而成立的，还没有开设关于康德、黑格尔学说的课程。有一次江隆基到哲学系学生中了解到，青年学生们对黑格尔学说的知识有四个字：“合理内核”。江隆基深有感触，他说：“这样肤浅的、教条式的学习，怎么能学好哲学呢？”后来他请郑昕教授给学生们开设了有批判地介绍康德学说的课程。

我国有一位专门研究黑格尔哲学的张颐教授，在四川某单位工作。汤用彤提出聘请他来北京大学，江隆基积极支持。在江隆基的努力下，张颐教授来北大开设了有批判地讲述黑格尔学说的课程。同时经江隆基的努力，还开设了有批判地介绍罗素、凯恩斯的课程。开设这些课程，在全国来说也是创举。后来，康生知道了这件事，很恼火，谴责北京大学的哲学系“办得很糟糕，偏离了方向”。江隆基并不理会康生这一套。在当时的条件下不便公开争辩，就以沉默表示抗议。

樊弘教授是解放战争时期一位有名的民主战士，1952年到1954年他在中央党校学习期间，由于坚持自己的学术观点受到“火力猛烈”的批判（十一届三中全会后中央党校为他正式平反），1954年回到北京大学后，怎样安排他的工作就成了一个难题。江隆基找到政治经济学教研室主任张友仁商量，是否请樊弘先写一篇思想改造收获体会的文章，在全国性的社会科学杂志《新建设》上发表，然后由张友仁以学生的身份去邀请樊弘来担任政治经济学教研室主任，张友仁可主动退作副主任来协助他工作，张友仁完全同意江隆基的意见。事实说明，这样做，既贯彻了党的知识分子政策，又发挥了樊弘教授从事政治经济教育事业的积极性，这是一个非常合理又巧妙的安排。樊弘在政治经济学教研室心情舒畅，积极工作，后来拖延了几年的他的转正问题（中共候补党员转为正式党员）也得到了解决。

高等学校中的科学研究工作，总的来说是为社会主义建设服务。但是如何使高等学校的科学研究工作为社会主义建设服务，江隆基认为主要有：

第一，高等学校科学研究工作首要的和直接的目的是提高教学质量。他说，高等学校是为国家培养建设人才的，这种建设人才“不仅要具备丰富的科学知识，更重要的是要具备独立工作的能力”，所以，这就要求教师不仅要传授和使学生掌握本学科的知识，而且还要教导学生“以创造性的科学态度和方法”，“能够不断地积蓄、充实和发展本专业的知识和经验”。如果一个教师没有科学研究工作的能力，没有这方面的实践，就很难达到上述的要求。所以从这个角度来说，高等学校的教师既应当是“教学上的骨干”，也应当是“科学研究上的能手”。每个教师应当“从教学实践过程中提出一些重要的科研项目，经常进行研究，并以研究的成果去丰富教学内容和提高教学质量”[29]，而这些也正是高等学校科学研究工作首先要解决的问题。

第二，江隆基认为，高等学校的科学研究工作，“既要重视与当前实际工作直接有关的那些重要科学问题的研究，也要加强对基本理论的研究”，二者不可偏废。科学研究“必须密切结合国家建设的实际需要，从生产和社会生活的实践中提出课题，认真地去进行调查研究、观察、实验和试验，总结经验，以致有所发现、发明和创造”。科学研究必须与当前的生产与社会生活相结合，这是无可置疑的。但是同时也应当看到，“有些科学问题可以立即和生产或社会生活发生直接的联系”，“有些则需要经过一个较长的时期，通过一连串的环节才能同生产和社会生活发生联系”。所以，我们的科学研究工作“不能因为强调联系实际而把科学研究限制在狭小的实用的圈子里”。我们综合大学，“也与专科学院不同，一定要侧重于基本理论的教学和科学研究”，“要调动和培养更多的人力来研究现代的问题”。当然这也“并不妨碍我们联系生产实际，为生产服务”。

第三，江隆基特别提出，自然科学家和学自然科学的人也要学习马克思列宁主义。他说，现在有许多学习自然科学的人以为“学不学马克思列宁主义，没有关系”，认为自然科学本身就是唯物的、辩证的，学好了自然科学，就自然而然地掌握了辩证唯物主义。他认为，这样的认识是有片面性的。他说：“不错，自然科学是没有阶级性的，它的原理原则只要能反映自然界的客观发展规律，也就能和辩证唯物论相吻合”。但是，我们还要看到，“自然科学是要通过人，通过自然科学工作者去发挥作用的，而人都有不同的思想、不同的信仰和不同的世界观”。所以，同是一样的自然科学，可以通过不同的人而为不同的阶级和不同的政治服务。对于我们新中国的自然科学工作者来说，是要为社会主义的祖国服务的，是要为劳动人民服务的，为了服务得更好，更有效，就必须具有社会主义的觉悟和劳动人民的思想感情，这是显而易见的。那么，这种觉悟和感情从哪里取得呢？它不可能从自然科学的研究和实践中自然获得，而必须通过马克思列宁主义的学习和社会生活的实践去树立共产主义的人生观和世界观，树立全心全意地为社会主义事业和劳动人民的利益服务的思想。“无数事实说明，通过自然科学的实践，可以帮助自然科学工作者理解和掌握辩证唯物主义的世界观，但自然科学决不能代替辩证唯物主义的世界观。”历史上曾有过不少的自然科学家是唯心主义者，这就是一个有力的证明。自然科学工作者如果掌握了辩证唯物主义的世界观，就不仅可以坚定地以献身精神一往无前地为社会主义事业和劳动人民的利益服务，而且可以运用辩证唯物主义的观点和方法去研究自然科学，从而以最快的速度获得最大的成就。所以江隆基提出，希望所有的自然科学工作者“加紧学习马克思列宁主义，把自己变成一个又红又专的工人阶级知识分子”，为祖国建设发挥最大的作用。[30]

江隆基关于高等学校发展科学研究的这些重要思想，对于北京大学开展科学研究工作起到了积极的指导作用。

这个时期，北京大学的科学研究，无论自然科学还是社会科学都取得了十分突出的成绩。北京大学有计划有领导地开展科学研究工作是从1953年开始的。从1955年起，在每年的“五四”校庆期间召开校、系两级的科学讨论会，到1957年连续召开了三次，共宣读论文两百余篇，其中很多是有很高学术水平的。迄至1957年，列入国家规划的科学研究项目有二百六十余项，编写的教材有一百余种，其中有很多被列为高等学校的通用教材。参加国际性学术会议的有三十多人次，在全国性学术刊物上发表的论文和出版的著作仅1956年一年内，就达二百余篇（本）。北京大学有二十七人被选为中国科学院学部委员（自然科学十七人，人文科学十人），北京大学的许多科学研究成果受到了国内外学术界的好评。北京大学的科学研究和学科建设也努力与国家实际需要相结合。1955年，许多教师参加了《十二年科学技术发展规划》的制定，学校的一些科研项目纳入规划之中，为开创和发展中国诸多领域的科学研究，特别是基础科学的研究做出重要贡献。为适应国家建设和发展的需要，学校根据国家的科学发展规划，建立了一些新的系科和专业。1955年，经周恩来总理批准，在北京大学成立了物理研究室，率先承担起为国家培养原子能事业人才的重任。在研究室的基础上，1958年扩建为我国第一个原子能系（1960年改称技术物理学系）。物理研究室成立后，培养了许多优秀人才，他们为我国核科学事业的诞生和发展做出了重大贡献，仅首届毕业生中就涌现出“两院”院士五人，被誉为“核科学家摇篮”。1956年，根据国家规划，北京大学、复旦大学、东北人民大学、厦门大学、南京大学等校联合在北大建立了我国第一个半导体物理专门化，为开创半导体科学事业培养人才。以黄昆、谢希德教授为首的一批教师及首届毕业生成为国家半导体科学事业的先行者。50年代，北大在人文社科研究方面也取得了一些重要成果。马寅初校长的“新人口论”就是理论联系实际，解决重大现实问题的典范之作。

江隆基与黄昆教授一同视察实验室

四、智德体美并举的教育理念

江隆基谆谆教导青年学生，要成为合乎规格的专门人才。青年学生在高等教育的阶段如何成为合乎规格的专门人才呢？江隆基在北京大学六年多的工作中，也总结了许多宝贵的教育思想理念。

江隆基认为，培养合乎规格的专门人才，简单地说，就是“坚持全面发展的方针，即包括智、德、体（加上美育就是四育）的全面发展”。具体地说，就是全面完成教学计划。全面发展，既“不能偏废”，也不是“平均发展”，“必须以专业学习为中心”。每个青年学生都应当把学好本专业作为中心任务，“努力学好专业知识，建立和巩固专业思想，达到本专业的学习目的”[31]。

在努力学好专业的问题上，江隆基强调，要树立热爱本专业的思想，树立终生为本专业献身的精神。“只有热爱专业，才能学好专业。”他说，入学后的大学生，不是每个人都建立了正确的专业思想。我们是社会主义国家，社会主义教育是有计划的，每个学生所学的专业，并不一定完全符合自己的兴趣和爱好，特别是有些学生对自己的专业还缺乏深入的正确的了解，也有的在选择专业上又往往愿意选些“不大费劲的而又有出息的专业”。所以入学后，每个青年学生都要注意解决好专业思想问题，并把端正学习态度、建立巩固的专业思想作为入学教育的重要内容。他总是谆谆教导青年学生，要热爱我们的社会主义国家。他说，我们还处在社会主义的初创时期，需要各个方面的建设人才。我们北京大学三十三个专业都是根据社会

江隆基为“三好”学生颁奖

主义建设的需要设置的，都有着远大的前途。虽然它们之中也会有某些轻重难易之分，但是作为我们社会主义国家的青年，更“应当勇于挑起重担”。而且，“学习是一种劳动”，“而且是一种艰辛的脑力劳动”，“只有树立自觉的正确的劳动观点，才能掌握科学理论和技术”。不付出艰辛的劳动，把学习当作可以“投机取巧”，或者是“轻而易举”的事，都是不可能获得劳动成果的。[32] 至于兴趣和爱好，他说：“真正的兴趣和爱好是在学习的实践中得来的，只有在学习的实践中才会培养出自己的兴趣和爱好。”

关于德育问题，江隆基认为，德育是全面发展中“共同的思想政治基础”。没有正确的思想基础，其他几育的发展都是谈不上的。他说，从学校课程的时数看，政治理论教育以及其他思想政治教育，时数要少，但是“不能因为分量少，就说它不重要”。他再三对青年学生们讲，我们培养的是“为社会主义建设事业服务的专家”，“是德才兼

领导与女子篮球队队员在一起

第二排第二人左起：赵占元、侯仁之、江隆基、马寅初，周培源（右二）

备的建设人才”，所以，“每个青年学生都应当树立科学的世界观、革命的人生观和具备工人阶级的立场、观点和方法，懂得革命和建设的基本知识，还应当有高尚的道德品质”。在德育教育中，江隆基特别重视政治理论教育。北京大学从1952年起就开始陆续建立了政治经济学教研室、辩证唯物论和历史唯物论基础教研室、中国革命史教研室和马克思列宁主义基础教研室，负责全校学生的政治理论教育。这些教研室都由许多德才兼备的教师担任教学，并且每个教研室都配备了苏联专家担任顾问，教学力量是很强的。他关心这些教研室的工作，经常召集教研室负责人会议，研究改进和加强政治理论课的教学工作，再三强调，一定要把培养学生的科学世界观和革命人生观作为政治理论课教学的中心任务。

关于健康教育，江隆基说这是绝对不能忽视的。他经常给学生们讲，过去帝国主义辱骂我们中国人是东亚病夫，“我们新中国的大学生一定要摘掉这个帽子”，要重视体育锻炼，要有健康的体魄。人的精力是以人的身体素质为基础的，身体好才能保持旺盛的学习和工作精力，没有好的身体，再有学问也是不能发挥力量的。他一再叮嘱体育教研室要做好劳卫制的锻炼工作。马寅初校长很重视身体锻炼，七十多岁高龄，仍坚持冷水淋浴，还以矫健的步履攀登西山“鬼见愁”。他精力充沛，精神矍铄。江隆基经常把马老锻炼身体的故事讲给学生听，要他们向马老学习。

江隆基还谆谆教导青年学生，在坚持全面发展，把自己培养成合乎规格的专门人才的过程中，一定要注意处理好以下几个方面的关系：

一是全面发展与发展个人特点的关系。

江隆基说，从表面看来，全面发展好像是限制了个人特点的发展，其实不然，应当说：“全面发展是个人特点发展的基础，全面发展本身就包含着个人特点发展的基本内容。”他认为，在全面发展方针下制订的每个专业的教学计划，就是每个青年学生在身体、思想和专业知识等方面都得到发展的、成为专门人才的行动方案。坚持了全面发展，就是首先坚持了个人特点的发展。我们“鼓励和培养每个青年学生的个人特点的发展”的同时，又强调这种“个人特点的发展必须建立在全面发展的基础上”，也就是说要建立在“全面完成教学计划的基础上”。他还认为，因材施教，发展个性，是社会主义教育的一项基本原则，这一点也同样反映在我们的教学计划中。譬如，在教学内容上，要结合学生学习的特点；在课程分配上，除设置必修课外，还增设了许多选修课，在数力系、西语系、俄语系试行免修课制度；在课程的安排上，除讲课外，还有其他教学环节，并留出了更多的课余时间和自习时间，让学生们去开展科学研究活动，扩大知识领域，根据每个人的不同情况和不同条件，去发展个人特点等等。所有这些都是着眼于发展学生个人特点的。所以，他提出发展个人特点，对学生来说，总的要求就是，“出色地完成学习任务的同时，加强课外的研究工作”。如果没有完成学习任务，只是一味地去追求个人特点的发展，那只能是“畸形”发展。发展个人特点绝不是要大家“随心所欲，杂乱无章”。[33]

江隆基为学生运动员颁奖

二是基础课和专业课的关系。

江隆基认为，高等学校教育的特点是“在广博的基础知识之上，进行不同类型的专业教育”，特别是综合大学，还有和其他专科性高等学校不同的特点。综合大学的任务主要是“培养在理论或基础学科（自然科学和社会科学）方面从事研究工作或教学工作的专门人才”。具体说，就是培养科学研究工作者和高等学校师资，以及部分中等学校师资。所以江隆基谆谆教导学生说，一定要正确处理好基础课和专业课的关系。

北京大学在贯彻学习苏联先进经验与中国实际情况相结合的方针中，将所有课程划分为公共课、专业基础课和专业课、专门化课程，其中公共课、专业基础课都属于基础课范围。江隆基强调，首要的和基本的是学好基础课，必须在学好基础课的基础上再去学好专业课。总的要求应当是“既要有广阔的基础知识，又要有深入的专业训练，既要有丰富的理论修养，又要有丰富的实际知识”。[34]

他说，有的青年学生，“好高骛远”，“这山望着那山高”，只注重某些专业的学习，而忽视基础课的学习，这是不对的。他指出，北京大学设置的所有专业，“每个专业都自成一个科学体系”，“在专业培养目标的要求下，基础课和专业课构成一个有机整体”，基础课分量的加强，各门课程之间的比重、时数和次序的安排，都有其科学依据。它们都反映了综合大学培养目标的特点。所以，不完成基础课的学习要求，是不可能学好专业课的。

他还教导学生，要遵循学习本身的规律。他说，“学习本身是一个逐步提高的过程”，在学习方法上，必须由浅入深，循序渐进，步步前进，步步提高，才能达到学习的目的，完成学习任务。想“一步登天”是不符合实际的，是有害的，其结果往往是弄巧成拙，欲速不达。

三是红与专的关系。

在20世纪50年代，北京大学也和其他高等学校一样，有过红与专的辩论。江隆基十分重视关于这个问题的辩论。他给学生的讲话中，多次阐述了这个问题。

他说，正确地认识红与专的关系是十分必要的，它关系到每个青年学生学习的方向和成长的道路，也是每个青年学生能否成为合乎规格的专门人才必须解决的重要问题。“红与专既有一致性，也有差别性。”我们培养的人才，无论是哪一类专业，都必须具备一定的政治思想水平，这就是它们的一致性。红与专不能相互代替或等同，不能说有了一定的政治思想水平就等于业务也合格了，也不能说业务好就是政治思想好，这就是它们的差别性。我们的要求是把二者统一起来，按照又红又专的方向前进，努力做到又红又专。

江隆基认为，在对待青年学生的红与专的问题上，“一定要有恰当的要求”，不能偏高，当然也不能就低。“红”，是对政治要求的标准，主要是要求每个青年学生，要“具有工人阶级的立场和共产主义的世界观，并能全心全意为社会主义服务”。并不是要求每个青年学生成为无产阶级政治家、马克思主义理论家。另外，也“不能认为入了党才算红”，也不能把“红”仅仅理解为就是搞政治运动和社会工作，这些都只是红的某种表现，并不是红的基本内容。[35]“专”是对业务要求的标准，主要是要求每个青年学生“掌握本专业的理论和实际知识，并能运用专业的科学理论和技能去解决实际工作的具体问题”。并不是要求每个青年学生在大学里就成为一名科学家，当然也不能说，能写一两篇小文章，或仅有点书本知识就算“专”。这样的理解就太肤浅了。

江隆基强调，对每个青年学生来讲，在红与专的关系问题上，都应当有正确的态度，坚持又红又专的方向。而它的“真正解决又在于树立起正确的人生观”。他说，没有正确的人生观，或者是有浓厚的个人主义和名利思想的人，或不求上进，甚至悲观厌世的人，都是不可能找到正确答案的。

他说，又红又专“体现了我们社会主义国家对培养干部的要求”，是我们“在大学阶段，所必备的德才标准”。他要求每个青年学生一定要沿着又红又专的方向走下去，坚持不懈，把自己培养成又红又专的合乎规格的专门人才。“只专不红”或者“只红不专”都是不对的，而“不红不专更是最大的浪费”。[36]

在培养学生成为合乎规格的专门人才中，江隆基还特别注意“独立思考和独立工作能力”的培养。他反复地教导青年学生说，“独立思考是学习中应解决的中心问题”，也是在高等学校的学习中能否学好的关键。

他指出，学习必须有学生自身的积极性，这种积极性，最主要的就是独立思考的精神。他经常给学生讲，提倡认真听讲，认真读书，并不是要大家去死读书，死背条文，而是要大家去认真领会讲授的内容，开动脑筋，去思考，去想问题。“学习是一种创造性的劳动”，教条主义的学习，形式主义的学习，都是不可能真正掌握科学知识和技术的，只有以独立思考的精神去学习，才能真正有所收获。

他说，坚持独立思考，要注意两种偏向：一是将独立思考当成是无根据的空想。独立思考是建立在刻苦钻研的基础上的，它是“对学习基本内容有了深入了解的自觉表现”。不勤学好问，就发现不了问题，也就无从思考。二是独立思考也不是无根据的怀疑。敢于怀疑是独立思考的前提之一，但不能什么都去怀疑，“怀疑一切”是极端错误的。事实上，我们对前人的劳动成果，也不可能都检验一番。我们学习中的许多问题，以及在工作上、生活上所碰到的许多问题，虽属普通常识，但都是前人世代的劳动所得，都是在实践中反复证明了的，如果时时事事都怀疑，那就很难学习，也就很难生活下去了。

江隆基指出，坚持独立思考，对每个青年学生来讲，还应该认识和处理好以下两种关系：

一是独立思考与教师指导的关系。江隆基认为，学生的独立思考不能离开教师的指导。在学习中，青年学生“仅仅依靠自己的钻研是片面，一定要依靠教师的指导”。“科学知识是日积月累的”，一般说，老师总是老师，老师读的书，积累的知识，见的世面，经历的事，都要比学生多得多。“老师是带路人”，特别是大学的老师，“都是有专业学问的人”。所以，对学生来讲，一定要有“恭谨勤劳的态度”，向老师学习。要学好本领，就必须依靠老师的指导。有的青年学生“求胜心切”，也有的“眼高手低”，往往不重视或不尊重老师的指导，结果是事倍功半，还不得要领。他强调说：“不依靠老师，对老师不信任就是对前人劳动的不尊重。”我们提倡尊师爱生，就是要大家“尊重知识，尊重科学，尊重前人的劳动”。只有尊重老师的劳动，“从而虚心求教，才是思想上自觉地尊师”。对老师来说，要爱生，要有崇高的责任感和事业心，只有爱生，才能教好学生。所以，做学生的要有“学而不厌”的精神，做老师的要有“诲人不倦”的精神。每个青年学生，都应该以“学而不厌”去换取“诲人不倦”。[37]

二是独立思考与集体的关系。江隆基认为，“学习本身是一个思维的过程”，它必须“建立在个人独立的深入钻研的基础上”，必须依靠自己的努力。没有个人努力的“集体互助”，没有个人努力的“集体竞赛”，都是违背学习规律的。同时，个人的劳动成果，又是在“教师的辛勤劳动和集体生活中获得的”，所以，不能把个人的独立思考与集体互助对立起来。提倡独立思考，不是不要发扬集体主义的精神，“集体的合作与分工是获得知识必不可少的手段”，特别是科学技术发达的今天，集体的合作与分工更有着突出的重要作用。集体主义精神我们永远是需要的。

为了培养学生的独立思考精神，开展科学研究活动，北京大学成立了学生科学研究协会。在成立大会上，江隆基专门给学生们讲了培养独立思考、开展科学研究和发扬集体主义精神等问题。他鼓励和祝贺大家“在科学研究的道路上迈出的第一步”。在学生科学研究协会的推动下，全校成立了一百八十多个科学研究小组，有一千七百多名学生参加，占学生总数的四分之一。1956年学生科学研究报告会上，提出的论文达一百八十五篇。

五、朴素的革命家风

作为20世纪50年代北京大学的主要领导人，江隆基担负的责任可谓重大，不仅其办学理念、谋划决策关系着学校的发展走向，而且其一言一行所体现的品格、作风，也悄然无声地对众多师生员工产生着巨大影响。从这一点上看，江隆基无愧于教育家的称号：他不仅是一位坚定的马克思主义者、资深革命家，是一位懂政策、有能力、会办学的大学管理者，也是一位具备理想人格、深受全校师生员工爱戴和信赖的好领导。

江隆基之所以能广泛团结同志，团结党内外人士，是与他克己奉公、为人正派、言行一致、身体力行的崇高品德分不开的。

在生活上，他不搞特殊，不以权谋私，而且时刻都在提醒自己和家人保持艰苦朴素的生活作风。1952年，江隆基举家迁往北京大学后，入住北大燕南园。由于长期在条件艰苦的解放区工作，突然到了这样舒适的环境中生活，江隆基感到有些不适应。在他的日记中记录了这样一段意味深长的话："接受工作任务，由中央教育部搬到原燕京大学校址，此处经院系调整后已拨归北京大学。过去就听说燕京大学的校舍建筑得很漂亮，但我从没有来过。今天一看，果然雕梁画栋，金碧辉煌，草木秀丽，形同公园。学校给我分配的宿舍是一中式外貌、西式装潢的住宅，里面有客厅、有卧室、有暖气和抽水马桶的设备。我自有生以来，从未住过这样阔气的房子。骤然搬到这样资产阶级的住宅里，内心颇感不安，我担心孩子们的生活贵族化，同时警惕自己的意识里滋生某些资产阶级的因素。自参加革命以来，一直过着供给制的生活，从来没有为吃饭穿衣的琐事而操心，现在，为了吃饭、喝水，必须另起炉灶，过着小家庭的生活。这就整个制度上来说，虽然是前进了一步，但就个人的革命修养上来说，则可能发生某些退化的现象，不可不深自警惕。"这段日记充分表现了江隆基当时的所思所想，而在此后的实际工作和生活中，他也正是这样严格要求自己以及家人的。江隆基曾反复地对妻子和孩子们说："环境变了，但革命老区的优良传统不能丢，艰苦奋斗的精神不能变。同时，要学会尊重知识分子，学会和他们一起共事，交朋友。"对于丈夫的想法和做法，宋超给予了完全的理解与全力的支持，作为妻子和母亲，她为此也付出了很多的劳累与牺牲。

在江隆基的影响下，宋超始终严格要求自己，从来不过问丈夫工作中的事情，也不因家属的身份搞特殊化。刚到北京时，宋超被安排在北京大学党委宣传部工作，任宣传干事。为了支持丈夫的工作，她很快向组织提出，要求不与江隆基在一个单位工作。1953年，组织调宋超到北京大学附设工农速成中学工作，担任分党委书记兼副校长。这所学校坐落在北京市内沙滩红楼即老北大校址上，距离地处西郊的新北大校址较远，交通很不方便。但宋超从来没有借用丈夫的职权，动用过公车。她去城里上下班都坚持坐公共汽车。由于工作忙，交通不便，宋超平日只能吃住在单位，一般到周末才能回家，难以料理家务，江隆基的饮食起居，多是自己料理，孩子们也基本都送入寄宿的学校和全托的托儿所。为此北大曾经多次与江隆基商量，是否能将宋超调来北大或离北大近一点的单位工作，但都被他婉言谢绝了。

江隆基、宋超夫妇平时对孩子们要求也很严格，要求他们不能搞特殊化，要艰苦朴素、平等待人、自强自立。长子江开暄当时在北京石油学院工作，已是五个孩子的父亲。他并没有借助父亲的职权，选择留在条件舒适优越的大城市工作，而是主动报名要求去条件艰苦的新疆克拉玛依油田工作，支援祖国的大西北建设。江隆基非常支持他的决定，鼓励他在基层锻炼成长。他在克拉玛依从钻井、采油等最基层的工作做起，在新疆一干就是二十三年。为了支持江开暄安心工作，解除他的后顾之忧，在他全家离开北京时，江隆基夫妇把他的大女儿涓涓留在了自己身边，承担起抚养、教育的责任。那时，女儿江开旸已上中学，身为教育系统领导的江隆基没有为她选择特殊的重点中学，而是让她到海淀区的一所普通中学上学。在江开旸身上没有一点儿高干子女的“娇”“骄”二气，她穿着朴素，每天都是一个人骑着自行车上学，班里的同学没有人知道她是北大副校长的女儿。1958年，江开旸报考大学，被录取到江西抚州地质专科学校。开始，她对是否到这所学校上学有些犹豫，江隆基鼓励她安心学业，学一行、爱一行、专一行，不要“这山望着那山高”。开旸毕业后，被分配到核工业部，在江西宜春的矿区工作，成为一名地质工作者。女儿江亦曼当时还在北大附小上学，在她身上也浸染了父母艰苦朴素、平易近人的品德。身为北大书记、副校长女儿的她，在同学中没有任何优越感，一直关心集体，经常参加义务劳动和社会公益活动。北大的一些老教授对这个小姑娘也偏爱有加，当时江亦曼经常去周培源先生家玩，周先生全家都很喜欢她，她和周培源先生的小女儿周茹苹成为最要好的朋友。严仁赓夫妇没有孩子，严先生的夫人也非常喜欢江亦曼，总想收她为养女。在平时的生活中，江隆基既是严父又是慈父。有一次周末，江隆基本来已答应带江开旸和江亦曼去官厅水库参观，结果头一天晚上，江开旸贪玩，回家很晚，凌晨才回到家。江隆基怕孩子们沾染上坏习惯，当时很生气，硬是没有带她们去官厅水库。平时，他总是教育和鼓励孩子们德智体全面发展，江亦曼上小学时，曾到北京体育学院参加过业余体校的田径训练，冬天曾跑到未名湖上学滑冰。那时每逢周末晚上，北大都在大操场放映露天电影，江开旸和江亦曼总会搬个小板凳，到大操场去看电影。江隆基只要有空闲时间，要么去未名湖教江亦曼学滑冰，要么去大操场陪孩子们看电影。在北大近七年的生活中，江隆基宋超夫妇又增添了一双儿女，为这个原本简单朴素的家庭注入了新的活力。1952年11月，他们的第三个孩子江燕妮降生了。江隆基说："我们住在燕南园，这个孩子又是个女孩，西北人把女孩子都叫妮子，咱们老三就叫燕妮吧！"说来有趣，给女儿起好名字后发现，这个名字恰巧与马克思夫人及女儿的名字相同。江隆基也希望燕妮长大后，能够学习伟人的品格，继承伟人的事业。1955年8月，宋超又生下儿子江幼隆，由于是家里最小的一个孩子，大家都叫他小弟。[38]

在北大期间，江隆基的家庭依然保持着革命战争时期的老传统，生活俭朴。他的家里几乎没有什么像样的陈设，只有学校配给的几件简单家具。学校配给他一件大的写字桌，当他看到苏联专家的写字桌有点简陋时，就主动调换给了这位苏联专家。他自奉甚薄，粗茶淡饭，经常穿着布衣布鞋，冬季外出就是那唯一的一件灰布棉大衣。女儿们穿着也十分简朴，以致当时很多人都认不出她们是大学校长的女儿。当时，江隆基家里人口较多，平时开销很大，所需生活费用自然不少。家里经常需要开两桌饭，供八到十四个人吃。江隆基宋超夫妇工资收入虽然不少，但支付房租、水电费、卫生费、招待客人烟茶费、书报费，就需要一大笔开支。另一方面，那时每家都是一个单独的锅炉，冬季需要支付四个月的供暖费用，整个冬季约需用煤八十吨，还需支付锅炉工每月的工资。再加上几个孩子的学费、杂费、托儿费，江隆基的老父亲在西乡老家，每月还要寄钱回去，所以，每月工资总是入不敷出。即便在这种情况下，他也总是勤俭节约，不拿公家一分钱。作为北大的党委书记和副校长，江隆基是配有专车的，可是他从不拿来私用，还经常把小车让给别人用，自己挤大车，有时甚至乘公共汽车进城。在学校的经费支出上，他也总是尽可能地节省，绝不铺张浪费。1954年夏，学校在颐和园送别苏联专家古马青柯，要在湖边摄影留念，当时一般习惯都是拍十二寸的大照片，可是他却说节约一些，先拍一张小的吧，拍好了可以再放大。江隆基谦虚礼让，平易近人，从不以老革命、老教育家自居。他做官不像官，毫无领导的架子，教师、学生下乡劳动，他工作再忙，也要抽时间去看望大家，和大家一起劳动。北大的老师和学生们见到他，并不感到他是领导，高高在上，不敢接近，而是友好地打招呼，学校领导与师生之间、干部与群众之间完全是一种平等、亲近的关系。

江隆基在北京大学的威望，不是靠他的职务、资历，而是靠他的工作、品德和作风赢得的。北京大学的很多老教师说，他们对党的了解和信任，许多方面是从江隆基身上、在同江隆基的接触中得来的。对于北京大学，江隆基“做出的贡献，不仅是非常重要的，而且是影响深远的”。

反右运动与离开北大

20世纪50年代后期，我国生产资料私有制的社会主义改造基本完成以后，党的工作在指导方针上有过严重失误，发生在1957年的反右派斗争扩大化就是一件令人痛心的事。

一、反右运动的开始

1957年2月27日，毛泽东在最高国务会议上，发表了关于人民内部矛盾问题的讲话（6月19日公开发表，定名为《关于正确处理人民内部矛盾的问题》）。4月27日，中共中央发布《关于整风运动的指示》，决定在全党进行一次以正确处理人民内部矛盾为主题，以反对官僚主义、宗派和主观主义为内容的整风运动。各级党政领导机关和高等学校、科学研究机构、文化艺术单位的党组织纷纷召开各种形式的座谈会和小组会，听取党内外群众的意见，欢迎大家“鸣”“放”。广大人民群众、各界党外人士和广大党员积极响应中共中央的号召，对党和政府的工作以及党员干部的作风，提出了大量有益的批评建议。

不可否认的是，在“鸣”“放”的过程中，确实也出现了某些反对中国共产党的领导和社会主义制度的言论。一些地方群众举行集会和游行示威，“大鸣、大放、大字报、大辩论”风气盛行，报刊发表和传播这些言论，一时形成了相当紧张的气氛。5月15日，毛泽东写了供党内高级干部阅读的《事情正在起变化》一文，指出：“最近这个时期，在民主党派中和高等学校中，右派表现得最坚决猖狂”，“我们还要让他们猖狂一个时期，让他们走到顶点”。文章本身已经表明，毛泽东已经下决心反击右派。6月8日，中共中央发出毛泽东亲自起草的《关于组织力量准备反击右派分子的猖狂进攻的指示》，同一天，《人民日报》发表社论《这是为什么？》，号召全国人民反击右派分子的进攻，政治指向由之前的“整风运动”急转为“反右斗争”。

反击右派的号召，自党内而党外而全国，并且同时推进。由此开端，各地报刊发表大量反击右派的社论、文章；全国许多工厂、机关、学校、民主党派纷纷举行座谈会揭发和批判右派分子的言论。旗帜已经竖起，号角已经吹响，大规模的反右斗争在全国范围内展开。从当时的形势看，开始是由于不适当地支持了“大鸣大放”，而后又夸大了敌情，对形势估计得过于严重，错误地开展了大规模的疾风暴雨式的群众阶级斗争，从而使反右派斗争严重扩大化，把一批知识分子、爱国人士和党内干部错划为“右派分子”，造成了不幸的后果。作为知识分子云集的北京大学，自然无法处身事外，成为反右的“重灾区”。而作为北京大学党委书记的江隆基自然也无法顶住这种来自上面的错误。正是这段时期，改变了江隆基的命运，也改变了他的家庭和孩子们的命运。

应该说，对于1956年后国际国内出现的形势，江隆基是有所警惕和思考的。波匈事件发生后不久，江隆基正准备去苏联参观访问，临行前，他专门召集党内干部会议，强调要“注意资产阶级思想的危害性和党内团结的重要性”。他还提出，“希望知识分子出身的干部从波匈事件中吸取教训，加强自己的思想改造和党性锻炼”。从苏联访问回国后，他又强调，“要进一步加强学校的政治思想教育”，“要重视利用斯大林的错误，散布对党和社会主义不满的情绪等问题”。1957年5月1日，《人民日报》全文刊载中共中央《关于整风运动的指示》。从5月开始，在全党范围内开展了以反对官僚主义、宗派主义、主观主义为基本内容的开门整风运动，江隆基认真地贯彻了中央的指示。1957年4月25日，北大党委召开一百五十人党内外干部会，讨论人民内部矛盾问题，有五十位教授和干部发言，对学校领导工作提出意见和批评。会议于5月14日结束，标志着北京大学整风运动的开启。

伴随着整风运动的开始，北大校园内出现了新情况，一时间以大字报、演讲、辩论会等方式出现的“鸣放”纷纷在校园内涌现。5月20日，江隆基在大饭厅向北大师生做当前学校开展整风运动情况的报告，表示支持学生大鸣大放。同时，党委也向党员和干部表示，党员也可以参加鸣放，而干部则要认真听取意见，“人家骂娘也要听”。此后，北大党委多次召开各种会议，要求党内外群众提出意见，帮助整风。各系也召开各种座谈会，听取意见。江隆基也多次认真地听取对北大党委，包括对他本人的批评意见。

应当说，对于这一时期上级要求提倡的放手“大鸣大放”，江隆基是有所保留的。他认为群众的大多数是出于“善意”，帮助党整风的。但是，在社会上确实有极少数“右派分子”乘机利用“大鸣大放”，否定中国共产党的领导作用和社会主义制度，也确实有那么一些人在“闹事”。面对这种形势，江隆基表示应当坚决制止和批判这些“离开社会主义的言论和行动”；同时他又明确提出要把握好“鸣放”的范围，主张“要由室外引向室内”，群众活动“不能上街”，大字报可以“改用小字报”等等。对此，贺剑城的一段回忆提供了鲜明的例证。“兄弟院校的学生也来北大发表演说，突出的是一个人民大学的学生三番五次来北大发表演说，演说本身颇有一些轰动效应。对人大学生的演讲，江隆基同志主张安排在大膳厅内，上级则认为应让她在外边发表演说。马适安同志说，如果党委连这样的具体事都决定不了，还要党委做什么？我只知道书记与上级发生了分歧，当时也不知道是怎么回事，后来才慢慢品出了一点儿味道：大概上级认为隆基同志放手鸣放不够。但隆基同志始终未同意这个意见。”[39] 从事后发生的由“鸣放”急转入“反击”的形势看，江隆基的这种态度无疑是正确而且稳妥的。

1957年6月16日，江隆基向全校师生员工做了整风运动的初步总结报告。他代表校党委对广大群众在运动中所提出的批评意见进行了自我批评，分析了它们产生的根源，报告了当前学校在积极解决这些问题的情况。他在报告中肯定了绝大多数是站在爱护党的立场提出意见的，同时指出在运动中也出现了一些反社会主义的言论。这些言论实际上是资产阶级右派利用整风运动所挑起来的阶级斗争的反映。紧接着，北京大学就按照中央的部署转入了反右斗争。

在“反右运动”中，江隆基力求准确地执行党的方针政策，积极稳妥地领导这场运动，坚持实事求是的原则处理右派问题。对那些给党的工作或对个别党的干部提意见的方式不当、讲了一些过激话的知识分子和年轻学生，尽可能把打击面缩小到最低程度，反对“人为制造右派”。他不顾个人安危，最大限度地保护了一大批教师。例如，在反右运动一开始，北大校长马寅初便被卷入到这场政治风暴当中。有人说他提出的“新人口论”是配合右派向党进攻，更有人主张把马寅初定为右派。面对这些指责，马老毫不畏惧，沉着应战，坚持真理，绝不退缩。在对待马寅初的问题上，江隆基认为，这是学术问题，不应轻易扣上政治问题的帽子。他在尽可能的范围内保护马老，托人婉转地告诉马老：“我认为这些观点是正确的，但是目前先不忙于发表，只作为学术观点进行讨论。”北大的另一位著名教授向达先生，在整风运动时向党提出意见，认为党不重视知识分子，因此被人说成反党分子。江隆基在讨论会上既十分严肃地批评了向达先生的错误意见，又客观地说：“我承认与向达先生的看法有距离。有距离是不奇怪的。向先生很有正义感，很耿直，很热爱北大，这是谁都知道的，但是，他也有毛病。我从未听说他是反党的。”江隆基对于在高级知识分子中划右派格外慎重，要求“排队注意中右和右派中间的人物，这样宁可划成中右，也不可划到右派去……老右派在大鸣大放中没有表现者就不再划为右派”，[40] 从而保护了一批教师。

江隆基的这种认识和做法，固然是出于他一贯坚持的党关于处理思想政治问题的原则，但更重要的是出于对广大知识分子队伍政治思想状况实事求是的估量和敢于实事求是的精神。他认为，高等学校的教师队伍，基本上是由两部分人组成的。一部分是中老年教师，即从“旧社会过来的”知识分子，由于社会历史条件和个人的复杂经历等原因，都不可避免地受到了封建主义的、资本主义的毒害和影响，不能说他们中间的大多数旧的思想意识已经消除，但是也不能不看到，新中国成立几年来，在中国共产党领导下，他们已经经过了较长时间的教育和自我改造，他们在政治思想上都有了不同程度的进步，他们当中很多人已经起了很大变化，就大多数人来讲，是能够辨别政治方向，分清大是大非，愿意跟着党走社会主义道路的。就业务讲，他们具备专门的科学知识和丰富的教学经验，这些知识和经验是我们在培养新生力量和开展科学研究中所必需的。江隆基认为，高等学校的教师队伍中的第二部分人，是新中国成立以后成长起来的青年知识分子，他们是在社会主义制度下，由党培养起来的，尽管他们身上也有程度不同的旧的思想意识，但是他们都是教师队伍中的新生力量。所以，他的看法是：教师队伍的绝大多数是好的。在深入调查研究的基础上，对北京大学讲师以上教师的政治思想状况，江隆基还有这样的估量，他说："大多数人政治方向是明确的，敌我界限是清楚的，愿意接受共产党的领导，走社会主义道路，愿意学习马克思主义理论，搞好自己的工作"，"今后主要是继续改造世界观和学术思想、教育思想的问题"。[41]

一方面，他清楚地看到了在剥削阶级和剥削制度被消灭之后，阶级斗争并没有完全消灭；另一方面，他又坚定地认为知识分子的大多数是拥护党、拥护社会主义的。正是由于这样的认识，他认为，高等学校中那些"反党反社会主义"的右派分子，只是个别的。也正是基于这种认识，江隆基在处理"右派"的问题上，是尽可能地把打击面缩小到最低限度。他反对那种"人为制造右派"的做法，他也没有那种"引蛇出洞"的思想。在江隆基等同志的努力下，北京大学保护了一大批具有真才实学的，拥护党、拥护社会主义的知识分子和年轻学生。

然而，江隆基实事求是执行党的知识分子政策的做法却引来陈伯达、康生等人的不满，因此被扣上了"反右斗争不力""右倾保守"等帽子。1957年10月18日，国务院任命陆平为北京大学副校长。10月26日，中共北京市高等学校委员会发布通知，任命陆平为北京大学党委第一书记，现任党委第一书记的江隆基改任党委第二书记，党委第二书记马适安改任党委第三书记。该通知于11月1日经由北大党委转发通知学校党委委员、各总支、直属支部。对于这次北大领导班子的调整，所有的人都看得很明白，江隆基实际上是被架空了。根据校党委的统计，至1957年10月底，北大全校划为"右派"者共计526人(其中教职员90人)，而当时全校总人数为11268人。如果按这两个数字计算，当时划的“右派”相当于全校总人数的4%左右。此后，经过三个月的“反右”补课，到1958年1月31日，学校党委副书记谢道渊向校务委员会报告处理右派分子情况时讲到：补划右派分子173人（其中教职员20人），现共有右派分子699人，其中教职员110人，学生589人，[42] 右派比例增至全校总人数的6%。这一段时间，江隆基的处境确实非常尴尬。一方面，经过学校领导班子的调整，他实际上已经被排挤在决策圈外，并受到“右倾保守”的批判；另一方面，又让他作为副校长出面做报告，对当时的状况负责。当时北大的形势十分复杂，斗争很激烈，鱼龙混杂。妻子宋超担心他的人身安全，几乎天天回家，带着女儿亦曼到丈夫下班时必经的偏僻小路上等他回家。江隆基总是宽慰妻子，叫她不要为他担心。

关于江隆基在北大反右运动中的表现，当时的一些经历者都有过很多深刻的回忆。例如在50年代担任北大副教务长和校长助理的严仁赓先生在文章中写道：“‘反右’一开始，北大就闹翻了天。许多人沉不住气，头脑发热。江隆基却十分冷静。他认为北大虽大，真正的右派至多不过十来个。此言一出，给他带来一场灾难，遭到长达数月之久的内部批判。但也始终未能使他折服。然而此后，北大‘右派’人数则直线上升，一升再升，最后达到不仅在人数上而且在全员比例上可以获得全国金牌、银牌的高度。北大成为‘重灾区’中最重者之一，元气大伤。”当时还是文学院学生的邓荫柯也回忆道：1957年，江校长领导了北大反右运动，具有很强原则性的江校长，不忍看见这么多亲手培育的花木摧折于一旦，他的善良宽厚害了他。许多年后，很多北大的老同志在谈起江隆基在1957年反右斗争中的表现时，也都情绪激动。他们说，江隆基先生为了保护知识分子不顾自身安危，这种高贵品质深入人心，虽然他后来没有能够继续在北大工作，但他的精神始终鼓舞着所有的北大人。[43]

1958年，党的工作在指导方针上的严重失误，不可避免地冲击了高等学校，破坏了学校教育。对于这种错误及其给高等学校带来的损害，江隆基有着清醒的认识。在北京大学一次书记碰头会上，江隆基明确地提出了三点意见：“（一）政治运动要搞，但教学业务也不能不抓。（二）破坏现有秩序很容易，建立一个新的秩序很难。现在的秩序是解放后经过多年的努力，在学习苏联的基础上逐渐建立起来的，基本上是社会主义的秩序。我认为学校应在现有的基础上继续改革，不可轻易破坏现有秩序。（三）过去几年的群众运动每次都有副作用。因此，我觉得领导干部在群众运动中必须保持一个清醒的头脑。”[44]

那个时期，还发生了一件事，加重了江隆基“右倾”的罪名。1958年5月4日，北京大学举行校庆六十周年纪念会，中共中央政治局委员彭真、候补委员陈伯达、科学院院长郭沫若、教育部部长杨秀峰等参加了大会。陈伯达代表中共中央对北大表示祝贺，并在大会上发表了《为建设共产主义新北大而奋斗》的讲话，号召北大师生用马克思列宁主义的革命批判精神，继续改造北京大学，建设一个共产主义的新北京大学。江隆基认为他的一些提法欠妥，他说：“现在还没有共产主义经济基础，怎么能办成共产主义的大学？”他认为，“这是把共产主义思想教育和共产主义教育制度混为一谈了”。事后，他又打电话给陈伯达，与陈伯达商榷，表明自己的观点。后来，康生知道了这件事，在党的八大二次会议后的一次座谈会上，公开批评了江隆基，说什么“我们是共产党，又不是社会党。共产主义大学为什么不能提！”尽管如此，在当时的情况下，江隆基仍表示“思想上想不通”。对于江隆基这种十分可贵的实事求是的品德，许多和他在一起工作的人都是深有感触的。有一位长期从事党的教育工作的老同志感慨地说：“当党的教育方针正确时，他推动工作所取得的成就，总是比我们大一些；当党的教育方针失误时，他总是尽可能缩小错误的范围，并较快地纠正，比我们的错误少一些。这固然同他的革命锻炼和政治水平有关，但我认为，更主要的是他比我们更多一些实事求是的精神。”

二、离开北大

1958年8月，江隆基被告知调离北京大学，有两所高等院校供他选择：一是合肥工业大学，一是兰州大学。江隆基选择了兰州大学。

调离北大，这也是他预料中的事。组织上既然有这样的安排，他感到换个新的环境、新的单位也好，他完全服从组织上的调动。虽然如此，他对北大还是依恋不舍，毕竟在北大工作和生活了六个年头。他忘不了那些一起工作的众多同事，忘不了那些熟悉的面孔。他感到在北大还有许多工作要做，也还有许多问题需要解决。

最初，江隆基想让宋超和孩子们留在北京，他只身去兰州。宋超也领会江隆基的意思，但宋超表示，要和江隆基一起去大西北，要举家西迁，要"同甘共苦，同舟共济，荣辱与共"。这样，夫妻俩就决定一块儿走，全家去兰州。既已商定举家同去大西北，夫妻两人也就开始忙碌起来，家里虽然没有多少家私，但毕竟是一次大搬家。宋超也急忙办理了调离北京女十一中的手续。她和江隆基都想着在九月学校开学时，能及早地赶到新的工作岗位。只等正式调令下来，马上就可以起程了。

江隆基的正式调令是在国庆节过后下达的。当他们一家整装准备起程，"搬家的行李已装箱待运"时，江隆基突然接到通知，要他暂时留下来，参加北大校党委召集的整风会。

整风，江隆基是熟悉的，也记忆犹新。1943年他在延安中央党校学习就参加了"四三年的整风"。进城后，1950年，他又参加了整党学习的整风。通过整风学习，他感到都有不少的收获，在思想认识上都有很大提高。所以，让他留下来参加整风，他在思想上是有所准备的。

整风会开始，江隆基遵照北大党委的要求，对六年来他在北大的工作进行了系统的梳理和总结，做了书面发言。他讲得很多，集中讲了三个方面的问题：一是关于政治与业务的关系问题；二是对资产阶级知识分子的团结与斗争的问题；三是在教育工作中的群众路线问题。最后他补充讲了关于党的领导的问题。在每个问题中，江隆基都本着实事求是的原则，指明了哪些是坚持了正确的，哪些是还做得不够，哪些是还有缺点甚至是错误，他一一做了具体的分析和说明。江隆基非常诚恳地检讨了六年来在北京大学的工作。

可是，北京大学党委召集的这次整风会，按照指示，是“帮助江隆基认识过去的缺点和错误”的，所以，会议一开始就有着不同的气氛。在江隆基第一次发言检查之后，很快就变成了对江隆基的质疑、指责、批评，一边倒的批判。

既然是“帮助江隆基认识过去的缺点和错误”，那么，各种各样的问题、各种各样的事也就一股脑地提了出来。比较集中的有以下一些问题：

在党的领导问题上，譬如说，江隆基对“党委领导高校没有信心”，“对实行党委负责制是动摇的”。说江隆基“对党领导教学和科学研究一贯抱着怀疑和否定态度”，“事实上是放弃了领导”。

在政治与业务问题上，譬如说，江隆基是“一贯地强调业务，忽视政治”，“对政治运动和教育革命不感兴趣，始终抱着消极态度”。有的还举出了1955年“肃反”运动中，江隆基不同意停课搞运动，说江隆基说过的“肃反是数十人的事，教学是几千人的事”，“学校要有学校的教学秩序”，还有1958年针对教育革命江隆基说过的“对学校教育的改造，不能用像政治革命那样打碎国家机器”等等的言论，都是原则性的错误，都是江隆基对政治运动、对群众运动的“消极态度”。

在依靠谁办学的问题上，譬如，指责江隆基是“走的资产阶级专家路线”，“没有用阶级观点去处理新老教师之间的关系”，“对资产阶级知识分子在业务上是迷信的”。批评说，1956年党委制建立后，江隆基提出的“在党委领导下成立一个学术委员会，作为党领导学术的一个参谋机关”，以及“将自己的住房让给冯友兰”等都是“缺乏明确的阶级观点”。还认为，江隆基提出的“长远依靠新生力量，当前借重老教师”，以及对校内党的队伍状态分析等等都是“政治上退却的表现”。

在反右派运动的问题上，譬如，指责江隆基“对中央的方针有抵触，不坚决执行”，“使北大鸣放不深不透，为右派保留了阵地”。批评江隆基在反右斗争中有严重错误，在划右派中有“温情思想”“惜才观念”，批评江隆基提出的“要慎重，要多搜集些材料”“怕扩大了打击面，怕材料不确实冤枉了好人”等等都是“右倾思想”。

……

质疑、指责、批评，一直到最后还提出了要审查江隆基的历史和社会关系问题。江隆基个人的历史在1943年的整风中，在1950年的整党中，都有明确的审查结论，1952年来北大工作时，这些都是十分清楚的。正如江隆基自己说的“自问一身清白，无负于党。再怎么审查，我也是经受得起的”。但是，在这个时候，在这种场合中“采取的某些手法确实使人有些寒心”。

整风会从10月下旬开始，一直持续到12月底。两个多月的整风，江隆基前后四次检讨，都没有“过关”。这一段时间，宋超是最操心的。她看到江隆基回家后，一直很少说话，脸色总是沉沉的。她也知道不应该多问。她毕竟放心不下，每天晚上她都要在燕南园50号院的门外等着江隆基回家，一直到很晚。

按照“整风会”的意图，会议最后宣告了对江隆基的鉴定书，鉴定书认定江隆基的右倾错误主要有五个方面：

（一）认定“北大党内有右倾错误”。有“过分强调业务，忽视政治的倾向，没有坚决给予各种资产阶级思想以有力的批判和打击，对于资产阶级的教育思想和学生思想在我校的深刻影响估计不足，因而斗争显得软弱无力，不够坚决；在团结改造知识分子的工作中，由于对他们缺乏一个正确的认识和估计，因而片面地强调了团结，放松了对他们的思想改造”。所有这些江隆基都负有主要责任。

（二）在贯彻执行党委制中不够坚决，对党领导教学和科学研究缺乏信心。

（三）在教学和科学研究依靠谁的问题上，缺乏明确的阶级观点，对于资产阶级知识分子在业务上是迷信的。在教学和科学研究上依靠老教授多，依靠群众，依靠新生力量则差。

（四）在反右斗争中有右倾错误。对学校的主要矛盾的估计是右倾的，对中央鸣放的指示的理解有偏差，执行不坚决。教授鸣放不够与江隆基指导思想上的右倾有关系，不只是工作部署上的问题。转入反右时，江隆基的指导思想也表现得不够坚决。

（五）“在个人与组织关系上有些地方不够正常。”

江隆基对这样的鉴定是有异议的。不过他还是服从组织的决定，在鉴定书上签了名。同时他也提出了自己的保留意见，并表示“愿意继续做进一步的反省并在今后的工作中求得改正”。

江隆基就要离开北大，走上新的岗位，他没有想到自己竟然是接受批判，背着犯了错误的“罪名”离开的。直到这时，江隆基才将两个多月来的大体情况告诉了宋超。宋超感到江隆基很受委屈，“应该向上反映”。江隆基说，“目前没有这个必要。有些问题一时说不清楚，领导也未必听得进。事情的是非曲直还是让实践和历史来证明吧”。[45]

后来，江隆基听说，在他走后的1959年反右倾运动中，还提出了肃清江隆基右倾错误在北大的影响，他心里很是不安。

1962年3月28日，江隆基给中宣部、北京市委并北大党委呈上了一份申辩书，对1958年长达两个多月对他的批判提出了申辩。但是一直没有下文。

1963年，江隆基到北京参加全国人大会议，宴会时，江隆基恰好与国务院副总理陈毅元帅同坐一桌。席间陈老总给大家敬酒，有人给他介绍了江隆基。陈老总走了过来，很真诚地对江隆基说：“你就是江隆基同志啊，你在北大的工作很不错嘛！你看，我们把你调走了，北大的工作还是没有搞好。”陈老总的快人快语，使江隆基十分感动。从北京回到兰州后，江隆基向宋超谈起了这件事，他给宋超说：“有了陈老总的这句话，我就是在西北干一辈子也没有遗憾了。”[46]

注释

[1] 中央人民政府高等教育部：《关于一九五三年全国高等学校院系调整的计划》，载《高等教育文献法令汇编》第1辑，1954年，第69页。

[2] 郝维谦、龙中正：《高等教育史》，海南出版社，2000年，第163页。

[3] [42] 王学珍：《北京大学纪事（一八九八——九九七）》（上册），北京大学出版社，1998年，第405页、第527页。

[4] 杨建业：《马寅初传》，中国青年出版社，1986年，第137页；辛平：《毛泽东与马寅初》，载《毛泽东与海外人士》，太白文艺出版社，1993年，第142-143页；彭华：《马寅初的最后33年》，中国文史出版社，2005年，第67页。

[5] 江隆基：《在北京大学全校师生欢迎会上的讲话稿》，1952年。

[6] 教育部社会科学司组编：《普通高校思想政治理论课文献选编》，中国人民大学出版社，2003年，第1页。

[7] 谢莹：《建国初期知识分子思想改造学习运动始末》，载《党的文献》，1997年第5期。

[8] 巫宁坤：《燕京末日》。

[9] 马嘶：《负笈燕园》，群言出版社，1999年，第14-15页。

[10] 江隆基：《致市高校党委并市委关于北京大学现存问题的报告》，1953年4月15日。

[11] 江隆基：《关于学习苏联先进经验的几个问题》，1953年。

[12] 江隆基：《北京大学关于讨论综合大学精神的总结报告》，1953年。

[13] [44] 江隆基：《江隆基给中宣部、北京市委转北京大学党委的申辩书》，1962年3月28日。

[14] 邓加荣：《马寅初传》，第359-360页；彭华：《马寅初的最后33年》，第91-92页。

[15] 杨勋、徐汤莘、朱正直：《马寅初传》，北京出版社，1986年，第179页。

[16] 邓荫柯：《回忆马寅初和江隆基校长》，载《群言》，1998年第7期。

[17] 周培源在《纪念江隆基文集》（兰州大学出版社，1987年）中的题词。

[18] [39] 贺剑城：《亲历北大六十年》，中国长安出版社，2009年，第65页、第69-70页。

[19] 王学珍、文重：《怀念江隆基同志》，载《纪念江隆基文集》，兰州大学出版社，1987年8月。

[20] 冯友兰：《三松堂全集》第1卷，河南人民出版社，2012年，第3页。

[21] 田文军：《冯友兰传》，群言出版社，2014年，第353页。

[22] 参见高望之：《追忆冯友兰先生二三事》，载冯钟璞、蔡仲德：《冯友兰先生百年纪念文集》，第347页；王学珍：《江隆基与北京大学》，载《中国高教研究》，2005年第12期。

[23] [38] [40] [43] [45] [46] 宋超：《岁月有痕——我与隆基在一起的日子》，兰州大学出版社，2011年，第70-73页、第79-81页、第86-87页、第91页、第89页、第98页。

[24] [41] 江隆基：《在北京市委召开的高级知识分子问题会议上的发言》，1956年1月。

[25] 江隆基：《在北京大学党委常委会上的发言》。

[26] 江隆基：《关于〈北京大学教职工请假考勤和奖惩暂行办法（草案）〉的批语》，1954年。

[27] 江隆基：《北京大学开展学术思想批判的经验》，载《人民日报》，1955年5月6日第3版。

[28] [29] [30] 江隆基：《关于开展科学研究的几个问题》（1955年），载《江隆基教育文选》，兰州大学出版社，2005年。

[31] 江隆基：《在北京大学奖励优秀生大会上的讲话》。

[32] 江隆基：《在北京大学“三好”积极分子大会上的讲话》。

[33] 江隆基：《在北京大学第三届学代会上的讲话》。

[34] 江隆基：《在北京大学新生入学大会上的讲话》。

[35] 江隆基：《同青年学生谈“红专”问题》。

[36] 江隆基：《在共青团北京大学第一次代表大会上的讲话》。

[37] 江隆基：《和青年同志们谈谈向科学进军问题》，载《江隆基教育文选》，兰州大学出版社，2005年。

第八章

“比原来想象的还要困难”

1959年1月，江隆基任兰州大学校长。

兰州大学创立于1909年，是西北高原上一所历史悠久的高等学府。其前身是清朝末年新政时期创立的甘肃法政学堂。中华民国成立后，曾先后更名为甘肃公立法政专门学校、兰州中山大学、甘肃大学、甘肃学院，一直到1937年抗日战争全面爆发前，它是甘肃唯一的一所高等院校。抗日战争胜利后，国民政府行政院决定在甘肃学院的基础上，组建兰州大学，并任命著名学者辛树帜为兰州大学校长。辛树帜先生励精图治，广纳人才，大力增设教学设备，并兴建了名噪一时的兰州大学十大建筑，包括有文学、理学、法学、医学四个学院，下设18个系科，使兰州大学有了规模性的发展。

新中国成立后，党和国家十分重视兰州大学的建设，先后派出有丰富教育经验的教育家辛安亭、林迪生主持学校工作。1955年4月兰州大学被确定为教育部直属重点综合大学，进一步充实了师资力量，增加了设备。在党的正确领导下，经过不断地改造和建设，到1957年，兰州大学已成为设有八个系、二十三个专业的综合性的高等学校。

但是，江隆基到校时，兰州大学却面临着十分混乱的局面。

1958年，中国共产党开始了全面探索适合我国国情的建设社会主义道路的新时期。一方面党领导全国各族人民发扬高度的积极性和创造性，取得了社会主义建设的重大成就；另一方面，在指导方针上有严重失误，主要是在经济建设上急于求成，在生产关系上急于过渡，带来了以高指标、瞎指挥、浮夸风和共产风为主要标志的“左”倾错误的严重泛滥。从第一次郑州会议开始，毛泽东和党中央虽曾努力纠正已经觉察到的错误。但是不久，又错误地发动了对彭德怀的批判，进而在全党开展了反右倾斗争，使纠正错误的过程被迫中断。这样，在经济工作上“左”的错误尚未完全纠正的时候，在政治思想文化领域中“左”的错误又有所发展。

在1958年到1959年不断出现的“左”倾错误中，甘肃作为“重灾区”，也给兰州大学造成了严重伤害。

遵照上级的指示，兰州大学在反右派运动严重扩大以后，从1957年下半年开始，在补划右派的同时，又在全校学生范围内开展了“红与专”的大辩论。此后，一个运动接着一个运动，从“双反”运动（反浪费、反保守）、勤工俭学运动、大办工厂运动，一直到掀起大炼钢铁和“拔白旗”运动的高潮。大批的教师、干部、学生除了在校内大办工厂、大炼钢铁以外，还上山下乡，到荒山野岭昼夜奋战。仅三个月的时间，全校就办起了九十五个工厂（经过调整核实的数字），什么第一炼钢厂、第二炼钢厂……校园内到处都是“土高炉”“燃烧塔”。科学研究的“群众运动”，也热火朝天，几个月就有“发明创造五百六十一项”，有的系还发动学生集体编写讲义的“群众运动”，几个星期内竟编写出二百七十万字的“教材”，十多天内就写出五千多张大字报，完成批判文章达五百万字。

特别是1958年7月开始的，大张旗鼓地在全校范围内开展“拔白旗”运动，全校教职员中被划为“白旗”者竟达9%，学生中被划为“白旗”者竟占到二年级以上学生总人数的18.1%。各个系和有些单位的主要负责人都被划为“白旗”，被“打倒”，有的被降级。

这是一个对“左”倾错误尚未被认识、被纠正的特殊的政治思想环境。

江隆基是二进兰州大学了。第一次是在1950年，他作为主管西北五省区的教育部长来兰州视察工作，并帮助解决了兰州大学一些教授离校的问题。

江隆基一家是1959年1月28日从北京启程的。临行前没有告诉任何人，他们想静静地离开这个工作、生活了六年多的地方。可是，当他们到达车站时，那里早已挤满了赶来送行的人们。北京大学的许多教师、干部都纷纷赶来，还有原陕北公学、华北联大时期的几位老战友。天色阴沉、寒风凛冽，偌大的送别人群鸦雀无声，看不到什么欢声笑语，也听不到大声的喧哗。他们都秩序井然地一个一个前来向江隆基握手告别。他们也没有过多的话语，几乎都在异口同声地说：“多保重！”江隆基凝重的表情里，也显得十分激动，连声地说：“谢谢，谢谢大家！”他深深地懂得“多保重”三个字的分量。

和江隆基一家一起启程的，还有江隆基的秘书聂大江一家三口。上车后，江隆基将自己按规定乘坐的软席卧铺，让给了聂大江的夫人姚淼和刚出生的孩子。而他自己则换乘到硬席卧铺。

上车以后，江隆基很少说话，一直在默默地望着窗外。江隆基平时喜欢逗着孩子小蛮（江亦曼）玩。车上小蛮出于好奇，总是问这问那，江隆基也只是几句简单的回话，不愿再多说。宋超十分理解此时江隆基的心情。每逢这时，她就将小蛮拉到一边，叮嘱她，不要去打扰爸爸。

江隆基在想很多事。他想到参加革命工作几十年来的风风雨雨，他想到许许多多熟悉和不熟悉的人们。然而他最不愿意想的，却又不断地浮现在脑海里的是这两个多月来连续不断地对他的批判。他怎么也想不通，他错在哪里！认定在北大的工作犯有右倾错误，他不能同意；对他进行的大批判，他不能接受。调离北大，他有一种“贬官”

之后被流放的伤感之情。他坚信，我们党一定会澄清这些是非功过，终究会有一天还他以公正。

他还在想，他就要走上新的工作岗位，他决不能将这种蒙冤的情绪带到新的工作中。再困难也要千方百计地将工作做好。

碰巧的是又连续发生了几件小事。一是在火车上碰到了几个蹭车的大学生。大约从宝鸡过来到天水站时，列车员检查到四个年轻人没有买票，正好是在江隆基乘坐的这一节硬卧车上。一问呢，他们都是大学生，其中有一个还是兰州大学的学生。几个学生说，他们实在没有钱买票，大冬天他们赤脚穿着“解放鞋”。江隆基看到这种情景，就替他们都补买了车票，并叮咛他们说，以后再不可以做这样的事。江隆基的话虽如此说，但他的内心却很不是滋味。他很难过。

还有一件是一小盘水果糖的事。那是在31日抵达兰州后发生的一件小事。他们下车以后，兰州大学的几位校领导还有一些工作人员到车站来迎接，将他们接到了文科楼二楼专家接待室。在嘘寒问暖的交谈中，接待人员端出了一盘水果糖，给大家分送招待。大家看到水果糖很高兴，很快就将一盘水果糖吃光了。在当时的甘肃，水果糖属一种高档食品，是凭票供应的。而且是在一定范围内才能享有。在大家的欢乐声中，江隆基却有点忐忑不安。稍事休息后，大家在送江隆基一家到家属院四号楼途中，江隆基将商信[1]叫到一旁，问他这盘水果糖的事，说道：“我是入乡问俗，不知今天的糖果是怎么来的，是从哪里开支的。”商信就将所知情况讲述了一遍，说道：“这些水果糖是专门招待苏联专家的，今天特别招待你们了。”江隆基当即表示说：“大家的盛情，我非常感谢，但不能占专家的便宜。”请商信将他的意见转告总务处和办公室，并请商信将配给他的水果糖票拿出，水果糖的钱也由他的工资里扣除。

紧接着还有一件事，江隆基到达后的第三天，他将商信找来，说：“你陪我到食堂里看看。”所谓食堂就是一个大的工棚，没有窗户，四面透风。工棚中间有一个半明半暗的电灯。在1956年时，兰州大学已盖好了两层楼的饭厅。那是专供全校学生和部分教职工使用的。1958年实现“公社化”，兰州大学也搞起了公社食堂。公社食堂就是让全校师生员工，包括全校的家属，全部进入公社食堂用餐。人数大增。这样学校就利用原建筑用的工棚做起了食堂。江隆基去的是一个大的工棚。这时学校虽然已经放寒假，仍有很多学生没有回家。江隆基到食堂时，学生正在排队打饭，有的搓着手，跺着脚，冷得直打哆嗦。他看到学生拿的清汤面条也没有什么热气。工棚内外还堆放着许多垃圾。接着江隆基又到厨房里看了看，炊事员都没有穿外罩，简单的饭菜也显得很零乱。

江隆基感慨良久，他给老伴宋超说：“看来比原来想象的还要困难。”

关于食堂的事，江隆基后来专门找副总务长邱贤道做了长时间的谈话，随后采取了许多具体措施。邱贤道是一位经历过长征的老红军，工作认真，责任心强，只是文化程度低，管理上缺少方式方法，有时工作方式也简单粗暴。江隆基这次谈话对食堂的管理影响很大。从此，食堂的各个方面都有了改善。食堂的顶棚加固了，有了明亮的电灯，食堂内外的垃圾每天都有人清扫，学生们都能吃上热饭、热菜，特别是在食堂里都有了大火炉。所谓大火炉，就是用废汽油桶改装，燃煤砖的炉火。食堂里一下子暖洋洋的，许多学生都围着火炉烤食物。更重要的变化还是邱贤道本人。从此，他几乎每天都要到食堂里看一看，有时还问问学生有什么意见。1960年起，由党委副书记专管食堂的事。食堂管理方面也有了很大变化，一是将原来的大食堂化小，调整为若干系的食堂，如化学系食堂、物理系食堂、教职工食堂等；二是从各系抽调了一些精干人员参加食堂管理；三是允许有条件的教职员工可以回家做饭，并制定了许多相应的管理制度如采购和轮休值班等等。

这时是三年“经济困难”时期，在兰州，在甘肃，这种经济困难已经提前到来了。兰州大学是很幸运的，尽管都吃到了树皮、树叶，许多人都患有浮肿病。但却没有因为饥饿而出现非正常死亡的现象。这与兰州大学早早动手将公社食堂做了较大的调整管理，不无关系。

春节刚刚过后，正月初四（2月11日），江隆基就正式开始了他在兰州大学的工作。他首先召开了部分在校的各单位负责人的座谈会，参加座谈会的包括教务长陆润林、数学系系主任赵继游、化学系系主任刘有成等。接着，他又分别和一些系的负责人，包括物理系、生物系、地理系、政治理论教研室、外语教研室等单位负责人进行座谈，听取他们和各单位的情况汇报。听取他们的意见和建议。

2月15日，召开了校党委扩大会议，参加会议的除本校人员外，还有省委宣传部部长阮迪民、副省长张鹏图。江隆基听取了省上的意见，听取了学校各方面的汇报。为了更广泛地了解真实情况，同时决定成立两个调查小组，分别深入群众中去，听取广大教师、学生的意见和要求。

与此同时，江隆基分别召开了老教师、青年教师、行政干部、工人、学生的座谈会，让大家谈情况、谈意见、谈要求。

经过这样一个多月的知情况、听意见的摸底调查，江隆基感到收获很大。首先，他突出感到兰州大学的广大教师、学生和干部的热情很高，有一种良好的精神状态。虽然也有一些人提到条件艰苦的事，但就大多数来看，并不以为苦，并没有提出过多的要求，相反的却有一种投身于大西北，建设好大西北，强烈要求办好兰州大学的良好愿望。江隆基认为，这是一种十分可贵的精神。他说："只要我们正确地引导，调整好各种矛盾和关系，兰州大学是有希望的。"

其次，他看到，兰州大学的混乱状况的确十分严重。整个学校几乎没有正常的教学秩序。而且这种混乱已经不是短时间的，从1957年反右运动后，特别是1958年这一年多的时间，几乎被种种"运动"和生产劳动所占用。虽然有一点上课时间，也不能得到保证。一个通知下来随意就可以停课，而且这些随意性又是经常性的，一会儿要去参加建厂劳动，一会儿又要去修马路，搞卫生等等。江隆基深有感触地说："照这样搞下去，哪里还有学校的样子，这要给党的教育事业造成多么大的损失啊！"

第三，江隆基认为，更严重的混乱还在于思想认识上。涉及的问题比较多，主要有这样几个方面：

一是高等学校究竟如何培养专门人才？如何培养专门人才，这个题目看似很大，但从兰州大学的实际情况看，只涉及一个基本原则问题：是通过生产劳动？还是通过教学过程？一年多来一个突出的指导思想就是搞生产劳动。要将学校变成工厂，要像工厂那样，通过生产劳动，培养劳动者。

二是如何摆正德、智、体三者的关系？德、智、体三者的结合是贯彻教育方针，培养全面发展人才的基本要求。但从兰州大学的实际情况来看，主要是如何摆正德和智的关系。德和智用流行的形象语言来讲就是"红"与"专"的关系。"红专"关系从1957年下半年已开始大辩论。一年多来就是一个倾向，即"红"是主要的，"专"是次要的，"只怕不红，不怕不专"，"红可以代替一切"，"红应当压倒一切"。

三是"红"的标准是什么？即什么是"红"，也有许多错误的认识，例如："劳动好就是红""参加社会工作，社会活动积极就是红""政治运动中表现好就是红"；也有人提出，"入党才是红"（加入中国共产党），"没有入党就不是红"等等。

四是理论联系实际的问题。这里说的理论联系实际是指在教学中贯彻理论联系实际的问题。在教学中应当坚持贯彻理论联系实际的原则，这是毫无疑问的。但是如何正确贯彻这一原则，则有一种错误的倾向，就是将"实际"变成主要的，大量的；理论则变成次要的，少量的。

五是"兴无灭资"的问题。"兴无灭资"是当时的流行口号，在兰州大学也曾风靡一时。批判资产阶级思想，是我们高等学校政治思想教育的一项重要内容。但是什么是资产阶级思想，如何反对和批判资产阶级思想，以及怎样树立无产阶级思想，从兰州大学的实际情况来看，有很多偏激的地方。譬如将“个人钻研业务”“专心读书学习”“不关心政治”等等都认为是资产阶级思想。同时，将树立无产阶级思想也理想化，将对共产党员的要求（无产阶级先锋队的要求），强行推广到对广大教师和学生的要求。

第四，“大批判”的随意和频繁。兰州大学的“大批判”的随意和频繁与上述的混乱思想有直接关系。几乎是凡不符合上述思想要求的，都会受到批判。无论是教师、干部，还是学生，无一幸免。当时是兰州大学物理系学生，以后成为中国科学院院士的葛墨林这样回忆道：“那时的兰州大学可以说是满目疮痍。1957年反右派、‘拔白旗’，1958年‘大跃进’、教育大革命……不断的政治运动，无休止的生产劳动，加上甘肃已经开始出现经济生活困难，真是有面临绝境之感。我们做学生的自然不敢设想改变这种状况。只是盼望着有点时间学习。那时，几乎每个星期都有高强度的义务劳动，吃得又不够，上课时打瞌睡是再平常不过的事。不知何时，甚至不知道为什么，有的领导干部、教师甚至同学就会被批斗。”[2]

让江隆基更感到吃惊的还有许多事。

一是学生对教师的突击考试，即“王慰事件”。王慰是化学系讲师，任无机化学教研室副主任。1958年7月，在一次他主持的学生考试中，学生成绩有62.5%不及格。学校一些领导就认为这是有意刁难学生，是有意对抗勤工俭学运动，是反对党的教育方针。于是，就秘密地组织学生将原考题，对教师进行一次突击性的考试。这就是轰动一时的“王慰事件”。这件事发生后，《甘肃日报》及时做了专门报道，并于头版的社论栏内发表了《以子之矛，攻子之盾》[3]的文章，省报和学校一些领导对学生突击考试教师的事，大加赞扬。

还有，江隆基到文科楼他的办公室上班，看到一些年老的、头发有些灰白的人，在打扫文科楼的卫生间、过道和楼梯。看样子，不像是清扫工人，于是他询问周围的工作人员，说清扫卫生间的是某某教授，清扫楼梯的是某某教授，清扫楼道的是某某教授等。说他们都是被打倒的“白旗”。他还得知，许多“白旗”都被撤销了系主任、处长等职务，有的受到降级的处分，有的只发生活费。他们的教学和科研工作已经被停，只能在校内从事“劳动改造”。

还有使江隆基吃惊的事是，撤销文科三系。1958年8月，学校突然接到通知，省上决定撤销兰州大学的中文、历史、经济文科三系。将经济系和甘肃省财经干校合并成立甘肃财经学院。将中文系的大部分和甘肃省艺术学校合并成立兰州艺术学院，少部分并入西北师范学院。将历史系全部并入西北师范学院。这样，综合性的兰州大学就变成了只保留理科各系的大学。江隆基是不同意这样做的。他认为，兰州大学是1953年确定的直属高等教育部的全国十四所综合大学之一。这样的决定是根据国家第一个五年计划经济建设的部署和大西北建设的需要以及兰州大学的具体条件决定的。同时到1955年又将兰州大学确定为重点综合大学。国家这样的重要决定，怎么就被随意地改变了呢？同时，从组织程序讲，江隆基认为也应该经教育部的认同。后来，江隆基也了解到教育部曾有批示：“兰大改为理科大学，妥否值得研究。”以后，经过江隆基的努力，1961年，文科三系又重新回到兰州大学，使兰州大学成为文理兼备的综合大学。

江隆基到兰州大学刚刚三天，给他的老伴宋超说：“比原来想象的还要困难。”经过一个多月的知情况、听意见的摸底调查后，给他的印象确实是“比原来想象的还要困难”。中国科学院院士郑国锠教授说，这时的兰州大学是“教师不敢讲课，学生不敢学习”的状态。

从这里起飞

1959年3月19日，江隆基给全校师生做工作报告。这是江隆基到兰州大学后首次与全校师生员工见面的报告会。

这个首次报告会是在饭厅二楼举行的。兰州大学师生对这位新来的校长也有点滴的了解。听说他是1927年大革命失败后的白色恐怖中

1959年，江隆基
给兰州大学全体师生做报告

加入中国共产党的老党员，也知道他曾留学日本和德国，曾为反对国民党的黑暗统治坐过牢，是一位德高望重的老干部。还听说，他在老解放区，就已从事学校教育的领导工作，是一位有丰富教育经验的领导干部。听到这些，大家都肃然起敬。同时还有许多教师、学生曾参加过江隆基召集的座谈会，大家都谈到了这位新校长的平易近人作风给自己留下的好印象。所以，一听说新来的江校长要给大家做报告，都十分踊跃，早早地已排好队进入了会场。可以看出，这是兰州大学全校师生员工对这位新校长的尊敬，更是对这位新校长的期盼，寄托着更多的希望。

之前，江隆基已做了充分的准备。经过一个多月的知情况、听意见的摸底调查后，他专门召开了全校各系、各单位党政负责人以上的会议，向大家通报了调查情况，并讲述了关于工作报告的要点和基本精神。同时，为了提高大家的认识水平，明辨方向，统一思想，又组织大家认真学习了毛泽东关于清华大学某研究室“左”比右好的批示文件。让大家从思想上，也从理论上认清“左”的错误思想的种种表现及其危害。

江隆基报告的题目是“全面整顿教学秩序，提高教学的质量”。之后，江隆基又经过一些文字整理，分别写出《高等学校教育工作中的几个原则问题》（载《甘肃日报》1959年6月22日），《关于提高教学质量的几个问题》（载《兰州大学校刊》，1959年6月24日）等文章。

会上，江隆基首先做了表态性的讲话，他说：“我是西北人，很高兴到大西北工作。”他还说，他对兰州大学并不陌生。1950年他就曾到兰州大学视察工作，这里的许多老师和领导同志他都熟悉，有的还是西北教育部时的同事。他强调说：“我对兰州大学的感情也不是从今天才开始的。”这个亲切的表态，立即赢得了全场热烈的掌声。

江隆基报告的主题是围绕着“稳定教学秩序，提高教学质量”全面展开的。

江隆基针对兰州大学存在的诸多问题，进行了全面的疏理。他认为，针对教学秩序混乱以及一些偏激现象，首先应当整顿的是思想认识上的混乱。只有提高大家的认识，明辨了是非，特别是在一些基本原则问题上，纠正了错误，统一了思想，使大家明确了前进的方向，才能够从根本上纠正这些混乱的现象。

经过梳理，江隆基将其归纳为四个方面的问题。

第一，正确地认识政治与教学的关系。

他说，党的教育方针指出，“教育为无产阶级政治服务”。我们是社会主义的学校，要坚定地走社会主义道路，所以，在我们学校的工作中，必须加强党的领导，必须发挥马克思列宁主义指导作用。这是做好各项工作的根本保证。

他提出，要正确处理好政治与教学的关系，必须首先做好三方面的工作：（一）要加强政治课的教学。他说，政治理论课是高等学校中进行政治思想教育的主要渠道，目的在于向学生进行马克思列宁主义基本理论的系统性教育，以教育和培养学生建立科学的世界观和革命的人生观，这是须要大力加强的工作。另外，还需要将“形势与任务”的教育列为正式课程。“形势与任务”主要是通过“以马克思列宁主义及时地分析国内外重大事件和解释各个时期党的重大方针政策”。这是政治思想教育中不可缺少的内容，所以他提出，今后将“形势与任务”教育列为正式课程，和政治理论课结合起来，“使二者互相补充，互相促进。”（二）要加强党团的日常政治思想工作。他说，学校的“政治思想教育不仅限于课堂，而且还应当深入学校各项工作和课外活动中”。他提出，政治理论课教师一方面要深入学生群众中做工作，另一方面还应当兼任系班级的政治思想工作，如政治辅导员等。除此之外，各系的党团组织都要加强学生的日常政治思想工作。（三）要发挥马克思列宁主义对专业教育的思想指导。他提出，应该提倡专业课程的教师要认真地学习马克思列宁主义的理论，用马克思列宁主义的科学理论指导专业课程教学。他说，加强政治思想教育，不仅仅是政治理论课教师和党团干部的事，专业课程的教师也有责任。他希望所有专业课程的教师应该向这个方向努力。

江隆基指出，以上三方面的工作，是正确处理政治与教学的关系必须做的，也是处理好两者关系的前提。

那么，如何摆正政治与教学的关系呢？江隆基讲了一个基本的道理。他说，学校教育的特点是通过教学来培养人才的，也就是说，是通过一系列的教学过程来培养人才的，所以在学校教育中得以教学为中心。这是学校教育中必须遵循的基本原则。

因此，他指出，“政治代替一切”，“政治冲击一切”等等用政治活动取代教学活动的提法和做法，都是违背学校教育特点的，都是错误的。

至于说到“政治挂帅”，江隆基说，也要有正确理解。我们在学校教育中必须“政治挂帅”，就是说，在学校工作中必须坚持党的领导，而绝不是要以政治代替、冲击一切。同时，也不能认为搞政治运动，就是政治挂帅。将政治挂帅与搞政治运动等同，是不对的。

与此相关联的，江隆基提出，就是要正确认识红与专的关系。他说，重要的是要对“红”有正确的认识。“红”的要求是什么呢？是努力“掌握马克思列宁主义的理论和方法，树立科学的世界观和人生观”，要“具有爱国主义和国际主义精神，拥护共产党，拥护社会主义，为社会主义事业服务”。

他说，我们培养人才的要求是又红又专，也就是我们通常说的德才皆备的人才。他强调说，红与专是辩证统一的关系，两者是互相制约、互相依存的，是不可分割的。只专不红，只红不专都是不对的。他说，整风和教育大革命以来，学校出现的对学习专业要求不高，甚至不敢学习，不敢有远大理想和抱负，好像一提到努力学习，钻研业务就是走“白专”道路。甚至提出，“只怕不红，不怕不专”，“只要政治好，社会工作积极，学习差一点也可以为社会主义建设服务”，这些都是片面的、偏激的。政治上要求进步，积极参加社会工作等等，固然是获得红的重要方法，但是如果“思想上不解决问题”，也不一定解决红的问题。

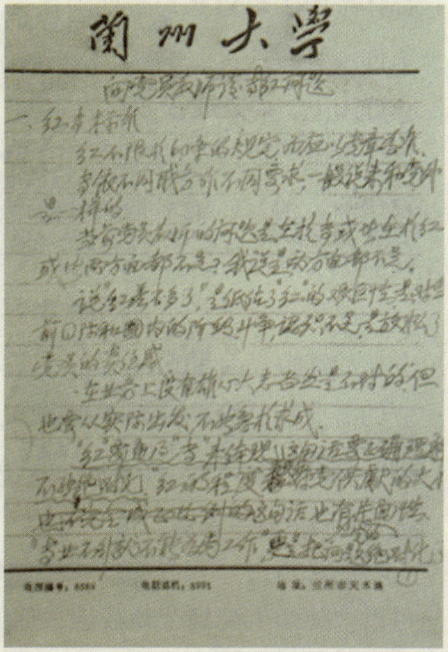
蘭州大學

《向党员教师谈红专问题》手稿

江隆基强调说，红不仅表现在政治思想的进步和要求上，更重要的是要落实在自己的工作和学习上。他说，“一个青年学生学无一技之长，空具一片赤心，怎么能够成为合格的劳动者和建设者呢?”

第二，要正确认识生产劳动与教学的关系。

江隆基说:“新中国成立以后，特别是一年多来，生产劳动与教学的结合，至少说明了有四个好处:(一) 使学校与社会联系起来，打破了关门教学的旧传统;(二) 使理论与实际联系起来，既可纠正过去师生脱离生产实际的毛病，又可使学生学得的理论知识得到印证和补充。(三) 使脑力劳动和体力劳动结合起来，从而克服‘劳心者治人，劳力者治于人’和‘万般皆下品，唯有读书高’的错误思想;(四) 使知识分子有更多的机会和劳动群众联系，从而培养工农群众的思想感情，克服轻视劳动和轻视劳动人民的思想。”

但是，在这个问题上，江隆基提出，有许多需要重新认识和纠正的。

江隆基说，重要的是正确地认识“教学、科学研究和生产劳动三结合”。三结合是“实现党的教育方针的中心环节之一，是社会主义教育体系的表现形式，是推动社会主义教育向共产主义教育过渡的必要条件”。但是，他强调，“三结合不是要使教学、科学研究、生产劳动三分天下，而是要以教学为主”。

他说，道理是同样的，因为学校教育是通过一系列教学过程来教育培养人的，而绝不是通过生产劳动。所以学校不能等同于工厂，不能以生产劳动为主，而必须以教学为主。

他说，将生产劳动与教学、科学研究结合是必要的，但一定要和专业的需要结合起来。学校不是不能办工厂，但办工厂也一定要和专业的需要相结合，应当“随着专业的性质，培养目标，各年级的教学进度及其所学课程内容的不同，采取各种各样的方式”，并且要将它纳入教学计划中。

他还指出，在教学过程中，学生适当参加生产劳动是必要的，它可以“使学生受到劳动锻炼，促进教学质量的提高”。但学生参加生产劳动也要尽可能地和整个专业的训练方向结合起来。他说，今后学校各专业也要广泛地和校外协作，让学生适当地参加生产劳动，使学生得到劳动锻炼，增长实际的知识和技能。

但是，他强调说，不能将“生产劳动当作消灭脑力劳动和体力劳动之间差别的手段”。在学校教育中，思想的进步、思想的改造等等主要是通过政治思想教育，通过专业技能的学习以及通过各项社会活动和生产劳动锻炼等途径，不应当将生产劳动当作唯一的改造手段。

至于学校办一些辅助性的工厂、农场等也是需要的，但不应当“将生产劳动当作生财致富的手段”，也不应当“通过生产劳动去实现学校经费或粮食的自给”。他说，我们学校不是半工半读的学校，也不是勤工俭学的学校。企图大办工厂、大办农场，将教学时间过多地用于生产劳动，甚至提出“生产劳动越多越好”，都是不适当的。

他还提出，在学校教育中，我们也需要提倡脑力劳动与体力劳动的结合。但是应当认识到，无论是教师的“教”还是学生的“学”，其特点都是个体的脑力劳动。看不到这个特点，甚至强制否认这个特点，硬是通过体力劳动来促进二者结合的做法，都是错误的。

第三，正确认识理论与实际的关系。

理论联系实际，江隆基说，这是大家都熟知的，也是听惯了的。但是，在我们学校教育中也有一个如何正确认识，如何贯彻执行的问题。

他说："理论联系实际是马克思主义的认识论，是社会主义教育坚定不移的一条基本原则"，也是教学的基本原则之一。新中国成立后，我们在学校教育中坚持贯彻理论联系实际的原则，改变了"不少教师和学生轻视实践，轻视感性知识"的现象，也纠正了"只喜欢闭门读书，不愿参加政治运动和社会活动"等方面的倾向。

"但是，"他说，"近年来却出现了另一种现象，就是对理论的意义估计不足，轻视书本知识的学习。特别是在强调大办工厂，大搞生产劳动，发动广大师生上山下乡、下厂及其他生产劳动中，这种不良现象就更加突出了。"

江隆基指出，这里就有个如何正确认识理论联系实际的问题。他援引毛泽东《实践论》中的话说，知识或者说理论有两种：一种是直接的，一种是间接的。直接虽然是最可靠的，但间接的则是大量存在的。"人不能事事凭直接经验，事实上多数的知识都是间接经验的东西"。[4]

他说：在学校教育中，教师教的、学生学的大量的"都是间接经验的东西"，"都是从已知知识开始的"。这就是我们通常说的书本知识。所以，我们的教学过程就是以传授现成的知识和经验为其主要内容，这就是说，在教学中必须以理论学习为主。学生的学习也必须是以"听课读书"为主。

江隆基强调说：我们提倡学生要"细心听课，认真读书"，绝不是让学生"读死书，死读书"，不是迷信于书本知识。我们要求仍然"要以分析的态度、理论联系实际的方法"来学习。同时，我们在教学中必须"重视实习、实验、基本运算、实际操作、调查研究和劳动锻炼”等等的教学环节，以“增加感性知识，培养独立工作能力”。

我们提倡的是，在以理论教学为主的教学过程中，要坚持理论联系实际的原则。只有这样，才能更有效地提高教学质量。

第四，正确认识教与学的关系。

针对学校教育中存在的问题，江隆基还特别讲述了教与学的关系。

他说，学校教育中最重要的特点之一，就是有专门的人员从事“传道、授业、解惑”的工作，这就是教师。学校教育是“通过教师的教和学生的学两个方面的教学活动”来完成的。

那么，如何看待这个教学活动呢？江隆基说，教师，顾名思义，主要责任在于教；学生，顾名思义，主要任务在于学。这就是说，在整个教学活动中，教师起着主导作用，这是“教学工作的规律，两者的关系绝不能颠倒”。

江隆基提出，教学是对立统一的过程。在教学过程中，教师“闻道在先”，学生“笃学于后”。但他们又是“教学相长”的，因为“学然后知不足”，知不足然后才能虚心向人请教；“教然后知困”，知困然后才能发奋自强。这就是教学相长的道理。所以，我们提倡，社会主义制度下的“师生关系应当是一种民主、平等的关系”。

他说：“师生在政治原则和科学真理面前都是平等的，应该允许师生间在学术问题上进行争辩，在政治思想问题上相互批评，在教学上也应该允许学生通过适当方式给教师提意见。”

他强调说：“我们一定要正确认识教与学的关系，只有这样才能建立正常的师生关系。我们既要发挥教师在教学中的主导作用，调动教师教的积极性，也要发挥学生在教学中主动学习的作用，调动学生学的积极性。这就是我们强调的要发挥和调动两个积极性的问题。”

他说：过去我们批判了“师道尊严”，是批判过去那种封建的师徒关系，绝不是要我们不去尊重教师，甚至是随意地批判教师，搞什么对教师的突击考试，让教师去做繁重的体力劳动等等，这些都是不被允许的，应当坚决予以纠正。

他还说，搞什么“学生上讲台，教师下讲台”，让“学生集体编写讲义”等等，这些都是颠倒了教与学的关系，搞乱了正常的师生关系，这种错误的口号和做法都应当将它纠正过来。

在报告中，江隆基提出了当前要做好的三项工作：（一）要加强党对教学工作的全面领导，“党委要把领导教学工作提到日程上来”，要“经常地研究、检查、总结教学工作”，注意解决教学工作中及师生关系中存在的问题。“党团的政治工作要善于升堂入室，进行具体的思想指导”。（二）要认真地全面地贯彻党的知识分子的政策，“要教育学生正确地估量和对待教师”。要实事求是地做好教师的思想教育工作，引导他们认真学习马克思主义理论和党的方针政策，也可组织他们参加一些政治活动、劳动锻炼、参观考察、调查研究等社会活动，充分发挥他们在教学上的积极性。（三）要关怀教师的工作和生活。在学校的工作中，我们要“为教师创造必要的条件，帮助他们做出成绩”。要“使他们能够主动地支配自己的时间”，要让他们“有计划地进行各项工作”，“要保证教师的备课时间”，以及“他们的自修时间”。

在报告中江隆基还特别提出了对学生的具体要求。他主要讲了三个方面的要求：

一是要求学生树立科学的世界观和正确的人生观。学生要明确自己的学习目的，要有远大的理想和抱负，要有刻苦的精神，钻研业务，努力攀登高峰。江隆基希望每个学生都要将“红”与“专”统一起来，走全面发展的又红又专的道路。

二是要求学生培养优良的学风。主要有以下五点：

第一，要提倡刻苦钻研、坚忍不拔的学习意志。他说，学问之道深似渊海，没有移山填海的坚强意志，是难以取得突出成就的。要取得优异成绩，只有刻苦钻研，顽强地奋斗。

第二，要养成好读书而且好求甚解的学习习惯。他说，读书学习是获得知识的主要方法之一，他希望每个同学都要挤出时间来读书。“不读书就不能进步，就不能提高”。读书也不是“死读书”，而是要

“活读书”。就是说，读书要有认真的思考，真正的消化，不能囫囵吞枣，望文生文。当然，针对不同类型的书要采取不同的方法，有的须要泛读，有的须要融会贯通，也有的须要结合实际地读，等等。

第三，要善于独立思考，发扬独创精神。他说，书本知识都是前人的经验积累，是经过实践证明了的。我们应当认真地学习。但是我们不迷信，要通过自己的独立思考，他说，“学习本身就是一个思考的过程”。我们要懂得“善于思考是创造性学习的先决条件”。

第四，要有谦虚、谨慎和老老实实的态度。他引用毛泽东的话说，学习的敌人是自己的满足，要认真学习一点东西，必须从不自满开始，“知识的问题是一个科学的问题，来不得半点虚伪和骄傲，决定地需要的倒是其反面——诚实和谦虚的态度”。他说，“毛主席的教导就是我们应有的学习态度”。

第五，要善于支配自己的时间，珍惜和充分利用自己的时间。他说，“要学习得好，必须有时间做保证”。同学们应该看到，今天学校教育中种种活动很广泛，除课堂教学外，还有政治活动、社会工作、生产劳动、体育锻炼、文化娱乐等等。这就要求我们每个同学要合理地安排各种活动，支配自己的时间。“合理地支配时间和充分地利用时间是保证学习的先决条件，我们绝不要把它看作一种技术性的小事情”。

三是要遵循学习规律，改进学习方法。

江隆基指出，学习本身有它的特点和规律。首先，学习是一个循序渐进、逐步提高的过程。所以在学习方法上，须要遵循由浅入深、由近及远、由易到难、由简到繁、稳扎稳打、步步前进和步步提高的方法。在学习中，我们绝不应该搞什么越级躐等、短期突击的方法。另外，我们也不提倡在学习中搞什么学习竞赛，等等，他说，这些都是背离了学习规律的。其次，学习的另一个特点是一种个体的脑力劳动。他说，这个特点很重要，希望大家要有充分的认识。因为它是一种个体的脑力劳动，所以学习主要要靠个人自己的努力。在学习中提倡集体互助，只能是一种辅助的方式。在学习中只有在个人努力的前提下，才能发挥集体互助的作用。有人提出，集体互助是“合作化”，个人努力学习是搞“单干”。这是不对的，应当加以纠正。

江隆基的首次报告持续三个小时，报告的时间虽长。但会场却井然有序，除了一阵一阵的掌声外，整个会场都是静悄悄的。江隆基的报告会给兰州大学广大的师生员工都留有深刻印象，影响很大。以下摘录一些当时听报告师生的回忆。

徐躬耦教授（以后曾任兰州大学校长）回忆说：“师生们听罢报告后，在分别讨论中，都觉得报告实事求是，说服力强，从而提高了认识，受到了鼓舞。江校长来到兰大时，他自己政治上正处在逆境，仍以其对党的教育事业的高度责任感和惊人的胆识，领导兰大从乱到治，为学校大踏步前进打下了思想上和工作上的基础，从而得到了师生员工的崇高敬仰。”[5]

王清廉教授回忆说：“江校长的讲话给人的感觉是：条理清楚，重点突出，用语严谨，逻辑严密，构思新颖。有事实，有分析，有自己独特的见解，不落俗套，没有废话。……听他的讲话，是学习，能开启心灵的门窗。也是一种享受。”他还说道：“在几十年的教学生涯中，我始终牢记江校长的教导，当教师首先要教好书，给学生一滴水，自己要有一桶水。”[6]

张文轩教授回忆说：“江校长每学期总要在大礼堂做一次报告。凡有其报告，同学们都不开小差，争先恐后去参加。江校长讲话声音宏厚，条理清晰，既有理论概括，又有生动事例，既有表扬，又有批评，善抓典型，言不虚发。数千人的礼堂传出记笔记、翻页码的声音，时而引发哄堂大笑或雷鸣般的掌声。”[7]

江隆基的报告，以坚定而明晰的讲述，让兰州大学广大师生员工明辨了是非，看清了方向。在“左”倾错误思想阴影下的混乱中，认识到了什么是错误的，什么是正确的；什么是应当提倡的，什么是应当纠正的，什么是应当坚持的，什么是应当反对的。

江隆基的报告，使兰州大学广大师生员工看到了一位热心教育事业而又熟悉教育规律的教育家。江隆基以他通俗而简明的说理，展现了他治学的理念。开拓了大家的眼界，激发了教师教和学生学的热情。在引导正确的思考中，给大家带来了力量，带来了自信。

江隆基的报告，使兰州大学广大师生员工看到了希望。兰州大学从这里起飞了。

提高教学质量

这时，兰州大学的政治运动仍然持续不断。1959年2—5月，在省委的直接领导下，兰州大学开展了党政领导干部的整风补课，强调"继续贯彻党的教育方针，巩固和发展教育大革命"。

8月，根据省委的指示，兰州大学开展了反右倾、鼓干劲的群众运动。要求全校掀起各项工作"大跃进"的高潮。同时在全校师生中广泛地开展了群众性的"交心"运动。

1960年4月，根据上级指示，将"技术革新，技术革命"引入兰州大学，在全校范围内开展了"技术革新，技术革命"的"二革运动"。

6月，根据省委的指示，兰州大学在全校范围内开展了为期五个月的"反官僚主义、反贪污、反浪费"的"三反"运动。

之后又在教师中开展了反对"三脱离"（即脱离政治、脱离实际、脱离群众）和贯彻"三结合"（即政治与业务结合，理论与实际结合，教师与学生结合）的教育运动；在学生和工人中开展了提倡勤俭节约、爱护公共财物的教育运动。

……

江隆基在贯彻执行上级下达任务的同时，也以他治学的理念，围绕着"提高教学质量"，开展了稳定教学秩序、完善规章制度等一系列实实在在的工作。

一、稳定教学秩序

首先是确立了稳定的作息时间。保障学生每天有九个小时的学习时间、八个小时的睡眠时间。每周六晚和星期日是自由支配时间，一般不开会，不布置任务。全校性的活动要报请校党委，全系性的活动要报请系总支。教师授课（包括实验课）等要由教务处和各系协同安排统一的课程表，并逐步制定相关规约；同时对全校的授课、考试时间、寒暑假期都进行了统一安排。这就是被兰州大学广大学子称赞的，江隆基稳定教学秩序的“三小固定”，即固定的教学日历（校历）、固定的课程表、固定的作息时间。

同时，关于教师授课中的排课调课以及补课，保证教师的业务时间及活动时间、教职工的请假考勤，教材的供应和管理，学生的考试、考查及评分、成绩登记，学生的助学金管理，学生的奖励和惩罚，学生的实习、生产劳动的考核，学生的宿舍管理等等都相继制定了管理制度和规约。

关于总务和各系的后勤管理方面，如实验室的管理，仪器的采购和管理，药品、试剂等的采购和管理，校办工厂、农场的管理，食堂的管理，教室的管理等等都相继制定了有关制度和规则。

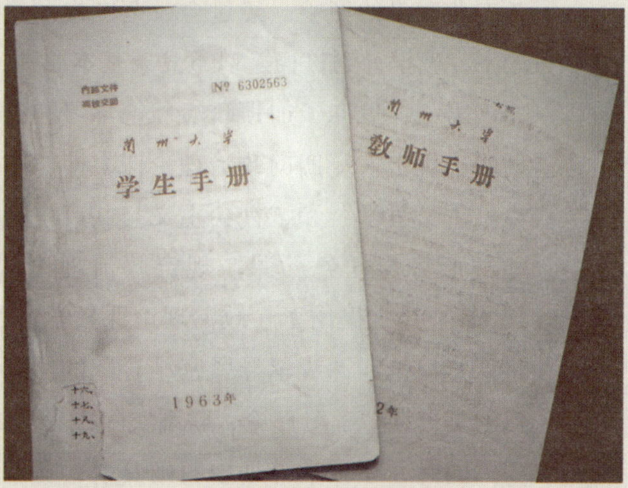

《兰州大学教师手册》和《兰州大学学生手册》

1959年10月，兰州大学校务委员会成立后，先后制定《兰州大学校务委员会暂行条例》《兰州大学系务委员会暂行条例》《兰州大学教研组暂行条例》，以及《兰州大学关于教学、科学研究、生产劳动和生活安排的规定》《兰州大学课程考试、考查和升留级处理办法》《兰州大学加强请示报告制度的几项规定》等规章制度。

之后，还相继制定了《兰州大学关于各个教学环节的基本要求》《兰州大学关于外国语学习的暂时规定》《兰州大学学生守则》《兰州大学学生宿舍公约》等。

为了使全校师生员工熟悉和遵守实施以上这些规章制度，在学校经费十分困难的条件下，编辑了《兰州大学教师手册》和《兰州大学学生手册》，由学校印刷厂印刷，分发给全校每位教师和全校各个班级。

二、“三项基本建设”

关于教学的基本建设及相关的管理方面有“三项基本建设”。

第一项建设，修订和制订教学计划。

江隆基说，“教学计划是贯彻党的教育方针，实现培养目标的行动方案”。是“兰州大学首先注意解决的重要问题之一”。他要求各系各专业要仔细研究讨论。

这项工作从1959年上学期就开始了。在初步整顿教学秩序的基础上，江隆基提出全校教师参与，广泛讨论教学计划。在讨论中学习并参考了北京大学各系各专业的教学计划，同时也参照了苏联综合大学各专业建设的经验。经过全校范围内两个多月的讨论，在江隆基的指导下，教学计划贯彻了以下几条基本原则：

第一，贯彻了加强政治理论学习和时事政策教育的原则。教学计划明确规定恢复四门政治理论课，即“中共党史”“政治经济学”“马克思主义哲学”和“社会主义与共产主义”。同时增设“自然辩证法”和“形势与任务”课。规定政治理论课在总学时中所占的比例为16%～19%。提出了在政治理论课教学过程中加强“以课堂讲授为主，将课堂讨论和课程辅导紧密结合”的原则，明确了政治理论课的教学目的是贯彻“学习理论，联系实际，提高认识，改造思想”的方针。

同时，在教学计划中明确要求，在业务课的教学中要加强课程的思想性和科学性，发挥马克思列宁主义对业务课教学的指导作用。

第二，坚持了以教学为中心，合理安排教学、科学研究和生产劳动三结合的原则。在教学计划中，除了在时间安排上体现“三结合”的精神外，同时对“三结合”的形式和内容，也做了原则规定。从三年级开始，学生可在教师指导下进行科学研究工作，内容可以和学年论文、毕业论文结合起来。规定低年级学生一般不进行科学研究工作，但可以完成学习任务的情况下，参加一些科学研究等方面的活动。同时规定将学生到校办工厂、农场劳动，定期下乡下厂，社会公益劳动三项基本形式，作为学生参加生产劳动的基本内容。并在教学计划中，根据各专业、各年级的具体特点，对具体劳动时间都做了明确的规定，“一般每学年不得超出四周”。

第三，贯彻了加强基础课的原则。根据综合大学的培养目标——培养理论或基础学科方面的从事科学研究工作或教学工作的专门人才——的要求，江隆基强调，在教学计划中应突出加强基础课的原则。为此，在教学计划中，首先合理调整了基础课与专门化课程的比重，使“博”与“精”恰当地结合起来；将全校的课程划分为三类，即公共必修课、专业基础课和专门化课。根据测算，基础课（包括公共必修课和专业基础课）要占到总课时的77.5%～87.6%，大大加强了基础课的教学。之后，江隆基将它叫作加强“三基本”教学（即基本理论、基本知识、基本技能）。其次，在教学计划中加强了一些有关专业的数、理、化的教学和训练，同时也精简了一些可有可无的课程，删除了一些课程中的陈腐、重复、烦琐的内容，增添了最新的科学研究成就和邻近的学科。再次，在教学计划中还注意加强了外国语课程。规定学生必须学习两种外国语，第一外国语学习两年，总学时为230～245。第二外国语学习一年半，总学时为140～159。并规定第一外国语学习不及格，不得学习第二外国语。当时规定学习的第一外国语为俄语，第二外国语为英、德、法、日四门外国语。

第四，体现了理论联系实际的原则。贯彻理论联系实际的教学原则，在教学计划中采取一些措施予以保证，如加强了实验课、辅导课以及课外实习等方面的教学活动。

经过近两年的教学实践，全校各系各专业的教学计划，有的经过一次、二次的修订，都已全部修订完毕。

曾参加修订教学计划工作的赵继游教授（当时是数学系系主任）这样说道："江隆基领导各项工作绝不只依赖于会议上的决议，把会议当作他领导工作的唯一手段。他始终本着三结合的精神处理学校的各项重要工作，这就是会上与会下结合，原则性与灵活性结合，普遍性与特殊性结合。……以制订各专业教学计划为例，他始终贯穿着上述的三结合。会上反复深入地讨论制订计划的原则和普遍的问题，会下则分别具体指导各专业的特殊性和具体执行的灵活性。这个上下结合，反复酝酿由他亲自领导制订的教学计划缜密细致，切实可行。多年来，虽然因学科的更新和科学发展，教学计划屡经修订，但总的轮廓和梗概终未脱离'江计划窠臼'"[8]。

第二、三项建设，修订教学大纲和编写教材。

江隆基说："教学大纲是决定课程内容，贯彻教学计划和保证教学质量"的重要保证。"教材建设是提高教学质量的重要内容"。在修订教学计划的同时，也开始了全面修订教学大纲和编写教材的工作。

在修订教学大纲、编写教材中，江隆基提出应坚持以下四个基本原则：

"第一，提高科学性和思想性。修订教学大纲，编写教材要以马克思、列宁主义思想为指导，在力求充实和革新其内容中，体现辩证唯物主义观点，培养学生的科学世界观。虽然现在我们的马克思列宁主义水平有限，但这是一个方向，应该做这方面的尝试；做长期的努力，使这个问题得到解决。

"第二，贯彻理论联系实际的原则。在教学大纲、教材中，应当特别注意联系'社会主义建设的实际'，使我们的各个专业都紧密地结合社会主义建设，为社会主义建设服务。

"第三，要注意反映近代科学的最新成就。在这方面虽然得到了重视，取得了一些成绩，但科学的发展日新月异，我们应当不断努力，吸收最新成就，反映到我们的教学大纲和教材中。

“第四，做好有关课程的相互配合。关于课程的相互配合问题，这既是一个老问题也是一个新问题。我们既要注意有关课程的衔接，也要避免不必要的重复。在这方面，我们要做必要的较大调整，要花大力气将这个问题解决好。”

经过两年多的努力，兰州大学的各专业的教学大纲、教材编写都取得了显著成绩。全校有十四个专业（文科三个专业、理科十一个专业）基本完成了教学大纲的修订。其中全校一百一十七个专业基础课，已完成一百一十一门课程（理科完成九十门课程，文科及政治理论课、外语课完成二十一门课程）。

全校一百七十门基础课，有98%的课程都已有了确定的教材。其中约71%的教材是选用推荐教材和兄弟院校教材。有29%是学校自编教材。自编教材虽少，却是兰州大学教师们自强不息的成果。这一点是与江隆基的积极提倡和鼓励分不开的。江隆基来兰大后不久，就了解到，许多教师上课，既没有讲义，也没有教材，学生只靠记笔记。教材奇缺。江隆基就提出要教师们自己动手，编写教材。他说：“编写教材也是教师提高业务水平的重要途径。”在江隆基的积极倡导下，许多教师开始自己动手编写教材。这29%的教材就是自己动手的成果。之后有的教材还成为教育部推荐的全国通用教材。

上述的教学计划、教学大纲和教材的三大建设，就是被兰州大学广大教师称赞的，江隆基在教学管理中的“三项基本建设”。同时将稳定的教学计划、稳定的教材、稳定的教师教学任务和稳定的科学研究方向，称作江隆基的“四大固定”（稳定）。

三、对教师提出了新要求

江隆基认为，提高教学质量的关键是教师及其教学水平。他向全校教师提出，希望从四个方面努力：

第一个方面，提高业务水平。

江隆基说："业务水平的提高主要通过两个途径，一条是通过教学实践，另一条是开展科学研究工作。"

关于通过教学实践提高业务水平，江隆基要求"每位教师对自己所担任的课程，都须要认真地、充分地、深入地进行准备"。他提出这样几点：首先，每位教师要将课程的教学大纲全部内容融会贯通，然后再根据教学大纲去准备材料。如果有现成的、质量较高的、合用的材料，可使用现成教材，如果没有这样的教材，就必须广泛地搜集材料，反复进行钻研，编出自己的讲义。其次，每位教师讲授的课程，一定"要保证它的科学性和思想性"，要"将理论知识和实际知识结合起来"，"既要阐明基本概念和基本理论，又要反映现代科学的最近成就；既要保持必要的系统性、逻辑性，又要做到重点突出，主次分明"。再次，每位任课教师，除了自己要刻苦钻研外，也要注意吸收其他教师的好经验，争取教研组的集体帮助。新开课的教师必须在讲课之前进行试讲，试课合格才能正式开课。同时已任课的教师也要注意，"即使已讲过一遍或几遍的课程，也必须充分备课"。"这里不容有任何的疏忽大意和骄傲自满的情绪"。

另外，江隆基还提出，在教学实践中要注意纠正某些思想障碍，如有的教师还存在着"三高""三低"[9]等不健康的思想，应当注意纠正。

关于通过开展科学研究工作来提高业务水平，江隆基说："开展科学研究工作是提高教师业务水平的最基本途径。"他要求，每位教师都应当确定自己的科学研究方向，结合自己的专长，开展科学研究工作。他提出这样几点：

首先，要做好科学研究的选题工作，注意理论联系实际。对于某些重大科学研究项目，要注意发挥集体的力量，组织好人力，搞好校内外的协作。

其次，要注意"活跃学术空气，发扬学术民主"。他说，这是开展科学研究工作必须坚持的基本原则，也是搞好科学研究，促进科学研究的必由之路。

在第一次全校科研讨论会上，他就指出，开展科学研究，重要的是“活跃学术空气，发扬学术民主”。他说：“无论是学术观点或治学方法，都要提倡各抒己见，各展其长，自由探讨，自由争论”，在“学术争论中，要尊重事实，尊重实践，说真话，报实情，坚持真理，修正错误”，“要允许保留意见，允许批评，也允许反批评”。在开展科学研究有关学术的争论中“不允许乱贴标签，乱扣帽子，乱抓辫子，乱打棍子”。

他建议，各系各专业要经常举办如学术讨论会、报告会等，也可邀校内外专家短期讲学等，这些都是促进我们科学研究的重要方法。

再次，科学研究的方向要做到基本稳定。要注意处理好近期和长期的问题。他说，科学研究不应只着眼于近期或眼前利益，要注意“对长远发生作用的研究”。他强调，在科学研究选题上，一方面“要重视重大的研究课题，要组织适当力量分工合作共同完成；另一方面也要注意鼓励学有专长的教师，根据自己的志趣自由选择”。在科学研究中，决不能做那种“因噎废食”的事情。他说：每位教师的进修方向、科研方向，一旦确定下来，就要基本稳定下来，“不可三心二意，见异思迁”。要有长期打算，坚持钻研下去。他强调，只有这样才能提高我们的科学研究水平。

他还提出，高等学校教师的教学实践和科学研究工作，是相辅相成的，不可偏废的。只强调前者，教师的学术水平提不高；只强调后者，教师没有教学经验的积累，缺少有效的教学方法，也会直接影响教学效果，影响教学质量的提高。所以他特别提出，高等学校的教师，“既应当是教学上的骨干，也应当是科学研究的能手”。

第二个方面，提高思想水平。

江隆基要求，每位教师，无论是青年教师，还是中老年教师，“都应当在提高业务水平的同时，努力提高政治觉悟和思想水平”。

他提出，提高思想水平的要求是，“要自觉地进行自我改造，建立马克思列宁主义世界观、人生观、教育思想、学术思想、教学方法和工作作风”，走又红又专的道路。

他希望，每位教师都应当加强马克思列宁主义的理论学习。他说：“马克思列宁主义是科学的世界观和方法论，用马克思列宁主义理论武装我们的头脑，指导我们的业务工作，是时代的要求，也是每位教师走又红又专道路的要求。”“学习马克思列宁主义是提高我们思想水平的基本途径。”

至于参加体力劳动和社会实践的问题，江隆基说：“当然也是提高我们思想水平的重要途径。”但是，他强调，教师参加体力劳动，一定“要照顾到年龄、体质、性别的特点”，“在劳动时间上、在劳动强度上都不能与学生同样地要求”。同时，参加体力劳动和社会实践，都“要贯彻自愿参加的原则”。

第三个方面，要注意学习研究教育方针、教育政策。

江隆基说：我们每位教师“都是国家的工作人员，都应该以身作则地去贯彻国家的教育方针和教育政策，都应该把社会主义的教育方针和教育政策贯彻到自己的各项工作和各项活动中去”。

他要求，每位教师在钻研业务的同时，一定“要注意学习研究教育方针和教育政策”。只有这样，才能“出色地完成我们的教学任务”，提高我们的教学质量。

第四个方面，要重视改进教学方法。

江隆基说：“教学方法是一门重要的学问”，绝不能认为它是什么雕虫小技而不屑一顾。教学质量虽然主要取决于教师的业务水平，但“教学方法也有着重大作用”。同时，他强调，不能认为教学方法是中小学的事，在高等学校无关紧要，这些都是错误的观念。我们应当将方法问题提到原则高度去认识，在实践中不断加以改进。

在改进教学方法中，江隆基提出了这样几点要求：

第一，要注意贯彻因材施教的原则。他说：“因材施教虽然是我们经常强调的教学方法，但真正做到，并不是容易的事。”他认为，贯彻因材施教在高等学校有它特殊的意义。高等学校是培养高级专门人才的，所以针对不同程度、不同特点的学生，采取不同的方法，因材施教，是提高质量的重要环节。这些方面，我们还应当开动脑筋，多想办法，譬如分别编班，等等。

第二，要注意贯彻循序渐进的原则。他要求，每位教师在教学中，要注意采取由浅入深、由近及远、由易到难、稳扎稳打、步步前进的方法。他说，这是依据人们的认识规律确定的，是经过实践证明行之有效的。他强调，在教学中，或者在学习中，“绝不能采取越级，短期突击的方法”。

第三，要注意发挥学生的独立钻研的精神。他强调，在教学中应当充分发挥教师的主导作用，这是毫无疑义的。但绝不是要学生“死记硬背”，“死读书”，绝不是要学生不动脑筋。我们要求的是，要充分发挥学生独立钻研的精神，培养学生独立工作的能力。我们要求的是教师的主导作用，教学应当以培养学生的独立思考、独立钻研为基础。

第四，要正确地运用各种教学环节。江隆基强调，这个问题应当引起足够的重视，这是“提高教学质量的重要条件”。

他说：在教学过程的各个教学环节中，“课堂教学是最主要的教学环节，其他一切教学环节都必须围绕着课堂讲授进行”。我们一定要下大力搞好课堂讲授，提高讲授质量，要求每位教师要“讲好每一堂课”。要求在课堂讲授中，绝大多数学生能够当堂听懂。教师不仅要管教，而且还要管会。使课堂讲授真正起到中心环节的作用。

江隆基提出，其他教学环节，如实验、实习、辅导答疑课、习题课等等，这些辅助形式的教学，也应当和课堂讲授连成一体，一环扣一环，互相促进，互相补充。他说：“辅助形式的教学环节，是不能轻视的，今后还须要大力加强这些方面的教学。”

四、走上教学第一线

为了全面提高教学质量，江隆基提倡老教师和有教学经验的教师要走上教学第一线。

老教师和有经验的教师走上教学第一线，意思就是请这些教师要担任基础课和专业基础课的教学。在江隆基的倡议下，各个系都做了教学上的调整和安排，老教师和有经验的教师纷纷担任基础课的课堂讲授。据统计，到1961年全校9个系123门课程调查，由教授、副教授和讲师担任基础课和专业基础课课堂讲授的占总课程的44%。就当时全校教师的职称结构来看，几乎是所有老教师和有经验的教师都走上了教学第一线。

加强基础课教学，加强教学的第一线，是全面提高教学质量的核心。为了做好这项工作，江隆基专门深入化学系蹲点，并在蹲点中树立了“四大台柱”。这四大台柱就是主讲物理化学课的张汉良，主讲有机化学课的鲍启申，主讲无机化学课的陈佩芳，主讲分析化学的张光。时任化学系党总支委员的苏致兴教授（后曾担任兰州大学党委书记）是这样说的：他们（指“四大台柱”）的“教学效果深受学生的欢迎。他们开创了当年教学的新局面，为后来化学系的教学工作提供了宝贵经验。在他们的主导下，不仅提高了化学系的教学水平，保证了教学质量，而且相继培养了一批优秀的教学骨干，建立了一整套教学质量的保障机制”[10]。

树立化学系的“四大台柱”，不仅影响了化学系，也影响了全校基础课的教学，影响了走上教学第一线的广大教师，带动了全校的教学质量的提高。须要指出的是，江隆基提出并树立的“四大台柱”的四位老师都是讲师，并且都不是中共党员。只是他们都有着对教学工作十分认真的责任感，有着融会贯通的业务能力，以及他们得心应手的一套教学方法。他们都实实在在地做到了不仅是管教，而且也管会。尤其是陈佩芳老师。她是西南联大化学系的毕业生，1954年支援大西北，来到了化学系任教，她对教学工作认真负责的态度是出了名的。她每讲一个单元，都会事先到学生中了解对课程的熟悉程度和对课程的要求。课后，她还一定会到学生宿舍里了解学生对课程的消化程度。当时有几位新疆投考来的学生，由于语言的问题，学习比较吃力，她硬是利用课余时间加班辅导，直至这几位学生都考试合格。她的辅导经常是利用晚上深入学生宿舍辅导。有时回来得很晚，连口开水都喝不上，经常到邻居家讨水喝，但从来没有听到她说一声“累!”。陈佩芳老师的父亲是陈宝仓将军，是1950年台湾中共地下党遭受破坏后，被国民党惨杀英勇就义的。她保存有毛泽东签名的《革命牺牲工作人员家属光荣纪念证》。而这样的事，她只告诉了学校人事处，再没有告诉任何人。她只是默默地工作。很不幸的是，1957年她却被划为右派，遭受了不应有的屈辱。

江隆基说：“教师不能依靠他的称号取得学生的尊敬，更不能依靠封建统治的方法来维护自己的尊严，而要靠他出色的教学成绩、高尚的道德品质和学而不厌、诲人不倦的优良作风，去赢得学生的尊敬和信仰。”

江隆基的倡导，江隆基的教诲，深深地激发了兰州大学的广大教师教学的积极性。

五、听课

听课，是江隆基提出的另一个重要举措。他说，听课是了解教学、检查教学、督促教学、提高教学的一个基本方法。在学校的教学秩序基本稳定后，他首先带头深入课堂听课。

当时在教务科工作的张开基是这样回忆的：“1959年江校长来校后不久的一天早上，我去文科楼上班，碰见江校长搬着一把椅子正等候在教务科门口，见面互道早安后，他和蔼地说：‘看看课表，陪我听课去。’开门看完课表后，我也搬了一把椅子陪他去教室听了第一次课。过了一个星期之后的又一个早上，江校长又一次等候在教务科门口，又要我陪他去听课。就这样，便形成了他每周深入课堂听一次课的制度。除离校外出，从不间断。”“说实在话，在此之前，我上班早一点晚一点从来不在乎，自江校长听课以来，我早上上班的时间，就不得不在七点五十分等候在教务科门口了，怎么好意思让老校长久等呢?”[11]

许多教师都谈到江校长听课的事。经济系一位教经济史的教师就谈到江校长多次听他课的事，江校长也多次和他交谈，有一次还拿着他的讲稿，给了他画龙点睛般的指导。之后，这位教师将他的讲稿修改整理后，作为专著出版发行。这位教师深有感触地说，这都要感谢江校长画龙点睛似的指导。他了解到江校长在国外留学时，就是学经济学的，更加对江校长敬佩。

江隆基的听课，对广大教师是鞭策，也是鼓励。当年还是年轻助教的林家英教授这样回忆道："那一天，上午第三节上课铃声一响，我跨进（旧）文科楼三楼靠北的一间教室，准备给中文系同学讲授《中国古代文学作品》，按平日习惯首先环视课堂秩序时，突然发现江隆基校长正安静地坐在教室的最后一排。真没想到，作为一校之长能在百忙中深入教学第一线，来听一位青年教师的讲课。紧张、感动的情绪一时交织于心。幸而那时我已有几年的教学实践，能够及时控制住紧张的情绪，按计划从容地讲完两个课时的内容。更让我想不到的是，当第四节下课铃声响起后，我收拾好讲稿准备回家时，江校长已从教室最后一排向我走来，含着微微的笑意对我说：'谢谢你讲的课！'这始料不及的一声'谢谢'，不但让我再次感到紧张、感动，同时也增加了一份惊喜和温馨！在回家路上（那时我家住在兰州医学院），我的心情慢慢静下来，回味着'谢谢'二字所蕴含的善意——这是我从教以来第一次听到一位党的领导人的善言！它是对教师人格的尊重，对教师劳动的肯定。今天重温江校长当日的一声'谢谢你'，我心中依旧洋溢着一股温馨的暖流，思绪飞回四十六年前的教学环境，不禁感慨万千！"[12]

在江隆基的倡议下，学校的党政领导，各系的总支书记和系主任、教研组主任等都陆陆续续地深入教学第一线听课。有的系还组织安排了集体听课，召开教学经验讨论会，总结和推广好的教学经验。很快全校出现了教学新面貌。

可以看到的是，教师和学生开夜车的多了。每当夜幕降临，学校的各个教室，都挤满了上自习的学生。甚至在熄灯以后，也会看到学校的路灯下，有三三两两的学生在借着灯光看书学习。每天早上的早操以后，更是一片朗朗的读书声。有的在听校内二十分钟的俄语领读，有的在假山上、湖水旁背诵外语。教师们开夜车更是经常的事，人们有着明显的对比，兰州大学周围都已是熄灯漆黑一片，只有兰州大学的家属院、教职工宿舍还有着星星的灯光，兰州大学的教师仍在辛勤地备课。当时任化学系办公室副主任的邓自修有这样的记述："除了课堂教学外，教师几乎都'泡'在资料室和实验室，晚上化学楼的灯光通明。节假日、化学楼西大门的大槐树下，总摆着二三十辆自行车。有的教师在实验室一待就是一整天。有这样一群业务水平高、工作能力强的教师，有这样一种热爱事业，追求卓越的精神，创造高水平的成果也就成为顺理成章的事了。"[13]

1962年，复旦大学副校长谈家祯应郑国锠教授的邀请，来兰州大学讲学。他是来讲摩尔根的遗传学的。当两周的讲学结束后，江隆基在自己的家里请谈家祯教授，并由郑国锠教授作陪，吃了一顿便饭。席间谈家祯谈起对兰州大学的印象，他认为，兰州大学在这样艰苦的生活和工作的条件下，有这样一批教师队伍，能有这样的教学水平和科研成果，十分不易。"你们的成绩出乎我的意料，你们做出了一流的工作，兰大真是一块飞来之地"[14]。

稳步前进

1960年冬，毛泽东领导全党重新纠正农村工作中"左"倾错误，决定对国民经济实行"调整、巩固、充实、提高"的方针（即"八字方针"）。并连续制定了各方面的工作条例，以及相应的一系列政策和措施。

1961年8月至9月，中共中央在庐山召开工作会议，会议正式通过了包括《中华人民共和国教育部直属高等学校暂行工作条例（草案）》（即《高教六十条》）在内的若干工作条例。

在党的“八字方针”的指引下，这是党的工作发生重要转变的时期。

早在《高教六十条》正式下达之前，在草案的讨论中（《高教六十条》正式文件下达前，它的草案稿曾下发到部分高等学校讨论，征求意见），江隆基就十分重视，认为“它是在‘八字方针’指引下当前和今后一个时期我们高校的工作纲领”。听取了各系、各专业讨论意见后，他专门召开了全校师生报告会，做了《关于高等学校工作条例中的几个重要问题》的报告。他着重讲了五个问题：（一）关于培养目标的问题；（二）关于一主二辅三结合的问题；（三）关于百花齐放、百家争鸣的问题；（四）政治理论教育和政治思想工作；（五）领导体制和行政管理。他结合《高教六十条》草案的讨论，阐明了兰州大学当前和今后一段时间应当着重做好的基本工作。

《高教六十条》下达后，江隆基先后组织安排了两次大范围内的学习和讨论。一次是9月下旬，在全校范围内开展了学习和讨论《高教六十条》的活动。有的是按照其中有关问题，边学习边讨论，有的是按照《高教六十条》章节，逐章逐节地边学习边讨论。当时大家各抒己见，气氛热烈。教师们都认为，它是做好高校工作的指导性文件。在学习讨论中大家回顾了1958年以来出现的种种混乱现象，提出了应当总结的经验教训。同时也充分肯定了江校长上任以来，学校的新变化、新气象。另外，也对《高教六十条》提出了一些具体的修改意见。

第二次大的学习讨论是10月，在学校的统一安排下，各系党总支分别组织党员和党员干部的学习讨论，持续了半个月之久。主要内容是除了对《高教六十条》提出的若干基本问题学习讨论外，着重是结合学习，讨论分析了甘肃省委和学校党委1958年以来的“左”倾错误，揭发和批评了种种的“左”倾蛮干的表现。同时对学校如何贯彻《高教六十条》也提出了若干意见和建议。

《高教六十条》的下达，两次广泛深入的学习讨论对兰州大学产生了重要影响。它进一步激发了广大师生员工的积极性，特别是在一些基本问题上进一步明辨了是非，也进一步认识了“左”倾错误及其某些表现。

在这样的形势下，兰州大学召开了第二次党代会。

兰州大学的党组织建立得很早。1948年兰州大学就有了中国共产党的地下组织。不幸的是新中国成立前夕，兰州地下党组织遭到了封建军阀马步芳的疯狂破坏。陈先洲、程万里、魏郁三位共产党人和焦洁如、陈敬宇、李承安、杨怀仁惨遭杀害（即兰州大学七烈士）。

新中国成立后，兰州大学重新恢复了党支部。1950年在兰州市委领导下，公开正式成立兰州大学党支部。1953年9月，兰州大学成立分党总支，属兰州市委学校党总支领导。1956年9月，分党总支改为党总支，属甘肃省委领导。1957年3月，成立中国共产党兰州大学临时委员会。

中国共产党兰州大学第一次代表大会是1960年1月召开的。会议的主要任务是“总结三年来的工作经验，特别是教育革命及反右倾整风运动的经验，确定今后工作的方针和任务”。

兰州大学第二次党代会是1961年11月召开的。江隆基代表上届党委做了工作报告。报告分两部分，一是总结回顾过去四年兰州大学发展过程中的经验教训；二是部署兰州大学进一步贯彻《高教六十条》的工作任务。

回顾过去四年的工作，江隆基认为，大体经历了四个阶段：

第一阶段是在知识分子思想改造、生产劳动、科学研究、政治运动、社会运动等一系列问题上都做过了头，产生了一些副作用，打乱了正常的教学秩序，降低了教学质量，损伤了部分师生员工的积极性。1958年这一年是群众政治热情和革命干劲空前高涨的一年，但是由于领导上有要求过高、过快、过急的情况，革命干劲和科学分析结合不够。

第二阶段是1959年前半年。他说，在党中央对文教事业“整顿、巩固、提高”方针的指引下，开始觉察到1958年工作中的一些问题，

1961年，江隆基给兰州大学全体党员做报告

试图总结经验，改进作风，巩固成绩，纠正缺点，为此，提出了建立以教学中心的三结合的问题，重新修订了教学计划，整顿了教学秩序，检查了教学效果，提高了教学质量。但是，“由于当时党内对这些问题认识不一致，领导上对情况不明，决心不大，措施不够有力，加之时间较短，虽然取得了一些成效，但是没有能够巩固下来”。

第三阶段是1959年后半年到1960年前半年。他说，这个阶段，学校进行了半年多的反右倾整风运动，开展了红专运动、防旱抗旱支援农业生产运动，城市人民公社运动，评选先进人物和先进单位运动，技术革新、技术革命运动，教学改革运动、新三反运动等等。由于“没有注意到防‘左’，因而偏‘左’、偏急的思想又有所抬头”，这就延续了1958年所产生的某些副作用。

第四阶段是1960年12月到今年暑假。“西兰会议”的召开，促使我们检查过去工作中的缺点错误。学校对知识分子政策的执行情况、毕业班的思想和学习情况、教学计划的执行情况、基础课和外语教学的质量等进行了一系列调查研究，发现了许多问题，各项工作逐步地走上了正常轨道。

江隆基在回顾过去四年的工作时，在肯定成绩的同时，着重提出了应吸取的经验教训：

首先，他认为，产生1958年以来各种错误和缺点的根源，“主要是办社会主义大学经验不足，不了解教育发展的客观规律，把共产主义的思想教育和共产主义教育制度混为一谈”。譬如，要消除脑力劳动与体力劳动的界限，认为体力劳动越多越好，不懂得没有共产主义的基础，怎么能够建立共产主义教育制度的道理。片面地强调现场教学和集体学习的作用，过分地强调联系实际和攀登尖端，忽视了基本理论、基本知识、基本技能的教学。

同时，对学校教育的特点也有错误的看法，不了解学校教育的特点是依靠教师、借助教材、以课堂教学为教学活动的主要方式，错误地否定了教师的主导作用，夸大了学生的地位和作用，将不应有的教学和科研工作，强加在学生身上。

对于群众路线和群众运动的关系，也有片面的理解。应当说，学校教育工作也和党的其他工作一样，必须坚持群众路线。但是坚持贯彻群众路线并不等于搞群众运动。将贯彻群众路线误认为搞群众运动，势必会使学校的工作造成混乱，破坏教学秩序，影响教学效果。

其次，“在有些政治活动和思想斗争中，是非界限不清，方式简单粗暴，挫伤了一部分师生和干部的积极性”。例如，1961年毕业的四百四十四名学生中，在校五年间受过批判的就有一百四十人，占总数的31.3%，其中受过处分的有六十五人，占总数的14.6%。而实际上，这些受批评受处分的学生，大多数是思想认识和觉悟不高的问题。还有最突出的是“拔白旗”运动，严重地混淆了两类不同性质的矛盾，方式简单粗暴，用行政处分的方法解决思想问题，造成了不良后果。

江隆基提出，造成这种缺点错误的根源是，对党的政策钻研不够，在思想方法上有片面性，认为“左”比右好，把右看成是立场问题，把“左”看成是方法问题。在处理上采取了宁“左”毋右的态度。他们不懂得，“左”和右都是违反马克思主义原则的，也不懂得两者是可以互相转化的。也没能看到，“左”的面目往往正是右的实质表现。

第三，“忽视了党的思想建设和组织建设”。他说，我们有些党员党性较差，有的甚至以教育者、改造者自居，在群众中产生了很不好的影响。有的党支部堡垒作用也发挥不够，应该管的没有管，不应该管的却管了许多。

江隆基指出，造成这些缺点的原因，重要的是有些干部误解了党的领导、书记挂帅的口号。我们强调党的领导、书记挂帅，绝不是党政不分，以党代政。这个问题必须细致研究，使党的组织不要陷于行政事务的圈子里，要研究方针政策和重大原则问题，抓好思想建设和组织建设工作；不要影响行政组织的作用，不要降低行政干部的积极性和创造性。

历史是用过去照亮现在的。只有正确地面对过去，特别是造成的种种伤害，从中汲取经验教训，才能够正确地面对现实，也才能够将消极因素转化为积极因素。之前，在工作报告草稿的讨论中，对于1958年以来的混乱和伤害，有些同志曾提出尖锐的批评，甚至“上纲上线”。江隆基为此曾提出不同的看法。从上述工作报告中可以看出，江隆基的回顾与总结是和风细雨的，是实事求是的。大家认为，江隆基的回顾与总结从浅显的说理中，端正了是非；从思想认识的高度明辨了方向；从全局的视野中指明了当前解决的问题。大家都很敬佩。

江隆基工作报告的重点，是进一步提高认识，统一思想，全面贯彻《高教六十条》，做好今后的工作。

首先，江隆基提出全面贯彻《高教六十条》有着十分重要的意义。他说《高教六十条》是一个纲领性文件，“是办好社会主义高等学校的工作纲要，是我国高等学校客观规律的反映，是广大师生意志的集中表现”，它能够帮助我们明确方向，判明是非，肯定成绩，认识缺点，吸取经验教训，提高领导水平；它能够调整各方面的关系，调动广大师生员工的积极性。他要求，“全校党政干部、全体党员、全校师生员工都应当认真学习，掌握它的精神实质，团结一致，群策群力，为办好兰州大学而奋斗”。

在报告中，江隆基提出了六个方面的工作任务：

第一，正确地贯彻又红又专的培养目标。

他说，高等学校的基本任务是贯彻党的教育方针，培养社会主义建设所需要的自然科学和社会科学方面的又红又专的人才。学校的一切工作，都应该围绕着这个目标进行。他强调，首先，对“红”的要求要有正确的认识。他说，“红”的要求实际上包括两个方面的内容：一是属于政治立场和道德品质方面的要求，这是每一个社会主义的大学生都必须具备的基本品格，达不到这个要求，就不能成为一个合格的大学生。二是属于世界观方面的要求。这是每一个大学生应当努力的方向。不可能要求所有的大学生在五年的学习期间都能够彻底解决这个问题。“我们的要求是自觉的努力，严格的要求，逐步树立辩证唯物主义的世界观”。其次，要摆正红与专的关系。他说，二者的关系，既是对立的，也是统一的。说它是对立的，是说二者有本质上的区别，不能混淆。不能认为“红了就专了”，或者说“专了就红了”。只红不专、只专不红都是不对的。说二者是统一的，是说红是专的推动力和指导思想，专是红的重要体现。社会主义的大学生，主要任务是努力学习，刻苦钻研，掌握科学理论和专业知识。同时也必须树立正确的学习目的、学习态度和学习方法。这就是说，要走又红又专的道路，成为社会主义建设中的又红又专的专门人才。

他还提出，又红又专既是对学生的要求，也是对所有教师和干部的要求。虽然，教师、干部的年龄、职别、社会经历和工作性质不尽相同，对他们的要求也不能千篇一律。但基本的要求是一致的，就是又红又专，沿着又红又专的道路前进。

第二，坚持以教学为主的原则，努力提高教学质量，在教学和科学研究中积极贯彻“百花齐放，百家争鸣”的方针。

江隆基再次强调学校教育的特点，他说，学校教育是通过一系列教学活动培养人才的，所以学校教育必须将教学放在最主要的地位。在以教学为主的前提下，将教学、生产劳动、科学研究结合起来。

坚持以教学为主，是培养合格人才的前提。要能够培养出合格人才，还必须不断提高教学质量。而不断地提高教学质量，最主要的就是要抓紧师资培养、教材建设、学生的基本训练和贯彻“百花齐放，百家争鸣”的方针这样四个环节。

教学质量的高低，首先取决于教师水平的高低，所以必须努力培养一支又红又专的师资队伍。培养与提高师资队伍，既要有长远计划，又要有当前措施；既要考虑工作需要，又要从本人实际情况出发；既要注意业务，又要注意政治；既要照顾一般，又要保证重点。在方式上应灵活多样，讲求实效。

开展科学研究是提高师资水平、保证教学质量的根本办法。学校过去几年已打下了坚实的基础，应当继续努力，再接再厉，力求让全校的学术水平上一个新台阶。

教材是教学上的基础建设，必须用争取外援与自力更生相结合的办法，尽早解决。教材建设是长期努力的过程，首先要解决有无的问题，只要材料比较充实，观点大致妥当，叙述简明扼要，既能适合教学的需要，又能符合学生的程度，就可以使用。在使用过程中，再继续努力充实提高。

加强对学生的基本理论、基本知识、基本技能的训练，是使学生深入钻研业务、攀登科学高峰的先决条件。根深才能叶茂，学生如果不掌握宽厚坚实的基础，要在业务上达到专、精是不可能的。所以，各专业都应该普遍加强学生的基础训练。

为了活跃学术空气，提高教学质量和学术水平，促进科学文化的发展，应当在教学、科学研究中认真贯彻“双百”方针。

第三，改进思想政治工作，认真贯彻知识分子政策，注意调整各种关系，调动师生员工的积极性。

江隆基说，学校的思想政治工作是为实现又红又专的培养目标服务的。它的任务就是：在全校师生员工中宣传马克思列宁主义、毛泽东思想，宣传党的路线和各项方针政策，不断地提高师生员工的思想政治觉悟和道德品质；团结全校师生员工，调动积极性，群策群力，贯彻执行党的教育方针，保证教学工作和其他各项工作任务的胜利完成。

他说，这是一个总的任务。根据这个总任务，要结合校内外的实际情况，确定学校思想政治工作的具体任务。这个具体任务就是：开展形势与任务、艰苦奋斗的革命传统教育和共产主义道德品质、革命法制精神的教育；同时采取有效方法，大力调整党政、党群、师生、青老职工之间的关系，先进和落后之间的关系。调动大家的积极性，达到在政治上又有集中又有民主、又有纪律又有自由、又有统一意志又有个人心情舒畅、生动活泼的政治局面；在业务上形成勤奋好学、刻苦钻研，独立思考、理论与实际统一，高度的革命性和严格的科学性统一的风气；在工作上养成联系群众、调查研究、实事求是的作风和朝气蓬勃的精神面貌。

他提出，思想政治工作的根本原则是按照关于正确处理人民内部矛盾的理论，严格区分敌我矛盾和人民内部矛盾。对于一时还区分不清的问题，可先按人民内部矛盾处理。在人民内部矛盾中，还要注意区分政治观、世界观、道德品质、学术见解、生活方式和实际工作等等不同性质的问题，区别对待，不能混淆不清。凡属人民内部的问题，必须根据“团结—批评—团结”的原则，采取民主的方法，用和风细雨的方式、自我教育的方式解决，决不能采取简单粗暴和强制压服的方法。

学校是知识分子集中的地方，因此，正确贯彻党对知识分子团结教育改造的政策十分重要。他认为，在党的领导下广大的知识分子经过十多年的教育和改造，一般说来，不论在政治上、思想上还是在业务上都是有进步的。只要我们对他们加强团结、加强教育，是能够跟着党继续前进的。至于世界观问题，是一个长期地、反复地自我改造的过程，不能要求过高过急。在业务上，虽然不全是专家，但大都是学有专长的，多年来，在工作实践中都有不同程度的提高。我们必须团结并放手使用，发挥专长。

江隆基还提到，思想政治工作必须愈做愈细，愈做愈深，方式要灵活多样，效果要不断提高，要坚决纠正过去简单化、一般化和形式主义的方法。要深入教学、生产劳动、科学研究和群众生活中去，抓活思想，调查研究，实事求是，具体分析，区别对待，同时要加强正面教育，提高师生员工的自觉性。要摆事实，讲道理，耐心诱导，以理服人，将批评和鼓励结合起来。既要表彰好人好事，又要同坏人坏事做斗争。只有这样，我们的思想政治工作才能充分发挥良好的作用。

第四，改进领导体制，充分发挥行政组织的作用，提高工作效率。

《高教六十条》规定，高等学校的领导体制是“党委领导下的以校长为首的校务委员会负责制”，江隆基认为，这是一种较好的领导体制。它既可以体现集体领导的精神，又可以体现行政首长的地位和作用，既可增强党与非党的团结合作，又可调动全校各方面的积极性。

江隆基提出，为了便于工作，应将校务委员会和系务委员会的规模适当缩小，组织上力求健全，活动内容上予以充实。一方面要改进党对校务委员会的领导方法，另一方面要加强两级委员会的责任感，充分发挥集体领导的作用。

他提出，要加强行政管理，还必须加强有关单位之间的协作，提高工作效率，改进工作作风，充分发挥工作人员的积极性、主动性，既要有高度的责任感，又要有高度的民主精神；既要勇于负责，又要有组织纪律性。每位工作人员对自己职责范围内的问题，要独立负责处理，对上级指示、决议，要坚决认真执行；遇有政策性、原则性的问题，必须向上级请示报告，不要擅作主张。

他还提出，要根据《高教六十条》的精神，结合实际情况，修订和制定各项具体工作的规章制度。教育部已制定的各项条例和方法，凡是适合学校情况的都要坚决执行，对学校实际情况有出入的，可稍加修订。教育部尚未制定的，也要结合学校实际情况，分轻重缓急，予以制定或修订，并报校务委员会批准执行。要使学校的各项工作都能有秩序地进行。

第五，加强总务工作，改进物资设备和生活管理，为教学和科学研究创造各种有利条件。

江隆基指出，物资设备是办好学校的前提条件，总务部门是保证物资供应的后勤部，没有总务工作的有效配合和保障，学校的教学和科学研究是难以顺利进行的。他说，我国高等学校的特色之一是全体师生员工都在学校住宿，这就更加强了总务工作的地位和作用。所以对总务工作不能有任何的轻视。

对于总务工作，他提出，首先，要充实总务部门的机构，加强对总务工作的领导，逐步将总务工作都集中到学校的总务部门，使各系能集中精力进行教学和科学研究等业务活动。同时要加强对总务工作人员的思想政治教育，应通过讲课、做报告和表彰好人好事等办法，帮助总务工作人员认识总务工作的重要性，克服某些不安心工作的现象。要使总务工作人员树立为教学和科学研究服务、为群众服务的观点。要让教育工作人员确立按政策、按制度办事的态度，培养工作人员廉洁奉公，吃苦在前、享乐在后的优良作风；要加强纪律教育和革命法制教育，反对一切不良倾向。其次，改进伙食工作和副食品生产工作，实行人粮对口。加强民主管理，堵塞一切漏洞，以确保师生员工吃足定量，吃得热火，吃得干净卫生。要贯彻劳逸结合的原则，提倡清洁卫生，保持适当的体育锻炼，加强疾病预防和医疗工作，搞好冬季取暖工作，保障师生员工的健康。再次，加强图书资料和仪器管理工作，充分发挥现有图书资料与仪器设备的作用，有计划地充实和扩建实验室，制定各项仪器的管理细则和操作规程，改进大图书馆和各系图书资料的分工和协作，加强保密资料的保管和利用，采取各种有效办法，为教学和科学研究工作创造各种有利的条件。

第六，加强党的领导，改进党的领导方法和领导作风，充分发挥各级党组织的战斗力。

江隆基指出，党在学校的领导是经过长期的艰苦斗争建立起来的。我们的事业越是发展，越需要加强党的领导。他提出以下五点要求：

第一点，改进党的领导制度。

《高教六十条》规定把党的领导权集中在校党委，各系党总支对行政工作只起保证监督作用，支部的任务主要是教育党员、团员团结群众，保证工作任务或学习任务的胜利完成。江隆基认为，这样规定，不是削弱党的领导，而是加强了党的领导。因为党的领导的加强不在于凭借权力随便发号施令，而在于正确地贯彻执行党的方针政策，充分地发挥党员的模范作用，充分调动各级干部和广大群众的积极性，充分地发挥行政组织和群众团体的作用。

他指出，在目前情况下，强调校党委的集中统一领导也是完全必要的。我们必须相应地改变党的工作方法和工作作风。今后任何党组织和党员个人都不能滥用党的权力和党的威信。一切工作都必须从实际出发，深入调查研究，弄清情况，按照客观事物的规律办事，按照党的方针政策办事；一切工作都必须走群众路线，密切联系群众，遇事和群众商量，虚心倾听群众的意见，吸取群众的智慧，把群众的要求和党的领导意图很好地结合起来。一切工作都要深入细致，讲求实效。避免简单化、一般化的毛病。我们每个党员都必须兢兢业业，加倍努力，完成党赋予我们的任务。

第二点，加强党的思想建设和组织建设。

江隆基提出，今后要有计划地、积极慎重地发展党员，以壮大党的队伍，加强党的力量。我校现有的党员中，大多数是新中国成立以后在和平环境下入党的新党员，没有经过战争和严重困难考验，政策观念不强，党性锻炼不够。今后必须加强马克思列宁主义、毛泽东思想的教育，党的方针政策的教育，党的建设的教育和党员党性修养的教育。同时要健全党的组织生活，开展适当的批评与自我批评，加强党性锻炼。

第三点，贯彻民主集中制，坚持集体领导与分工负责相结合的原则。

江隆基提出，民主集中制是党的根本组织原则，是党内生活正常开展的有力保证。民主是集中的基础，没有生气勃勃的党内的民主生活，就不可能有党内真正的团结一致，也不可能形成一种生动活泼的政治局面。因此，他提出，今后要如期召开党员大会或代表大会进行选举并报告工作；严格尊重党员的民主权利；正确掌握党内斗争原则，对党员的缺点错误应本着“弄清思想，团结同志，惩前毖后，治病救人”的精神去加强教育，帮助改正；各级委员必须贯彻集体领导原则。工作中的重大问题不能由书记个人做决定；各级领导都应以平等的态度待人，认真听取下级的意见、建议和批评，对待反面的意见要耐心地分析研究，不能一律否定。

他还提出，党的统一与团结必须绝对维护，党的纪律必须自觉遵守，党的决议必须无条件执行。党员个人服从组织，少数服从多数，下级组织服从上级组织，这是党的民主集中制的基本原则，任何党员都不能违背。

第四点，加强支部工作，发挥支部的堡垒作用和党员的模范作用。

江隆基指出，支部是学校党组织的基层，是党员工作学习和生活的基地。党与群众的联系、党的决议的贯彻、思想政治工作的深入，都有赖于支部和党员群众。今后必须认真地抓好支部工作。要总结经验教训，改进工作方法，提高支部的战斗力。支部工作应该特别注重对党员的党性教育，教育党员必须忠诚地履行党的义务，在完成自己的工作或学习任务中起到模范带头作用。党员只有为群众服务的义务，没有也不应该有任何特殊的权利。

第五点，加强党对共青团、工会、学生会的领导，更好地发挥各种群众组织的作用。

江隆基指出，共青团是党的忠实助手，党在进行各项工作和组织学习中，应充分发挥共青团的作用。工会、学生会是党联系群众的纽带，也应充分发挥工会、学生会的作用，做好这方面的工作。

兰州大学第二次党代会及江隆基的工作报告有着重要意义。报告对兰州大学今后的发展起到了重要的指导和推动作用。在报告中，江隆基通过回顾和系统地总结1958年以来兰州大学工作中的经验教训，在明辨是非的基础上提高了认识，统一了思想。在总结两年多来整顿、调整的基础上，江隆基进一步部署了今后一段时期的工作。他所提出的六个方面的工作任务，也是在讲明道理、明辨是非的指导思想下提出的。其中某些理论观点虽然有些重复，但是经过仔细分析，发现并不是简单的重复，而是针对兰州大学的实际情况进一步的深化。六个方面的工作任务，突出了重点，使今后的工作有了明确的方向。

在“调整、巩固、充实、提高”方针的指引下，以贯彻《高教六十条》为契机，从第二次党代会开始，兰州大学进入了全面提升、稳步前进的时期。

这一年冬季，在江隆基的主持下，经过全校教职工的广泛讨论，兰州大学制订了贯彻《高教六十条》的发展规划，并拟订了实施细则。他对近期学校的发展规模、教学、科学研究、师资、思想政治工作、行政和生活管理，以及领导工作的改进，等等，都做了进一步的安排，使学校各方面的工作都有了进一步的起色，并取得了显著的成绩。

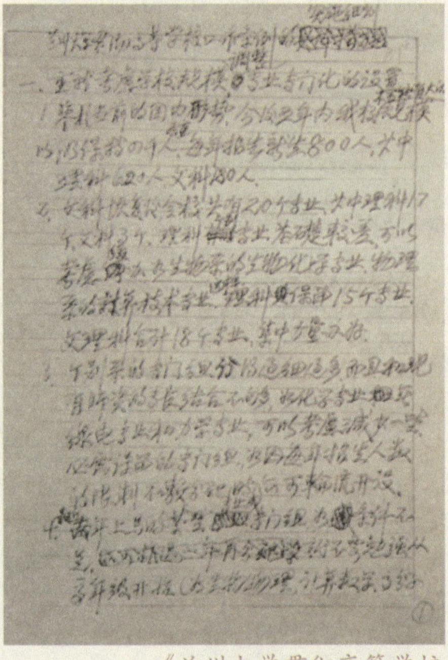
《兰州大学贯彻高等学校工作条例实施细则》手稿

在教学方面，全面加强了基础课教学。提高教学质量的核心工作是加强基础课的教学。加强基础课教学是江隆基进校后在整顿教学秩序过程中提出的。1962年在提出加强三基训练（基本理论、基本知识、基本技能的训练）后，基础课教学又有了全面的加强。

经过近两年以老带新的努力，这时老教师和有经验的教师几乎都已走上教学第一线，并给许多老教师配备了助手。通过化学系基础课“四大台柱”教学经验的推广，全校各系、各专业的课堂教学中，都已涌现出一批业务扎实、教学方法得当、深受学生欢迎的骨干教师。并以他们为核心，带动了一批青年教师，这些青年教师随堂听课，随堂辅导，以师代徒的方式，相互学习，相互促进，大大提升了课堂教学的教学效果。

与此同时，教学辅助环节，也得到全面加强。各系、各专业都安排了有经验的教师担任实验课、辅导课、习题课等的教学。有的专业进一步规范了实验程序，制定了《实验课档案制度》，编印了实验课讲义，使学校制定的教学各环节的基本要求和规则，得到了全面落实。有条件的专业都想方设法将大班划为小班，分成若干小组，以加强实验等环节，分层次地加强了个别辅导，全面地提高了学生作业的批改率。教学辅助环节与课堂教学密切配合，既激活了课堂知识，又丰富了辅助环节的内容，强化了实验技能，使基础课教学取得了明显效果。

为了全面加强基础课教学，全校各专业都进一步修订了教学计划，基础课的学时都适当提高，约占总学时的88.9%～98%。同时全面地修订教学大纲，使它更加契合专业的要求。教材建设也有了全面的提高。

从1962年起，学校重新调整和加强了系和教研组的建设。5月，校务委员会通过了各系务委员会组成人员，进一步明确了系务委员会的工作条例，特别是加强和恢复了各教研组的组建工作。江隆基认为，教研组是新中国成立后在学习苏联高等学校先进经验中建设起来的，它是专业教学中组织、管理的基层教学组织，在教学过程中发挥着重要的“堡垒作用”。1958年以来，各系的各教研组大都解散或瘫痪，是不对的，应尽快重新组建起来。在江隆基的积极推动下，经过近两年的整顿，到1962年全校各系各专业的教研组都已恢复和重新建设起来。教研组的建立健全以及配套的各项制度的建立，起到了重要的组织保障和指导监督作用。尤其是在教研组的组织下，已形成了从听课到教学经验交流和教学质量的检查制度，大大提高了教学质量。

1962年，学校成立了专门机构对全校教师的政治思想、业务现状以及对教师的培养和需要，进行了全面的摸底调查。在总结经验的基础上，于1963年首先针对一些具体问题制定了相应的制度。包括《教师工作量试行办法（草案）》《教学考核与职务提出办法（草案）》《关于改进教师出外进修工作的意见》《关于提高教师外语水平的意见》《师资培养提高工作的总结及对今后改进工作的意见》等。

接着，经过全校教师的广泛讨论，制订了《师资培养提高十年规划（草案）》（简称《规划》）。《规划》就全校教师的基本情况、十年的奋斗目标、前五年应做的重要工作，以及采取的主要措施等，都做了详细的分析和规划。

1963年5月，学校召开了加强实验室建设和仪器设备管理的会议，进一步提高管理水平，更好地为教学和科学研究工作服务。会议集中解决了实验队伍的建设，加强和调整了实验室的配备，建立健全了一系列规章制度。制定了《兰州大学关于仪器设备申请采购、验收和发放领用等若干问题的补充规定》《兰州大学实验室通用规则》《关于改进放射性物质供应和管理的规定》等，这些规定在有关的专业方面又进一步细化，普遍地提高了管理水平，为服务教学和科学研究起到了重要的保障作用。

这时，学校专门召开了研究生工作会议。1963年1月，江隆基到北京参加了教育部召开的高等学校研究生工作会议。学校的这个会议就是按照教育部的工作要求，结合兰州大学的实际情况召开的。江隆基十分重视加强研究生培养的要求。他认为，高等学校有能力也有必要担当起培养研究生的工作，这是为国家培养高水平的后备军，也是为高等学校培养教师和输送科学研究人才的重要措施。会议经过充分的讨论，编制了《兰州大学1963—1972年培养研究生规划》。这个规划后经校务委员会通过。研究生的培养工作自此进入了一个新阶段。

学生的考试考查制度也得到进一步加强。在整顿教学秩序的基础上，学校曾制定了学生学习成绩考核办法及有关规定。经过近两年的探索，对学生的学习成绩考核也提出了进一步的要求，规定凡有实验课要求的课程，实验考查不及格的一律不准参加课程考试，习题作业考查不及格的也一律不准参加课程考试。同时全校各系都严格规定了学生学业成绩登记制度，还特别规定，在每学期考查考试结束后的学期结束前（放寒暑假之前），必须将考查考试成绩分发到每个学生手里。这样做的结果不仅使学生对自己的学习成绩能及时地了解，对学生起到了重要的督促作用，同时也使学生的学习状况能及时反馈给学生家长，起到了检查和督促的作用。

在江隆基的倡导和教务处的具体安排下，全校各系建立了“班级日记制”。“班级日记制”是由班级的学习委员填写的教学情况记事制度，主要是要求将一周来的各门课程教师的授课情况、学生听课的收获与反映，包括学生的建议和意见，如实填写，并于每周末上交系教学秘书，然后汇总上交系主任和教务处。“班级日记制”的建立，对于保证合格的教学质量，充分发挥教师的主导作用，和激发学生的学习积极性，对于各系和教务处及时解决教学中的问题，起到了十分重要的促进作用。

在江隆基的倡导下，学校还建立了毕业生信息反馈制度。通过这个制度的实施，各系各专业进一步了解了学生毕业统一分配以后的工作和所学专业的适用情况。一方面开通了多方面的信息交流，另一方面对学校的教学也起到了重要的促进作用。兰州大学的毕业生是广受用人单位的普遍重视和热忱欢迎的。大家普遍认为，兰州大学的毕业生是“勤奋努力，作风朴实，业务基础扎实，动手能力强，发展潜力大，是高素质的人才”。许多毕业生反馈说，他们之所能有今日

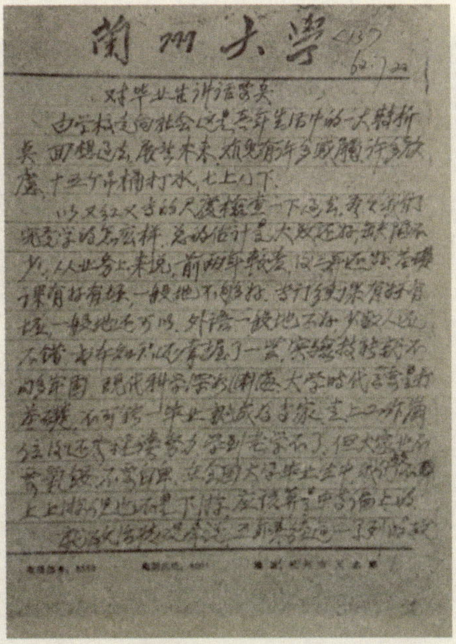
蘭州大學

对毕业生讲话要点

《对毕业生讲话要点》手稿

的成就，是兰州大学为他们打下了扎实的业务基础。他们不忘兰州大学，他们说，兰州大学是一所好学校。

就科学研究工作讲，是上了一个新台阶："1961年7月，中共中央发出关于自然科学的工作中若干政策问题的指示"。同意聂荣臻"关于自然科学工作中若干政策问题的请示"，和国家科委党组、中国科学院党组共同草拟《关于自然科学研究机构当前工作的十四条意见（草案）》（即《科研工作十四条》）。兰州大学结合《高教六十条》的实施，进一步规划安排了全校的科学研究工作。

首先是经过1959—1960年的全面整顿以后，在江隆基的积极支持下，恢复了已经被停止的学校重点科研项目，包括郑国锠教授细胞遗传学的"花粉母细胞间染色质穿壁运动"、吕忠恕教授植物生理学的"白兰瓜糖分代谢的研究"、朱子清教授天然有机化学的"植物碱的研究"、刘有成教授自由基化学的"自由基反应研究"、徐躬耦教授原子核物理的"原子核统计研究"。在推动以上五项重点科研的基础上，学校的科学研究工作有了蓬勃的发展。包括物理系的"量子场论研究""铁磁理论研究"；数学系的"弹性力学""非线性分析""偏微分方程"的研究；化学系的"有机结构理论""植物原料化学""有机分析化学的研究"；生物系的"细胞遗传""植物生理"的研究；地理系的"地貌学""水文地质"的研究；文科各系的"农民战争史""经济史""现代汉语"的研究等等。在科学研究经费极度困难的条件下，兰州大学硬

1961年，江隆基在物理系听取工作汇报

是以“有的吃肉，有的啃骨头，有的喝汤”的精神，使科学研究成果遍地开花，取得了显著成绩。

其次，科研团体显现雏形。江隆基强调，“我国高等学校的教师队伍，在科学研究领域不是零散的游击队，而是一支重要的方面军”。在他的积极支持下，学校的各项科学研究不仅有了明确的主攻方向，更重要的是已组建起“老中青”结合的科研团队。这些团队以学科领头人为核心，以老带新，用“母鸡孵小鸡”的办法，充分发挥团体精神，扎实工作，坚持不懈，促进着科研项目的进展，带动出一批科研骨干力量，培养出又一层的学科领头人。为兰州大学的科学研究工作创造了业绩，奠定了基础。

再次，广泛开展了学术活动。兰州大学从1959年10月开始恢复了每年一次的全校性的科研讨论会。科研讨论会逐年扩大，参加人数、提供的论文迅猛增加，不仅有全校性科学讨论会，各系、各专业也开展了科学讨论会。有的系如数学系还举办了科学讨论班，包括“泛函分析”“广义函数与微分析方程”“计算方法”“规划论”等讨论班。据1962年上半年的统计，理科六系举行了全校性的学术讨论会三次，全系性的学术讨论会十一次，教研组的学术讨论会六十七次。针对学校学术活动广泛开展的状况，学校有针对性地提出，学术活动采取小型化、多样化、经常化的要求。

1962年江隆基在全校第二次科研讨论会做报告

另外，这个阶段，校内外的学校交流也空前活跃起来，除了全校性的活动外，各系各专业都开展了学术交流活动，每个学期都专门邀请校外的知名学者做学术报告或短期的讲学，学校的一些知名学者也经常受到邀请到校外做学术报告或短期讲学等学术活动。学校还规定每周六下午为全校性的学术活动时间，并建立了“每月一讲”的全校性的学术报告会。

1962年9月，兰州大学召开了第二次全校科学讨论会。在开幕会上，江隆基就开展科学研究的有关政策等问题进一步阐述了自己的看法：

一是关于加强党对科学研究工作的领导问题。他说，加强党的领导是“保证科学研究工作有计划地迅速开展的前提条件，这一条是不容有任何怀疑的”。但是，对党的领导也应当有正确的认识，“党对于科学研究工作的领导并不等于包办代替或乱加干涉。科学研究工作是科学家的事情，能不能出成果，出人才，首先决定于科学家本身的努力”。同时，对于学术性的问题，“党组织应发动科学研究工作者本着‘百花齐放，百家争鸣’的精神，民主讨论，民主解决，而不应代替科学研究工作者去做结论”。

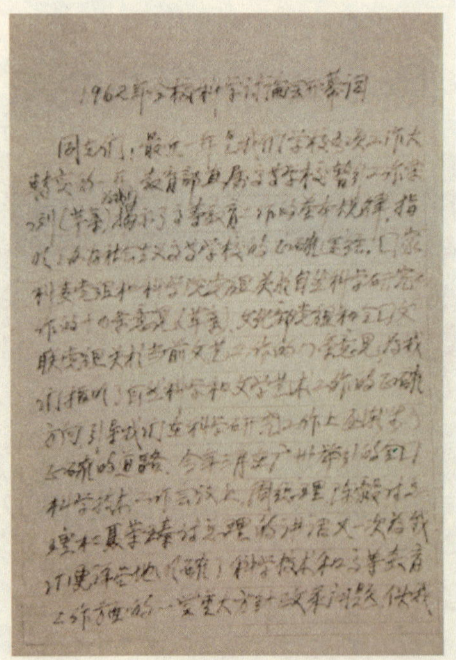
《1962年全校科学讨论会开幕词》手稿

二是关于科学研究工作中的群众路线问题。他说，科学研究工作同样也应当贯彻群众路线，这也是毫无疑义的。但是，这里也有个正确认识的问题。贯彻群众路线不等于搞群众运动，“兵将不分，一拥而上的做法，是对群众路线的曲解”。

三是关于科学研究工作中理论联系实际的问题。他说，科学研究工作是为社会主义建设服务的，理论联系实际也同样是一个不可动摇的原则。这里也有个正确认识的问题。“社会主义建设的需要是多种多样的。各门学科的性质又是不尽相同的，所以理论联系实际的途径是十分宽广的，联系的方式和程度也是不能强求一致的”。在科学研究工作中，“应在大计划下允许有一定的小自由”。要充分发挥科学研究工作者的专长、兴趣、学术见解。

他还提出，不要忽视基础理论研究的问题，特别是综合大学应“以钻研基础理论为其主要任务”。

四是在科学研究工作中提倡集体主义的问题。他说，在科学研究工作中，我们“要积极提倡协作精神，要大力培植各种各样的科研集体”，但是不应当将“集体主义误解为平均主义”，不应当否定个人的才能和个人的作用，不应当抹杀个人在学术水平上的差异。在人才使用上也不应当兵将不分，高低不分。

他还提出，要提倡科学研究工作的个人负责制，发表论文、报告常常不用个人名义，只用机构、集体的名义，或者在名次的排列上主次不分，轻重倒置，等等，都是不恰当的。

五是在科学研究工作中贯彻“百花齐放，百家争鸣”的问题。为了正确地贯彻这个方针，他特别强调了这样几点：（一）贯彻这个方针，从领导角度讲，是“积极鼓励各种不同学派和不同学术见解，自由探讨、自由辩论、自由竞赛。既不能听任某一学派实行学术垄断，又不应对学术争论问题轻易下结论，强制推行某一学派，而压抑或禁止另一学派”。（二）在学术讨论中应坚持平等精神，“不抓辫子，不戴帽子，不打棍子，不贴标签，不用多数压服少数。要允许自由地发表意见，坚持意见，保留意见。允许批评，同时也允许反批评”。（三）在学术讨论中，要“正确地区分政治问题、思想问题、学术问题、工作方法问题之间的界限。当问题性质一时难以断定，界限不易划清时，应首先当作学术问题看待，采取自由讨论的办法，以便弄清情况”。

为了大力开展科学研究工作，江隆基向全校教师提出了四点要求：

第一，“要树雄心，立大志，自力更生，发奋图强”。他说，我们学校科学研究的底子薄，指导力量不强。虽如此，经过大家的刻苦努力，也取得了一定的成绩。他要求大家都不要自满，也不要自馁，要树雄心，立大志。要继续刻苦努力，再接再厉，发奋图强，为国家的科学研究事业做出贡献。

第二，“要把敢想、敢说、敢干的精神和工作上的严肃性、严格性、严密性结合起来”。他说，科学研究工作必须有远见卓识，不断破除迷信，解放思想，敢于革新，攀登高峰的精神。这是十分重要的。但是这种精神，一定要和“科学性”结合起来。一定要从实际出发，实事求是。一定要尊重群众，尊重实践，尊重事实。坚持真理，修正错误。一定要有严肃的态度、严格的要求、严密的方法。

第三，“要珍惜时间，刻苦钻研”。他说，科学研究工作“是一件艰苦而又复杂的劳动”。只有经过长年累月的努力，才能有所成就。他要求大家一定要“专心致志，持之以恒，埋头苦干，寸阴是惜”。时间是极为宝贵的。生命是有限的，光阴如白驹过隙，稍纵即逝。珍惜时间就是珍惜我们的生命。“珍惜时间，就是对社会主义事业责任感的具体表现”。他希望大家要本着劳逸结合的精神，合理地积极地安排自己的时间，“不要将时间在闲谈瞎扯或家务琐事中消磨掉”。

第四，“要贯彻勤俭建校、勤俭办科学的方针”。他说，我国的国民经济至今还处在贫穷落后的状态，目前还处在严重的困难时期。我们的科学研究工作，也要适应当前的现状，力求以较少的人力、物力来满足工作的需要，以取得教学和科学研究工作的更多成果。他要求，各系、各教研组、各实验室，要充分发挥潜力，人尽其力，物尽其用。同时要提高我们爱护国家财产的观念，杜绝漏洞和一切浪费。力争在现有的条件下，取得更大的成绩。

江隆基在开幕式上的讲话，为进一步推动全校的科学研究工作，起到了重要的指导作用。其中特别是关于开展研究工作若干政策的讲述，他讲的五个问题正如他在报告中讲的是涉及“发展我国科学事业的几个根本性的问题，是调动科学工作者积极性的几个关键性的问题，也是1958年以来许多单位许多同志在思想上模糊不清，因而经常犯错误的几个问题”。江隆基的讲话，以简明的道理，阐明了政策的要点，指明了应当划清的政策界限，清除了大家的疑虑，澄清了种种模糊认识，充分调动了广大教师的积极性，提供了一个良好的、宽松的教学和科研环境，大大促进了兰州大学科学研究工作的进步和发展。

1963年1月，江隆基参加教育部召开的自然科学研究工作会议和研究生工作会议后，在3月初的校务委员会上决定编制学校十年科学研究规划。在全校广大教师的积极参与讨论下，于4月6日讨论通过了《兰州大学十年自然科学研究事业发展纲要（草案）》（简称《纲要》）和《兰州大学十年自然科学研究事业发展规划（草案）》（简称《规划》）。

《纲要》分析了近几年来在科学研究上取得的成绩。认为在生物碱、自由基化学、原子核物理、植物生理和细胞学等方面已初步形成了特色。在力学、无线电、放射化学、低能核反应、稀有元素化学等已初步开展了研究工作。全校数学、物理、化学、生物、地质地理等系的科学研究工作也都取得了显著成绩。并已培养了一批中级骨干和研究力量。

《纲要》确定，兰州大学以基础理论研究为重点，在具体安排上，要从实际出发，留有余地，重点突出，照顾一般。确定重点发展的学科是：偏微分方程、泛函分析、固体力学、理论物理、磁学、金属物理、超高频电子学、原子核物理、低能核物理、理论有机化学、天然有机化学、分析化学、植物生理、细胞学、地植物学、动物学、区域自然地理等17个方向。计划在十年内使参加科研工作的教师达到总数的70%～80%，科研集体达到35～45个，指导力量达到50～60名，中级骨干达到250名，增加专职科研人员180～200人，建立5～7个科学研究机构，培养研究生150～180名。

为了达到上述目标，采取的主要措施是：培训干部，准备力量；建立机构，配备人员，改善科学研究工作条件，新建和扩建一批实验室，逐步充实一些重要仪器设备，不断提高科学技术化程度。

《规划》列举了69个科学研究的中心问题。从选题来源上看，属国家十年科学技术发展规划的有36个，占52.3%；属有关单位委托和合作的1个，占1.45%；属自选的32个，占46.4%。从研究性质来看，属基础理论的37个，占53.64%；属基础理论又密切结合生产的27个，占39.1%，以上两项共占92.8%。

《纲要》《规划》的制定和通过，是兰州大学自然科学研究工作的一件大事。它确定了兰州大学以基础理论研究为重点的办学思路，并形成了以基础研究见长的特点。它鼓舞和调动了广大教师投入科学研究的积极性，为兰州大学科学研究展现了一幅切合实际的蓝图。

1963年9月，兰州大学召开了第三次全校科学讨论会，针对在开展科研工作中存在的一些问题，同时针对《纲要》《规划》的实施召开了总结会。在总结会上，江隆基有个讲话。他主要讲了这样几点：

一是要正确认识科研与教学、进修的关系。他说，科研与教学在本质上是统一的，因为提高教学质量的关键在于提高教师的学术水平，而科学研究则是提高教师水平的根本途径；两者是相辅相成的。“如果说两者有矛盾，主要是表现在时间的支配上”。所以，这个矛盾不是不可以调和的，“如果我们能够科学合理地支配时间，二者是可以很好地结合起来”。

江隆基强调，我们高等学校的主要任务是培养专业人才，所以，“首先应该满足教学，要在教学为主的前提下，积极开展科学研究工作”。同时，在处理教学与科研的关系上，要注意防止两种偏向：一种是把科学研究的选题完全限制在教学的圈子里，使科研只能为教学服务，不敢越雷池一步；另一种是科学研究完全不顾教学的需要，把科学与教学对立起来，南辕北辙，互相掣肘。他说，这两种偏向都是应当纠正的。

二是要稳定科学研究的方向。他说，“科学研究一定要有稳定的科学研究方向。要避免盲目性，克服见异思迁，争取少走弯路，减少不必要的重复”。在选定科研方向上，应当根据专长、原有的工作基础，

1963年12月，张友渔、江隆基率中国学术代表团访问日本

“同时参照国家科技发展规划和科学本身的发展趋向来确定”。

他还指出，在选定科学研究方面上，要求发挥和处理好个人与集体的关系，既要注意发挥个人的专长，又要注意发挥集体的力量。他说，有些综合性科研项目，甚至是要打破教研组的界限，将有关老师组织起来，集体攻关。所以在开展科学研究中发挥集体的智慧，发挥集体的力量，是我们选项中要十分注意的问题。

三是要组织好科研队伍。他说，“人力的组合是一切事业的根本保证。搞好科学研究，必须解决好队伍的问题”。就一般情况讲，组织好一支科研队伍，要包括指导力量、中级骨干、初级骨干，还有组织管理人员、后勤服务人员等，配套成龙，亲密合作。他强调，科学研究工作的特点是个体的脑力劳动，所以在科研集体里，主次之分是十分必要的，绝不能兵将不分，一窝蜂地一拥而上。同时，他也指出，在集体工作中要注意发扬民主作风，培养平等精神，不要有那种唯我独尊、自视特殊、独断专行、我行我素的作风。只有这样，才能组织一支好的科研队伍。

另外，江隆基就正确贯彻“双百方针”和勤俭办科研，再一次重申了自己的意见。他说，“双百方针”是“促进艺术发展和进步的方针，也是促进文化繁荣的方针”。就我们开展科学研究工作来说，重要的就是活跃学术空气，发扬学术民主。他说，科学的发展有其自身的规律，科学研究“是一种专业性、专门性很强的劳动”，它的成就，主要靠“科学家本身的努力”希望“大家都要发挥积极性和创造性，积极进取，勤奋钻研”。

他还提出，教师在教学中，在遵循教学大纲的前提下，可以讲述自己的学术观点和主张，有争论的问题也不要采取多数通过的办法，允许坚持自己的学术观点。

他还提到，开展科学研究必须坚持勤俭节约的原则。他说，虽然我们的科研经费有所增加，但就学校开展科研的状况来说，还是十分有限的。我们也不能采取平均主义的办法，希望相互理解。总之，希望大家奋发努力，同心协力，搞好科学研究工作，为建设社会主义多做贡献。

兰州大学的科学研究工作上了一个新台阶。

“知识分子的知心人”

在全面贯彻“八字方针”，调整国民经济的工作全面展开的形势下，周恩来在1961年6月召开的文艺工作座谈会和故事片创作会议上，重申了知识分子的绝大部分已经成为“工人阶级的一部分”的正确政策。第二年3月，他在广州召开的科学工作会议和戏剧创作会议上，做“关于知识分子问题的报告”，再次重申我国知识分子的绝大多数已是劳动人民的一部分。陈毅在大会的讲话中也明确提出“应该取消资产阶级知识分子的帽子。今天，我给你们行‘脱帽礼’”。

党对知识分子的正确政策和“百花齐放，百家争鸣”方针的恢复，调动了广大知识分子建设社会主义的积极性。

江隆基专门讲述了高等学校知识分子队伍的组成情况。他说：“高等学校的教师是由两部分人组成的：大部分是新中国成立以后成长起来的青年知识分子，小部分是旧社会过来的中老年知识分子。”青年知识分子是在社会主义制度下由党培养教育出来的，他们基本上是工人阶级的知识分子，在教学上已成为高等学校的一支重要力量。要加强帮助教育，严格要求，使他们在政治上、思想上更快地提高。中老年教师，也已在党的领导下经过了较长时间的教育和自我改造，在政治上、思想上和业务上都已取得了不同程度的进步。对他们应该具体分析，不能笼统地一律称之为资产阶级知识分子。就大多数人来说，他们能够辨别政治方向，分清大是大非，愿意跟着党走社会主义道路。所以，“必须同他们加强团结，充分调动他们的积极性，根据他们的专长适当安排他们的工作，在工作和生活上为他们创造一些必要的条件，使他们能够各展其长，各尽其力，全心全意地为教育青年一代服务”。至于高等学校里的学生，虽然也有思想改造的任务，但他们毕竟是青年，“青年的特点是追求进步，热爱真理。要善于启发，善于诱导，常用光荣革命传统、革命领袖的伟大榜样、英雄模范的形象激励他们，鼓励他们不断进步，在学习上提倡认真读书，自由辩论，独立思考，敢于坚持真理和修正错误的精神。要使学生的知识面更加广阔，而不是孤陋寡闻，思想更加活跃，而不是僵化，头脑更加充实，而不是简单”。

江隆基关于高等学校里两部分知识分子的论述，提出了正确贯彻知识分子政策的问题，并指明了应当努力的工作方向。

他结合高等学校存在的具体情况，就加强政治思想教育，做好知识分子的工作，提出了自己的看法。

首先，要正确地分清两类不同性质的矛盾，明确是非界限。他说，就学校里存在的矛盾来说，“普遍而大量的是属于人民内部矛盾。敌我矛盾不是没有，但常常是以隐蔽方式出现的，应该同人民内部矛盾严格地加以区别”。

他说，就人民内部矛盾分析，其中有政治立场、世界观、道德品质、思想作风、学术见解、生活方式和实际工作等方面的问题。对于这些问题，一定要“具体分析，区别对待，不能混淆不清，胡须眉毛一把抓”。对于政治立场问题要通过政治思想斗争来解决；对于思想问题要通过正面教育和批评与自我批评来解决；对于学术问题要采取民主讨论、自由争辩的方式来解决；对于生活方式问题，只要不妨碍集体利益，就不宜多加干涉；对于实际工作上的问题可以通过协商来解决；当政治问题、思想问题和学术问题一时分辨不清时，可先按学术问题或思想问题对待，以便情况判明时易于改正。“总之，凡是属于人民内部的矛盾，都应该从团结的愿望出发，经过批评与自我批评，弄清是非，以便在新的思想基础上达到更进一步的团结”。

第三，要从多数人的思想实际出发，照顾到少数人的觉悟水平。譬如“红与专”的问题，要求所有的知识分子既要专深，又要红透，就是不现实的。他说，“知识分子的红，主要是指政治立场问题的解决，如果要求所有的知识分子都限期解决世界观问题，也是办不到的”。“我们必须在现有觉悟的基础上，一步一步，稳扎稳打地去提高他们的思想政治水平”，“对于一时落后的人决不应采取歧视、鄙弃的态度和孤立打击的办法”。我们应该看到，“世界观的转变需要经过一个长期的逐步的自我改造过程，不能求成过急”。还应该看到，“红不仅应该表现在政治思想的进步上，而且应该表现在出色地完成工作和学习任务上”。

第三，“不应该只看到消极的一面，应该更多地看到积极的一面”。他说，“任何事物都有它的积极因素和消极因素”，我们要“经常注意发扬积极因素，同时也不放松克服消极因素”，这样才能保持旺盛的士气，推动工作不断地前进。就目前高等学校师生的情况来看，他们“在党的领导下已进行了长时间的自我改造，他们的思想政治面貌已经起了很大的变化”。所以，我们今后的主要工作是“加强正面教育”。“看人看事要看发展，看变化，不要用一成不变的眼光去看待”，“即使是一个很落后的人，只要还有一点一滴的进步，也需要我们加以肯定，加以鼓励”，“不要造成一种气氛，使落后分子和犯了错误的人感到一无是处，丧失了前进的信心”。

第四，既要注意共性，也要注意个性。他说，“思想发展有其共同规律”。他说，我们一方面要注意发现在一定时期和一定条件下所发生的普遍大量的问题，针对这些问题进行深入的分析研究，找出问题发生的根源，提出解决问题的办法，有的放矢地开展普遍性的思想教育；另一方面，我们更要注意每个人的思想表现，找出各人思想的来龙去脉，采取不同的方式，一点一滴，耐心细致地去进行个别工作。这样把具体的思想工作和普遍的思想教育密切结合起来，才能收到应有的效果。

他强调说，知识分子的特点是感觉敏锐，自尊心强，所以要特别注意说理，启发自觉。可以采取交朋友、谈心、交流经验、民主讨论的方式。“在态度上要真诚坦率，平等待人，谦虚恳切，不存成见”，只有这样才能做到互相信赖，推心置腹，知无不言，言无不尽。我们必须做细致的工作，不断改进方式方法，提高领导艺术。只有这样，才能提高我们做思想政治工作的效率，发挥思想政治工作的威力。

江隆基的这些基本观点和主张，经文字整理后在《人民日报》发表了。[15]

但是，就兰州大学全校的思想状况而言，则是混乱的、低沉的。由于持续不断的政治运动的冲击，受批判的、受处理的教师也在逐年增多。1957年被划为右派的已占教师总数的10.24%，1958年被划为白旗的又占教师总数的9%，而其中中老年（讲师以上）被划为右派的教师已占到18.8%，被划为白旗的已占到25.8%。另外，还有为数不少的教师受到点名批判。尤其是在那种“学生上讲台，教师下讲台”“拔掉资产阶级白旗，插上无产阶级红旗”“破除对教授、专家、书本、文献的迷信”等等的口号下，发动并组织学生从教师的笔记、讲稿、讲义等的字里行间寻找批判资料等现象，使广大教师备受伤害。这是一个不安全的校园环境，教师们的不安心情绪广泛存在。每个系都有相当多的教师要求离开甘肃，离开兰大……

江隆基到校后，在深入了解到兰大教学秩序已非常混乱的同时，也深入了解到蕴藏在教师中的种种消极情绪。江隆基对他夫人宋超说，“看来比我原来想象的还要困难”。这确实是更深层次的困难。

这是须要下大力解决的问题。他清醒地看到，这支教师队伍是我们社会主义建设中的宝贵财富。提高教学质量，为祖国培养合格的人才，办好社会主义的大学，必须有一支高质量的教师队伍。如何调动广大教师教书育人的积极性，如何发挥教师在教学中的主导作用，如何建设一支“又红又专”的教师队伍，就成为江隆基须要解决的关键问题。

同时，江隆基也清醒地看到，虽然教师中广泛存在着消极情绪。但这并不是教师政治思想的主流。江隆基认为，他们是爱国的，是热爱我们社会主义祖国的。他们之中有的甚至是冒着风险，排除种种阻挠，回到了祖国，又是心甘情愿地来到大西北的，来到兰州大学的。没有高度的爱国心，没有建设新中国的坚强信心，他们是做不到这一点的。江隆基在与教师的广泛接触和交谈中，深切地看到这些积极因素。

江隆基坚定地认为，那些消极因素是暂时的，只要我们正确地执行党的方针政策，讲明道理，广大教师是会认清方向，明辨是非，沿着正确的道路前进的，是会积极地投入教书育人的行列中，发挥积极主动作用的。

正是基于这样的认识，以对党的教育事业的高度责任心，江隆基顶着种种压力，甚至是冒着某种风险，展开了他一系列的工作。

他在反复进行正面教育的同时，也开始了深入细致地调整和纠正工作。首先是1959年8月12日，校党委通过了撤销对刘佛吾（原总务长）、李天祜（原历史系系主任）、郑国锠（原生物系系主任）、陈恭（原体育教研室主任）、李端棨（中文系副教授）、聂崇礼（物理系教授）、杨聚卿（财务科副科长）、赵振海（基建科副科长）等人划为白旗的处分。之后，遵照中央有关政策的统一部署，开始对全校的右派、白旗等等分期分批地进行了甄别、平反等细致的工作。这项工作一直持续到1963年基本结束。在这项工作中，江隆基大都进行了个别交谈，做了道歉的解释，主动承担了责任。

1962年4月30日，在召开群英会的全校师生员工大会上，对1958年以来在“拔白旗”运动中、学术批判中、反右倾整风运动中，“新三反运动”中的错误和伤害，江隆基正式进行道歉，并主动承担了责任。他说道：“几年来在社会主义建设中有很大成就，但由于对中央政策贯彻不够，领会不深，因而在各项运动中有求之过急的做法，伤害了一部分同志的工作积极性。从1961年以来，我们一直在纠正过去工作中的错误。1958年的‘拔白旗’运动基本搞错了，还有1958年的学术批判也有错误。对1959年的反右倾整风运动也扩大化了，1960年的‘新三反’也搞过了头。因此，我们一直在纠正过去的错误。……这些问题不管是我来之后搞下的或未来之前搞下的，或者是当事的负责人在或不在，现在的党委都要负责任。我代表党委向同志们道歉。大家携起手来，共同为共产主义事业奋斗。”[16]

调整和纠正工作的过程也是重新建设教师队伍的过程。江隆基将着力点仍然放在如何充分发挥教师的积极性，建设好一支优秀的教师队伍这个关键问题上。他特别提出以下两点：

第一，“雪中送炭”。

江隆基说，我们做工作“重要的不是锦上添花，而是雪中送炭”。“我们今天做的就是雪中送炭的事”。

在江隆基这一重要思想的指导下，兰州大学工作做得是认真的，也是比较周到的。各系各单位都做了诚恳的道歉工作。有许多单位直接到家里当面做道歉和解释工作，年老体弱者就帮助其到医院检查身体，看病治病；行走不便者就帮助其买粮、买油、买煤。有的老教师十分感动，从来很少动感情的，也被感动得流下了眼泪。他们感谢共产党，感谢共产党政策的伟大。

其实，江隆基的这种思想和品德是一贯的。有这样一件事，那是在1936年西安事变之后，由于蒋介石在南京扣留了张学良，西安地区顿时陷入一片混乱。许多亲近杨虎城的人成了“可疑人物”，纷纷离开了西安。这时有一位德国友人安娜利泽（中国名王安娜，系王炳南夫人，这时王远在外地）由于生小孩，无法脱身，是江隆基在危难中帮助了她。她在回忆录中特别写道：“危险日益临近，气氛越来越紧张，我感到自己仿佛被一切朋友抛弃了。原先很亲密的朋友也疏远了我。即使向他们提出要求，也没有人应允。只有一个人，这就是柏林时期的好朋友、教育家江隆基，毫无避讳地来探访我，要帮我一把”。[17]

据一些老同志讲，这样的事例是很多的。20世纪60年代初，著名哲学家杨献珍在“合二而一”论中受到批判，处境十分困难。江隆基却冒着风险，顶着压力，和他的夫人宋超一起，到杨献珍家里探望，宽慰这位老同事。杨献珍，这位坚贞的老共产党人，对此念念不忘。还有在陕北公学一起共事的李维汉，这时也由于某些原因，受到批判，心情十分苦闷，也就在这种境地，江隆基和夫人宋超专门去看望了李维汉。李维汉，这位老资格的共产党人备感之至。

还有一位在陕甘宁边区教育厅的老同事张养吾。新中国成立后，张养吾在西北军政委员会办公厅工作，是彭德怀的秘书。以后跟随彭老总赴朝，任志愿军司令部秘书主任。1959年彭德怀受到批判，定为“反党集团”后，张养吾受到牵连，被降职降薪、开除党籍，处境十分困难。是江隆基伸出了援助之手，关心他的生活，和他交流思想，疏解他的情绪。江隆基的援助使张养吾在绝境中得到了挽救。

林迪生校长，是1926年参加中国共产党的一位老同志，于1936年到陕北，先后任中央苏维埃教育部社会教育科科长，鲁迅师范学校校长，延安大学教务处处长、教干处处长等职。建国初期是西北军政委员会教育部副部长。1953年任兰州大学校长。林迪生校长以其丰富的教育经验，积极领导兰州大学的改造与建设。广纳人才，正确执行党的教育方针和知识分子政策，工作勤恳负责，作风朴实无华，关心同志，深入群众，为兰州大学的发展做出了重要贡献。可是，1958年他遭到了批判，被扣上了右倾投降主义分子的帽子，又被免除了校长职务。

江隆基来兰州大学之前，曾与林迪生先后两次共事。对林迪生是比较了解的。到兰州大学以后，他看到批判林迪生的材料以后，认为列举的“罪名”是不能成立的。于是在党委会上，明确提出要对林的问题进行复查的建议。与此同时，他也积极地做林迪生的工作。自从林迪生遭受批判后，情绪十分低沉，并一度生病住院，要坚决离开兰大，离开甘肃。并表示以后不愿再做行政领导工作。江隆基多次找林迪生谈心，推心置腹地交流对问题的看法，并一再规劝林迪生说：“如果少一点个人的考虑，多一点为党的事业的考虑，一切问题就会想通了。”

在江隆基的积极努力下，1960年10月，林迪生正式恢复了兰州大学副校长的职务。林迪生原任兰州大学校长，在他的问题平反后，曾征求他的意见恢复校长职务，但林表示愿意继续留在兰大，也愿意在江隆基的领导下工作，于是担任了副校长职务。

许多干部和教师也有类似的经历。1959年，在“反右倾机会主义”运动中，甘肃省委点了兰州大学几个干部的名，要兰州大学“严肃对待”，开展批判斗争。江隆基很重视。他仔细地了解了这些干部的“问题”。其中有一位被点名批判的干部，在她和苏联留学的弟弟的一次通信中，谈到了国内“大跃进”的事，并提出了对“大跃进”的一些看法。她还随便将她弟弟回信的内容念给大家听。通信内容并没有涉及任何国家机密的事，完全是一种正常的书信往来。于是江隆基将这位干部还有其他干部和教师的情况反映给省委，并提出，“对同志思想上工作上出现的问题，不能无限上纲上线”，江隆基就这样保护了许多干部和教师。

在“反右倾机会主义”运动中，一位党员系主任，由于有某些“右倾言论错误”，党委在讨论时，有人提出要给予处分。江隆基提出不同意见。他说："一位入党不久的知识分子，在思想上缺乏锻炼并不奇怪，他需要的是帮助和教育，提高认识。同时，这位同志的错误也只是认识上的问题，不应该由此给予处分。"他还说："我们应该看到大局，党员教授本来不多，再给戴上政治问题帽子，就不能参加国内学术活动了。这对我们的工作，对发展教育和科学研究事业也是不利的。"经过讨论，党委同意了江隆基的意见，使这位同志免于处分。

1960年，学校的教学秩序还不时地受到种种运动的冲击。当时，有一个系开展"二革"（技术革新和技术革命）运动。这个系的主要负责人擅自决定停课两天。江隆基知道这一情况后，就立即给这位负责人打电话询问此事，并指出，"你们擅自做主随意停课两天搞'二革'的做法是不对的"。学校一再重申，学校不能随意停课。停课一定要按程序事先报请审批。这位负责人立即承认错误，并说马上向全系宣布撤销停课的决定，立即上课。江隆基没有同意他这样做，说道："作为一个系的领导，怎么能这样朝令夕改呢？我看你就不必收回成命。""过后要很快将停课的课程补上。"以后，这位负责人经常说起这件事，说他很敬佩江隆基爱护干部处理问题的方法。

还有一件，是涉及处理一位学生的事。20世纪60年代，《人民日报》发起了对电影《早春二月》的批判，同时各地报刊众口一词，大张挞伐。中文系的师生也加入大批判的行列中，认为这是一部宣扬资产阶级人道主义和人性论的大毒草。可是有一位学生却不这样看，他认为这是一部有现实主义精神和美学价值的应当肯定的作品，他的文章在《甘肃日报》登载了。但他的文章却是作为反面观点登载的，目的是更好地展开大批判。这样，这位学生连续遭到批斗。并提出这位学生是"反动学生"，"应当开除学籍"。江隆基接到报告后，明确指示，这位同学是思想认识问题，不是反动学生，不能开除学籍。并说，"学生就是不成熟，成熟了就不是学生了"，指示，"对这位学生的批判到此为止"。当时，在这样大批判的风浪中，江隆基力抗风潮，为学生主持公道，感动了这位学生，也感动了众多教师。之后，这位学生已是一位知名的作家，他说："当时如不遇到江校长，我将难以立身，哪能谈得上成为什么家呢?"

再有一件事。那是1966年5月，"文化大革命"已经开始。有些学生已开始哄斗教师，并用毛泽东在《湖南农民运动考察报告》中的一段话，说明他们的过火行动是符合毛泽东思想的。当时有位干部就针对这些学生提出，说毛泽东的话是记录当时农民运动的实际情况，并不是要提倡这样做。结果这位干部就遭到省委工作组的严厉批判，说这是反对毛泽东思想的反动言行。当时，江隆基的处境已十分困难，但他在校党委扩大会上仍明确表态，说这位干部的言行"没有错"，并说，毛主席制定的《三大纪律八项注意》明确规定，连俘虏都不准虐待。在关键时刻江隆基仍然坚持这样的原则立场，使这位干部"十分敬佩，终生难忘"。

第二，"各得其所，各展所长"。

"各得其所，各展所长"也是江隆基的一贯思想，早在抗日根据地，在陕北公学、华北联合大学领导工作中就是这样做的。他认为，高等学校的教师都是有专长的知识分子，他们都有很强的自尊心，要尊重他们的专长。对他们所学专长的尊重，就是对他们最大的尊重。"各得其所，各展所长"，就是基于这样的认识提出的。这八个字是在北京大学的一次会上提出的，到兰州大学后他又一再强调这一观点。他的意思是说，一方面要给教师提供必要的工作条件，营造良好的教学和科研环境；另一方面要充分发挥教师的专长，调动工作的积极性。

江隆基十分关注"尊重"二字的分量。对于教师的尊重，他专门有个解释，他说："尊重教师就是尊重知识，尊重科学，尊重前人的劳动。"他认为，教师的劳动是重要的，也是高尚的。尊重教师，尊重他们的专长，是做好教师工作的主要内容。

"各得其所，各展所长"的主张，在学校工作中起到了重要影响，它使学校工作的重心有了一个大的转移。转移到了如何争取团结更多的知识分子，充分发挥他们的专长；转移到了如何调动他们的积极性，充分发挥他们的主导作用；转移到了如何提供更多更好的工作条件，营造良好的工作环境。同时，也使广大教师正确地对待自己的思想改造，使他们懂得“要赢得他人的尊重，首先要尊重自己”；“教育他人首先要教育自己”。“各得其所，各展所长”，使广大教师认识到在刻苦钻研专业教书育人的同时，也须要提高认识，改造思想，严格要求自己，不断地追求进步。

尊师重教已在兰州大学出现了良好的氛围，形成了宽松的环境。

化学系是全校教师最集中的一个系，不仅教师人数多，而且中老年以上教师多，还有，用当时的话说，“问题人物”也多。在各系领导班子稍事调整后，1962年江隆基选择了在化学系蹲点，并将自己党的组织关系也转下去，他想以点带面地推动全校的教师工作。

首先，他在党总支扩大会上和大家交换意见，进一步了解了全系的教师状况，他提出了三点要求：一是要求各总支委员和各支部书记都要深入教师队伍中，和教师谈心，交朋友，听取意见和要求；二是要求行政和后勤工作树立为教学和科研服务的思想，尽可能地提供良好的后勤保障；三是要求大家齐努力，营造宽松的环境，让全体教师都能集中精力地做好教学和科研工作。与此同时，他也深入各教研组中，常去参加教师的座谈会。江隆基参加座谈会，多是听取大家的发言。有时插些问话，他一面听大家发言，一面记笔记。当时开会，大家都坐着小方凳，江隆基也和大家一样坐小方凳，有时会议开的时间长，经常是两三个小时。办公室的工作人员看到江隆基校长魁梧的身躯，坐着小方凳，又记笔记，很不方便。于是找来一把藤椅，让江校长落座。会后，江校长还是让工作人员将藤椅搬走，并连声说“谢谢”，“我坐小方凳还是可以的”。这件事虽小，却给大家的印象很深。从江隆基这种平易近人的作风中，大家看到的是对教师的尊重。

江隆基在化学系这段工作中，和广大教师交朋友，有老年的、中年的，也有青年教师。他不仅知道他们的名字，教什么课，也知道他们的业务专长。之后，在此基础上，他通过系党总支树立了“四大台柱”，推广他们的教学经验。在确立的重点科研项目中，也都相应地配备了年青教师，初步形成了科研团队。在加强基础课教学的基础上，各个专业课程之间的分工、配合和协调，经过任课教师之间广泛深入的讨论，也进一步规范化。每学年每学期的课程表的排列都广泛地征求教研组教师的意见，甚至到教师家中专访，以保证课程安排得更加符合实际，更加合理。同时，在大力提高教学质量的气氛中，每个教师都加强了课程的准备工作，开夜车已是经常之事。

化学是一门实验性很强的学科。在江隆基的关怀下，一方面配备加强了实验室的教师队伍；另一方面也加强了实验室的建设，使实验课的教学，增强了实验内容，强化了技能的要求。在行政和后勤工作要为教学和科研服务思想的指导下，化学系的行政管理和后勤保障也上了一个新台阶。仪器设备、药品试剂的采购、保管和发配等等都有了严格的、细致的管理。在有限的经费下，为了保障供应，许多玻璃试剂等用品，都是自己动手制作。鉴于夜晚经常停电，为了不影响教师的备课，办公室专门购置了蜡烛，分送到教师家中。有的教师年老体弱，办公室专门派人帮助料理他们的生活，连每月下发的工资条，也分别送到教师的家里。周耀坤教授是当时化学系的副系主任，他后来回忆说，化学系“正是按照他（江隆基）生前的教诲进行工作的。化学系发展到今天，居于全国第一流的教学水平，是与江校长的办学思想与具体领导密切相关的”。[18]

现代物理系，是江隆基来兰州大学之后刚刚成立的一个系。教学与科学研究上存在不少困难。他非常关心现代物理系的建设，从教学、科学研究、教师队伍到后勤工作，他都进行具体的指导。现代物理系距校部还有较长一段的距离，他经常一个人步行到现代物理系，到各教研组转转，和教师们谈谈。有时当教研组开会时，他便轻轻地敲门进来，悄悄地坐下，静静地听大家的发言。随后他总是给大家讲一番语重心长的话。这时还是经济生活极端困难的时期，高压倍加器组的教师和职工，经常加夜班，并接触较强的γ和β射线。他知道这些情况后，亲自批示要学校奶牛场保证供给高压倍加器组每天八瓶牛奶。在江隆基的积极关怀下，高压倍加速器终于调试出来。在调试时，他专门到现代物理系，爬上高凳去看靶室中的束流，向大家祝贺。现代物理系除几位教授外，其余几乎全是35岁以下的青年老师。他特别提出要加强基础课教学和基础科学的研究。为了加强核物理和放化专业，教育部决定将南开大学的核物理和放化专业，调整到兰州大学现代物理系。当南开大学的老师们来到兰州时，江隆基专门到火车站迎接，和老师们一一握手，向他们问好。短短几年的时间，现代物理系在原子核理论、实验核物理、加速器、放射化学等各方面都有一批骨干教师迅速成长，教学和科学研究都取得了显著成绩。郑志豪教授回忆说："现代物理系的核物理、放化两专业发展到历史上最大规模，教学、科学研究得到蓬勃发展，这些都是与当时的江隆基同志的努力分不开的。当时整个兰大处于升平之世，欣欣向荣。广大师生齐声称赞，江隆基同志是好校长。"[19]

兰州大学的莘莘学子称赞江隆基时代的兰州大学是兰州大学的黄金时代。而作为黄金时代里含金量最重的，则是在江隆基治学理念下培养了一批业务扎实的、有吃苦精神的、严谨治学的、热爱祖国的教师队伍。

郑国锠教授是我国著名植物细胞生物学家、中国科学院院士。1951年，他抱着"为新中国建设奉献力量的决心"，排除了种种阻力，从美国回到了祖国，到西北高原上的兰州大学任教。郑国锠教授治学严谨，作风正派。在学术界、在兰州大学广大师生中享有很高声望。1958年在"拔白旗"运动中，他被划为"白旗"，七次检讨都没有过关，并在全校张榜通告，撤销了系主任职务，停止了细胞生物学基础理论研究，停发了工资，只给生活费三十五元，整天从事体力劳动。江隆基在找张鹏云[20]的谈话中，了解到了郑国锠教授遭受批判的情况，还了解到郑国锠在政治上一直是要求进步的，是热爱社会主义祖国的，在思想上是靠拢党的。江隆基沉痛地说："这样的科学家，是我们教育事业中十分难得的宝贵财富啊!”

在一次教授座谈会上，江隆基请郑国锠教授介绍他的科研进展情况，江隆基当即表示，这样的工作要继续搞下去，不能停下来。座谈会后，江隆基将郑国锠教授留下来，关心地询问了他的生活情况，并明确地表示说：“科研课题虽然是基础研究，与当前的经济联系不上，但很重要，仍须要继续做下去，学校支持你。”就这样，郑国锠教授的科研课题被列为全校五个重点课题之一。筹建了细胞学研究室，配备了专职的科研人员和必要的实验设备。郑国锠教授的“白旗”问题也得到了甄别，被扣发的工资也予以发还。1961年，在各系领导班子调整中，郑国锠教授的系主任职务也得到了恢复。

在恢复职务时，江隆基专门找郑国锠谈话，并表示歉意地说：“你在运动（“拔白旗”运动）前，就是系主任，本应该在‘拔白旗’运动纠正后，就恢复职务的。这一工作我们没有及时跟上。这次系领导

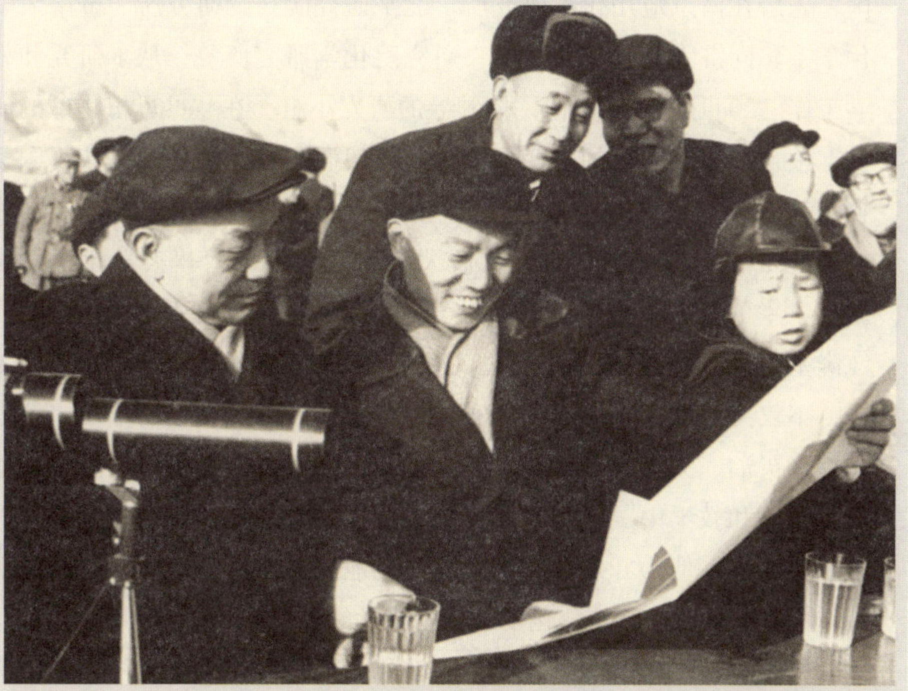

1964年，江隆基、郑国锠、徐躬耦在甘肃省民兵比武大会上

班子调整，还是请你担任系主任。希望你能为党的教育事业和科学研究事业多做贡献。”江隆基自始至终的亲切关怀，使郑国锠教授深受感动。他深深地感到党的温暖和对他的信任。郑国锠教授后来回忆说：“江校长语重心长的谈话，就像一股春风吹进了我的心房……我好像感到自己浑身都有使不完的劲，我暗暗下定决心要尽最大的努力把领导交给自己的工作干好。”1962年郑国锠教授列席了全国政协会议，1964年被选为第三届全国人民代表。他说：“真正为我平反的是尊敬的江隆基校长。”

朱子清教授，是我国微量化学分析创始人之一，是新中国的第一代的有机化学家，也是兰州大学当时唯一一位一级教授。朱子清早年留学美国，曾获哲学博士学位。之后赴德国留学，同诺贝尔奖奖金获得者H.维兰德一起学习有机化学研究，后又师从微量化学分析的创始人、诺贝尔奖奖金获得者F.普雷格尔学习微量分析。1935年学成归国，先后在南京应用化学研究所、北平研究院药物研究所、暨南大学化学系、同济大学化学系、中央研究院化学研究所等，从事研究和教学工作。20世纪50年代初，他领导的研究小组，在“贝母植物碱的研究”中，因发现著名的“变形流体”骨架而享誉国内外，并获得国家自然科学奖。

1955年响应祖国号召，支援大西北，来到了兰州大学化学系任教。不幸的是，反右派运动中被划为右派，受到了降职降级的处分。江隆基到校后，为他甄别平反，积极支持和恢复了他的科研和教学工作，不仅为他配备科研助手和实验设备，还派人照顾他的生活，给他买粮、买油、买煤，还帮他到医院看病。朱子清不顾年迈，全身心地投入科研和教学中。他对天然产物进行了大量的化学研究，取得了许多重要成果。他为开发和利用中国西北地区天然资源，发展有机化学理论促进有机化学、植物化学、药物化学的发展做出了重要贡献。

朱子清教授是一位诲人不倦的教师，他先后主讲了有机化学、有机分析、生物碱化学等课程，受到学生们的称赞。他十分重视基础课的教学，重视培养学生的独立工作能力。重视启发学生的思维能力，注意传导学术思想。朱子清教授襟怀坦荡、崇尚民主，他总是鄙视那种说大话和不懂装懂的种种言行。他思维敏捷，治学严谨。在他的精心培养下，兰州大学化学系成就了一批天然有机化学的杰出人才。

刘有成教授是我国自由基化学的奠基人之一。留学英国，获哲学博士。之后赴美国留学，师从著名化学家、自由基化学奠基人M. S.卡拉拖教授，由此开始了他自由基化学的研究生涯。1954年，刘有成教授冲破了种种阻挠，回到了刚刚诞生的新中国。他响应祖国的号召，支援大西北，1955年来到了兰州大学任教。

刘有成早年曾从事有机硫化合物研究和甾体化合物同位素标记的合成研究，他的研究成果被收入国外出版的同位素标记化合物制备专著。来到兰州大学后，在科研条件十分简陋和匮乏的情况下，白手起家，组建了自由基化学研究小组，开展了自由基化学的研究。在自由基引发剂的研究、氮氧自由基的研究、烯基格氏试剂的研究、自由基正离子的研究、生物抗氧化剂的研究、生物有机化学的研究等诸多方面，都取得了重要成果，其中许多领域都达到了国际先进水平。

刘有成是新中国成立后兰州大学最早培养研究生的教授之一，也是兰州大学最早（1980年）当选中国科学院化学部委员（院士）之一。他治学严谨，思路敏捷。作为学科的领军人物，他特别注重对学生的独立思考和独立研究能力的培养，也正是在他的这种理念的指导下，培养出了一批又一批的优秀的博士生等，其中就有中科院院士，一批学科领军人物。

刘有成教授是1957年以后担任化学系系主任的。之后他一直担任着系主任的职务。化学系蒸蒸日上的发展，是与他的精心努力分不开的。在工作中他和江隆基多有接触，既有在工作中的交谈，也有思想上的交流。刘有成教授是一位十分严肃而有绅士风度的学者，他说江隆基是一位十分难得的熟悉教育的好校长，是他十分敬佩的好领导。

徐躬耦教授是著名核物理学家，是兰州大学现代物理系和原子核研究所奠基人。1950年9月抱着投入新中国建设的决心，由英国回到了祖国，先是在南京大学任教。1955年因科学研究工作的需要，教育部调徐躬耦教授来兰州大学，继续他的科研工作。1958年在“大跃进和教育革命”中，他的科研工作“遭遇到了种种不应有的困难”。江隆基到校后，了解到这种情况，专门找徐躬耦教授深入了解情况，并表示全力支持筹建核物理专业，协助解决了一些具体问题，补充了一批青年教师，终于正式建立了兰州大学现代物理系。之后，江隆基又请他兼任现代物理系和物理系两个系的系主任。并做了一次十分恳切的谈话，徐躬耦教授说：“他不是泛泛地讲大道理，而是娓娓地谈自己革命生涯中的体会”，徐躬耦教授感动地说：“此次谈话，令我永志于心，终生难忘。”

徐躬耦教授说：“现代物理系正是在江隆基的关怀下，经过大家的努力，教学质量迅速提高，科研工作也打下了一定的基础。兰大现代物理系有较快的发展，受到大家称道。”

赵俪生教授是我国知名的历史学家，博学多才，特别是关于中国土地制度史和农民战争史的研究有很深的学术造诣，他讲的课颇受学生们的欢迎。1957年赵俪生被划为右派。在“教育革命”中，历史系被合并到西北师院，赵俪生由西北师院“分配”到山丹农场劳动改造。1961年，兰州大学文科三系恢复后，当时，赵俪生是“编外”，仍在山丹农场劳动。赵俪生有个女儿叫赵纪，正准备考大学，一天在爬皋兰山时不慎摔成重伤。江隆基得知后马上派车将赵纪接送到医院抢救，同时又通过省委给山丹农场发急电，放赵俪生返兰。不幸的是赵俪生教授返回兰州时，他的女儿已去世了。1961年赵俪生教授摘去右派分子帽子时，江隆基见到了他，紧紧握着他的手说：“你的女儿，我们没有招呼好，遭遇了不幸……”江隆基的关怀给因蒙受冤屈而处于困境的赵俪生及其一家以极大的安慰和鼓励。这件事对赵俪生教育极深，他说，他也是写了一辈子文章的人，但是在当时，他对“江校长这个伟大的人道主义者寥寥数语”的感情，却描绘不出来了，他只是暗暗地说：“要不是江校长把我调回兰大，我这个濒于危殆的生命也就葬身戈壁滩上了”。

以后，赵俪生教授在江隆基的关怀和支持下，讲授《中国通史》。赵俪生说，他一贯有一种报恩的思想（不管这种思想属于什么范畴），他不顾体质的虚弱，坚持认真备课，一鼓作气连续教了5个学期，从中国猿人一直讲到鸦片战争。赵俪生教授每次讲课，课堂上都是挤得满满的，江隆基和学校里的一些负责人也经常去听他的课。

赵继游是我国知名的数学教授，民盟甘肃省的主要负责人之一，长期从事高等数学的教学，学识渊博，教学得法，深受学生的欢迎和爱戴，1958年被划为“白旗”，遭到粗暴的批判，系主任的职务也被撤销。江隆基进校时，他还在做着清扫卫生的劳动。江隆基了解到这种情况后，立即提出，要停止这种粗暴的做法，并指示有关部门复查。

在赵继游教授的“白旗”问题被纠正之后，江隆基专门约他谈话。江隆基见面后的第一句就是“赵继游同志，你受委屈了”。赵继游教授是一位十分坚强的人，但是，当他听到这句话后，眼睛湿润得竟找不出一句合适的话来回答了。接着江隆基提出，希望他继续为人民的教育事业，为培养好下一代多做贡献。他还特别提出，今后还要继续对党的工作提出批评与建议，发挥民主党派的作用，再重新挑起担子，担任系主任的职务。赵继游教授详细地讲述了这几年来工作的情况，并坦率地提出了对学校工作的一些看法。从交谈中，江隆基深深感到赵继游教授在政治思想上是一位十分坚定而又成熟的民主人士。他钦佩赵继游教授清晰的洞察力。这是一次推心置腹的长谈，江隆基的关怀和体贴，使赵继游教授心中的一股怨气也烟消云散了。从此，赵继游又把全部身心扑在系主任这个岗位上，扑在教学和科学研究上，为数学系的建设、高等数学的教学做出了重要贡献。

吕忠恕是我国知名的植物学教授，勤奋治学，对兰州地区的植物栽培做出了重要贡献。1958年被划为“白旗”，遭受批判。1961年平反后，江隆基找他谈话，主动谈了自己参加革命后思想转变的经历。他说："思想改造是不可一日放松的。"他每天晚上都要对白天的思想活动进行推敲、反省，想想哪些是做对的，哪些是做错的，常常为有一些不正确的念头而悔恨不已。江隆基这种严于律己、宽厚待人的精神，使吕忠恕教授"感到极大的震动"。他说："江校长这样严格地要求自己，是对我极大的教育和鞭策"，"江校长是我终生学习的榜样和尊敬的导师"。他还说，他一生中也曾遇到过不少的师长，其中很多人也有这样那样的优点，但是像江校长这样在许多方面都可以为人师表的人，却还未曾见过。

王德基教授是中国近代地理学的开拓者和先驱者之一。早年留学德国，抗日战争期间回国，投身于地理学的考察与研究。1946年受兰州大学校长、著名学者辛树帜之邀到兰州大学任教。当时的地理系仅他和冯绳武两人，经费拮据，图书仪器全无。王德基竭尽心力，四处奔走，聘请教师，争取资金，购置设备，自己动手编写教材，终于使地理系达到了办学条件。新中国成立后，王德基教授仍继续担任地理系系主任职务，在林迪生校长和陈时伟副校长的支持和关怀下，地理系有了很大发展，1956年高等教育部确定兰州大学有四个系为副博士研究生的培养单位，由王德基教授为导师的地理系就是其中之一。不幸的是1957年"反右派"运动中，王德基教授被划为右派，撤销了系主任的职务，降级降薪，停止了他的教学和科学研究工作。江隆基到校后的1961年，他摘掉了"右派"的帽子。王德基教授将主要精力投入教学和科学研究工作中。王德基教授治学严谨，特别重视实地考察，他提出，地理学工作者要三勤：腿勤、眼勤、嘴勤。就是说要有不怕吃苦、爬山越岭，要多留心观察，要多向老师提问、请教的三勤精神。正如他的学生李吉均教授（中科院院士）的评价所说，王德基教授所提倡的三勤，对所有"地学工作者来说至今仍是至理名言"。

王景尊教授是我国知名的水文地质学家，他为甘肃的水源研究做出了重要贡献，甘肃的老百姓，尊敬地称他为"龙王爷"。1957年被划为右派。王景尊秉性耿直，敢于直言，当他了解到江隆基“党性十分坚强，道德品质非常高尚，处事作风永葆优良”，“是一位有修养有实学的教育家”时，就主动找江隆基谈自己的右派问题。他说，自己从来没有反党反社会主义，只是“反对省委某些领导好浮夸，弄虚作假，欺骗中央的毛病”，“由于我在省上几次会议上，常提出批评和指责，伤了省委领导的面子，他们恼羞成怒，借反右斗争的机会，把我定为右派分子”。“我的案子是一件十分不合情理的冤案”。江隆基钦佩这位耿直的、对甘肃水源做出贡献的学者，仔细地听了王景尊教授讲的情况和意见。但是在当时情况下，江隆基也不便对“右派”问题表示明确意见，只是诚恳地对他说：你的问题，我可以转告有关部门核查。不过我们应当平心静气地考虑自己的言语、活动等各方面，是否有不符合正身律己的毛病，在思想上考虑是否真正热爱共产党，热爱社会主义，是否以坚定意志努力为经济建设服务，在教学工作方面是否能终身贡献到底，“这是你，也是我，我们大家共同做人的准则，望你多加思考”。

这本来是一次极为平常的话，但是王景尊教授在蒙受冤屈的“右派分子”的处境中，江隆基这样诚挚的态度、中肯的话语却深深地打动了他。他以为即使他的右派问题搞错了，也应当按照江隆基的话去做。后来，王景尊教授回忆说，他当时也是年近花甲的人，“大半辈子的经历，好像这时才明白为人处事的道理”，他非常感谢江隆基的教诲，“永远忘不了江校长的告诫”。1961年，王景尊教授被摘掉右派分子的帽子，继续为水文地质的研究做出重要的贡献。

冯绳武教授是我国知名的自然地理学家，治学严谨，学术上也有较深的造诣。他和北京大学林超教授合编的《中国自然地理》曾作为全国推荐教材使用。冯绳武也是一位秉性耿直、敢于直言的学者。1960年他去北京出席“神仙会”，因敢于陈述自己的意见而受到了表扬。返回兰州后在参加省委召集的“神仙会”上，又放开地讲了一通。但是出乎他意料的是，却受到了点名批判，在民盟内也受到多次批判。他想不通。江隆基了解这一情况后，专门约冯绳武教授谈话。江隆基讲了自己过去的经历，说他在年轻的时候，也曾由于看问题的某些片面性，而说错了话，办错了事，“敢于直言，陈述己见是可贵的，但一定要掌握辩证法，学会全面看问题”。江隆基的话语不多，但却是诚恳亲切的。正如冯绳武教授说的，当“我”处于困境的时候，江隆基的谈话，“真是空谷足音，真正地帮助我提高了认识。”以后，他和江隆基还有过多次接触和交谈。他深有感触地说，江隆基是他“一生中最钦佩而怀念的领导人”。冯绳武勤奋工作，在自然地理的教学与科学研究中成就显著。

黄文魁教授1951年毕业于上海交通大学。1955年，响应祖国支援大西北的号召，来到兰州大学任教，从事有机化学的教学和科研工作。黄文魁教授勤奋刻苦，实验技术娴熟，早在他刚刚大学毕业的时候，就以新法合成氯霉素的课题，成功地合成出一种生产氯霉素的中间原料。《大公报》称赞说：“这一试验的成功，在反封锁斗争中更增加了一分力量。”来兰大以后他仍然继续天然有机和有机合成的研究，特别是关于贝母植物碱的研究、碘杂环化合物的研究、三尖杉酯类生物碱的合成研究、固氮酶活性中心化学模拟物的合成研究等都达到了国际同类研究中的领先地位。此外，黄文魁教授还通过实验测定与理论推断，阐明了五种生物碱的绝对结构，在狼毒素的结构研究、苯乙酸的新合成法等方面的研究，也取得了较高水平的成果。

兰州大学有这么一批执着苦干的教师，黄文魁就是其中最突出的一员。黄文魁是没有星期日的，从周一到周日，除了在课堂上给学生上课以外，几乎整天都泡在实验室里。中午很少回家吃饭，有时吃一点从家里带来的饭。黄先生的孩子属于挂钥匙一族。这些孩子每天都是自己锁门上学，自己到食堂买饭，自己回家开门。他的孩子说，虽然都在学校里，却很少见到他父亲的面。黄文魁在兰州大学二十多年，学校也曾组织到五泉山游园活动，他也是仅去了一两次。黄文魁先生顽强拼搏，艰苦创业已成为他生活的第一需要。江隆基曾和他有过多次的交谈，黄文魁说，每次谈话都是对他的鼓励和支持。“江校长对我的支持和关怀真是太多了。再大的困难我也要将工作（科研工作）搞上去”。

黄文魁在教学中十分重视对学生实验技能的训练。他经常讲，化学是一门实验性很强的自然科学，必须有精湛的实验技巧。“严谨的科学态度比科研成果更重要”。他还说，搞科研工作一定要有知难而进的精神，不能遇到失败就灰心，应当说，“失败不是倒退，而是离目标更前进了一步”，“最困难的时候，往往是最接近成功的时候”。这些至理名言的经验之谈，深深地印在学生们的脑海里。不幸的是，1982年12月24日，黄文魁应邀赴广州参加学术活动，因飞机失事遇难，终年五十四岁。

陈耀祖教授是我国有机分析化学的奠基人之一。1949年毕业于浙江大学化学系并留校任教。1955年支援大西北，来到了兰州大学化学系任教。他主讲有机化学、有机分析、波谱分析等课程。不幸的是1957年反右派运动中被划为右派。江隆基到任后的1961年始得平反。陈耀祖教授讲课，从不照本宣讲，他博采众长，独辟蹊径。在着重讲清基本原理的情况下，他总是结合实验技能等等，培养学生的分析和解决问题的能力。陈耀祖教授在涉及有机分析领域中，包括有机质谱、天然产物结构分析、有机化合物微量系统鉴定、自旋标记分析等方面都取得了重要的科研成果。他主编有《有机分析》《近代有机定量分析》《有机微量定量分析》《半微量有机分析》《有机质谱原理及应用》《中药现代化研究的化学法导论》等六部著作，被学术界誉为有机分析学科的经典之作。1991年当选为中科院院士。

刘天怡教授是国内知名的经济学学者。早年留学美国。1950年4月抱着一片赤诚的心回到祖国。12月他远途跋涉来到了位于大西北的兰州大学，从事现代经济学的教学。1958年，文科三系撤销后，随经济系到了新成立的甘肃财经学院。他曾在大炼钢铁中砍树、背石灰石、铁砂石接受改造。1961年文科三系恢复后，又随经济系回到了兰州大学。这时，已是江隆基任兰州大学校长的时期。有一次江隆基找他谈话，知道他是留美的经济学博士，在研究凯恩斯经济学方面是一位很有成就的学者，很高兴。勉励他做出更多的成就，希望他多学习马克思列宁主义经典著作。江隆基说，研究现代西方经济学，多读些马克思主义的经典著作是会有很大帮助的。同时还勉励他培养出更多的优秀学生。这次谈话，给刘天怡教授留下很深的印象，也深受感动。他说，已经多年没有听到一个学校领导这样态度诚恳、推心置腹的谈话。他说："江隆基校长是一位懂教育、懂知识分子的领导，这太难得，太可贵了。"

刘天怡教授待人宽厚、治学严谨，特别重视培养学生的独立思考精神。他的学生高新才（现任兰州大学副校长）这样说，从刘天怡先生一生中，"我看到了兰大发展的艰辛，看到了先辈们无私的奉献，看到了兰大精神的传承"。

叶开沅教授是著名的固体力学学者。1951年清华大学毕业后，师从著名力学家钱伟长攻读研究生，毕业后留北京大学任教，在著名力学家周培源的带领下参与创建我国第一个力学专业，成为北京大学力学专业五位创办人之一。反右派运动中由于维护钱伟长先生（被划为"右派"）的声誉而被内定为"中右"，被下放到门头沟劳动锻炼。1959年，在北京大学对口支援兰州大学的形势下，江隆基点名欢迎叶开沅来兰州大学任教。叶开沅到兰州大学后，在江隆基的关怀和支持下，立即投入创建力学专业的工作，他借鉴北京大学的经验制定了力学专业的教学计划，编写课程教学大纲，筹组教学实验室与图书资料室，组织教师培训班，指导年轻教师备课、讲课和开展科学研究。与此同时，他积极开展板壳非线性力学领域和非均匀弹性力学的研究。尽管工作和生活条件都十分艰苦，也取得了突出的成就。1965年他和他的学生刘人怀一起提出了为板壳非线性弯曲的求解的高精度有效分析法，在《科学通报》上发表了。在非均匀弹性力学研究方面，提出了用分段局部均匀化的近似方法来逼近非均匀体的阶梯折算法，并在此基础上完成了一系列论文。叶开沅教授是青年成名，中年遭难，老年奋进，成果丰硕。他一生奉献于高教事业，作为学科领头人，他又培养出了包括刘人怀、郑晓静、周又和等一批精英和学科领军人物。

陈文嶼教授是我国非线性分析研究的开拓者之一。1954年毕业于东北人民大学。之后，响应祖国号召，来到兰州大学任教。面对艰苦的环境、简陋的工作条件，没有丝毫动摇，积极投入教学工作当中。他先后讲授了数学分析、高等代数、实变函数、复变函数、泛函分析、微分方程、微分几何、数值分析、数值方法、概率论以及控制论等课程。有许多课程中是没有现成教材的，他就边搜集资料、边学习，边编写讲义。他对教学十分认真。他编著的《非线性泛函分析》教材，是我国非线性泛函分析领域中的第一部著作（该书在1988年，获得国家教委优秀教材一等奖，第一届全国优秀图书一等奖）。

江隆基进校后积极支持陈文嶼的教学和科研工作。江隆基多次约他谈话，了解他的科研工作，鼓励他多做贡献。陈文嶼教授回忆说："他每次谈话都使我受到很大鼓舞，使我更加有信心将科研工作搞上去"。他说，"我非常尊敬江校长"。之后他和陈庆益、唐珍等组织了讨论班，开展学术交流和人才培养工作。他们分别举办了三个讨论班，即非线性泛函分析、偏微分方程、计算方法讨论班。

在他的精心教学下，培养了一批教学与科学研究骨干力量。这个时期的数学系被誉为数学系历史上最为辉煌的时期。其中如汪守宏、范先令、李万同等都成为知名的学术领军人物。

段一士教授，留学苏联，是理论物理研究的著名学者。1958年，在批判"白专"运动中，他受到冲击。江隆基专门召集有关人员开会了解和研究他的科学研究工作，恢复了理论物理专业，并大力支持段一士将他的科学研究课题搞下去。江隆基找他谈话，希望他好好学习毛泽东的《矛盾论》和关于基本粒子理论的谈话。段一士勤奋学习，潜心钻研，他在广义相对论中提出了新的能量动量守恒定律，在规范场的研究方面，提出规范势可分解理论和具有内部结构的思想，在拓扑流和磁单极理论方面的研究，得到了杨振宁等国内外专家的好评。作为学科领军人物，他又培养了包括葛墨林（中科院院士）等的知名学者。

黄伯荣教授是我国知名的现代汉语言学的学者，他和廖序东主编的《现代汉语》是教育部推荐的高等学校通用教材。黄伯荣教授毕业于广东中山大学，师从著名语言学家王力、岑麒祥。1958年支援大西北，来到了兰州大学。文科三系撤销后随中文系转到西北师范学院，1961年随文科三系的恢复，又回到了兰州大学中文系。黄伯荣教授在现代汉语的研究中，涉猎的领域很广，包括语言、词汇、语法、修辞、文字、方言等等，著作丰厚。在教学中除编写《现代汉语》和《语言学概论》两部教材外，还组织普查小组开始了对甘肃地区方言的研究。对自己家乡（广东）的方言粤语语法也做了深入研究，取得了显著成果。黄伯荣教授无论是从事教学，还是进行科学研究，最显著的特点就是勤奋。他经常随身带着一个小笔记本。看到什么，听到什么，马上就会拿出笔记本记下来。当时大会小会多，在听大家发言中也不时地拿出笔记本记些什么。黄伯荣将自己的写作时间分为四段，黎明前、早饭后、午饭后和晚饭后，每天工作都在十多个小时。黄伯荣在教学中也突现这个特点，他讲课从来是提前来到课堂，非常准时。遇有学生的考试复习，他也会在晚自习时间准时到教室里辅导，一直陪着最后一位学生离开教室。黄伯荣教授是一位深受尊敬的学者。

李天祜教授是历史系系主任，长年从事世界古代史和中世纪史的教学和研究工作，特别对古希腊史、罗马史的研究有较深的学术造诣。他严谨治学，工作勤奋负责，深受广大师生的爱戴。1958年被划为“白旗”，遭到批斗。平反后，江隆基找他谈话，勉励他为教育培养好下一代努力工作。李天祜十分感谢江隆基对他诚挚的帮助，愿在教学与科研方面继续奉献自己的力量，“只是系主任一职，是再也不愿干了”。江隆基尊重了他的意见。以后，李天祜教授专门致力于教学与科学研究工作，做出了突出的成绩。

陈恭先生是体育教研室主任，国家一级裁判。为搞好兰州大学的各项体育活动，推行劳卫制锻炼，付出了极大的心血。1958年被划为“白旗”，受到批判。平反后，江隆基勉励他努力工作，他心情愉快地接受了体育教研室主任的工作，勤奋负责，一直到退休。

以上所讲述的是部分中老年教师，众多的青年教师还没有讲。尽管如此，他们也反映了在江隆基治学理念的指导下，兰州大学教师队伍的素质、水平，特别是他们那种自强不息的精神。

郑国锠教授称赞江隆基说，他“是知识分子的知心人”。

需要一支好的干部队伍

江隆基十分重视对干部的培养教育，他为兰州大学干部队伍的建设付出了很大的心血。

兰州大学的干部队伍，除极少数是新中国成立前保留下来的人员以外，绝大部分是新中国成立后学校自己培养出来的。1958年中央为了加强高教战线，从北京等地抽调了一批中级以上干部支援兰大，使兰州大学的干部队伍有所加强。江隆基到兰大后，对干部队伍也做了全面的调查和分析。他感到，兰州大学的广大干部状况，就好的方面来看，是忠诚朴实，兢兢业业，热心教育工作，对兰州大学的状况比较熟悉，都有一定的工作能力，歪风邪气较少；就不足的方面来看，则是马克思列宁主义的理论水平和党的政策水平普遍偏低，文化素质不高，对学校的专业管理等业务方面还缺乏应有的知识，特别是由于受1957年后的政治运动的影响，思想认识上比较混乱，“是非界限不清，政策掌握不准”，“工作粗糙，方式生硬”的现象较普遍。干部中党员的数量也比较少，且大部分（70%）是新中国成立后新入党的，“缺乏严格的革命斗争的锻炼”。因此他提出，“要花大力气”来培养这支干部队伍。归纳起来，主要有以下几个方面：

第一，要努力学习马克思列宁主义、毛泽东思想，不断提高理论修养和政策水平。

江隆基非常重视干部的理论学习，他到校后不久就提出，每个干部要充分认识学习马克思列宁主义、毛泽东思想的重要性。他说，马克思列宁主义、毛泽东思想是我们事业的指导思想，是我们各项工作的指针，也是党的各项方针政策的理论基础。学习马克思列宁主义、毛泽东思想不仅可以帮助我们树立科学的世界观和正确的人生观，而且可以帮助我们认识和理解党的各项方针政策。他指出，过去几年来，为什么在贯彻党的方针政策中有许多做过了头呢？譬如，“打破旧传统，结果是打乱了所有秩序，也忽视了新秩序的建立”；为什么在许多问题的认识上，往往是“强调这一面，就忽视了另一面”呢？譬如“强调了政治思想教育，结果以政治运动和社会运动压倒一切”等等。所有这些问题的出现，一个很重要的原因，就是由于干部“马克思列宁主义理论水平低”，“在认识上有主观性和片面性”。他说，“提高理论水平是提高政策水平的前提和条件”。只有理论水平提高了，认识端正了，才能够将政策掌握“准”，也才能提高贯彻党的方针政策的自觉性。

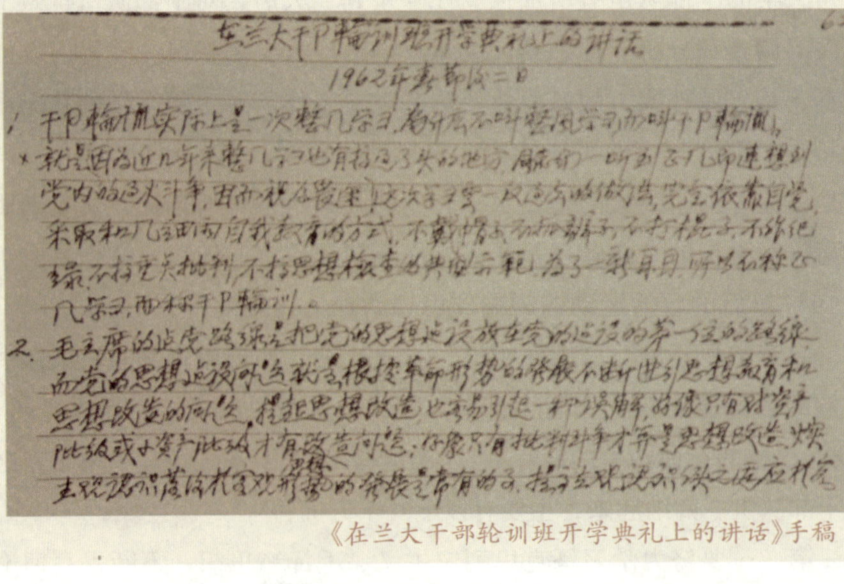
在兰大干部轮训班开学典礼上的讲话
1962年春节后二日

《在兰大干部轮训班开学典礼上的讲话》手稿

为了组织安排好马克思列宁主义、毛泽东思想理论的学习，他想了很多办法。首先，把加强干部的政治学习列入党委工作日程，由党委统一领导，从学习内容到时间安排都有统一的布置。为了解决学习参考资料的问题，他还让马克思主义教研室编辑了马克思列宁主义毛泽东思想的专题论述文摘。如“马克思主义如何正确对待群众”；“群众、阶级、政党和领袖的关系”；“马克思、恩格斯、列宁、斯大林、毛泽东论教育”等，供大家学习参考。另外，他还利用寒暑假举办了干部轮训班，组织干部集中学习，江隆基和其他领导同志一起给大家做专题辅导报告。在学习中，他强调，学习理论一定要结合实际，要结合我国社会主义建设的实际；结合“过去几年工作中所发生的毛病”；要“总结经验，认真研究，摸索学校教育中的客观规律”。他还提出，通过学习，在思想上要明确地树立三条原则：一是正确的思想原则，即必须坚持马克思列宁主义、毛泽东思想的指导作用，坚持把马克思列宁主义普遍真理与中国革命实际相结合；二是正确的政治原则，即坚持党的政治路线；三是正确的组织原则，即坚持民主集中制。他说，这三条根本原则，在我们的工作中应该贯彻始终，坚持不渝。

江隆基重视理论学习的传统是由来已久的。无论是在延安时期，西北教育部时期，还是在北京大学时期，他都非常重视理论学习与思考，理论学习与思考已是他长期养成的习惯。在他的办公桌上和家里的书房中，都摆满了经典著作。重要的篇章都画满了圈圈点点。只要有空，他都是在学习。

由于江隆基的亲自组织安排，党政干部的政治理论学习，一直有计划地坚持了下来。这种有针对性的理论学习，对于提高广大干部的理论水平和政策水平起了十分重要的作用。

第二，要“努力学习业务，逐渐由外行变内行”。

江隆基认为，党政干部也有个熟悉业务，不断提高业务水平的问题。他把这个叫作“务正业”。他说，学校不同于一般行政事业机关。

学校是传授知识进行专业教育的单位，也是学术活动的场所。所以，作为在学校工作的干部，不能认为仅仅掌握一般行政事务的技能就算完事了，还有一个熟悉教学和专业知识的问题。他要求，广大干部都要“努力学习业务，逐渐由外行变为内行”。

干部的业务学习，江隆基提出主要有这样几个方面：一是要努力学习党的方针政策，特别是党的教育方针政策和对知识分子的方针政策。他认为，广大干部既是党的方针政策的传播者，也是执行者，必须更多地熟悉和掌握党的方针政策。二是要努力熟悉学校教育的基本规律，学校教育有哪些特点，高等学校有哪些特点，综合大学又有哪些特点，有哪些基本规律，自己工作的业务又有哪些特点，都是每个干部须要熟悉掌握的。三是学文化。要求全校职工凡文化程度不及初中的，应当补习初中课程；凡已有初中文化程度的，要补习高中课程，已有高中文化程度的要补习大专的课程。四是凡“文化问题”已经得到解决的党政干部，必须抽出足够的时间参与教学或科学研究活动，或参加一个教研组活动或旁听一两门课程，日复一日地坚持下去，逐渐地由外行变为内行。

为了解决广大职工学习文化的问题，在江隆基的关怀和支持下，学校办起了夜大学（大专）和文化补习班（高中、初中），许多职工参加了学习。江隆基的通讯员日常工作很多，比较忙，但江隆基还是积极支持他去补习文化课。

江隆基参加了德语班的学习。早年江隆基在德国留学时，已比较熟练地掌握了德语，由于回国后多年不用，业已荒废，阅读和讲话也显得生疏。为了重新把它捡起来，江隆基利用晚上的时间，参加了夜大学德语班的学习。他在学习中始终以一个普通学生的身份坚持学习，不迟到，不早退，有时晚上开会，他无法上德语课时，就向教师写请假条，说明不能上课的原因，让通讯员在课前送去。有一次上课已十分钟了，江隆基才匆匆赶到。他轻手轻脚地推门进入教室，坐在同学们的后边，一边听课，一边用手绢擦汗。课间休息时，江隆基专门找教师说明迟到的原因。他说："很抱歉，今天迟到了。"原来他是在省委刚开完会，还没有吃晚饭就赶来上课的。江隆基在繁忙的工作中，始终坚持完成教师布置的作业。对于教师在课堂提出的问题，他也和其他学生一样，站起来回答。有一次教师在挨个要学生口头回答问题时，想把江校长跳过去，可是江隆基自觉地站起来。教师说："江校长年纪大了，就坐着说吧。"江隆基认真地说："课堂上不能有例外的学生。"有时江隆基回答不上来，他也很坦然地向教师说："很抱歉，这个问题我答不上来，这一课我没能好好复习。"有一次，由于江隆基外出开会，耽搁了两周时间的课程，教师提出要给他补课，他赶紧说："还是我自己看吧，不能因为我一个人占用老师更多的时间。"其实，德语教师是经常给因病、因事缺课的学生补课的。虽然如此，江隆基仍认为自己不应该有任何特殊。他总是这样严格要求自己。

对于干部的业务学习，江隆基还十分重视在工作实践中学习提高的问题。他说，由于种种条件的限制，也由于各人的工作岗位的不同，不是每个职工都有时间去脱产学习和补习文化的。不能认为只有通过脱产学习或进补习班，才是提高业务的唯一途径。提高业务，"更重要的是通过自己工作的实践去学习，去锻炼，在工作实践中去提高业务水平。忽视这一点或不承认为这一点，都是不对的"。

第三，"为教学与科学研究服务，不是说其他工作不重要"。

江隆基指出，学校工作的基本特点是以教学为中心，各项工作要为教学和科学研究服务。全校职工都必须树立以教学为中心，坚持各项工作为教学与科学研究服务的思想。但是，"这绝不是说其他工作不重要"，或者"有什么高低贵贱之分"。他强调，工作只有分工不同，没有高低贵贱的区别。学校的各项工作都是学校工作中不可分割的一部分，少了哪个环节，都会影响到学校整个工作的开展。特别是学校的后勤工作，人们往往轻视它，做后勤工作的职工也不安心，好像就低人一等。这实际上是一种封建等级思想。江隆基刚到兰大，就发现兰州大学有三种不同颜色的校徽，教师和职员佩戴红色，学生佩戴白

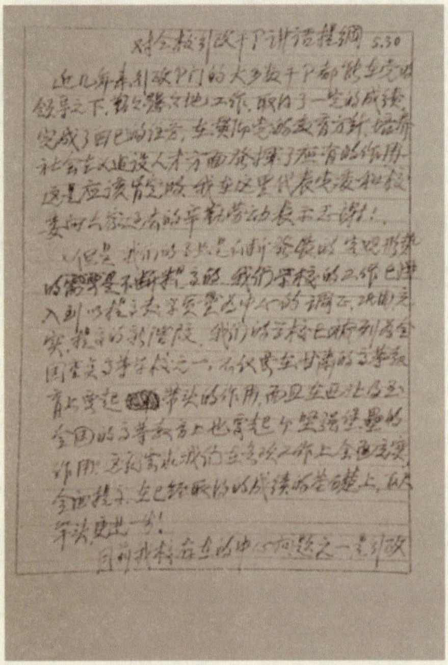
对全校行政干部讲话提纲 5.30

近几年来行政部门的大多数干部都能在党的领导之下，勤勤恳恳地工作，取得了一定的成绩，完成了自己的任务，在贯彻党的教育方针、培养社会主义建设人才方面发挥了应有的作用，这是应该肯定的。我在这里代表党委和校委向大家过去的辛勤劳动表示感谢！

但是，我们的工作是向前发展的，党和形势的需要是不断提高的。我们学校的工作已进入到以提高教学质量为中心的调整、巩固、充实、提高的新阶段。我们的学校已被列为全国重点高等学校之一，不仅要在甘肃的高等教育上要起带头的作用，而且在西北以至全国的高等教育上也要起个坚强堡垒的作用。这就要求我们在各项工作上全面突破，全面提高，在已经取得的成绩的基础上，百尺竿头更进一步！

目前我校存在的中心问题之一是行政

《对全校行政干部讲话提纲》手稿

色，另外专门分出一种颜色：绿色，是由工人佩戴的。他马上建议取消了后一种颜色的校徽。

为了从思想认识上解决这些问题，他给学校党政干部做报告，讲述为教学服务的道理，要大家树立以教学为中心，为教学和科学研究服务的思想。他说，能否认识这一点，能否做到这一点，是至关重要的。只有端正了思想，我们才能正确贯彻党的教育方针，才能正确执行党对知识分子的政策，也才能做好学校的各项工作。

他还专门召集总务工作会议，给全校的后勤职工做报告，要求大家做好后勤工作。他说："学校的每一行都有总务工作人员的一份功劳。"每个做后勤工作的同志，都要自尊自爱。"俗话说，'人必自侮而后人侮之'，要使人家不轻视自己的工作，首先要自己尊重自己的工作"，他说，后勤工作是很辛苦的，是很烦琐的，真正做好，并不是一件容易的事。他鼓励做后勤工作的干部和工人，"要有踏实地献身于为教学与科学研究服务的精神"。他希望，在后勤工作中，多出些"热心肠"的人。尊师爱生不仅是教师与学生的事，也是全体职工应该做的事。我们要提倡热心为教师和学生服务，创造条件做好为教学与科学研究服务的各项工作，配合和保证教学、科学研究工作的顺利进行。

江隆基特别关心工人的工作和劳动条件，专门嘱咐总务处的领导，要注意改善工人的劳动条件，及时发给工人必需的劳保用品。他还经常到实验室、工厂和食堂去看望工人，了解他们的工作条件和要求。

他还强调，职工固然应当尊师爱生，热心为师生服务，同样，教师和学生也应当尊重职工的劳动，尊重职工的工作。他说，作为高等学校的教师，不能自诩高人一等，强调自己工作的特殊，甚至说“你们是为我们服务的”，等等，这是很不对的。应当看到在政治上、思想上，教师和职工都是平等的，大家应当相互尊重，互相配合，同心协力，为培养和教育好一代新人而共同努力。

第四，要忠于职守，廉洁奉公。

江隆基对于干部的要求是严格的。“不严格就抓不好干部队伍的建设”。他指出，每个干部必须具备的最基本的品德是“忠于职守，廉洁奉公”。

忠于职守，江隆基解释说，就是“既要有责任感，又要有民主精神；既要勇于负责，又要有组织纪律性；在自己职责范围内的问题，要独立负责地去处理；在工作中不能推上诿下；对上级的指示、决议等，要坚决执行，不能任意打折扣；遇到有关政策的原则性问题，要向上级请求报告，不能擅自做主”。总之，要尽心尽力地去完成自己本职的工作，要做到“人人有专责，事事有人管”。

廉洁奉公，他解释说，主要是坚持勤俭节约的方针。“历览前贤国与家，成由勤俭败由奢”，这是至理名言。无论何时，无论哪个部门，都应当严格遵守。他告诫大家说，过去，我们在根据地那种艰苦环境下，坚持勤俭节约，取得了胜利。今天我们取得了全国政权，成为执政的党，就更应该坚持这一方针，更应当“养成大公无私，廉洁奉公，吃苦在前、享乐在后”的精神。绝不能因为我们富裕了（只是比过去好多了，实际上并不富裕），就把勤俭节约丢到脑后。

江隆基提出，干部的忠于职守，廉洁奉公，重要的一条，就是不能“自视特殊，滥用权力”。他反复对大家说，“任何党组织和党员个人都不能滥用党的权力和党的威信”。任何党员都“不得以有党籍而身居特殊”。“做人民忠实的勤务员，是每一个党员的光荣职责。愿不愿意甘当孺子牛，是衡量一个党员的立场和世界观最重要的标准”。

他还要求所有干部，特别是居于各级领导地位的干部，都应当重视调查研究，要有“不耻下问”的精神。“调查研究是我们最基本的领导方法和工作方法。每个干部都应当放下架子，深入基层”。过去几年，为什么会打乱教学秩序，降低了教学质量呢？一个重要原因，就是我们某些干部不了解教师，也不了解学生，更不了解学校教育的基本状况和特点。不去做调查研究，只是千篇一律的主观主义的照搬照抄，或者是出歪点子，瞎指挥，一会儿这样，一会儿那样，搞得群众无所适从。这样就难免不造成严重损失。

江隆基认为，所有的干部都有一个不断地进行思想改造的问题。他说，对于思想改造往往有一种误解，好像只有批判斗争才算思想改造，其实这是不对的。“主观认识落后于客观形势的发展是常有的事，提高主观认识，使之适应客观形势的需要，这就是一种思想改造”。所以，思想改造人人都是需要的，特别是在我们党已成为执政党，许多党员已居于各级领导地位的情况下，这种思想改造更是不可少的。否则，“昨天的革命功臣，今天也可能变成革命的罪人；昨天的革命先锋，今天也可能变成革命的落后者或革命的叛逆者”。

他说，作为一名党的干部，一名国家干部，一定要注意自己的思想意识修养，要有正确的工作方法，要有良好的工作作风，在方法上要深入细致，讲求实效，避免一般化；在作风上要平易近人，和蔼可亲，以礼相待。他说，我们的干部，既要坚持原则，又要通情达理；既要忠诚朴实，又要有见识；都应当成为一个称职的人民勤务员。

1960年12月，中共中央西北局书记处（扩大）会议在兰州召开（即“西兰会议”）。这是在甘肃省委主要负责人的错误已造成甘肃人民严重伤害的情况下召开的。江隆基参加了这次会议，他感触很深。他认为，由于我们执政党的失误，而造成那么多人饿死的惨状是不应当有的，他很痛心。他认为，我们除了应当采取有效措施，紧急救助以外，更重要的是应当深刻反省，我们应当反省究竟是什么原因会带来这样严重的后果，究竟应当吸取什么教训。为此他专门写了一个报告提纲。题目是：“从×××等人的错误中吸取什么教训”。全文如下：

一、反对欺压百姓、漠视人民疾苦的剥削阶级思想，恢复我党全心全意为人民服务的革命传统。

人民群众的利益是党的最高原则，党的任务在于为广大劳苦人民求解放、谋幸福。

除六亿五千万人民的共同利益外，党再没有它一党一派的私利。

群众观点是党的根本观点，群众路线是党的基本路线。我们党和资产阶级政党的最大差别就在于要不要群众。

做人民的忠实勤务员，是每一个党员的光荣职责，愿不愿意甘当孺子牛就是衡量一个党员的立场和世界观的最重要的标准。

我们的党是适应群众的需要而诞生的，是受群众的抚育而成长的，是在群众的支持下才取得胜利的。谁要是忘了群众，就是忘了本；欺压群众，就等于欺压他的亲娘。

有些干部在革命还未胜利的时候，因为事事都要依靠群众，处处都要依靠群众，所以不能不讲一点群众路线，等到革命胜利之后，有了权，有了势，便把群众不放在眼里了。一朝权在手，便把令来行。不依靠群众而依靠权力，这是最危险不过的。许多干部的蜕化变质就是由此开始的。

×××等人以当代的秦始皇自命，为了个人的荣誉，置千百万人民的生死于不顾，把粮食的供应血淋淋地往下砍，甚至是要牺牲多数保存少数。这还有一点群众观点吗?！还有一点共产党员的革命天良吗?！

我们批判×××的错误，就要把他当作一面镜子来照照我们自己。我们的群众观点究竟怎样？我们教书的同志是否全心全意关怀了同学们的成长？我们做总务工作的同志是否为改善生活做了最大的努力？我们做医疗卫生工作的同志是否为保护同学们的健康做了最大努力？我们做政治工作的同志是否无微不至地关怀了同学在思想上的成长？

二、反对隐恶抑善、欺上瞒下的作风，恢复党员对党忠诚老实的态度。

忠诚老实是一个共产党员的最宝贵的品质，是党对党员的起码要求。试想一个党员对党组织都不忠实，他对革命还能忠实吗？有严重资产阶级个人主义的人必然心口不一，言行不一，爱说假话，也爱听假话。

三种情况：(一)有个人企图，故意隐恶抑善；(二)上边逼着下面说假话；(三)不了解情况，信口开河。

害处：(一)失信于民；(二)混淆黑白；(三)以假情况为依据，决策错误。

上边不愿听真话，下面不敢说真话，有些人投其所好，投机取巧；有些人噤若寒蝉，明哲保身。于是蒙蔽成风，封锁成风，说假话成风。这样还有什么是非，什么真理！

共产党员要有大无畏的精神，为真理而斗争，为维护党的利益和人民的利益而斗争。

三、反对自以为是，以感情代替政策的主观主义作风；发扬实事求是的作风。

这种作风拿来律己则害了自己，拿来教人则害了别人，拿来指导革命则害了革命。总之，这种反科学的反马克思主义的主观主义的方法论是共产党员的大敌，是无产阶级的大敌，是人民的大敌，是民族的大敌，是党性不纯的表现。大敌当前，我们有打倒它的必要。只有打倒主观主义，真理才会抬头，革命才会胜利，党性才会巩固。

主观主义者不适当地强调主观能动性，而忽视客观规律，只在战略上藐视困难，不在战术上重视困难；只强调不断革命论，不重视革命发展阶段论；以为“左”比右好，宁“左”勿右。

四、反对唯我独尊的特权思想，发扬民主集中制；集中起来，坚持下去；从群众中来，到群众中去。

在坚持集体领导原则中，党委书记不得做副校长，不应该强调个人作用。不能说给书记提意见就是反党。这种不以平等待人，不讲民主，听不得反面意见的作风，严重破坏了集体领导原则。

“西兰会议”后，江隆基向全校党员领导干部和全体党员做了传达。并按照上述提纲做了长篇讲话。这个讲话触动很大。它实际上提出了我们领导干部在进城以后如何掌好权——这一带有根本性的问题。陆润林回忆说：“隆基同志的这个讲话给我留下深刻印象，至今铭记在心”，“让我们进一步认识到，我们共产党员，特别是党的领导干部，一定要牢记为人民服务的宗旨，任何时候都不能脱离人民大众，都不能背离人民大众的利益”。他还深有感触地说：“‘打江山不易，坐江山更难’，从×××的错误中，应当吸取的教训很多，但最核心的问题是进城以后，既不能学李自成，也不能当秦始皇。”[21]

榜样的力量是无穷的。江隆基的品德和作风，更是潜移默化地教育着广大干部。江隆基初来兰大时，“大跃进”的余波尚未平息，劳动改造知识分子的偏见仍很流行。有关领导部门动辄命令学校停课，把广大教师和学生调去修马路、挖沟渠、夏收秋收、平地整地、打扫卫生。江隆基是不同意这种做法的。他认为，体力劳动不是改造知识分子的唯一途径，学校也不是为社会无偿地随便提供劳动力的供应站。当然教师和学生参加一些社会义务劳动是应该的、必要的，但必须有个限度，不能影响教师的业务活动和学生的学习生活，更不能由此去打乱正常的教学秩序。于是，他一面向有关领导部门反映他的意见，一面又指示学校有关办事机构照他的意见办，并明确表示“有问题，我负责”。江隆基就是这样以实事求是的敢于负责的精神，同时又严格按照党的组织原则对待工作的。

江隆基在平时从不因办私事坐学校的小车。去近处，他总是步行；去远处，就挤公共汽车。外出办事，经常步行，不坐车。有一次，他到城里去参加省上组织的晚会，路途较远，他才坐了车。可是到夜里十一点散会后，司机早把小车开到家里。总务处领导知道此事以后，要处分那位司机，江隆基坚持不同意，他说：“哪能因为我没有坐上车就给处分呢？应该教育司机，以后接送任何人都要遵守时间就行了。”还有一次，他要到北京开会，到了火车站才发现购票的工作人员把开车时间弄错了，让他空跑了一趟。江隆基并没有为此有一点不高兴的表情，回到家里，他还对女儿开玩笑说："小召，现在火车变快了，不到一个小时爸爸就从兰州到北京打了个来回。"后来，那位购票的同志来道歉，他和颜悦色地说："晚上走也不会误事，让我在家多待些时候也好嘛！"一句话说得那位同志也笑了。

江隆基的民主精神和了解下情的作风是大家所熟悉的，他每次从外地开会回来，总是先到各处室和系里走走，嘘寒问暖，一边很有礼貌地问候大家，一边和大家闲谈中了解情况，沟通大家思想。为了便于倾听各方面群众的意见，他把每周星期五的晚上，定为接见群众来访的时间，常年坚持。这已成为兰州大学领导沟通联系群众的一个渠道，一种优良传统。

20世纪60年代初，买到一块国产手表也是一件不容易的事。教德语课的老师没有手表，为了便于掌握时间，就在班上宣布了一条"土政策"："请课前先到的学生把手表放在讲桌上，到下课后再来取走"。江隆基听德语课，来得早时也同样取下表来交教师使用。有一次，商业局发给江隆基一张购表证，江隆基就将这张购表证转送给了这位德语教师，这位教师很受感动。但他也知道，江隆基的手表已经很旧了，也需要更换了，于是对江隆基说："江校长，你的表已经很旧了，购表证应该你自己用。"江隆基恳切地说："我原来那块表在访问苏联时丢失了，当时在苏联买了这块表，虽然旧了，但还可以用，你没有手表，教学很不方便，购表证应该给你用。"江隆基就是这样关心群众的。

困难时期，江隆基和全校师生共渡难关。他到食堂吃饭也和学生一样，拿着碗筷去排队买饭，而且叮咛炊事员，不能把饭菜给多了。有几位在外地工作的老同志，知道他身体不好，专门给他带来些奶油、鸡蛋等，他却把它们全部送给了幼儿园。1964年他到农村参加社教，学校给他送去一个煤油炉和一些挂面等，他坚决不要，婉言谢绝道："既然要求教职工和学生在社教中和农民同吃同住，我们自己就应该首先做到。”逢年过节，他总忘不了住在医院里的病号，不是亲自看望，就是派人慰问。

1962年甘肃仍是持续的困难时期。在这一年的春节前夕，当时许多青年教师没有回家过年，江隆基专门请全校的青年教师到教工食堂就餐。去就餐的教师以为是学校为过春节搞的团拜会。可是就餐时，膳管科科长讲话说，今天是为欢庆春节，江校长私人出钱请大家吃一顿便饭。大家十分感动。江隆基简短地讲了几句庆祝过春节的话，并勉励这些青年教师热爱自己的专业，要有目的地读书，并希望大家关心学校的工作，多提建议。“有什么意见和要求，可随时找我谈”。曾参加这次会餐的一位教师回忆说，“在难以忘怀的诸多师长中，江隆基校长是我深情感念的一位长者”。

1964年，江隆基作为第三届全国人民代表大会的代表和郑国锠教授（也是代表）一起到北京开会。会议期间，大会秘书处给每一个代表团配备有四五辆小汽车，专供代表们使用。一个星期日，恰巧休会，没有安排集体活动，江隆基就约郑国锠教授去中国美术馆参观画展。一般来说，像他们这样有地位的代表，要个车是可以的，同时大会也早已宣布过有关个人用车的规定。但是，他们没有这样做，而是乘公共汽车一起到美术馆，参观后，又一起挤公共汽车返回到下榻的民族饭店。

江隆基尊重人，注意倾听别人的意见，已成为一种习惯，无论是教师、学生、工人，还是干部，或他的下级，凡是有一点有价值的意见，他都注意采纳。在会议桌上，大家都能畅所欲言，他也从来不把自己的意见强加于人，自己说了算。有一次党委会讨论一个问题，与会的同志都与他意见不一致，争论了很久，谁也说服不了谁，忽然有一位同志来了一个一百八十度的大转弯，说同意江隆基的意见。可是江隆基却说：“我看你未必真想通了，还是应该少数服从多数，不过我要保留我的意见，同志们也再想一想，以后再议。”

江隆基十分关心校园环境的建设。江隆基到校不久，经济困难时期就开始了。学校原有的许多基建工程几乎全部下马。为了营造良好的教学环境，他首先考虑到校园绿化以及相关的校园规划问题。兰州大学校园的绿化是从1957年开始的。起初所说的绿化，就是广种树木。到1959年，全校区包括家属院在内几乎到处都是大大小小的树木。江隆基为了搞好校园绿化，他邀请了园林局的技术人员，还有学校懂得一些园林建设的教师，共同实地考察，统筹安排，拟订了校园绿化的规划蓝图。由于经费的短缺，确定了“先普及后提高”的原则。江隆基强调的一点是，校园绿化的建设应当围绕一个中心，就是一定要适应学校的教学环境。

校园绿化应该提到一个人，就是刘希诚。刘希诚原是学农的，农业学校毕业。新中国成立前他就到兰州大学，新中国成立后也一直在兰州大学，也是一位老兰大人。兰州大学从萃英门迁到盘旋路以后他一直在搞校园绿化。他热爱园林花草树木，也很内行，举凡种植栽培，移木嫁接，树木花草的品种、习性以及病虫害的防治等等他都非常熟悉。他是一位痴心于园林的人，从早到晚，从来没有节假日，整天都泡在校园的绿化中，经常看到的是他浑身的泥土。

在江隆基榜样的影响下，兰州大学很有一些人代表了干部的工作作风。事务科有一位管理教室桌椅板凳和校园垃圾的干部，叫王之林。无论是搬运桌椅板凳，还是清除校园垃圾，他都是和工人一起干活。当时清除校园垃圾要人肩挑背负，楼上楼下搬送的，之后又是用人力架子车一车一车的运送，是很吃苦的事，他也和工人一起背负着搬运垃圾，和工人一起拉架子车。桌椅损坏了，他就自己动手修理。

还有一位叫陈克信，是管校园环境卫生的。他是经常带着一帮工人清扫校园。他的清扫，是在大家还没有起床的时候，每日清晨五点左右就开始了。夏季是这样，寒风凛冽的冬天也是这样，他自己也拿着扫把和大伙一起清扫。等到学生跑步上早操的时候，灰尘早已消失，校园已是一片清凉新鲜的空气了。一年三百六十五天，天天如此，从不间断。

当时将他们三人：刘希诚、王之林、陈克信叫作泥腿子科长，三个泥腿子干部。泥腿子不是说他们土里土气，而是称赞他们在工作中滚得一身泥土。

校园广播网的建设，也是当时新建起来的。在二十世纪五六十年代，兰州大学还看不到电视机，收音机虽然问世很久了，但是在兰州大学的师生员工中还是很少有。为了及时传播国内外时事新闻，从20世纪50年代开始，安装了校内广播设备。江隆基非常重视校内的广播。他说校内广播是沟通学校各方面工作信息和师生交流的重要渠道，是校园环境建设的一个重要方面。校党委专门进行了研究，责成由党委宣传部全面规划并负责管理这项工作。

每天清晨，兰州大学分段有序的全天广播就开始了。先是转播中央人民广播电台早间新闻和校内要闻，之后就是二十分钟的俄语、英语领读。这时就可看到假山下、人工湖畔、道路两旁许许多多的学生们跟着朗读，满校园是一片读书声。课间播放广播体操时，学生们都走出教室，一起做广播体操。中午饭间，校园广播又开始转播中央人民广播电台午间新闻及校内要闻。到晚饭间再开始广播。晚饭间广播内容较多，有时还播放些文娱节目。

校内广播的建立及有序的进行，起到了传播、交流的重要作用。校内广播已成为全校师生员工工作和生活中的共同需求。

著名教育家辛安亭，曾先后两次在江隆基属下工作，他对江隆基是有深入了解的。他说："我国古人有立德、立功、立言的讲法。我看江隆基同志在这三方面的成就都是很高的。"[22]

崔乃夫是新中国成立前加入中国共产党的老党员，曾任程子华的秘书。1958年支援大西北，来到了兰州大学，先任宣传部部长，后来长时间担任教务长的职务。他回忆说，他一生受两个人的影响最大，第一个人是程子华，"他是我的入门导师"。第二个人就是江隆基，我"从他那儿学了很多，如何做事，如何为人，如何进行教育管理。我认为全是受他的影响"。他还说道："从学术思想、教育思想到人品，这三者比较起来，人品他最好”，“人品，我认为他是绝对的好，是一流的。”[23]

聂大江是新中国成立前加入中国共产党的老党员。新中国成立后作为调干生考入北京大学历史系学习。1958年因工作需要，调入马列主义教研室工作。江隆基到兰州大学工作时，他服从组织分配，成为江隆基的秘书，来到兰州大学。

1965年，江隆基到临夏参加社教
图为江隆基在社教一线的工作照

他说：“我早期在隆基同志的领导下工作，对隆基同志为党的教育事业做出的重要贡献以及表现出的高尚革命品德，独特的人格力量由衷地敬佩。江隆基同志对我的教育、培养，我将终生不忘”。[24]

他认为，江隆基的一生“都是以塑造全面完善的人为自己的教育理想。但他又首先是以这种理想塑造了自己。无论从功业，还是从个人素质来讲，他都可以称为一个全面、模范的人”[25]。

兰州大学是幸运的，抗日战争胜利后，由著名学者辛树帜任校长。刚解放的时候，又由著名教育家辛安亭主持工作。1953年在第一个五年计划刚刚起步的时候，又由当时的西北军政委员会教育部副部长林迪生任兰州大学校长。在经过1958年的“大跃进”之后，学校处于混乱状况的时候，又遇到了德高望重的江隆基主持兰州大学的工作。终于使兰州大学进入了黄金时代。

兰州大学是幸运的，兰州大学的莘莘学子是幸运的。

"八条规律"

1962年5月，江隆基写出《试论高等学校工作的经验》一文。这篇文章即人们通常说的江隆基关于高等学校工作的"八条规律"。

江隆基历来十分重视并善于总结经验，不断地探索教育工作的客观规律，并自觉地按照教育规律办事。他认为，能否严格尊重教育规律，从我国的教育实际出发，是直接关系到党对教育工作的领导能否正确有效，关系到我国教育事业能否健康发展的根本问题。这也是1958年以来，"左"倾错误给教育工作造成不应有的严重损害的基本经验教训。这篇论文是江隆基对高等学校教育工作规律的探索，也是对他多年来从事高等学校教育工作的系统总结。它比较集中地反映了江隆基的学校教育管理思想，是他的教育思想的一个重要组成部分。

探索社会主义高等教育工作的规律，这是江隆基在长期从事高等学校领导工作中一直思考的问题。1957年毛泽东的《关于正确处理人民内部矛盾的问题》发表后，江隆基有进一步的启发，他曾试图从整理高等学校工作中矛盾的问题入手，从中探索社会主义高等学校教育工作的规律。后因反右派斗争和1958年对他不公正的批判，只好搁置下来。

1961年江隆基在贯彻《教育部直属高等学校暂行工作条例（草案）》工作中，联系到1958年以来"教育革命"中的种种偏差和失误，认为"系统地总结一下是十分必要的"。但是由于工作繁忙，"未能如愿"。1962年2月，他到甘肃省委党校学习。5月初，在学习行将结束时，他结合"社会主义建设的几个问题"的学习，在小组会上做了一次发言，提出了高等学校工作的八条基本经验，得到了与会同志赞同，认为"概括得好"，是对高等学校工作基本经验的全面总结，阐明了它的基本规律。学习结束后，江隆基又在兰大党委会、校务委员会上宣讲，听取大家的意见。会后，江隆基在文字上又做了些修改和补充，就成为我们今天所见到的《试论高等学校工作的经验》的著名文章。

第一，“高等学校的基本任务是贯彻执行党的教育方针，培养又红又专、为社会主义事业服务的专门人才。因此，以政治为统帅，以教学为中心，教学、生产劳动、科学研究合理安排，德育、智育、体育全面发展，就是高等学校工作的第一条经验”。

江隆基认为，在这条经验中，主要应处理好两个关系：一是政治与业务的关系，一是教学与生产劳动的关系。政治与业务的关系的正确表述应当是“政治为统帅、教学为中心”。那种把“政治为统帅”理解为“政治活动，政治教育应当压倒一切”是不对的。政治为统帅，主要是指“加强党的领导、监督，发挥马克思列宁主义的指导作用”，同时也包括“加强政治理论和时事政策教育，改进思想政治工作”等。政治的“统帅”作用，只有“通过一定的业务在实际工作中发挥作用，才能体现出来”。“我们考察一个教师或学生的政治觉悟，也同样必须看他们在教学、科学研究，或者学习上的积极性”，“拿出较好的成绩来”，就是说“当他们运用自己的知识，使其能在实际工作中取得成绩，做出贡献的时候，也就是他们的政治觉悟、政治热情的具体体现”。总之，“政治为统帅、教学为中心”，是要求“一方面要努力提高教学与科研水平，另一方面还要坚定社会主义的方向和坚持无产阶级的世界观”。忽视了专业知识的完整性和系统性，就不能保证所培养的学生达到一定的专业要求；不注意社会主义的政治方向和马克思主义的指导作用，也难以实现社会主义大学培养又红又专的人才的教育目的。所以，“政治为统帅、教学为中心”，是相辅相成、不可分割的，这是高等学校工作的根本原则。

什么是“教学与生产劳动的正确的关系”？江隆基认为，实际上是理论和实际相互联系的关系，即生产劳动必须服从教学计划的要求。由于各种专业和课程的性质不同，有些专业课程或章节是可以和有关的生产实践相结合的，但是，生产实践中的许多科学问题，往往是零碎的，在多数情况下，它和系统的教学工作是无法结合的，因此在安排“教学、科学研究、生产劳动三结合”时，必须以教学为主，那种笼统的“三结合”的提法，是难以实现的，而且也是不适当的。“三结合”不是三分天下。同时更不能错误地“把生产劳动当作消灭脑力劳动和体力劳动之间差别的手段”。以为生产劳动搞得越多越好，甚至要把全日制的高等学校改为半工半读的学校的想法和做法，那是“现阶段所不容许的”，同样，把生产劳动当作生财致富的手段，企图通过生产劳动去实现学校经费或粮食自给的想法和做法，“也是不现实和不适当的”。

第二，“学校教育的特点，是依靠一定的教师，借助一定的教材，按照规定的教学计划来进行教学的。所以教师的主导作用和学生的学习积极性相结合，以课堂教学为主，辅之以各种必要的教学形式，是高等学校工作的第二条经验”。

在这条经验中，江隆基认为，应当着重解决四个问题：

一是要充分认识教学计划在学校教育中的地位和作用，必须“按照规定的教学计划进行教学”。“教学计划是贯彻党的教育方针，实现培养目标的行动方案”。“教学计划是贯彻党的教育方针，实现培养目标的行动方案”，它既体现了“国家的培养目标”，又反映了“一定的科学体系和学术水平”。教学计划的制订，一定要在全校师生中反复酝酿，认真讨论。一经制订，就要力求其稳定，学校的一切教学活动也必须按照教学计划进行，不要随意变动。

二是要重视教材建设。一般说教材主要体现为教学大纲和教科书两种形式。教学大纲是以纲要形式规定有关学科内容的指导性文件，它规定了课程的目的、任务、内容、范围体系、教学进度和教学方法上的要求，它在决定课程内容。大纲对于保证教学质量上有着很重要的作用。教科书是学生获得系统知识的重要来源，也是教师进行教学的依据，“教科书的建设则是保证教学质量的基本要求”。所以，在高等学校工作中必须十分重视教材建设。在教材编写中，要注意贯彻这些原则：（一）以马克思列宁主义为指导思想，体现辩证唯物主义观点，培养学生科学的世界观，使教材能促进学生科学世界观的发展；（二）贯彻理论联系实际的原则，特别是联系我们社会主义建设的实际，汇集与专业有关的国家生产建设中的重要资料，使生产实践中的重要问题能在教材中有所反映；（三）反映现代科学中的最新成就；（四）注意与有关课程的相互配合。“教材建设必须依靠教师”，“学生的意见只能作为参考”。依靠学生编写教材的办法“是弊多利少的”。

三是要充分肯定和发挥教师的主导作用。江隆基认为，学校教育的最重要特点之一，就是有专门的人员（教师）从事于“传道、授业、解惑”的工作，教师的主导作用是教学过程中客观存在的事实，也可以说是教学工作的规律。这种主导作用是决定教学质量的关键。违背这个规律，就等于破坏了教学过程，就必然会使教学工作受到损失。在学校教育中，学生学习的好坏，虽然主要取决于个人的努力，但是，如果不借助教师的讲授和指导，就势必会事倍功半，难免走弯路。所以，“那种低估教师的主导作用，甚至采用学生上讲台的办法，是不正确的”。

四是必须将课堂教学作为“学校教育的基本方式”。江隆基认为，学校教育的特点决定了必须将课堂教学作为“学校教育的基本方式”。他说，教学过程中，有各种教学环节，但是最主要、最基本的教学环节是课堂讲授，其他一切教学环节都必须围绕课堂讲授进行。课堂进授的基本要求，是教师要主次分明、重点突出、概念明确地讲清该门课程的基本内容，使绝大多数同学都能够当堂听懂。教师还要关心教学效果、学生的学习情况和辅导工作。他认为，以“讨论代替上课，以现场教学代替课堂教学”的做法，“是不适当的”。

第三，“学校教育以传授现成的知识和经验为主要内容。而理论知识的牢固掌握，又需要一些必要的实际活动来印证。因此，理论与实践相统一，则以理论学习为主；科学知识与实际技能相结合，则以科学知识为主，是高等学校工作的第三条经验”。

在这条经验中，江隆基认为，主要应正确理解教学过程和一般认识过程的联系和区别。他说，一切知识和理论都是从实践经验中积累起来的。但是经验则有两种：一是直接经验，一是间接经验。直接经验虽然是最可靠的，但间接经验却是大量存在的。所以，一个人要获得比较多的知识，就必须借助于他人、古人、外人的实践经验和间接经验。青年学生在学习期间，要利用较短的时间获得丰富的知识，就必须重视古今中外的间接经验。而接受间接经验的办法，一是细心听讲，二是认真读书。就整个人类认识的过程来说，是“实践—理论—实践”，而教学过程应当是“理解—接受—巩固、消化、融会贯通—实际应用”。教学过程，在一般情况下是从现成知识开始的。所以，用实践—理论—实践的公式硬套于教学过程是不合适的，用实践—理论—理论或理论—实践—理论的公式来解释教学过程更是错误的。至于那种主张教、学、做完全结合起来，边做、边教、边学，在做中教，在做中学，我们社会主义的正规大学教育是不宜采用的。

第四，“高等学校所进行的是专业教育，每个专业都根据不同的培养目标，设有基础课、专业课及专门化课程。因此，根据既定的教学计划，采用由浅入深、由基础到专业，循序渐进，逐步提高的方法，首先学好基础课，然后学好专业、专门化课程，是高等学校工作的第四条经验”。

在这条经验中，江隆基认为，主要应注意解决两个问题：首先，要合理安排基础课与专业课的比重，使“博”与“精”恰当地结合起来，他说，“博”与“精”是对立统一的，二者相辅相成。只有在“博”的基础上才能实现真正的“精”；只有通过“精”，才能丰富和充实“博”的内容。这是我们教学必须遵守的原则。同时，今天科学发展的趋势也要求我们必须把“博”与“精”统一起来。科学研究所面临的重大的实际问题几乎都是综合性的、复杂的，涉及许多科学部门。作为科学工作者，如果对于其他科学，特别是邻近的科学一窍不通，或者知之甚少，那就要影响“整个任务乃至本身任务”的完成。

随着现代科学的发展，出现了愈来愈多的边缘科学，而这些边缘科学所体现的最新科学技术成果，多半都是科学上的尖端。所以，一个科学技术工作者如果仅限于通晓本部门的专业知识，那就会远远落后于整个科学的发展。正因为如此，在业务教学上，就必须合理安排好基础课和专业课的比重。这就是说，首先要重视三基教育（基本理论、基本知识、基本技能），“只有把基础打好了，深造提高也就容易了”。那种轻视基础课教学，过早地强调攀登尖端，企图使基础课、专业课、专门化课齐头并进或者把专业、专门化课提早到基础课前面来进行，这是一种轻重倒置、本末倒置的做法，是必然要走弯路的。

其次，要遵循循序渐进、逐步提高的原则。江隆基认为，学习有其自身的特点和规律。学习的规律是一个循序渐进、逐步提高的过程，在教学过程中，无论是“教”还是“学”，“都必须坚持由浅入深、由近及远、由易到难、由简到繁、稳扎稳打、步步前进和步步提高的方法。那种采取跃进、越级躐等和短期突击的办法，是违反学习规律的”，往往是“欲速则不达”。

第五，“学习必须依靠个人的努力。学生之间由于基础、才能和努力程度不同，学习成绩的差异是不可避免的。因此，承认学生学习的差别性，采取因材施教的方法，培养学生独立钻研的兴趣，充分发挥个人才能，是高等学校工作的第五条经验”。

在这条经验中，江隆基认为，要注意解决两个问题：一是学习研究上的集体互助，要以不妨碍个人进步为限度，超过了这个限度就会妨碍学习成绩或业务水平的提高。学习的特点是一种“个体脑力劳动”，学习的好坏主要靠个人努力。集体互助的方式可以集中大家的智慧，交流各人的学习经验和学习心得，取长补短，互相启发，互相促进，是一种促进和提高学习的有效方法。但是，集体互助只能是一种辅助的方式，必须在个人努力的前提下，才能发挥它应有的作用，绝不能把个人钻研和个人主义混为一谈，把集体互助比作“合作化”，把个人钻研比作“搞单干”，过分强调集体互助而轻视个人钻研是不对的。二是教学方法应从多数人的需要出发，适当照顾先进和落后，在承认差别的前提下，使先进的更先进，落后的及早地跟上去，决不运用人为的办法去扯平拉齐。

江隆基指出，在学习上采取竞赛评比的办法，也是不正确的，毛病在于：(一) 它忽视了学生当中因才智、身体条件、原有基础不同而在学习上存在着差别这一客观事实，勉强地要学习较差、进步较慢的人在短时间内赶上那些优秀学生；让优秀的学生去扶着或拖着学习较差的学生，以同样的速度前进，这势必对于较差的学生产生很大的压力，而对于优秀的学生也会加上沉重的负担，结果两方面的学习都会受影响。(二) 既然是竞赛，就会有个胜负的结局，为了取得优胜的荣誉，有关的人或单位就可能产生一种投机取巧的心理和虚张浮夸的作风，甚至出现弄虚作假的现象。

第六，“高等学校是学术活动的场所，教学质量的好坏决定于学术水平的高低，而提高学术水平的关键又在于不断提高师生的积极性和创造性。因此，发扬学术民主，提倡自由探讨，贯彻百花齐放、百家争鸣的方针，是高等学校工作的第六条经验”。

在这条经验中，江隆基认为，要注意解决好三个问题：

一是要正确理解“双百方针”。他说，“双百方针”，是党领导文化科学的基本方针，是关于发展繁荣文化艺术和科学技能的基本方针。“双百方针”是互相联系、相辅相成的整体，是不可分割的。无论是文化艺术还是科学技能，都需要通过百家争鸣的方法，达到百花齐放的目的。

二是“双百方针”不仅适用于科学研究，也适用于教学。不过要注意的是，在课堂上争鸣应该坚守两个条件：(一) 保证教学大纲所规定的内容，不得随心所欲，畸轻畸重；(二) 必须客观地如实地介绍各种不同的学术见解（不管主讲人是否赞成）。

三是“两家争鸣”的说法只能适用于哲学领域。在纯学术问题上，应该是有多少家就算多少家，不得硬套阶级观点，不得乱贴标签。

必须积极鼓励各种不同学派的不同学术见解，自由探讨，自由辩论，自由竞争，既不能听任某一学派实行宗派垄断，又不能对学术讨论问题轻易下结论，强制执行某一学派，而压抑或禁止另一学派。在学术讨论中，应坚持平等精神。“今后应提倡学术讨论，而不提批判”。在学术讨论上，不戴帽子，不打棍子，不抓辫子，不乱贴标签，不用多数压服少数，允许自由地发表不同见解，既要提倡批评，也要提倡和保护反批评。

第七，“高等学校是由教师、学生、职工三部分人组成的，而这三部分人中又有党与非党之分，教师中又有青老之分。要办好学校，必须搞好这几部分人的团结与合作。因此，不断调整教师与学生，老教师与青年教师、师生与职工之间以及党与非党、先进与后进之间的关系，正确处理他们之间的矛盾，是高等学校工作的第七条经验”。

如何正确处理这些矛盾和关系，江隆基提出：师生之间的关系应该是尊师爱生，教学相长；青老之间的关系应该是青年教师虚心学习老教师的专长，老教师帮助新生力量的成长，双方密切合作，取长补短；师生和职工之间的关系，应该是职工为师生服务，师生尊重职工的劳动，平等互助，互相支持；党与非党的关系应该是党员对非党人士要平等对待，尊重人家的职权，非党人士要积极主动地靠近党组织；先进分子与后进分子的关系应该是帮后进，赶先进，共同勉励，携手前进。

第八，“教育工作是一种长期的学术活动，是一种复杂细致的思维活动，它需要安静的环境、稳定的秩序、清醒的头脑和持久不懈的旺盛情绪。因此，动静结合、劳逸结合、革命干劲与科学态度结合、大胆创造与实事求是的精神结合，是高等学校的第八条经验”。

在这条经验中，江隆基认为，要特别注意解决两个问题：

一是在教学和科学研究工作中，“不适宜于采取群众运动的工作方法”。“学校是社会的有机组成部分之一，全民性的政治运动和社会运动，无论过去、现在和将来，对于高等学校，都是少不了的”。但是一定要明确，学校的教学工作、科学研究工作，就其性质和特点来说，采取群众运动的工作方法是不适宜的。

二是“脑力劳动不能用加班加点的方法提高工作效率”。他认为，1958年“企图取消假期”和“日夜苦战”的提法是对教学和科学研究工作的性质缺乏正确的认识，是“违背教育工作规律的”。因为学校教育中的寒暑假，星期日休息以及每天必需的课外自由支配时间是保证消除疲劳、保持旺盛情绪所不可缺少的休息时间，绝不能任意取消。所以一定要注意动静结合、劳逸结合的问题。

这是20世纪60年代江隆基关于高等学校教育管理思想的一篇重要文章。它系统地总结了高等学校教育管理的经验，填补了高等学校教育管理理论的某些空白。它不仅对建国初期高等学校教育管理有重要的指导意义，而且对今天的高等学校教育管理也有重要的借鉴作用。

“很有民主气氛”

“隆基同志，你的家庭很有民主气氛啊！”这是彭德怀司令员带着开玩笑的口吻说江隆基一家的。

那是1950年元旦的事。西北军政委员会为欢庆新中国成立后的第一个新年，在彭老总的主持下，举办了新年团拜和聚餐会。席间，彭老总向大家敬酒祝贺。当彭老总兴致勃勃地走到江隆基的餐桌时，看到江隆基和小蛮无拘无束嬉戏的样子，彭老总顺手也抱起了讨人喜欢的小蛮，亲热地问：“几岁了？”“吃得香吗？”可是，连江隆基和宋超也没有想到，还不到5岁的小蛮却说：“吃不了，尽浪费！”一下子惹得大家哄堂大笑。彭老总夸奖小蛮说：“意见提得好，说得对，‘谁知盘中餐，粒粒皆辛苦’，你将来就做个民主人士，经常对我们监督。”于是，彭老总就对江隆基开玩笑似的说：“隆基同志，你的家庭很有民主气氛啊！”彭老总虽然是开玩笑的话，但的确也说出了江隆基家风的主要特征。

在家庭教育中，江隆基很尊重孩子，从来不体罚孩子。他认为，“不能因为是自己的孩子，就可以有权任意去支配他们”。在他的几个孩子中，小蛮小的时候比较顽皮，虽然是个女孩子，却和男孩子一样，什么都喜欢玩，游泳、溜冰、爬山……有时碰破摔伤了，她也不在乎。小蛮还经常喜欢向父亲问这问那，江隆基也总是尽可能给她以满意的答复。小召比较文静，喜欢看书，经常“手不释卷”。江隆基专门给她买了许多知识性的书籍，让她阅读，燕妮则喜欢与同学们嬉闹，不肯动脑筋，江隆基也不强求于她。

江隆基看起来很严肃，平时话也不多，回到家里，也大都忙于工作，不是看文件、看书，就是抄抄写写，但对孩子却充满着爱。新中国成立后，江隆基一家从延安迁到西安，西安夏季比较炎热，孩子一时适应不了。整个夏天，小蛮的全身都长满了痱子。每到晚上，江隆基就帮助她冲凉擦澡，睡觉时，又把她的小床搬到他的房子里，一边看书，一边给她扇着扇子。

三年困难时期，小召得了肝炎。江隆基把小召的小床搬到他的卧室，悉心照料。为了给她增添营养，江隆基亲自动手将配给的黄豆做成豆豉给孩子吃……孩子们的鞋底磨破了，他自己拿起钉锤、剪刀，当起了钉鞋匠。

江隆基最小的孩子是个男孩，从小得了肌肉萎缩症，下肢瘫痪，不能行走。为了治愈孩子的病，他操碎了心，到北京、上海跑了许多医院。后来当他知道孩子的病确系无法医治后，他更是体贴这个孩子，一有空，就给孩子讲故事，他还特意买了些看图识字的画本，教他学习。几个姐姐也爱护、关怀这个小弟弟。宋超为此很苦恼，常常暗自落泪。江隆基安慰她说：“孩子的病也是没有办法的事，不要伤了自己的身体。”

江隆基的家庭生活，多年来一直保持着在延安时期的传统习惯，在平时，江隆基和宋超都忙于自己的工作，孩子们也都忙于各自的学习。只有到了周末，全家才欢聚一堂，共享天伦之乐。每逢星期六晚

1962年全家照

上，江隆基总是尽可能地放下手头的工作，陪着孩子们玩。晚饭后，他就和宋超带着孩子们出去看电影。星期天，他尽可能地抽出时间带着孩子到校园或黄河边散步，边走边给孩子们讲故事。兰州大学的师生员工都很尊敬江隆基，无论在大街上或校园里，见了面，总喜欢向他打招呼问好。有一次，他领着孩子们散步，一位学生给他打招呼问好，他正给孩子讲着故事，没留意，小召马上说："爸爸，刚才那位学生向你问好，你怎么不搭理人家？"江隆基马上说道："噢，是吗？实在对不住。"并叮咛小召说："你以后一定要及时提醒爸爸，不要等事后才说。"江隆基是非常重视对孩子们的文明礼貌教育的，但是，这一次他在和孩子们的欢乐谈笑中，他自己竟然也失礼了。

江隆基对孩子爱而不溺，严而不苛，主要是培养他们奋发努力的自觉性。他说："决不能让子女躺在父母的功劳簿上过日子。"大孩子开暄（他是江隆基的前妻所生。1926年江隆基离家后，一直到全国解放，孩子已长到二十四五岁，才第一次见到他父亲的面），大学毕业后，被分配到北京石油学院任教，1957年在江隆基的支持下，开暄响应政府号召支援新油田建设，到新疆克拉玛依油田工作。大女儿开旸，高中毕业后，考取了地质学院，后来她想转学到兰州大学。江隆基批评了她，说"不要这山望着那山高，女孩子一样可以搞地质"，要她听从国家分配。其他几个孩子，亦曼、小召、燕妮也都自尊自爱。

教育子女在政治上不要有优越感，在生活上不要特殊化，这是江隆基家庭教育的主要内容。江隆基布衣简食，勤俭淡泊。多少年来，一直身着灰布制服，只有在1956年和1964年出国访问时，才做了几身衣服。1959年到兰州工作时，他是甘肃省仅有的几个高级别的干部之一（国家行政六级）。他感到，来地方工作，工资不应太高，他亲自找省委主管组织工作的书记，要求减少他的工资。未能获准后，他又采取多交党费的办法，从1959年起，一直每月拿出四十至六十元交党费。江隆基的家庭生活负担并不轻，除孩子们上学的费用外，他父亲和继母的生活费用的绝大部分是由他负担的。另外，侄儿等亲戚的上学也少不了他的支援。即使这样，他仍尽可能地去做社会义捐。20世纪60年代越南抗美战争最困难的时候，他拿出二千元，以两个中国共产党党员（他和宋超）的名义支援越南抗美战争。当他听说学校工会互助会周转金有困难时，又拿出三百元，支援互助会。

江隆基是第一届、第三届全国人民代表大会代表，在任职期间，按规定每月（按季度发）都要发给他视察补助津贴。但他坚持不要，每次寄来都如数退还。

江隆基经常给孩子们讲"俭以养德"的道理。他说，"俭以养德"在今天仍是我们应当借鉴的。"生活简朴是涵养道德的重要条件。条件艰苦时是这样，生活富裕了也是这样。尤其是当生活富裕的时候，更应当注意勤俭节约。"江隆基几个孩子的穿着都很简朴。江隆基说："衣服穿得不好，不要紧，整齐清洁就行。"几个女孩子从不和别人比穿着。亦曼上大学时，已是十八九岁的大姑娘了，仍然穿着打补丁的衣服，纽扣丢了，衣服撕破了，都是自己动手缝补的。她们从上小学开始，就自己动手洗衣服，不再依赖保姆。江隆基是不主张给子女留钱的。"文化大革命"中才知道他的银行存款仅有八百元。

1960年经济生活困难时期，江隆基的几个孩子都在学校"公共食堂"吃饭，经常吃不饱，就和小伙伴们一起去挖野菜，她们从没有到爸爸的小灶去要点什么，或吃些什么。

按有关规定，配给江隆基一部伏尔加小卧车，孩子们都知道这是爸爸工作用的车，她们从来没有乘坐过。她们上学、下学，即使有时是顺路，也很自觉地不去坐爸爸的小车。宋超星期六回家。都是去挤公共汽车。她们觉得，这样做是应该的。

江隆基在兰州大学工作期间，学校配给他一个专门存放文件的保险柜，凡是由他阅读的中央和省上的文件，以及他签发的文件等等，他都细心地存放在保险柜里，从不随意乱放。孩子们以及爱人宋超，都是自觉地不去翻阅"机密"文件，也从不过问。

江隆基是多高级别？全家上下只有宋超知道，孩子们从没有过问。直到“文化大革命”，孩子们才从大字报上第一次知道了父亲的级别。

江隆基经常教育孩子，在尊重父母的同时，也要注意尊重和学习别人的长处。他说，孩子听父母的话，相信父母是容易的，但往往不容易相信别人的话。有一次上大学的亦曼向他反映说，有的教师讲课或谈话，夸夸其谈，言过其实，她总是听不入耳。江隆基批评了她。问她在这个问题上是否有“优越感”，不要总是认为爸爸说的话都是对的，只相信爸爸的话，这样很不好。古语说，‘三人行，必有我师焉’，难道教师的话就没有值得你去吸取的？教师有缺点可以提，但一定要尊敬每一位老师，不仅对老师，对周围的同学也是一样的，要善于学习别人的长处，对老师的话，对同学的话，也包括对父母的话，都要择其善者而从之。只有这样才能提高，才会有所进步。

有一次，小召到学校医务室看病，医生说她肚子里有蛔虫，随便开了一次吃十片的驱虫药。当天夜里，小召就头晕恶心，当用自行车推到医务室时，小召已处于危险的昏迷状态了。经过紧急的洗肠、洗胃等抢救措施，最后总算抢救了过来。这显然是医生的责任事故。当医生知道“是给江校长的女儿开错了药”，也害怕起来。但是，江隆基并没有追究这件事。他说：“医生不负责地随意开错药，给别人是可能的，给我们也是可能的，不能因为给我们开错药，就大惊小怪。”后来，他只是给总务处长说，应当教育医生要有责任心，要有医德。

还有一次，小召在学校和同学一起玩，不小心打碎了教室的一块玻璃。虽然对孩子们来说是常有的事，学校也没有规定赔偿的制度。但是，当江隆基知道这件事后，却严肃地批评了小召，“损害公共财物怎么能不闻不问呢？”“别的孩子不赔偿是不对的，难道我们应当向‘不对的’学习吗?!”后来，小召向老师认错，并赔偿了打碎的玻璃。

江隆基和妻子宋超，整天忙于工作，为了帮助护理孩子，他们请一位保姆。同时，学校按有关规定，还配给一位通讯员。无论是保姆，还是通讯员，江隆基一家，从没有把他们当作侍候人的，或者另眼看待，可以任意支使。孩子们亲热地称保姆“朱大妈”，把通讯员叫

“魏叔叔”。无论做什么事，都要说“请”。“魏叔叔，我爸爸请你去”，“我爸爸留下纸条，请魏叔叔送去”。朱大妈做的饭菜，无论是好是坏，香与不香，孩子们从不挑剔。做好了饭菜，也不是坐在那里等保姆送到餐桌上，都是由孩子们自己端送，所有这些都形成了习惯，孩子们做起来都是很自然的。

对于通讯员，江隆基还特别叮咛孩子们说：“通讯员是为爸爸工作服务的，不是咱们家的通讯员，不能什么事都要通讯员去做。”有一天下午，临下班前突然下起倾盆大雨，已上初中的小召正在家里忙着做功课，于是，她就给校长办公室打电话，请通讯员给她爸爸送雨具，江隆基在旁边听到了，接过话筒，对小召说：“通讯员的工作就是给我送雨具吗？你就不能给我送一下？”晚上，江隆基回到家里，又耐心地教育了小召，告诉她送雨具不是通讯员分内的工作，不能随便去支使通讯员。

江隆基还非常注意孩子们的全面发展。他经常给孩子们说，不仅要“读万卷书”，还要“行万里路”。他说，一个真正有成就的人，这两者都是需要的。江隆基的几个孩子，学习上都很努力，肯用功。但是，她们并没有一头埋在书本里，去追求分数的高低，做分数的奴隶。亦曼在小学的时候就是班上的优秀生，但她又是一个运动员，每年寒暑假，都参加少年体校，各种各样的体育活动，她都要试一试。小学毕业那一年还不到12岁，在江隆基的支持下，就和几个同学一起到郊区帮助农民收红薯。上中学后，她已比较自觉地去参加各种公益劳动和社会活动。有一年冬季搞军训，条件比较艰苦，许多女同学都回了家，她却和男同学一样，坚持去接受锻炼。上大学后，她的宿舍虽然离家不过百米，但她却很少回家。每逢假日，她不是在图书馆，就是参加义务劳动；挖厕所，打扫卫生，和清洁工一起清扫街道上的粪便，到火车站服务。与她一起劳动的工人、服务员，只知道她是兰州大学的学生，从来不知道她是一位高干子弟……

1965年，江亦曼加入中国共产党。江隆基认为，这是女儿已经长大成人，在政治上逐渐成熟的标志。亦曼入党前夕，江隆基利用晚上的时间，专门跟她做了两次严肃的长谈，向她讲述了家史和自己的革命斗争经历。江隆基不是去夸耀自己的光荣历史，而是深刻地总结了自己经历中的经验教训。

有一次谈话，在讲述了他的家庭出身和早期的革命经历以后，强调了这样的经验教训。他说，“青年人仅仅有一股子热情是不够的。青年人朝气蓬勃，有赤诚的爱国心和民族正义感，这些都是非常宝贵的。但是，这些优点能否得到正确的发挥，却并不是每个人都能正确解决的。”江隆基列举了当时形势下青年人所面临的种种问题。他指出，从当时青年人的状况来看，有的人热情并不能持久，遇到些挫折就心灰意冷了；有的人可贵的热情却被反动统治阶级和别有用心的人所利用，而走到邪路上去；也有的人把这种热情局限在个人狭小的圈子里，只是埋头于个人奋斗。真正把这种热情投入革命洪流中去，和人民大众结合在一起，走上革命道路的青年，仅仅是一部分。

为什么有些人宝贵的热情没有能够正确地发挥？为什么在青年人之间会有这种种的差异呢？“关键的问题在于是否有科学的世界观”，他说，他年轻时也是凭着一股热情办事的，庆幸的是他比较早地接受了马克思主义的科学世界观。有了这种世界观，才使他明辨了是非，认清了社会黑暗的根源，看到了未来的前途，走上了革命的道路。

江隆基还向亦曼讲述了许多革命老前辈在马克思主义的指引下走上革命道路的事例。他说，经验就是一条，马克思列宁主义是中国人民大众求得解放的思想武器，也是广大青年沿着革命道路前进的思想武器。作为新中国的青年，条件这么好，就更应该努力学习马克思列宁主义、毛泽东思想，用科学的世界观武装头脑。

他还批评了现在有些青年学生不重视马克思列宁主义毛泽东思想的学习，把它当作可有可无的事，“这是危险的”。特别是学习自然科学的青年，更须要注意这个问题。他告诫亦曼入党以后，千万不能放松马克思列宁主义、毛泽东思想的学习。

第二次谈话主要讲述了他到延安以后的经历。他给亦曼强调了对待困难应当采取的态度。他说，当时的困难确实是难以想象的（指华北联合大学那段历史），首先是战争环境，从到达晋察冀边区起，学校就处在与敌人对峙的战争中，有时在上课的时候，都可听见敌人的炮声。其次是缺衣少食，物资供给极为困难。本来敌人的封锁已使我们处于困难境地，又遇上了华北地区连续几年的干旱，联大的师生经常处于半饥半饱的状态，可是，就是在那样困难的条件下，青年学生们仍然充满革命乐观主义的精神，仍然在努力学好功课，仍然是同心协力、互助友爱地去克服困难。是什么力量能够驱使他们这样呢？原因虽然很多，但“最主要的是信念”，是大家都有着“社会主义的新中国一定会实现的信念”。他说，人活着，就得有个信念。古语说：“三军可夺帅也，匹夫不可夺志也。”人的勇气是需要的，恒心也是重要的，但最重要的，是要有自信心，坚定地相信社会主义的新中国一定会到来。有了这个信念，精神生活就会充实，就觉得有无穷无尽的力量，在困难面前不会低头，在形势逆转的时候就能沉得住气，在紧要关头就不会迷失方向。

这两次语重心长的谈话，就是江隆基送给他女儿入党时的珍贵礼物。亦曼在成长的道路上，始终牢记着父亲对她的教诲。亦曼回忆说：“二十多年后的今天，父亲的教诲仍在耳边回旋，就像是昨天才说过似的。”

江隆基和宋超是在抗日战争的艰难岁月里结成的革命伴侣，共同的革命理想、共同的革命情操和共同的精神境界，使他们心心相印，情意相投，互尊互敬，相处契合。在他们全身心地投入各自繁忙工作的同时，也义不容辞地承担着教育子女的义务。江隆基的家庭是有教养的家庭，是充满民主气氛的家庭。

注　释

[1] 商信，当时是兰州大学财务科副科长。之前在西北军政委员会教育部财务处任职。是江隆基的属下。

[2] 葛墨林：《怀念江隆基校长》，载《纪念江隆基文集》，兰州大学出版社，2005年12月。

[3] 见《甘肃日报》，1958年8月10日。

[4] 毛泽东：《实践论》，见《毛泽东选集》第264页。

[5] 徐躬耦：《怀念江校长的亲切教导，领会江校长的教育思想》，载《纪念江隆基文集》，兰州大学出版社，2005年12月。

[6] 王清廉：《深切怀念我们的老校长——江隆基》，载《纪念江隆基文集》，兰州大学出版社，2005年12月。

[7] 张文轩：《我所知道的江校长》，载《兰州大学百年校史回顾：离退休人员文集》。兰州大学的礼堂是1962年修建的，当时正值困难时期，搞得比较简陋。确实就像工厂里的一个大车间，房顶是木制的大框架，上面盖的是牛毛毡。每逢刮大风或下暴雨，礼堂不是布满灰尘，就是到处漏雨。以后经过多次修缮。虽如此，它也陪伴兰州大学走过五十年的岁月，留下了许多不能忘却的记忆。

[8] 赵继游：《江隆基的领导艺术与领导才能》，载《纪念江隆基文集》，兰州大学出版社，1987年8月。

[9] “三高、三低”：是指专业课高，基础课低；讲课高，实验低；本系课高，外系课低。

[10] 苏致兴：《心中的丰碑》，载《足迹》，兰州大学出版社，2006年9月。

[11] 张开基：《忆江隆基同志二三事》，载《纪念江隆基文集》，兰州大学出版社，1987年8月。

[12] 林家英：《江隆基校长的“谢谢你”》，载《兰州大学百年校史回顾：离退休人员文集》。

[13] 邓自修：《良好学风是兰大化学系的灵魂》，载《足迹》，兰州大学出版社，2006年9月。

[14] 宋超：《岁月有痕——我与隆基在一起的日子》，兰州大学出版社，2011年。

[15] 江隆基：《谈谈高等学校的思想政治工作》，载《人民日报》，1962年1月6日。

[16] 兰州大学档案卷，4-4-203

[17] 王安娜：《中国——我的第二故事》，生活·读书·新知三联书店，1980年5月。

[18] 周耀坤：《忆江校长》，载《纪念江隆基文集》，兰州大学出版社，1987年8月。

[19] 郑志豪：《出色的教育家，崇高的革命家》，载《纪念江隆基文集》，兰州大学出版社，1987年8月。

[20] 张鹏云，时任生物系副系主任。张鹏云教授在西安读中学时，正值江隆基任西安二中校长。江隆基到校后，张鹏云专门拜访了江隆基校长。

[21] 20世纪80年代，作者在撰写《江隆基传》的过程中，陆润林副校长曾约作者多次谈话。这是他最有分量的一次谈话。

[22] 辛安亭：《江隆基同志的教育思想与优良品德》，载《纪念江隆基文集》，兰州大学出版社，1987年8月。

[23] 崔乃夫：《我在兰大二十一年》，载《萃英记忆》。

[24] 聂大江：《岁月有痕——我与隆基在一起的日子·序》，兰州大学出版社，2011年。

[25] 聂大江：《学习是最好的纪念》，载《纪念江隆基文集》，兰州大学出版社，1987年8月。

第九章

空前劫难

1966年5月，“文化大革命”发动，开始了全国性的大动乱。

1965年11月10日，上海《文汇报》抛出了姚文元《评新编历史剧〈海瑞罢官〉》。十九天之后，首都各大报纸，以及全国各地的主要报刊几乎无一遗漏地相继全文转载了这篇文章。文中的一段话特别引人注目：“《海瑞罢官》这张大字报的现实意义究竟是什么？对我们社会主义时代的中国人民究竟起了什么作用？要回答这个问题，就要研究一下作品产生的背景……他们希望有那么一个代表他们利益的人物出来，充当他们的政治代理人，同无产阶级专政对抗，为他们抱不平，为他们‘翻案’，使他们再上台执政。‘退田’‘平冤狱’，就是当时资产阶级反对无产阶级专政和社会主义革命的斗争焦点。”

对于学术问题，遵循党的“双百”方针，江隆基历来主张自由争论，而不赞成“大批判”的方式，更反对无端地把学术上争论的问题引入政治斗争的旋涡，以政治结论代替学术上的争论。然而，江隆基敏锐地感到，这场来势凶猛的“学术争论”似乎一开始就没有局限在学术领域里。

其实，类似这样那样的批判，从党的八届十中全会以后就开始了。首先在文艺界，1963年5月开展了对“有鬼无害论”的批判，并点名批判《李慧娘》《谢瑶环》等剧作。1964年这类批判进一步深化。影片《北国江南》《早春二月》《林家铺子》《不夜城》《舞台姐妹》等等都受到了公开批判，并被扣上了“鼓吹阶级调和”“宣传资产阶级人性”等罪名。

文艺界的批判运动，迅速波及哲学、经济学、历史学、教育学等各个学术领域。各种报刊连篇累牍地点名批判杨献珍的“合二而一”论，周谷城的“时代精神汇合论”、翦伯赞的“让步政策论”、孙冶方的物质利益原则和利润的经济理论，等等。

这样的批判运动，不可避免地也影响到学校的教学、科研工作中，反映到政治思想教育中。对于这样的种种问题，江隆基始终是坚持“百花齐放，百家争鸣”的方针。自由争辩，自由探讨。同时针对某些过激的倾向，强调地提出了要注意区分学术问题和政治问题的界限。

党的八届十中全会提出，“在无产阶级革命和无产阶级专政的整个历史时期。在由资本主义过渡到共产主义的整个历史时期（这个时期需要几十年，甚至更多时间）存在着无产阶级和资产阶级之间的阶级斗争，存在着社会主义和资本主义这两条道路的斗争。被推翻的反动统治阶级不甘心于灭亡，他们总是企图复辟。”并提出了“阶级斗争必须年年讲，月月讲，天天讲”。这是一个重要的转折。

1963年，“以阶级斗争为纲”，在部分农村和少数城市开始进行社会主义教育运动。先后制定了《关于目前农村工作中若干问题决定（草案）》《关于农村社会主义教育运动中一些具体政策的规定（草案）》。接着，1964年制定了《农村社会主义教育运动中目前提出的一些问题》（即“二十三条”）。强调，整个过渡时期存在着两个阶级两条道路的斗争，“忘记十几年来我党的这一条基本理论和基本实践，就会要走到斜路上去”。并提出，“这次运动的重点，是整党内那些走资本主义道路的当权派”，这些当权派“有在幕前的，有在幕后的。支持那些当权派的人，有的在下面，有的在上面”。阶级斗争扩展到了整个政治经济领域。

在这个时间段，毛泽东还有几次重要的讲话、批示。1963年12月12日，在一份材料上批示：各种艺术形式“问题不少，人数很多，社会主义改造在许多部门中至今收效甚微，许多部门至今还是‘死人’统治着”。“许多共产党人热心提倡封建主义和资本主义的艺术，却不热心提倡社会主义的艺术，岂非咄咄怪事”。

1964年，在中宣部文艺处起草的《关于全国文联和所属各协会整风情况的报告》上批示：“十五年来，基本上（不是一切人）不执行党的政策，做官当老爷，不去接近工农兵，不去反映社会主义革命和建设，最近几年，竟然跌到了修正主义的边缘。”

特别是1964年，毛泽东的“春节谈话”，提出了“教育要改变”的问题。强调“学制可以缩短”，“课程可以砍掉一半”，“课程多，压得太重是很摧残人的”。还提出“现在的考试办法是用对付敌人的办法”，等等。

对于上述种种的重要指示，特别是“春节谈话”，江隆基反复地学习和思考，他觉得其中有许多是“很不好理解”的。

崔乃夫曾回忆江隆基当时的心情，他说：“1964年以后出现了两个问题。第一，毛主席有个‘春节谈话’，这个谈话以后，我认为江隆基已经不知道教育怎么搞了。我，非常明显，我也不知道教育怎么搞了。好不容易学校才走上正轨，才有点起色。当然是贯彻《高教六十条》了，正在起劲的时候，学校蒸蒸日上。老人家这个谈话，像我这样的，就傻眼了，不知道怎么搞了。第二个就是，农村的‘四清’（社会主义教育运动）开始了。我就借这个机会，到农村搞‘四清’去了，差不多前后一年。后来江隆基也去搞‘四清’。‘四清’还没有完全结束，‘文化大革命’开始了。”[1]

兰州大学贯彻毛泽东“春节谈话”的指示精神是从1964年5月开始的。1964年3月，高等教育部在北京召开直属高等院校领导干部

（扩大）会议，会议学习和讨论了毛泽东的“春节谈话”。林迪生副校长参加了这次会议。会后，林迪生进行了传达，按照省委的指示，在全校范围内开展了以教育改革为中心的思想战线上的兴无灭资的活动。江隆基提出了“五个提倡，五个反对”：

（一）提倡管教、管学、管思想，反对只教书不教人的现象；

（二）提倡教学一盘棋的全局观念，反对分散主义和平均主义；

（三）提倡少而精，反对多而杂和烦琐的哲学；

（四）提倡从学生实际出发，反对主观主义；

（五）文科各系要提倡教学中的思想性和战斗性，反对教条主义。

同时，各系、各专业开展了修订教学计划，改进教学方法和考试方法的活动。

10月28日至11月21日，高等教育部召开了直属高等学校理工科教学工作会议。林迪生、陆润林、徐躬耦参加了会议。会议研究了深入开展教育革命，进行教育改革的问题。会议要求将阶级斗争锻炼作为一门主课，将参加“四清”（社会主义教育运动）列入教学计划。遵照会议精神，学校在党委常委领导下，成立了教改办公室，各系（室）以党总支（支部）为主，党政配合组成学习领导小组，开展了进一步的学习活动。

1965年春季开学以后，江隆基给全校学生做报告，专门讲了“树立革命的科学的学风”问题。江隆基在报告中除了进一步阐述了正确处理“红与专”、理论联系实际等问题外，特别讲述了要正确对待老师、正确对待文化科学遗产，以及树立生动活泼主动学习的学风问题。

在谈到正确对待老师的问题上，他仍然强调“教师的主导作用是学校教育的特点之一”，是“不能任意抹杀的”。同时强调，教师的主导作用“不仅表现在知识的传授上，往往也表现在思想的影响上”。他再次提出，在我们的社会主义制度下，要树立正确的师生关系。我们既要肃清封建行会式的师徒关系，也要反对那种知识买卖关系。社会主义的师生关系应当是同志式的，在政治原则和科学真理面前是完全平等的，“吾爱吾师，吾尤爱真理”。要严肃认真，实事求是，“既要坚持真理，又要讲求方式，注意团结”。“要用辩证的观点去看待教师”。

在谈到正确对待资产阶级文化科学遗产的问题时，他提出，批判与继承是辩证统一的。我们讲继承，就是要“取其精华”，绝不能“为防止中毒，不接触资产阶级的文化遗产”。“这样做就是因噎废食，是要不得的”。他强调，同学们一定要在党的领导下，在马克思列宁主义毛泽东思想的指导下，去批判和继承资产阶级的文化科学遗产，“我们要善于分辨问题的性质，善于掌握政策界限”。

在谈到树立生动活泼主动学习的学风时，他再次强调，在学习中，一定要树立正确的学风，这就是我们通常提倡的“生动活泼主动的学习风气”。他提出，这种学风，主要涵盖两个方面：一方面是主动地和教师密切合作的精神；一方面是主动地独立自主的学习精神。希望同学们将两者结合起来，顺利完满地完成学习任务。

在严峻的形势下，江隆基仍然是力图将学校的工作、学生的学习引导到正常的轨道上来。

当“文化大革命”的序幕揭开以后，江隆基心里不安地私下对妻子宋超说：“这样搞下去，恐怕老人家要重蹈斯大林晚年覆辙。”[2] 但是，江隆基仍然像其他老一辈的共产党人一样，怀着对党的一片忠诚，回顾和检讨了这几年的工作。

在检讨中，他有两个基本估量和两个基本认识。两个基本估量是：如果以贯彻党的方针政策为标准来衡量，他的基本估量是：兰州大学党委和党委领导下的各系各部门是“忠实地执行党的方针政策”的。如果以近几年来毛泽东的指示、讲话和他的某些教育思想为标准来要求，他的基本估量是“确实存在着很大差距”。

两个基本认识是：一是，他认为，这些年来意识形态领域内的阶级斗争是“十分复杂，十分尖锐”的，在学校教育中，决不能忽视或放松这方面的阶级斗争。二是，他认为，即使“问题是严重的”，也一定要严格区分两类不同性质的矛盾，按照党的历来的方针政策来处理，应当在“党中央和毛主席的领导下有计划有步骤地得以解决”。

江隆基仍然是力求按照党的一贯原则办事，领导好这场运动。

兰州大学的“文化大革命”是1966年5月16日中共中央下达的《中国共产党中央委员会通知》（“五一六通知”）以后开始的。

5月20日，甘肃省委召开了文化界积极分子“文化大革命”座谈会。省委第一书记在讲话中强调：“我省文化战线上的情况同全国一样，也确实存在着一条与毛泽东思想相对立的反党反社会主义黑线，无论学术界、教育界、新闻界、文艺界、出版界等，都存在着十分尖锐的阶级斗争，问题是十分严重的。”

接着，23日，省委专门召开了有兰州大学李贵子[3]等一伙参加的“甘肃省‘文化革命’积极分子会议”。24日，省委第一书记专门来到兰州大学视察工作，参加中文系、历史系两系的座谈会，他提出，目前主攻方向是黑帮、黑线。并批评兰州大学说，学校的“文化大革命”，搞得“四平八稳”，“原来认为兰州大学还不错，现在我怀疑”。25日，省委召开了兰州地区大专院校积极分子大会，进一步动员掀起“文化大革命”的高潮。26日，遵照省委指示，全校停课。在省委的积极支持和鼓动下，兰州大学立即掀起了“文化大革命”的高潮，校园里的各个角落贴满了揭发“校内黑帮”的大字报，一时间校园内就出现了学生批斗教师，学生批斗学生的混乱局面。

针对这种乱哄乱斗的局面，28日、29日，江隆基连续两天召集部分师生座谈。他着重指出，“现在的问题是要把运动深入一步，提高一步”。并指出，“这次运动发展快、劲头大、来势猛”，我们“目前应抓好三件事：第一，要组织大家坐下来学习毛主席的四篇著作和‘二十三条’，每天至少有半天时间学习；第二，要加强调查研究工作，尽量把事实搞清楚，搞得更准确些，这样就会更有力量打击敌人；第三，要做分析，前一段声讨揭发的问题多，现在须要把揭发出的问题进行一番分析，只有经过分析问题才会更清楚，更好地促进运动的发展”。“当前运动发展还不够平衡，要继续搞好发动群众的工作”。同时表示，“欢迎给我，给学校党政领导提意见。欢迎大家多批评”。“学校领导工作上的缺点错误不少，大家应该批评，至于有些提法和措辞不当，这是难免的”。

但是，运动的发展却完全出乎他善良的愿望。乱哄乱斗愈演愈烈。30日一天之内，全校性的大规模的批斗会就有10次之多。当江隆基得知在大操场批斗并殴打外语教研室樊祖鼎、中文系刘让言两位教授时，他立即前去制止了这种过激行动。并给学生讲话，他要求大家一定要回到正常的轨道。他大声地呼吁，“要文斗，不要武斗”。在江隆基的劝导下，两位教授幸免了这场灾难。

兰州大学的广大师生，无愧于中国共产党和江隆基校长多年来的亲切教诲，对这种乱哄乱斗、殴打教师的现象很看不惯，甚感愤慨。中文系五年级学生给江隆基写信说：“在‘文化革命’运动中出现了一哄而起，乱哄乱斗的不健康现象。我们觉得不是革命者的作风，斗争必须讲究策略，乱哄乱斗只能让敌人钻空子，乘机破坏运动。同时也不利于团结95%以上的革命群众，共同把这场运动进行到底。”并向江隆基校长建议道：“（一）严肃对待及时纠正一些不良倾向，使运动朝着更加健康的方向发展；（二）重新组织同学认真学习毛主席的《正确处理人民内部矛盾的问题》等文章，以及‘二十三条’等党的方针政策；（三）既要有敢于斗争的决心，但也要有善于斗争的艺术；（四）重新认真学习《解放军报》的两篇社论。”

看到这封信，江隆基十分欣慰。他立即要校广播台向全校师生全文广播，并批示说“此信的意见很好”，请另抄一份呈送省委。

为了将运动引导到正规方向，30日，江隆基紧急召开了全校政治辅导员，团总支以上干部和各系党总支书记参加的会议。他提出了五点意见：

（一）坚持半天学习，半天搞运动，逐步形成制度；

（二）只能文斗，不能武斗；

（三）座谈会与大字报并重；

（四）抓大是大非的问题，涉及学生的问题不要搞；

（五）目前主要是揭露。

他强调："这五点不是清规戒律，不会束缚群众的手脚，会对运动更有利。但在贯彻时应因势引导，循循善诱，不能简单命令。"江隆基是想把已经起来的群众运动引导到正确的道路上去。

但是，运动的发展，完全冲破了他的安排意见。

6月1日晚8时，中央人民广播电台播放了北京大学聂元梓等7人的大字报，第二天，《人民日报》在头版头条以"北京大学七位同志一张大字报揭穿了一个大阴谋"为通栏标题，刊登了这张大字报的全文，并发表了《触及人们灵魂的大革命》的社论，号召人们"做彻底的革命派，不当动摇派，永远高举毛泽东思想的伟大红旗，横扫一切牛鬼蛇神"。

在"横扫"的煽动下，在省委的积极支持和培育下，李贵子等一伙人上蹿下跳，十分活跃。他们把矛头对准了以江隆基为书记的兰州大学党委，贴出了揭露校领导严重右倾保守的大字报，也想步聂元梓的后尘，造校党委的反。造党委的反，这个带有实质性的问题，在兰州大学师生中，无疑引起了巨大震动。他们绝不允许诋毁兰州大学党委，更不允许诬蔑他们心目中的好校长——江隆基。所以当李贵子等人的大字报一出来，就立即遭到了广大师生的反对，很快被淹没在上百张支持校党委的大字报中。

省委积极支持李贵子等一伙人的"革命行动"。6月4日派出省委工作组进驻兰州大学。6月7日，群众自发地起来在礼堂里和李贵子等人展开了面对面的说理辩论，同时也对工作组成员的某些言论提出了不同意见。群众愈聚愈多，辩论也愈激烈。工作组感到，"混乱的秩序"继续下去"会发生问题"。于是，工作组就把正在开党委会的江隆基请到礼堂来，请他帮助平息这场争论。江隆基来到会场，立即引起雷鸣般的掌声。江隆基讲话，说了三点意见：首先，他提出，全校师生要拥护省委工作组的领导，帮助校党委揭发问题；其次，他要求大家“一定要有革命的组织性和纪律性”，不能这样“乱嚷乱闹”，“在这样感情的激动下，是什么道理也说不清楚的，什么问题也解决不了的”；第三，至于李贵子本人的问题（因为会上有人提出李贵子本人历史上和平时的某些表现问题）可交给工作组，在工作组领导下去解决。最后，他建议休会，停止这样的辩论。江隆基简短讲话后，会场里千余名师生又报以热烈的掌声。一场辩论的风波就这样暂时平息了。

可是，这场充满说理的、正常的辩论，却被省委定为“六七反革命事件”[4] 说江隆基是这次“反革命事件”的主帅，把“罪名”强加在江隆基头上。第二天，省委派出了庞大的工作团进驻兰大，发表公告称：江隆基“犯有反对毛主席‘文化大革命’路线的严重错误”，“打击无产阶级左派，支持资产阶级右派”。号召广大革命师生“勇敢地揭露一切牛鬼蛇神的阴谋诡计，捣毁黑店，夺回无产阶级文化阵地。不管多大风浪都要经得起，顶得住，不动摇，不退却，不挖掉黑线誓不收兵”。

在省委工作团的领导下，以“六七反革命事件”为划分线，在兰州大学树起了李贵子“左派”的旗帜。把反对李贵子的广大师生员工划为“右派”“反革命”“牛鬼蛇神”……在全校范围内掀起了大规模的“横扫”运动。同时省委为了表示对李贵子的支持，还动员了兰州地区各学校、各厂矿……组成浩浩荡荡的队伍来兰州大学声援、祝贺李贵子这面“左派”旗帜。

6月18日，省委常委会又进一步认定江隆基是“反党反社会主义的反革命分子”，组织批判文章。并开始准备在《甘肃日报》上刊登批判江隆基的新闻和社论。后三易其稿，于7月11日，《甘肃日报》头版刊登出，“兰州大学革命师生揪出反党反社会主义反革命分子江隆基”的专题报道。

李贵子一伙是极为残忍的。他们丧心病狂地迫害和诬陷广大干部、教师和学生，给“批斗对象”戴上各式各样的高帽子，游街（游校园）示众，他们用刺激神经、触及皮肉的办法来洗刷人们的“灵魂”，用“跪煤渣”“跑接力”“炒豆子”“挂蚊帐”“坐飞机”等等惨绝人寰的刑法，来摧残着每个“批斗对象”。兰州大学的校园内，完全陷入一片恐怖之中。据统计，被批斗的学生占学生总数的25.5%；被批斗的教职工占教职工总数的32.8%。另外，有四人自杀身死，二人失踪，下落不明，有三十八人逃跑校外“避难”，还有很多人被打伤致残。

李贵子一伙人“批斗”的主要矛头，还是江隆基。特别是当他们得到了“江隆基不是我们的人”，“不支持兰大的‘文化大革命’，就是走资本主义道路的当权派，他是党员，就是党内走资本主义道路的当权派”，在斗争中“要加温”，“要给他来硬的”等紧急指示以后，更是肆无忌惮地残酷地批斗江隆基。他们把年过花甲的江隆基，推拉到操场，搞“接力赛跑”，几个大汉轮换着连推带拉地逼着江隆基快跑，江隆基的鞋掉了，袜子也没有了，他们全然不顾。他们接连不断地开“批斗会”，给江隆基戴上十几斤重的铁笼的高帽子，戴上厕所的手纸篓，拳打脚踢……他们想尽一切办法来折磨、羞辱江隆基。

江隆基是一位自尊心很强的、为捍卫党的原则宁折不屈的硬汉子。他不能容忍这伙暴徒的凌辱。当李贵子一伙第一次批斗他时，他就明确地告诉他们：“不许你们侮辱我！”当他们搜身、抄家、恣意打砸时，江隆基又义正词严地质问他们：“谁允许你们这样做的，我这里有一部《中华人民共和国宪法》，你们看看！”当他们逼迫江隆基承认是“三反”分子时，江隆基铿锵有力地回答：“我是中国共产党党员！”当他们要江隆基交待执行反革命修正主义路线时，他驳斥说：“我是按中共中央的方针政策办事。我执行《高教六十条》，是毛主席同意、中央批准的!”这伙暴徒在他家门口贴对联：“反党老手阴险毒辣；本性不改妄想变天”，让江隆基念，他坚决回绝，说道：“这不符合事实！”江隆基遭到无情的殴打。

有一份大字报简要记下了一次批斗会的情景：[5]

众：黑帮头子江隆基老实向党向人民交代你的反党罪行！

江：谁让你们代表党！谁给你们的权利！你们能代表党吗？

众：（众高呼）打倒江隆基！砸碎江隆基的反党黑骨！

江：我的脑袋在这里伸着（一面伸过头）你们砸吧，你们这么多人，要砸就砸！

众：（一边按头，一边高呼口号）

江：我屋里有一部《中华人民共和国宪法》，你们看一看吧！

众（一边骂，扭江的胳膊，一边按江的头）

江：我六十多岁了，你们这样糟蹋我，像话吗？《中华人民共和国宪法》这样规定了吗？

众：老实交代你的反党罪行！

江：事实最后总会澄清的。你们这样做，让人悔改吗？（众：强迫江念给江贴的大字报），这不是我的思想，我不念。

众：你为什么要策划“六七反革命事件”？

江：你们拿出事实嘛！

众：老实交代你在兰州大学犯下的滔天罪行！

江：我来兰大七年半了，老同事、老师们、同学们都看着，大家都知道我的罪过在哪里?!

……

当江隆基得知学校的许多干部、教师和学生也遭到残酷的批斗时，江隆基在批斗他的大会上，正气凛然地表示：“你们不能这样对待广大的干部、教师和学生。我是一校之长，如果有错误，责任由我承担！”

当李贵子一伙提出，要以学生、教师和党员三结合的领导班子取代学校党的各级组织时，江隆基毫不妥协地驳斥了这种否定党的领导的做法。他说：“中国共产党是我国社会主义各项事业的领导核心，这是《宪法》里已经说明的，是不容随意篡改的。”决不能把党的各级组织变成一个“大杂烩”！

江隆基的爱人宋超，在“文化大革命”刚刚开始，也被当作走资派（兰州女中校长兼党支部书记）被揪斗，被隔离。江隆基专门让他14岁的女儿小召（兰州市第一中学学生）给宋超带口信：“一是要经得起运动的考验；二是要实事求是，是自己的错误就检查，不是自己的错误不要包揽，要顶得住；三是要想得开，保重身体！”

宋超90岁高龄

他的女儿亦曼是兰州大学化学系学生，江隆基被揪斗，自然地株连到她，也遭到辱骂和批斗。她怎么也不相信“父亲会反党”。一天傍晚，她悄悄地回到了家。她看见慈祥的父亲，“脸色灰白，充满了倦意和怒容，憔悴而苍老”。看到父亲脸上还残留的伤痕，女儿的眼泪禁不住扑簌簌地流下来，原先想劝慰父亲的话，一句也说不出来。江隆基见女儿回来，却只是说：“赶快回去”，“是我的问题，我检查，不实事求是的，我决不检查”。他催促女儿回学校去，说：“同学们要是知道你回来看我，会说你和我划不清界限，对你没有好处。……你要相信父亲，绝没有做对不起你们的事。”

是的，江隆基坚信自己没有做对不起党、对不起人民的事，也坚信真理不会被邪恶永远掩盖。他回想1929年在东京举行反日游行，被日本警视厅逮捕投入监狱，1930年在北平搞学潮被宪兵队逮捕坐牢，自己是问心无愧的。既没有自首变节，更没有出卖同志和组织。党组织早已调查清楚，做了结论。至于说他在北京大学工作中有“右倾保守”“政治上退却”错误，他认为，并不符合实际，而且“历史的实践，已经替它做了结论”。他回想四十年来在他所信仰的并为之奋斗的事业中，始终是尽心尽责的。在工作上，从来没有苟且偷安，即使在

1958年遭到不公正的批判，在心情不好的境地中，也丝毫没有怠慢自己的工作。

江隆基内心的痛苦是深重的。他深知这场斗争的尖锐性和复杂性。他十分痛心的是怎么能采取如此诬陷迫害的办法，来对待广大干部和群众！他相信青年学生是听党的话的，但也使他痛心的是，为什么自己辛勤培养出来的某些学生竟会如此无法无天，又如此的残暴！他痛心我们的学校、我们的教育、我们的党的事业又要遭到严重的破坏……

江隆基也在想，自己是否在对待群众运动的问题上有相左的地方？也不是。他深信自己革命四十年，从群众运动中走出来的人，是能够正确地对待群众运动的。运动一开始，他就提出了“欢迎同学们给我贴大字报”。

他历来认为，群众运动有两种类型：一类是在正确思想的引导下，有着正确的政治目标和广泛群众基础的群众运动，一类是在错误思想的引导下，以一种非正确的政治和经济目标鼓噪的群众运动。对于后者则是应当坚决反对或给予纠正的。他认为，并不是所有的群众运动都是合理的，也不能不问青红皂白地都去热情支持。“放手发动群众，不等于放手不管”。同时，我们“搞群众运动，绝不是要制造混乱，制造混乱正是敌人所希望的”。

他还认为，对待群众运动同党的群众观点、群众路线应当有所区分。“作为我们工作的出发点和归宿，我们在任何时候都应当坚持群众观点和群众路线的工作方法”。但是，绝不是任何时候，任何工作都要搞群众运动。

他回想这些年来，由于工作的繁忙，也确实存在着关心学生、教师的学习、工作、生活少了，对于他们在工作中、生活中提出的意见和要求，也没有及时解决……在工作上主观急躁的地方也是有的。他觉得，通过这次运动也应当“深刻反省”，广泛听取群众的意见，揭露问题，改进工作，“保持革命的晚节”。他深信“党是了解他的，群众是了解他的，历史会做出公正的评价”。但他同时也认为，应当坚决纠正这种“残酷斗争”和“大棒加愚昧”的行为。我应该实事求是地向党中央、毛主席反映这种情况。

但是活生生的现实，却不允许他这样做。他已经完全失去了辩白的权利。虽然他并不知道康生早已点了他的名，不过他也隐约地感到，像是有一个已经织好的网，正在向他收拢。

6月22日，中共中央批准甘肃省委做出的《关于撤销江隆基党内外一切职务的决定》。《决定》指出，江隆基“一贯反对毛泽东思想”，“拒不执行党中央和毛主席提出的教育方针，贯彻执行了一整套资产阶级教育路线，包庇了一大批坏人”。“在‘文化大革命’中，他又公然反对党中央和毛主席制定的‘文化革命’路线，千方百计地抑制运动，同省委工作团争夺领导权，支持右派，反对革命，反对‘文化大革命’”，“是一个长期隐藏在党内的资产阶级代表人物，是打着红旗反红旗的黑线”。

6月25日，由省委工作团主持，在兰州大学大操场召开批斗江隆基的万人大会，之后江隆基就不明不白地离开了人世。江隆基是“文化大革命”中最早被迫害致死的老干部之一。

平反昭雪

江隆基的溘然长逝——这撕碎人心的噩耗——在兰州大学校园里引起极大的震动，广大师生员工沉浸在万分悲痛之中。他们向不幸逝世的江校长默默致哀，他们为“江校长的不幸早逝”而哭泣，更为江校长受迫害致死而愤怒，而鸣不平……

参加过红军长征的老干部、总务长邱贤道气愤地说：“江校长革命四十多年，桃李满天下，落了这么个结果，是天大的冤枉！”“江校长的案总有一天要翻过来的！”全国人大代表、著名教授郑国锠气愤地说：“这样一位令人尊敬和敬佩的党的好干部、广大知识分子的知心人，难道就这样含冤离开了我们吗！我感到悲痛万分。我盼望着有一天党和人民会为江隆基同志平反昭雪，并对他光辉的一生做出全面的正确的评价。”

远在北京中国人民大学任职的、原陕北公学时的教师胡华教授悲愤地说：“文化大革命”开始，有些当权者竟将他（江隆基）抛出来当牺牲品，遭到残酷的斗争，终于被迫害致死。这位对党对人民耿耿丹心的老革命家，我们最尊敬的老师，竟被迫害得这样惨死，不觉热泪滚滚而下，我坚信“千秋功罪，历史自有公论”的。

中文系1963级学生郗永年的话反映了广大学生的心声，他说：“当我们听到江校长不幸去世的消息，真如五雷轰顶，内心充满无名的悲愁。……以前读《诗经》中‘如可赎兮，人百其身’的句子，曾窃笑古人的言过其实，而直到这时才懂得用这句话，悼念亡者，再恰当不过了！我们真愿用一百个性命，换得江校长长留人间。”

即使在这种恐怖笼罩的环境中，有的干部、教师和学生仍去安慰宋超，并一再说：“宋老，你放心，江校长的冤案一定会翻过来！”当江隆基的遗体被悄悄埋葬在东岗黄土坡乱坟滩时，一位“有心人”专门跑到江隆基墓地，埋下了石头标记，并画下了“方位图”。还有许多人到江隆基的坟头上献上一束鲜花，献上一个小小的花圈。……

“江隆基的冤案必须翻过来！”这是兰州大学广大师生员工发自内心的呼声。1966年8月，江隆基去世的两个月后，一个“江隆基问题调查团”，由兰州大学师生自发地组织起来。他们在广大师生的支持下，四处奔波，内查外调，做了大量的细致的工作，写出了四万余字的《江隆基问题调查报告》。一条一条地痛斥了强加给江隆基的种种罪名，在社会上引起了巨大的反响。就连执行错误路线的某些省委领导人，也不得不承认兰大师生的调查成果。

“文化大革命”是“一场由领导者错误发动，被反革命集团利用，给党、国家和各族人民带来严重灾难的内乱”[6]。所以，江隆基的冤案，虽然经过广大师生的积极奔走，虽然有许多老干部的多方呼吁，也未能及时得到公正的解决。特别是康生直接插手以后，江隆基——这个已被迫害致死的人——受到变本加厉的批判。

请看康生1967年7月17日关于“江隆基问题”的一次谈话：

康生首先说：“西北这个地方，阶级斗争是比较复杂的。……可以明显地看到刘少奇、邓小平、彭真、杨献珍把西北、西南当作他们反革命的据点。”

问：“兰大对江隆基到底批判得怎么样了？”

有人答：“没搞，有的还在给江隆基翻案。”

康生说：“翻的什么案！叫兰大的同学研究研究，江隆基到底怎么样。我知道他到德国去，是杨虎城送去的。当时，陕西的杨虎城同山西的阎锡山，都有这么一手，招降纳叛。军阀都有这么一套。……陕西前一个时期就有于右任，陕西的共产党拥护于右任，不只是江隆基，还有一批人……他们是共产党员，又是杨虎城的人，汪锋算不算？如王炳南，也是杨虎城送去的。送到德国的，不止这两个，还有秦丰川。……那时阎锡山把动摇的、叛变的共产党员送去日本，杨虎城送去德国。只要是杨虎城送去的，就不是那么妙了。军阀军队，杂牌军队都是这么个样子。……在德国有个反帝大同盟，是中国留学生，开始是王炳南负责，以后是江隆基负责，我在法国见到过江隆基，他是代表德国反帝大同盟到法国参加个什么会，他从德国回来后，去延安大学了，延安撤退以后，不清楚他到哪里去。新中国成立以后，他在北京大学那一套完全是投降，向资产阶级投降。他好似历史上还有什么问题。……反江隆基的右倾还不能否定。江隆基在1957年反右派，完全是投降主义。整风反右派，北大的工作最差了。北大对资产阶级完全保护下来……马寅初，是在我们的压力下，才撤掉的。”[7]

8月11日，康生在人民大会堂接见甘肃造反派组织“红三司”的代表时，又提到了江隆基的问题。又一次大放厥词：“兰大为江隆基翻案是不对的……江隆基当然可以反。江隆基是德国留学生，不是党把他送去的，是杨虎城把他送去的。他在大革命时期是否参加了青年团，以后退出了革命队伍，到了杨虎城那里……是1936年还是哪一年，我在法国支持西班牙战争，他到法国去了。中国人有个反帝大同盟，他是反帝大同盟德国负责的，到巴黎开会，见过一面，招呼我一下。以后回到延安边区当延安大学副校长，以后到北大当副校长，党委书记。1957年整风'反右'，他执行右倾投降主义路线。他在北大才撤换了，分配到兰州。从历史上看，从1957年反右斗争看，反对他是对的。"[8]

一贯以诬蔑为能事的康生，在这些谈话中对江隆基，也对其他老同志极尽诬陷之能事。就是这样一篇篇颠倒是非、前言不搭后语的厥词，却被甘肃的某些当权者奉为"圣旨"，一次又一次地发动了对含冤九泉的江隆基的批判。并诬蔑"江隆基在兰州大学是'阴魂不散'"。

然而，"一时强弱在于力，千秋胜负在于理"，历史是不可逆转的，历史是由创造历史的人民谱写的。兰州大学的广大师生员工做出了这样的回答：老教育家辛安亭赋诗写道，"忠诚教育四十年，桃李天下喜开颜；一朝不幸逢魔怪，强拉硬扯下九泉。""辛勤劳动若许年，桃李花开春满园；无端暴雨狂风起，园丁伤亡树摧残。""阴魂不散理当然，肃清流毒难上难；驱散妖雾耀红日，迟早终有这一天。"全国政协委员、著名教授赵继游说："一小撮魑魅魍魉把兰大师生诬蔑成'江隆基的阴魂不散'，而我们却理直气壮地说，深受他教诲启迪和高大形象感染的兰大师生无时不在怀念他！"著名法学教授吴文翰说："江校长坚贞不渝、岿然不动、凛乎不可侵犯的高大形象，是永远留在人心深处的，他的感人事迹是永远缭绕不散的。"有的干部说："魑魅魍魉可以夺走江隆基同志的生命，却夺不走兰大师生对他的崇敬之情。"有的学生写道："江校长，党是知您的，人民是知您的。您为党的教育事业做出的贡献，您在兰州大学创造的业绩，您用全部心血哺育的兰大师生，将永志不忘。"……

1976年10月，粉碎了“四人帮”反革命集团，结束了持续十年之久的内乱。从此进入了新的历史发展时期。

兰州大学的广大师生在批判万恶的“四人帮”罪行中，又重新提出了为江隆基平反昭雪的问题。1977年11月，兰州大学教务长崔乃夫等七人，首先贴出了“彻底批判‘两个估计’，冲破‘禁区’，正确评价江隆基同志”的大字报。大字报立即得到兰州大学广大师生的广泛拥护。接着，兰州大学党委正式提出了为江隆基平反昭雪的《关于江隆基同志问题的审查报告》。

1978年1月，中共中央正式批准了中共甘肃省委上报的兰州大学党委《关于江隆基同志问题的审查报告》的决定。决定指出：江隆基在“文化大革命”中，“被资产阶级反动路线迫害致死”，“强加给他的罪名和一切诬蔑不实之词，应予推倒。”“省委原批复江隆基同志问题审查报告的决定和一切处分，予以撤销。”

长达十二年的冤案终于得以平反昭雪。

1978年清明时分，兰州大学在东岗的桃树坪，为江隆基举行了起灵仪式。参加仪式的有甘肃省委宣传部部长吴坚，兰州大学的全体校领导和江隆基夫人宋超及其子女。同时参加的还有有关的医学专家等。

4月7日至9日，在兰州大学礼堂设立江隆基灵堂。隆重地举行了连续三天的悼念仪式。兰州大学的全体校领导、宋超及其子女、亲友守灵。在连续三天的悼念中，教育部、甘肃省委、省政府、省政协，兰州军区、省军区，陕西省委、省政府，甘肃省教育厅及各委办局等有关领导及代表，江隆基家乡西乡县的领导及亲友，还有江隆基曾经工作过的陕北公学、华北联合大学、延安大学、北京大学等等的同事们都前来吊唁。

吊唁的还有各族各界的众多群众，有兰州大学的广大师生，有兰州市各高等院校的、各中等学校的师生以及许多小学生，有各机关、各团体的干部群众和街道的众多居民等等，从7日起，连续三天，每

吊唁人群络绎不绝

天从早到晚，吊唁的人群络绎不绝，有的带着黑纱，有的带着白花，有的拿着白花，也有的什么也没拿着，他们都带着痛苦而严肃的表情，带着沉痛的哀思，迈着沉重的步伐走来了。虽然也有许多哭泣声，但是众多的望不到边的人群却是秩序井然的。他们来到兰州大学的礼堂，向江隆基的遗像默哀，致敬，追忆这位不幸早逝的德高望重的好校长。

整整连续三天啊！吊唁的人群使兰州大学的礼堂，使兰州大学，一时间成了兰州地区人群最集中的地方。

4月10日，江隆基的追悼大会在华林山隆重举行。追悼大会由甘肃省委第一书记宋平主持。追悼会正中悬挂着江隆基的遗像，遗像下边摆着他的骨灰盒，两侧摆满了花圈、花篮和挽联。参加追悼会的有教育部顾问段洛夫，陕西省委和省革委会代表常黎夫和甘肃省委，省革委会，兰州军区，省军区，省政协的领导同志：宋平、肖华、李登瀛、马继孔、申效曾、王跃华、崔西山、权星恒、吴鸿宾等。北京大学、陕西师大、西北大学、延安大学、西乡县的负责同志和代表，以及甘肃省直机关、省内各高等院校、科研单位，兰州市委的负责同志和职工代表，兰州大学师生员工和江隆基夫人宋超及其子女、江隆基生前好友共两千多人，参加了追悼会。

甘肃省委第一书记宋平同志主持追悼会

国务院副总理王震，中宣部、教育部、甘肃省委、省革委会、陕西省委、省革委会、甘肃省军区、省政协、西安市委、延安地委、江隆基的家乡汉中地委、西乡县委，北京大学、兰州大学、西北大学、陕西师大，甘肃省各部委办，省级各厅局，省内各高等院校、科研单位，各地州市党委都送了花圈。

送花圈的还有胡乔木、李维汉、廖汉生、何长工、阎揆要、马寅初、周培源、李卓然、张稼夫、马文瑞、杨秀峰、钱俊瑞、蒋南翔、王炳南、赵守一、焦善民、宋养初、成仿吾、于光远、侯外庐、叶圣陶、周扬、白如冰、张西帆、吕骥、冯文彬、胡克实、胡绩伟、宋振庭、何承华、刘景范、王子宜、李瘦枝、常黎夫、陈煦、李屺阳、李强奋、张养吾、黄志和、张邦英、刘力邦、杨拯民、汪锋以及原陕北公学、华北联合大学、延安大学、西北教育部、北京大学、兰州大学的同事和学生。甘肃省、兰州市各部局负责人也送了花圈。

省委书记李登瀛致悼词，悼词全文如下：

今天，我们怀着十分沉痛的心情，深切悼念江隆基同志。

江隆基同志，中国共产党优秀党员，原兰州大学党委书记、校长，于1966年6月25日被林彪、“四人帮”反革命修正主义路线迫害致死，终年六十一岁。

江隆基同志，陕西西乡县人，1927年6月加入中国共产党。历任上海街道支部书记，旅德华侨反帝同盟和旅欧华侨反帝同盟书记，民族革命大学教授，陕北公学副教务长，陕北公学关中分校教务长，华北联合大学教务长，抗大二分校附中校长，延安大学副校长，陕甘宁边区教育厅副厅长。新中国成立后，任西安军管会教育处长，西北军政委员会教育部长，北京大学副校长兼党委书记。中国共产党第八次全国代表大会代表，第一届、第三届全国人民代表大会代表。第一届全国人民政治协商会议代表，第三届甘肃省委委员，兰州大学党委书记、校长。

江隆基同志的一生，是革命的一生。几十年来，他在伟大领袖和导师毛主席、党中央领导下，在新民主主义革命中，在社会主义革命和社会主义建设中，认真学习马列主义、毛泽东思想，努力改造世界观，坚决贯彻执行毛主席的无产阶级革命路线，坚持无产阶级专政下的继续革命。他忠于党，忠于人民，热爱伟大的领袖毛主席，他严格要求自己，遵守党的纪律，坚持原则，顾全大局，光明磊落，谦虚谨慎，作风民主。善于团结同志，关心群众疾苦。工作勤奋，学习刻苦，生活上一贯艰苦朴素。江隆基同志一生，为党为人民做了大量工作，为中国人民的解放事业和共产主义事业贡献了自己全部的精力，受到了同志们的爱戴和尊敬。

江隆基同志长期从事教育工作，忠诚党的教育事业，积极贯彻执行毛主席的无产阶级教育路线，反对和抑制修正主义教育路线的干扰和破坏，为党的教育事业做出了重要的贡献。

江隆基同志逝世以后，“四人帮”在我省的代理人又对他进行诬蔑和陷害，以达其推行反革命纲领的罪恶目的。现宣布：省委原强加给江隆基同志的罪名和不实之词，应予推倒；处分决定，应予撤销，给予彻底平反昭雪。

江隆基同志的逝世，使我们失去了一位好同志，是我党的一个损失。我们悼念江隆基同志，要学习他的革命精神和优良品质，要化悲痛为力量，努力学习马列和毛主席著作，高举毛主席的伟大旗帜，最紧密地团结在以华主席为首的党中央周围，坚持党的十一大路线，坚持无产阶级专政下的继续革命，彻底肃清“四人帮”的流毒和影响，发扬党的实事求是、群众路线、谦虚谨慎、艰苦奋斗、批评与自我批评、全心全意为人民服务等优良传统和作风，正确地、全面地贯彻和执行毛主席的无产阶级革命路线，繁荣社会主义科学教育文化事业，为实现“抓纲治国”的战略决策，巩固和加强无产阶级专政，发展大好形势，继续长征。为把我国建设成为伟大的社会主义现代化强国，对人类做出较大的贡献而努力奋斗！

我们向江隆基同志的家属宋超同志及其子女表示亲切的慰问。

团结起来，争取更大的胜利。

一九七八年四月十日

在追悼会期间，还收到了大量唁函、唁电以及挽联。一封封地从他的家乡、从他工作、战斗过的地方发来。有和他一起工作过的老战友、老教授、老部下，有倍受他教诲的天南海北的众多学子……他们都为这位德高望重的杰出教育家悲痛、惋惜。胡乔木的唁电写道：“沉痛悼念早年我党优秀的老干部和杰出的教育家江隆基同志。”周扬的唁电写道：“沉痛悼念我党的优秀教育家江隆基同志。”于光远的唁电写道：“沉痛悼念无产阶级的忠诚战士我党的好干部、人民教育家江隆基同志。”马文瑞的唁电写道：“江隆基同志被害致死多年，未能昭雪，深为愤慨。今日得悉就地举行追悼会，特致电哀悼。”宋振庭的唁电写道：“江隆基同志勤勤恳恳、兢兢业业，为党的教育事业工作了一生。他的死，是林彪、‘四人帮’迫害的结果，隆基同志是我的良师挚友，华北联大的老同志都深深地怀念他。甘肃省委和兰州大学为江隆基同志开追悼会，昭雪沉冤，我们无比快慰，隆基同志有知，必当含笑九泉之下。”何承华的唁电写道：“江隆基同志被害以来，我们心中一直愤愤不平。隆基同志是我们的老一辈，是党的好干部，是老一代的无产阶级教育家。隆基的同志、朋友、学生们将永远怀念他。”胡克实的唁电写道：“对忠诚于党的教育事业的共产主义战士江隆基同志的逝世，表示深切哀悼。”汪锋的唁电写道：“江隆基是我党的好同志，是我党优秀党员，在追哀悼念江隆基同志的时候，谨表示我们沉痛的哀悼。”

北京大学校长办公室主任文重代表北京大学宣读了《深切悼念老首长江隆基》的祭文。祭文曰：“江隆基同志在北大工作期间，勤勤恳恳，任劳任怨，光明磊落，大公无私，艰苦朴素，诚恳待人。他的这种高尚品德和作风，对于当时北大的广大干部和教师，特别是对于我们这些和他朝夕与共，在他领导下一起战斗的同志，给了深刻的教育。正因为这样，从他离开北京后，我们时刻挂念着他的工作和健康。听到他在兰大的建树和威望，由衷地感到高兴。1966年7月，他受林彪、“四人帮”反动路线迫害惨死的噩耗传到北大，使北大许多干部和教师感到极度震惊。大家怀着满腔悲愤，暗相转告，默默哀悼！十多年来，我们每想及此，就如重锤压在心头，百感交集，万分愤慨！但是，我们坚信：江隆基同志的冤案终有一天会得到昭雪，这样一位正直的共产党人的形象是谁也抹杀不掉的！……今天，千言万语道不尽我们心中的感慨万分。现借用陈毅同志诗一首，献在最敬重的老首长的墓前：‘屈指捐躯日，迄今十二年，人民获胜利，告慰更向前！’”

延安大学党委书记兼校长王云飞发来的唁电写道：“江隆基同志在边区延安时和新中国成立后始终忠实执行毛主席教育革命路线，积极宣传毛泽东思想，做出了很大贡献。他以身作则，艰苦奋斗，坚持原则，爱护师生，继承和发扬党的优良传统，为我们树立了榜样。我曾亲受过他的教育，对此感受深刻。他是我的好首长，好老师。”

著名学者周培源、季羡林、侯仁之、严仁赓等都发来唁电，中国人民大学成仿吾及在北京工作的原华北联合大学的六十二位老战友都发来了唁电。一些曾与江隆基共事的老同事、老战友、老朋友，有的因身体等原因，不能亲自前来吊唁，也都发来了唁电。

江隆基生前的一位学生的唁电这样写道：“隆基同志是一位老战士，在长期革命斗争中，为中国人民的革命事业和教育事业付出了辛勤的劳动，做出了巨大的贡献。我因病不能赴兰，在十日下午三时的追悼会举行之际，我将面向兰州，向隆基同志的遗体默哀致敬！”

特别提到的是马寅初先生，这位受人尊敬的经济学家、人口学家，一直到1978年4月才获知和他一起工作了六七个年头的江隆基去世的消息。他十分悲痛，也十分惊讶，他说，他没有料到这位比他要小二十三岁的“为我国教育事业做出了巨大贡献的杰出教育家”，早在“文化大革命”初期已被迫害致死。他因身体不适，不能前来参加追悼会，特发唁电以表示深切哀悼。

10日这一天，天色分外清朗。一大早吊唁的人群就从四面八方来到了兰州大学，从校门内外一直到兰州大学礼堂，已拥挤得满满的。有的带着黑纱，有的带着用纸做的小白花，也有的什么没有带……都在含着沉痛的心情等待着，他们要向这位倍受尊敬的好校长告别。送殡的人群在哀乐声中缓慢地向前移动时，吊唁的人群，像是有一个无声指挥，不约而同地都齐齐地眼望着江隆基的灵柩，很多人都哭出了声。江隆基夫人宋超和其子女捧着覆盖着中国共产党党旗的江隆基骨灰盒，感动得一次又一次地流下激动的泪水，他们向所有来吊唁的人群致敬，表示诚挚的感谢。

从兰州大学校门到盘旋路，本来是车水马龙，熙熙攘攘的人群，然而这时满街道人们也一下子静了下来，默默地为江隆基送行。从兰州大学到盘旋路，一直到华林山革命公墓，蜿蜒几十里，各界群众自发地组织起二百多辆大大小小的车辆，络绎不绝地驰向华林山……

需要指出的是，这时是1978年的初春季节。“文化大革命”虽然已经结束，也在力图纠正“文化大革命”造成的混乱，肃清“四人帮”的流毒和影响。但是，由于对“文化大革命”的理论和政策，没有正确的认识，仍然坚持着“两个凡是”的错误，所以，否定“文化

参加追悼会的车队

大革命”的工作，以及平反冤假错案的工作还没有展开。原党和国家的许多领导人还没有得到平反昭雪。在这样的政治气候下，江隆基的冤案能平反昭雪，实属不易。这是兰州大学的广大师生以及江隆基曾经教诲的众多学子长期斗争的胜利，也是更多关心、支持这一斗争的千千万万人的胜利。

追悼江隆基大会的实况及相关的信息，《甘肃日报》于1978年4月13日，曾刊登出专门的报道，可是，“报纸已经印好出报”，却接到紧急通知，命令报纸要全部收回。这天的《甘肃日报》就被开了天窗，临时登载了一则一位某省政协副主席病逝等等的消息。一直到1979年5月6日，《甘肃日报》才在第一版正式刊登了江隆基追悼大会的报道。

历史是有局限性的，碰巧的是这样宏大的、庄严隆重的追悼江隆基大会，也成了局限的历史。

江隆基走了。沉积十二年的冤案终于平反昭雪。然而，人们心目中的江隆基并没有随着岁月的流逝而远去。他那杰出的教育思想、他那光辉的奋斗业绩、他那崇高的人品风范以及他那严肃又可亲的音容笑貌……仍然留在人们的怀念中，留在人们的心中。他将永远激励着众多的莘莘学子。

历史是有局限性的，但历史也是公正的。因为历史最宝贵的是真实。

注　释

[1] 崔乃夫：《我在兰大二十一年》，载兰大新闻网《萃英记忆》。

[2] 宋超：《岁月有痕——我与隆基在一起的日子》，兰州大学出版社，2011年。

[3] 李贵子，兰州大学历史系学生。“文化大革命”初期，上蹿下跳，自诩“左”派学生领袖，迫害兰州大学广大师生员工。曾任兰州大学“文化革命”筹备委员会副主任、主任职务。

[4] 甘肃省委定性的“六七反革命事件”于1967年1月7日，又发布文件《中

共甘肃省委关于平反兰州大学“六七”反革命事件的文告》。

[5] 转引自江隆基专案调查团《江隆基问题调查报告》，1967年。

[6]《关于建国以来党的若干历史问题的决议》，1981年。

[7] [8] 转引自《兰州军区支“左”办公室》文件，1967年。

增订本后记

《江隆基传》（苗高生著，兰州大学出版社1991年8月版）的出版发行已是二十多年前的事了。本书是《江隆基传》的增订本。

2012年8月，江隆基夫人宋超女士建议将《江隆基传》做适当的增补，再行出版。兰州大学非常支持这件事，责成党委宣传部负责协调组成编写组。编写组请苗高生教授主笔，统全书，并邀请两位青年教师韦明、邱锋协助外调、查询等项工作。

编写组组成后，对原版《江隆基传》做了全面研读和分析，对内容的增补、史实的查证、原著的修订等等都做了进一步探讨，力图全面、客观、真实地记述这位杰出的教育家。初步分工是：苗高生编写第一、二、三、四、五、六、九章；邱锋编写第七章；韦明编写第八章。经过两年多的辛勤努力，于2014年12月草成全书初稿（征求意见稿）。在征求意见的基础上，苗高生对全书统稿修订，并重新改写了部分章节。

感谢兰州大学党委书记王寒松、校长王乘、副书记李正元、副书记钟福国、副校长高新才和原兰州大学崔乃夫副校长、聂大江校长等多方面的关怀和指导。

感谢原中国红十字会总会党组书记兼副会长江亦曼、原兰州大学李希副校长、廖世伦副书记仔细审阅全书稿，并提出了许多宝贵的修改意见。感谢兰州大学张克非教授自始至终对本书的关怀。

感谢兰州大学党办、校办、宣传部、社科处和出版社对本书出版的大力支持。

在兰州大学党政领导的亲切关怀下，《江隆基传》增订本终于在江隆基诞辰110周年之际出版发行了。我们感谢所有关心和支持此项工作的莘莘学子。令人惋惜的是，江隆基夫人宋超女士不幸于2015年5月10日辞世，尊敬的聂大江校长也于2014年5月12日去世，他们未能看到所期盼的本书出版发行，甚是憾事。

限于水平，增订本肯定仍有不少疏漏和不妥之处，敬请广大读者斧正。

作　者

2015年9月